백점 국어 무료 스마트러닝

첫째 QR코드 스캔하여 1초 만에 바로 강의 시청

둘째 최적화된 강의 커리큘럼으로 학습 효과 UP!

❶ 교과서 핵심 개념을 짚어 주는 개념 강의
❷ 단원별 중요 어휘와 문법을 쉽게 이해할 수 있는 **어휘·문법** 강의
❸ 다양한 수행 평가에 대비할 수 있는 **수행 평가 문제 풀이** 강의

개념 학습

1 편지를 읽고 마음을 나타내는 말 익히기
  - 편지를 읽고 누가 어떤 마음을 나타내는지 알아 봅니다.
  - 편지에서 마음을 나타내는 말을 찾습니다.
  - 마음을 나타내는 말을 넣어 편지를 바꾸어

#백점 #초등국어 #무료

백점 초등국어 5학년 강의 목록

단원명	강의명	교재 쪽수	단원명	강의명	교재 쪽수
1. 대화와 공감	개념 강의	8쪽	6. 토의하여 해결해요	개념 강의	98쪽
	어휘·문법 강의	9쪽		어휘·문법 강의	99쪽
	수행 평가 문제 풀이 강의	23쪽		수행 평가 문제 풀이 강의	109쪽
2. 작품을 감상해요	개념 강의	26쪽	7. 기행문을 써요	개념 강의	112쪽
	어휘·문법 강의	27쪽		어휘·문법 강의	113쪽
	수행 평가 문제 풀이 강의	41쪽		수행 평가 문제 풀이 강의	123쪽
3. 글을 요약해요	개념 강의	44쪽	8. 아는 것과 새롭게 안 것	개념 강의	126쪽
	어휘·문법 강의	45쪽		어휘·문법 강의	127쪽
	수행 평가 문제 풀이 강의	57쪽		수행 평가 문제 풀이 강의	139쪽
4. 글쓰기의 과정	개념 강의	60쪽	9. 여러 가지 방법으로 읽어요	개념 강의	142쪽
	어휘·문법 강의	61쪽		어휘·문법 강의	143쪽
	수행 평가 문제 풀이 강의	73쪽		수행 평가 문제 풀이 강의	153쪽
5. 글쓴이의 주장	개념 강의	76쪽	10. 주인공이 되어	개념 강의	156쪽
	어휘·문법 강의	77쪽		어휘·문법 강의	157쪽
	수행 평가 문제 풀이 강의	95쪽		수행 평가 문제 풀이 강의	167쪽

KB118831

백점 국어
초등국어 5학년
학습 계획표

학습 계획표를 따라
차근차근 국어 공부를
시작해 보세요.
백점 국어와 함께라면
국어 공부, 어렵지 않습니다.

단원명	교재 쪽수	학습한 날			단원명	교재 쪽수	학습한 날		
1. 대화와 공감	8~12쪽	1일차	월	일		83~87쪽	19일차	월	일
	13~15쪽	2일차	월	일		88~91쪽	20일차	월	일
	16~19쪽	3일차	월	일		92~95쪽	21일차	월	일
	20~23쪽	4일차	월	일	6. 토의하여 해결해요	98~101쪽	22일차	월	일
2. 작품을 감상해요	26~30쪽	5일차	월	일		102~105쪽	23일차	월	일
	31~34쪽	6일차	월	일		106~109쪽	24일차	월	일
	35~37쪽	7일차	월	일	7. 기행문을 써요	112~114쪽	25일차	월	일
	38~41쪽	8일차	월	일		115~119쪽	26일차	월	일
3. 글을 요약해요	44~46쪽	9일차	월	일		120~123쪽	27일차	월	일
	47~49쪽	10일차	월	일	8. 아는 것과 새롭게 안 것	126~129쪽	28일차	월	일
	50~53쪽	11일차	월	일		130~135쪽	29일차	월	일
	54~57쪽	12일차	월	일		136~139쪽	30일차	월	일
4. 글쓰기의 과정	60~62쪽	13일차	월	일	9. 여러 가지 방법으로 읽어요	142~145쪽	31일차	월	일
	63~66쪽	14일차	월	일		146~149쪽	32일차	월	일
	67~69쪽	15일차	월	일		150~153쪽	33일차	월	일
	70~73쪽	16일차	월	일	10. 주인공이 되어	156~160쪽	34일차	월	일
5. 글쓴이의 주장	76~78쪽	17일차	월	일		161~163쪽	35일차	월	일
	79~82쪽	18일차	월	일		164~167쪽	36일차	월	일

백점

BOOK 1   개념북

국어 5·1

구성과 특징

BOOK 1 개념북 '개념 + 어휘·문법 + 독해'로 국어 학습을 완벽하게!

1 교과서 개념 학습

단원 학습 목표 익히기

쉽고 빠르게 교과서 핵심 개념을 익히고 개념 확인 문제로 바로 확인할 수 있습니다. QR을 통한 개념 강의로 개념을 탄탄히 하세요.

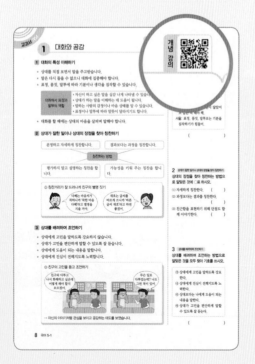

2 교과서 어휘·문법 학습

국어 지식 넓히기

어휘와 문법은 국어의 중요 영역입니다. 핵심 개념 어휘와 작품 속 어휘, 초등 필수 문법으로 국어의 기초를 다집니다. QR을 통한 어휘·문법 강의로 내용을 쉽게 이해할 수 있습니다.

백점 국어는 교과서에 있는 **개념, 어휘, 문법, 읽기, 쓰기, 듣기·말하기** 등 다양한 학습 요소를 정리하여 개념 학습, 어휘·문법 학습, 독해 학습을 쉽고 알차게 할 수 있도록 구성하였습니다.

3 교과서 독해 학습

교과서 지문 완벽 소화하기

교과서 지문과 관련한 다양한 유형의 문제를 풀고, 표 형태로 지문의 내용을 정리하면서 학습 목표 이해는 물론 지문 독해 실력도 향상시킬 수 있습니다.

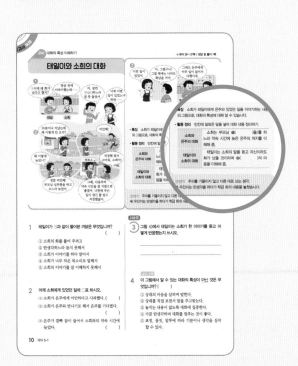

BOOK ❷ 평가북

4 학교 평가 대비

단원 평가와 수행 평가

단원에서 꼭 나오는 중요한 문제만 엄선한 단원 평가로 수시 단원 평가에 대비하고, 학교에서 제시하는 실제 수행 평가과 유사한 형태의 문제로 수행 평가에 대비합니다.

➕ 단원 평가

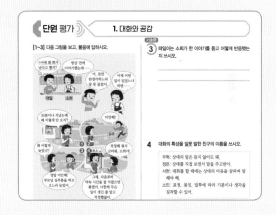

➕ 수행 평가

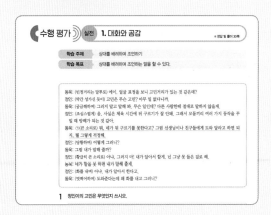

교과서에 실린 작품 소개

단원	제재 이름	지은이	나온 곳	백점 쪽수
1단원	「모모의 고민」 (「소심 대왕의 깊은 고민」)	김현태·윤태익	『어린이를 위한 시크릿: 꿈을 이루는 일곱 가지 비밀』, 살림어린이, 2007.	14~15쪽
2단원	「출렁출렁」	박성우	『난 빨강』, ㈜창비, 2010.	31쪽
	「허리 밟기」	정완영	『가랑비 가랑가랑 가랑파 가랑가랑』, ㈜사계절출판사, 2015.	31쪽
	「덕실이가 말을 해요」	김우경	『수일이와 수일이』, ㈜우리교육, 2001.	32~34쪽
	「꽃」	정여민	『마음의 온도는 몇 도일까요?』, 주니어김영사, 2016.	35쪽
3단원	「국립중앙박물관 이용 안내」		국립중앙박물관 누리집 (http://www.museum.go.kr)	46쪽
	「직업과 옷 색깔」 (원제목: 「무슨 일을 하는지 보여 주는 옷 색깔」)	박영란·최유성	『색깔 속에 숨은 세상 이야기』, 아이세움, 2007.	50~51쪽
5단원	「인공 지능, 인류의 희망일까 재앙일까?」	황연성	『생각이 꽃피는 토론 2』, 이비락, 2018.	81~84쪽
	「학교 안에서 스마트폰 사용이 필요한가」 (원제목: 「학교 안 스마트폰 사용, 법으로 금지해야 할까?」)		천재 학습 백과 누리집 (http://koc.chunjae.co.kr)	88~89쪽
6단원	「고사리손으로 교통사고 대책 마련 눈길」	김혜진	『무등일보』, 2016. 11. 28.	102~103쪽

단원	제재 이름	지은이	나온 곳	백점 쪽수
7단원	「돌하르방 어디 감수광」	유홍준	『여행자를 위한 나의 문화유산 답사기 2』, ㈜창비, 2016.	115~117쪽
8단원	「자연을 닮은 우리 악기」	청동말굽	『바람 소리 물소리 자연을 닮은 우리 악기』, ㈜문학동네, 2008.	130~131쪽
	「우리나라의 멸종 위기 동물」 (원제목:「우리나라의 멸종 위기 생물들」)	백은영	『지켜라! 멸종 위기의 동식물』, 도서출판 뭉치, 2013.	132~133쪽
9단원	「아름다운 비색을 지닌 고려청자」	류재만	『미술교육논총 17』,「청자의 이해 지도에 관한 연구」, 2003.	146~147쪽
10단원	「잘못 뽑은 반장」 (원제목:「꿈」)	이은재	『잘못 뽑은 반장』, 주니어김영사, 2009.	158~160쪽

차례

1 대화와 공감

▶ 학습을 완료하면 V표를 하면서 학습 진도를 체크해요.

	학습 내용	백점 쪽수	확인
개념	대화의 특성을 알고 칭찬하거나 조언하는 말 하기	8쪽	☐
어휘 + 문법	핵심 개념 어휘: 대화, 조언, 공감 작품 속 어휘: 발휘하다, 두루뭉술하다, 빈정거리다, 성가시다, 소심하다 문법: 문장의 종류	9쪽	☐
독해	대화의 특성 이해하기: 「태일이와 소희의 대화」	10쪽	☐
	상대가 잘한 일이나 상대의 장점을 찾아 칭찬하기: 「칭찬의 힘」	11~12쪽	☐
	상대를 배려하며 조언하기: 「정인이의 고민」, 「모모의 고민」	13~15쪽	☐
	서로 공감하며 대화하기: 「우리 반 친절왕」	16~17쪽	☐
평가	단원 평가 1회, 2회	18~22쪽	☐
	수행 평가	23쪽	☐

1 대화와 공감

● 정답 및 풀이 1쪽

1 대화의 특성 이해하기

- 상대를 직접 보면서 말을 주고받습니다.
- 말은 다시 들을 수 없으니 대화에 집중해야 합니다.
- 표정, 몸짓, 말투에 따라 기분이나 생각을 짐작할 수 있습니다.

대화에서 표정과 말투의 역할	• 자신이 하고 싶은 말을 실감 나게 나타낼 수 있습니다. • 상대가 하는 말을 이해하는 데 도움이 됩니다. • 말하는 사람의 감정이나 마음 상태를 알 수 있습니다. • 표정이나 말투에 따라 말뜻이 달라지기도 합니다.

- 대화를 할 때에는 상대의 마음을 살피며 말해야 합니다.

2 상대가 잘한 일이나 상대의 장점을 찾아 칭찬하기

분명하고 자세하게 칭찬합니다.	결과보다는 과정을 칭찬합니다.

칭찬하는 방법

평가하지 말고 설명하는 칭찬을 합니다.	가능성을 키워 주는 칭찬을 합니다.

예 칭찬거리가 잘 드러나게 친구의 별명 짓기

다혜는 마음씨가 착하니까 '착한 마음 다혜'라고 별명을 지을 거야.

재호는 글씨를 바르게 쓰니까 '바른 글씨 재호'라고 하면 좋겠어.

3 상대를 배려하며 조언하기

- 상대에게 고민을 말하도록 강요하지 않습니다.
- 상대가 고민을 편안하게 말할 수 있도록 잘 듣습니다.
- 상대에게 도움이 되는 내용을 말합니다.
- 상대에게 진심이 전해지도록 노력합니다.

예 친구의 고민을 듣고 조언하기

친구와 다투고 나서 화해하고 싶은데 어떻게 해야 할지 모르겠어.

무슨 일로 다투었는데? 나도 그런 적이 있어.

→ 자신의 이야기처럼 관심을 보이고 공감하는 태도를 보였습니다.

개념 확인 문제

1 대화의 특성 이해하기

대화의 특성을 알맞게 말한 친구의 이름을 쓰시오.

> 지안: 상대를 직접 보면서 말을 주고받아.
> 창호: 상대의 말을 잘 듣지 않았어도 들은 척 해야 해.
> 서율: 표정, 몸짓, 말투로는 기분을 짐작하기가 힘들어.

(   )

2 상대가 잘한 일이나 상대의 장점을 찾아 칭찬하기

상대의 장점을 찾아 칭찬하는 방법으로 알맞은 것에 ○표 하시오.

(1) 자세하게 칭찬한다. (   )

(2) 과정보다는 결과를 칭찬한다.

(   )

(3) 친근함을 표현하기 위해 단점도 함께 이야기한다. (   )

3 상대를 배려하며 조언하기

상대를 배려하며 조언하는 방법으로 알맞은 것을 모두 찾아 기호를 쓰시오.

> ㉮ 상대에게 고민을 말하도록 강요한다.
> ㉯ 상대에게 진심이 전해지도록 노력한다.
> ㉰ 상대보다는 나에게 도움이 되는 내용을 말한다.
> ㉱ 상대가 고민을 편안하게 말할 수 있도록 잘 듣는다.

(   )

1 대화와 공감

● 정답 및 풀이 1쪽

어휘

1. 핵심 개념 어휘: 대화, 조언, 공감

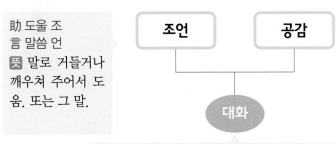

助 도울 조
言 말씀 언
뜻 말로 거들거나 깨우쳐 주어서 도움. 또는 그 말.

조언 　 공감

共 한가지 공
感 느낄 감
뜻 남의 감정, 의견, 주장 따위에 대하여 자기도 그렇다고 느낌.

대화

뜻 마주 대하여 이야기를 주고받음. 또는 그 이야기.

➡ 상대를 배려하며 조언하고, 서로 공감하며 대화를 나눕니다.

2. 작품 속 어휘

낱말	뜻	예시
발휘하다	재능, 능력 따위를 떨치어 나타내다.	유나는 국어 실력을 <u>발휘하</u>여 좋은 성적을 거두었습니다.
두루뭉술하다	말이나 행동 따위가 철저하거나 분명하지 아니하다.	선생님의 설명이 <u>두루뭉술하</u>여 이해가 잘 되지 않았습니다.
빈정거리다	남을 은근히 비웃는 태도로 자꾸 놀리다.	우빈이는 시험을 못 본 동생에게 <u>빈정거렸</u>습니다.
성가시다	자꾸 들볶거나 번거롭게 굴어 괴롭고 귀찮다.	동생이 자꾸 <u>성가시게</u> 놀아 달라고 떼를 썼습니다.
소심(小心)하다 小 작을 소 心 마음 심	대담하지 못하고 조심성이 지나치게 많다.	내 짝은 <u>소심하</u>여 작은 소리에도 깜짝 놀랐습니다.

문법　문장의 종류

◆ 문장의 종류는 말하는 사람의 의도나 문장의 끝맺는 말을 보고 알 수 있습니다. 문장의 종류에는 평서문, 의문문, 청유문, 명령문, 감탄문이 있습니다.

평서문: 생각이나 사실을 설명하는 문장.

의문문: 무엇인가를 묻는 문장.

청유문: 함께 하기를 요청하는 문장.

명령문: 무엇을 하도록 시키는 문장.

감탄문: 자기의 느낌을 표현하는 문장.

1 핵심 개념 어휘

다음 뜻에 알맞은 낱말을 쓰시오.

(1) 말로 거들거나 깨우쳐 주어서 도움. 또는 그 말.
(　　　　　)

(2) 남의 감정, 의견, 주장 따위에 대하여 자기도 그렇다고 느낌.
(　　　　　)

2 작품 속 어휘

( ) 안의 낱말 중 알맞은 것에 ○표 하시오.

(1) 아버지께서 오랜만에 요리 실력을 (발휘하셨다, 뛰어나셨다).

(2) 시환이가 내 별명을 부르며 (빈정거려, 소심하여) 기분이 상했다.

3 작품 속 어휘

다음 밑줄 친 낱말과 비슷한 뜻을 가진 낱말에 ○표 하시오.

세호는 나에게 자꾸 같은 질문을 하며 <u>성가시게</u> 굴었다.

(1) 신나게 　　　(　　　)
(2) 귀찮게 　　　(　　　)

4 문법

다음 문장의 종류는 무엇인지 쓰시오.

오늘 날씨가 참 좋구나!

(　　　　　)

태일이와 소희의 대화

❶
- ㉠어제 왜 화가 났다고 했지?
- 방금 전에 이야기했는데……
- 어, 잠깐 딴생각하느라 잘 못 들었어.
- 어제 어떤 일이 있었느냐 하면……
- 태일
- 소희

❷
- 30분이나 지났는데 왜 이렇게 안 오지?
- 미안해!
- 은주
- 왜 이렇게 늦었니?
- 걱정해 줘서 고마워, 소희야!
- 매표소
- 정말 미안해! 부모님 심부름을 하고 오느라 늦었어.
- 그래, 다음부터 약속 시간을 잘 지켰으면 좋겠어. 너한테 무슨 일이 생긴 줄 알고 걱정했잖아.

❸
- 이런 일이 있었어.
- 아, 그랬구나! 그럴 때에는 나라도 화났을 거야.
- 그래도 은주에게 아무 일이 없어서 다행이네.
- 맞아, 많이 걱정했는데……

- **특징** 소희가 태일이에게 은주와 있었던 일을 이야기하는 내용의 그림으로, 대화의 특성에 대해 알 수 있습니다.

- **활동 정리** 빈칸에 알맞은 말을 넣어 대화 내용 정리하기

소희와 은주의 대화	소희는 부모님 ❶( )을/를 하느라 약속 시간에 늦은 은주의 처지를 이해해 줌.
태일이와 소희의 대화	태일이는 소희의 말을 듣고 자신이라도 화가 났을 것이라며 ❷( )의 마음을 이해해 줌.

딴생각 주의를 기울이지 않고 다른 데로 쓰는 생각.
㉎ 우진이는 딴생각을 하다가 학급 회의 내용을 놓쳤습니다.

---

1 태일이가 ㉠과 같이 물어본 까닭은 무엇입니까?
(   )

① 소희의 화를 풀어 주려고
② 딴생각하느라 듣지 못해서
③ 소희가 이야기를 하다 말아서
④ 소희가 너무 작은 목소리로 말해서
⑤ 소희의 이야기를 잘 이해하지 못해서

2 어제 소희에게 있었던 일에 ○표 하시오.

(1) 소희가 은주에게 미안하다고 사과했다. (   )

(2) 소희가 은주와 만나기로 해서 은주를 기다렸다.
(   )

(3) 은주가 깜빡 잠이 들어서 소희와의 약속 시간에 늦었다. (   )

서술형
3 그림 ❸에서 태일이는 소희가 한 이야기를 듣고 어떻게 반응했는지 쓰시오.

_____

_____

중요 독해
4 이 그림에서 알 수 있는 대화의 특성이 아닌 것은 무엇입니까? (   )

① 상대의 마음을 살피며 말한다.
② 상대를 직접 보면서 말을 주고받는다.
③ 놓치는 내용이 없도록 대화에 집중한다.
④ 가끔 딴생각하며 대화를 멈추는 것이 좋다.
⑤ 표정, 몸짓, 말투에 따라 기분이나 생각을 짐작할 수 있다.

칭찬의 힘

❶ 들을 때마다 항상 기분이 좋아지는 말이 바로 칭찬이에요. 우리는 칭찬을 들으면 기분이 좋아질 뿐만 아니라 일을 더욱 잘하려고 노력하기도 해요. 이게 바로 칭찬의 힘이랍니다. 칭찬 한마디는 누군가에게 용기를 주고 자신을 긍정적으로 바라보게 해요. 또 올바른 습관을 기르고 능력을 키우는 데도 도움이 돼요. 그리고 다른 사람의 긍정적인 모습을 칭찬하는 것은 그 사람과 맺는 관계를 좋아지게 만들어요.

중심 내용 | 칭찬은 여러 가지 힘이 있습니다.

❷ 그렇다면 어떻게 해야 칭찬이 힘을 **발휘**할 수 있을까요?

먼저, 분명하고 자세하게 칭찬해야 해요. 누군가를 칭찬하는 방법 ①
칭찬할 때 **두루뭉술하게** 칭찬하지 말고 칭찬하는 내용이 무엇인지를 자세하게 말하는 것이 좋아요. ㉠"우아,

멋지다!", "정말 대단해!"와 같이 칭찬하기보다는 ㉡"다른 사람을 생각해서 양보하는 모습이 정말 멋지구나!"와 같이 분명하고 자세하게 칭찬해야 해요. 그래야 상대가 무엇을 잘했는지 알고 칭찬을 받으려고 더 노력하게 된답니다.

중심 내용 | 분명하고 자세하게 칭찬해야 합니다.

❸ 둘째, 결과보다 과정을 칭찬해야 해요. 누군가를 칭찬하는 방법 ②
칭찬할 때 일의 결과가 아닌 과정을 칭찬하는 것이 좋아요. ㉢"100점이네. 정말 좋겠다."와 같이 칭찬하기보다 ㉣"그렇게 열심히 하니 좋은 결과가 나오는구나!"와 같이 칭찬하면 좋은 결과가 나오지 않더라도 상대가 노력의 의미를 깨닫는답니다.

중심 내용 | 결과보다 과정을 칭찬해야 합니다.

> **발휘**(發 펼 발, 揮 휘두를 휘)할　재능, 능력 따위를 떨치어 나타낼. 예 이번 연주회는 피아노 실력을 발휘할 좋은 기회입니다.
> **두루뭉술하게**　말이나 행동 따위가 철저하거나 분명하지 아니하게.

---

5 글 ❶에서 알 수 있는 칭찬이 발휘하는 힘으로 알맞지 <u>않은</u> 것은 무엇입니까? (　　)

① 기분이 좋아지게 한다.
② 올바른 습관을 기르게 한다.
③ 능력을 키우는 데에 도움을 준다.
④ 다른 사람과 관계가 좋아지게 한다.
⑤ 자신의 부정적인 모습을 숨기게 된다.

6 ㉠~㉣의 칭찬하는 말 중 더욱 힘을 발휘할 수 있는 말을 두 가지 찾아 기호를 쓰시오.

(　　　　　　)

7 결과보다 과정을 칭찬해야 하는 까닭은 무엇인지 빈칸에 들어갈 알맞은 말을 쓰시오.

> 좋은 결과가 나오지 않더라도 [　　　　]의 의미를 깨달을 수 있기 때문이다.

(　　　　　　)

어휘

8 다음 밑줄 친 낱말 대신 쓸 수 있는 낱말은 무엇입니까? (　　)

> 선생님께 지각한 까닭을 <u>두루뭉술하게</u> 말했다.

① 분명하게　　　　② 자세하게
③ 꼼꼼하게　　　　④ 애매하게
⑤ 과장되게

● 국어 40쪽 / 정답 및 풀이 1쪽

칭찬의 힘

❹ 셋째, 평가하지 말고 설명하는 칭찬을 해야 해요. 누
군가를 칭찬할 때에는 평가하기보다 잘한 일이나 행동
을 설명하듯이 칭찬하는 것이 좋아요. "넌 정말 착하구
나!"와 같이 칭찬하면 착한 아이로 평가받으려고 억지
스럽거나 과장된 행동을 할 수도 있어요. 이렇게 칭찬하
기보다 "잃어버린 물건을 찾아 주어 친구가 참 고마워
하겠다!"와 같이 칭찬하면 상대가 행동의 가치를 이해
한답니다.

중심 내용 | 평가하지 말고 설명하는 칭찬을 해야 합니다.

❺ 마지막으로 가능성을 키워 주는 칭찬을 할 수 있으
면 더욱 좋아요. 누군가를 칭찬할 때 지금의 능력보다
잠재 능력을 보고 칭찬할 수 있어요. 현재 겉으로 드러
난 결과는 미약하고 부족해 보이더라도 앞으로의 가능
성을 보고 "미술에 소질이 많은 것 같아. 앞으로 계속
노력한다면 훌륭한 화가가 될 수 있을 거야."와 같이 칭
찬하면 상대가 자신의 재능을 발견하고 꿈을 실현하는
데 큰 도움을 줄 수 있답니다.

중심 내용 | 가능성을 키워 주는 칭찬을 해야 합니다.

❻ 어린이 여러분, 무엇보다 칭찬이 힘을 발휘할 수 있
도록 하려면 칭찬하는 말에 마음을 담아야 해요. 달콤한
칭찬의 말이지만 진실된 마음이 없으면 그것은 결코 힘
을 발휘할 수 없어요. 진심 어린 칭찬이야말로 힘을 발
휘할 수 있는 최고의 칭찬이라는 것을 잊지 마세요.

중심 내용 | 진심 어린 칭찬이 힘을 발휘할 수 있는 최고의 칭찬입니다.

- **글의 종류** 설명하는 글
- **글의 특징** 칭찬의 중요성과 힘을 발휘하는 칭찬을 하는 방법에 대해 알려 줍니다.
- **글의 구조** 빈칸에 알맞은 말을 넣어 칭찬하는 방법 정리하기

힘을 발휘하는 칭찬을 하는 방법
• 분명하고 ❶(   ) 칭찬합니다.
• 결과보다 ❷(   )을/를 칭찬합니다.
• 평가하지 말고 설명하는 칭찬을 합니다.
• ❸(   )을/를 키워 주는 칭찬을 합니다.

잠재(潛 잠길 잠, 在 있을 재) 겉으로 드러나지 않고 속에 잠겨 있거나 숨어 있음.
미약(微 작을 미, 弱 약할 약)하고 미미하고 약하고.

---

9 평가가 아닌 설명하는 칭찬은 무엇입니까? (   )

① 옷이 참 예쁘다.
② 넌 정말 솔직하구나!
③ 저 가수는 참 멋있어.
④ 이번에도 100점을 받았구나!
⑤ 아픈 동생을 도와주어 동생이 고마워하겠어!

10 상대의 잠재 능력을 보고 칭찬하면 좋은 점은 무엇이
라고 하였는지 찾아 ○표 하시오.

(1) 상대가 결과의 중요성을 이해할 수 있는 기회를
제공할 수 있다.   (   )

(2) 상대가 자신의 부족한 능력을 파악하도록 조언
을 해 줄 수 있다.   (   )

(3) 상대가 자신의 재능을 발견하고 꿈을 실현하는
데 큰 도움을 줄 수 있다.   (   )

중요 독해

11 힘을 발휘하는 칭찬을 하는 방법으로 알맞지 않은 것
은 무엇입니까? (   )

① 자세하게 칭찬한다.
② 결과보다 과정을 칭찬한다.
③ 간단하게 평가하는 칭찬을 한다.
④ 가능성을 키워 주는 칭찬을 한다.
⑤ 잘한 일이나 행동을 설명하듯이 칭찬한다.

서술형

12 글 ❻에서 칭찬이 힘을 발휘할 수 있도록 하려면 어
떻게 해야 한다고 하였는지 쓰시오.

_____

_____

정인이의 고민

❶ 동욱: 정인아, 무슨 걱정이 있니?

정인: (다소 힘없는 듯한 목소리로) 아니, 아무 일도 없는데.

동욱: (빈정거리는 말투로) 에이, 얼굴 표정을 보니 고민거리가 있는 것 같은데?

정인: (약간 성가신 듯이) 고민은 무슨 고민? 아무 일 없다니까.

동욱: (궁금해하며) 그러지 말고 말해 봐. 무슨 일인데? 다른 사람한테 절대로 말하지 않을게.

중심 내용 | 동욱이는 정인이에게 고민을 이야기하라고 재촉하였습니다.

❷ 정인: (조심스럽게) 음, 사실은 체육 시간에 뒤 구르기가 잘 안돼. 그래서 모둠끼리 여러 가지 동작을 꾸밀 때 방해가 되는 것 같아.

동욱: (큰 소리로) 뭐, 네가 뒤 구르기를 못한다고? 그럼 선생님이나 친구들에게 도와 달라고 하면 되지, 뭘 그렇게 걱정해.

정인: (당황하며) 어떻게 그러니?

동욱: 그럼 내가 말해 줄까?

정인: (황급히 큰 소리로) 아냐, 그러지 마! 내가 알아서 할게. 넌 그냥 못 들은 걸로 해.

동욱: 네가 말을 못 하면 내가 말해 줄게.

정인: (화를 내며) 아냐. 내가 알아서 한다고.

동욱: (멋쩍어하며) 도와준다는데 왜 화를 내고 그러니?

중심 내용 | 동욱이가 정인이의 고민을 제대로 듣지도 않고 해결 방안을 강요하자, 정인이는 화를 냈습니다.

- **글의 특징** 동욱이와 정인이의 대화 내용을 통해 상대의 고민을 들을 때와 상대에게 조언할 때 주의해야 할 점을 알 수 있습니다.

- **활동 정리** 빈칸에 알맞은 말을 넣어 대화 내용 정리하기

정인이의 고민
• 체육 시간에 ❶( )이/가 잘 안되는 것
• 모둠끼리 여러 가지 동작을 꾸밀 때 자신이 방해가 되는 것 같은 것

↓

동욱이가 말한 해결 방법
❷( )이나 친구들에게 도와 달라고 하는 것

빈정거리는 남을 은근히 비웃는 태도로 자꾸 놀리는.
성가신 자꾸 들볶거나 번거롭게 굴어 괴롭고 귀찮은.
멋쩍어하며 어색하고 쑥스러워하며.

---

13 대화 ❶에 대한 내용으로 알맞은 것을 두 가지 고르시오. ( )

① 정인이에게 좋은 일이 있다.
② 동욱이는 정인이를 진심으로 칭찬하였다.
③ 정인이는 고민을 말하고 싶어 하지 않았다.
④ 동욱이는 정인이에게 고민을 말하라고 재촉하였다.
⑤ 정인이는 동욱이에게 고민을 빨리 털어 놓고 싶어 하였다.

어휘

14 다음 빈칸에 들어갈 알맞은 낱말을 찾아 ○표 하시오.

시후는 동생이 자꾸 말을 걸며 굴자 화가 났다.

(멋쩍게, 성가시게, 예의 바르게)

15 동욱이가 정인이에게 잘못한 점을 두 가지 고르시오. ( )

① 정인이의 행동을 너무 진지하게 걱정했다.
② 정인이에게 고민을 말해 보라고 재촉했다.
③ 다른 반 친구들에게 정인이의 고민을 소문냈다.
④ 정인이에게 자기 고민이 무엇인지 말하지 않았다.
⑤ 정인이가 원하지 않는 방법으로 정인이의 고민을 해결하려고 했다.

서술형

16 자신이 동욱이의 입장이라면 정인이의 고민에 어떻게 조언해 줄지 생각하여 쓰시오.

_____

_____

기본 상대를 배려하며 조언하기

● 국어 46쪽 / 정답 및 풀이 1쪽

모모의 고민

- **특징** 마술사가 모모의 고민을 듣고 조 언해 주는 내용으로, 자신을 사랑하는 것 의 중요함과 상대방을 배려하며 조언하 는 방법을 알려 줍니다.

- **활동 정리** 빈칸에 알맞은 말을 넣어 마 술사가 모모에게 조언한 방법 정리하기

  - 모모의 ❶( )이/가 좋아 진 다음에 말함.
  - 모모의 ❷( )을/를 잘 듣 고 도움이 될 수 있는 내용을 말함.

소심(小 작을 소, 心 마음 심)**하며** 대담하 지 못하고 조심성이 지나치게 많으며.
㉠ 자신이 없었던 나는 선생님의 질문에 소심하게 대답하였습니다.
하찮아서 대수롭지 않아서.

---

17 모모의 고민으로 알맞은 것을 찾아 기호를 쓰시오.

> ㉮ 모든 일에 실수를 하는 것
> ㉯ 평소에 자주 웃지 못하는 것
> ㉰ 모든 일에 자신이 없고 소심한 것
> ㉱ 어떤 일이든 하기 싫은 마음이 드는 것
> ㉲ 다른 사람의 마음을 배려하지 못하고 함부로 말하게 되는 것

( )

18 그림 ❶에서 마술사가 웃었을 때 모모의 생각이나 느낌으로 알맞은 것은 무엇입니까? ( )

① 기분이 좋다.
② 자신감이 생긴다.
③ 마술사와 친해지고 싶다.
④ 마술사가 무섭게 느껴진다.
⑤ 자신의 고민이 하찮다는 생각이 든다.

19 마술사가 모모에게 웃어 보라고 한 까닭은 무엇이겠 습니까? ( )

① 모모를 비웃고 싶어서
② 모모의 고민이 하찮게 느껴져서
③ 모모와 이야기를 하고 싶지 않아서
④ 모모의 기분을 좋아지게 하기 위해서
⑤ 모모가 고민을 떠올리게 하기 위해서

어휘

20 다음 밑줄 친 낱말 중 ㉠과 반대되는 뜻의 낱말을 두 가지 고르시오. ( )

① 그 일은 사소한 문제였다.
② 선거는 민주 정치에 매우 중요하다.
③ 그의 옷차림이 초라해서 걱정되었다.
④ 나는 하늘나라에 간 강아지가 그리워서 눈물이 났다.
⑤ 숭례문은 나라에서 지정하여 보호하는 소중한 문화재이다.

모모의 고민

⑤ 그렇다면 지금 느낌을 가지고 내 말을 들어 봐.

모모가 조언을 잘 받아들일 수 있도록 기분 좋게 함.

⑥ 모모야, 너 자신과 사랑에 빠져 보렴. 남들을 의식하지 말고 너 자신을 좋아하고 사랑해 봐.

저 자신을 사랑하라고요? 제가 저를요?

⑦ 저는 모든 면에서 부족한데 어떻게 저 자신을 사랑하죠?

남을 이해하며 사랑하고 받아들이려면 먼저 자기 자신을 사랑해야 해. 사랑의 첫걸음은 바로 자기 자신을 사랑하는 거지.

⑧ 자, 받아라.

⑨ 자, 거울 속 네 모습을 보렴. 네 얼굴이 얼마나 사랑스럽니? 네 눈빛이 얼마나 눈부시니? 참 멋지고 사랑스럽지?

• **활동 정리** 빈칸에 알맞은 말을 넣어 대화 내용 정리하기

모모의 고민
모든 일에 ❸( )이/가 없고 소심하며 망설이는 것

↓

마술사의 조언
남들을 의식하지 말고 자신을 좋아하고 ❹( )하는 것

의식(意 뜻 의, 識 알 식)**하지** 어떤 것을 두드러지게 느끼거나 특별히 염두에 두지.
㈎ 지하철에서 다른 사람을 의식하여 조용히 전화 통화를 하였습니다.
눈부시니 빛이 아주 아름답고 황홀하니.

---

21 마술사가 말한, 사랑의 첫걸음은 무엇인지 찾아 쓰시오.

( )

중요 독해

22 이 그림을 통해 알 수 있는 조언하는 방법으로 알맞지 <u>않은</u> 것은 무엇입니까? ( )

① 상대에게 진심이 전해지도록 말한다.
② 상대에게 도움이 되는 내용을 말한다.
③ 상대가 받아들일 수 있는 내용을 조언한다.
④ 상대가 고민을 편안하게 말할 수 있도록 잘 듣는다.
⑤ 상대의 고민보다 심각한 내 고민에 대해 자세히 말한다.

23 모모에게 할 말을 알맞게 말한 친구의 이름을 쓰시오.

도은: 자기 자신이 잘 할 수 있다는 것을 믿어 봐.
서우: 다른 사람을 먼저 배려하는 마음을 가져 봐.

( )

서술형

24 다음 친구에게 할 알맞은 조언하는 말을 쓰시오.

친구와 다투고 나서 화해하고 싶은데 어떻게 해야 할지 모르겠어.

_____

_____

우리 반 친절왕

민재: (조심스럽게) 주민아, 너희 아빠께서는 소방관이시니까 덩치도 크고 운동도 잘하시겠다.

내용 듣기

주민: (밝게 웃으며) 우리 아빠? 키는 크신데 운동은 잘 안 하셔. 요즘에 119 구조대로 부서를 옮기시고는 친절왕이 되셨지. 아빠의 친절왕 정신 때문에 우리는 어딘가 놀러 갈 때 제시간에 도착하지 못하기도 해. 얼마 전에는 영화관에 너무 늦게 들어가서 영화 뒷부분만 본 적도 있어.

민재: (크게 웃으며) 왜?

주민: 길을 잃고 헤매는 할머니를 가시는 곳까지 모셔다 드리느라 그랬지. 우리 아빠께서는 길에서 애들끼리 싸우는 것을 보면 꼭 가서 말리셔야 하고, 누구든 도움이 필요한 사람이 있으면 꼭 도와주셔야 해. 무관심

주민이 아버지의 친절한 성격을 알 수 있음.

은 나쁜 것이라고 하시면서 말이야.

민재: (감탄하며) 우아, 너희 아빠 참 대단하시다.

주민: 대단하다고? 글쎄, 처음에 난 모든 사람이 그런 줄 알았어. 나중에 우리 아빠께서 좀 심하시다는 것을 알게 됐지.

민재: (궁금하다는 듯이) 그게 싫었니?

주민: 응, 솔직히 우리 아빠께서 나한테만 관심을 보여 주셨으면 하는 마음이 컸어. 남을 돕는다고 뛰어다니시다가 정작 나랑 할 일을 하시지 못한 적이 꽤 많았으니까.

민재: ㉠그래, 그럴 수도 있겠다.

주민: 그런데 나중에는 포기했지. 원래 그러시는 것을 내가 어쩌겠어.

덩치 몸집. 예 그는 또래 친구들보다 덩치가 큰 편입니다.
부서(部 거느릴 부, 署 관청 서) 기관, 기업, 조직 따위에서 일이나 사업의 체계에 따라 나뉘어 있는, 사무의 각 부문.
무관심 관심이나 흥미가 없음.
정작 어떤 일이 닥쳤을 때 기대하거나 의도했던 것과는 달리.
예 열심히 공부했지만 정작 시험에서는 낮은 점수를 받았습니다.

서술형

25 얼마 전에 주민이 아버지께서 영화관에 늦게 도착하신 까닭은 무엇인지 쓰시오.

_____

_____

26 주민이의 아버지에 대한 설명으로 알맞지 <u>않은</u> 것은 무엇입니까? (   )

① 소방관이시다.
② 사람들에게 친절하시다.
③ 119 구조대에서 근무하신다.
④ 덩치가 크시고 운동도 매일 하신다.
⑤ 무관심은 나쁜 것이라고 생각하신다.

중요 독해

27 ㉠에 나타나 있는 민재의 마음으로 알맞은 것은 무엇입니까? (   )

① 공감하는 마음   ② 축하하는 마음
③ 실망하는 마음   ④ 궁금해하는 마음
⑤ 속상해하는 마음

어휘

28 다음 빈칸에 들어갈 알맞은 낱말을 보기 에서 찾아 쓰시오.

보기

무관심   정작   덩치

(1) 나는 은주를 보자 (   ) 아무 말도 하지 못했다.

(2) 사람들은 풀꽃을 (   )한 표정으로 바라보았다.

(3) (   )이/가 큰 민수는 언제나 제일 뒷자리에 앉았다.

우리 반 친절왕

민재: 내 생각에는 너도 너희 아빠와 비슷한 것 같은데?

주민: (놀라며) 내가? 그럼 안 되는데! 나는 아빠를 닮지 않아야겠다고 생각했거든.

민재: (밝게 웃으며) 내 눈에는 너도 친절왕이야.

주민: (엄살을 떨며) 그럼 정말 안 되는데. 아빠의 바이러스가 나한테 옮았나?

친절왕 바이러스

주민   민재

민재: (궁금한 듯이) 아빠의 바이러스?

주민: 내가 아빠께 친절왕이 옮기고 간 바이러스가 있다고 그랬거든. 아빠와 같이 사니까 나한테도 옮았나 봐.

• **글의 특징** 친절왕이신 주민이의 아버지에 대한 민재와 주민이의 대화 내용을 통해 서로 공감하며 대화하는 방법을 알 수 있습니다.

• **활동 정리** 빈칸에 알맞은 말을 넣어 민재와 주민이가 주고받은 대화의 특징 정리하기

민재와 주민이가 즐겁게 대화한 까닭	서로의 감정이나 ❶( )을/를 받아 주며 이야기했기 때문임.
민재와 주민이가 말을 주고받은 방법	서로의 말에 ❷( )하며 대화함.

엄살 아픔이나 괴로움 따위를 거짓으로 꾸미거나 실제보다 보태어서 나타냄. 또는 그런 태도나 말.

㉠ 형이 학교에 가기 싫어서 아프다고 엄살을 부렸습니다.

---

29 민재가 주민이에게 아빠와 비슷하다고 말한 까닭은 무엇입니까? (   )

① 주민이도 친구들에게 친절해서
② 주민이가 친구들과 사이가 좋지 않아서
③ 주민이가 몸이 약해서 아플 때가 많아서
④ 주민이가 친구들에게 도움을 많이 받아서
⑤ 주민이가 약속을 지키지 않을 때가 많아서

서술형
30 민재와 주민이가 즐겁게 대화한 까닭은 무엇인지 쓰시오.

_____

_____

31 다음 그림의 상황에서 서로의 감정이나 생각에 공감하면서 대화할 때 알맞지 않은 말을 찾아 기호를 쓰시오.

내가 상을 받아서 기쁘지만 정우도 평소에 연습을 많이 했는데……

상을 못 받아서 아쉬워. 그래도 친한 친구가 상을 받았으니 축하해 줘야겠지.

시현   정우

정우: ㉮시현아, 글쓰기 대회에서 상 받았지? 정말 축하해.

시현: ㉯정우야, 정말 고맙다. 너도 같이 상을 받았으면 좋았을 텐데……

정우: ㉰괜찮아. 다음에 또 도전하면 되지. 어떻게 하면 글을 잘 쓸 수 있는지 더 배워야겠어.

시현: ㉱그래, 앞으로 나한테 좀 배워라.

(   )

1 상대를 직접 보면서 말을 주고받는 것을 가리키는 말은 무엇입니까? (   )

① 표정   ② 공감   ③ 말투
④ 몸짓   ⑤ 대화

[2~3] 다음 글을 읽고, 물음에 답하시오.

가 우리는 칭찬을 들으면 기분이 좋아질 뿐만 아니라 일을 더욱 잘하려고 노력하기도 해요. 이게 바로 칭찬의 힘이랍니다. 칭찬 한마디는 누군가에게 용기를 주고 자신을 긍정적으로 바라보게 해요. 또 올바른 습관을 기르고 능력을 키우는 데도 도움이 돼요.

나 평가하지 말고 설명하는 칭찬을 해야 해요. 누군가를 칭찬할 때에는 평가하기보다 잘한 일이나 행동을 설명하듯이 칭찬하는 것이 좋아요. "넌 정말 착하구나!"와 같이 칭찬하면 착한 아이로 평가받으려고 억지스럽거나 과장된 행동을 할 수도 있어요. 이렇게 칭찬하기보다 "   ⊙   "와 같이 칭찬하면 상대가 행동의 가치를 이해한답니다.

2 칭찬이 발휘하는 힘으로 알맞으면 ○표, 알맞지 <u>않으</u>면 ×표 하시오.

⑴ 자신을 긍정적으로 바라보게 한다.   (   )

⑵ 다른 사람을 정확히 평가하게 한다.   (   )

⑶ 올바른 습관을 기르고 능력을 키우는 데 도움이 된다.   (   )

3 ⊙에 들어갈 칭찬을 알맞게 말한 친구의 이름을 쓰시오.

사랑: 넌 정말 멋진 아이구나!
성호: 칭찬을 받으려고 친구의 물건을 찾아 줬어.
유나: 잃어버린 물건을 찾아 주어 친구가 참 고마워하겠다!

(   )

[4~5] 다음 그림을 보고, 물음에 답하시오.

4 마술사는 모모의 고민을 어떻게 해결해 주었는지 빈칸에 들어갈 알맞은 말을 쓰시오.

남들을 의식하지 말고 [   ]을/를 좋아하고 사랑하라고 했다.

(   )

5 마술사가 모모의 기분이 좋아진 다음에 말한 까닭으로 알맞은 것은 무엇입니까? (   )

① 모모의 웃음소리가 신기해서
② 모모의 고민이 너무 하찮아서
③ 모모의 이야깃거리가 따분하게 느껴져서
④ 많이 웃으면 고민을 빨리 잊을 수 있어서
⑤ 기분이 나쁜 상태에서는 남의 말을 잘 받아들이지 않을 수 있어서

[6~7] 다음 글을 읽고, 물음에 답하시오.

> 민재: (감탄하며) 우아, 너희 아빠 참 대단하시다.
> 주민: 대단하다고? 글쎄, 처음에 난 모든 사람이 그런 줄 알았어. 나중에 우리 아빠께서 좀 심하시다는 것을 알게 됐지.
> 민재: (궁금하다는 듯이) 그게 싫었니?
> 주민: 응, 솔직히 우리 아빠께서 나한테만 관심을 보여 주셨으면 하는 마음이 컸어. 남을 돕는다고 뛰어다니시다가 정작 나랑 할 일을 하시지 못한 적이 꽤 많았으니까.
> 민재: ㉠
> 주민: 그런데 나중에는 포기했지. 원래 그러시는 것을 내가 어쩌겠어.
> 민재: 내 생각에는 너도 너희 아빠와 비슷한 것 같은데?
> 주민: (놀라며) 내가? 그럼 안 되는데! 나는 아빠를 닮지 않아야겠다고 생각했거든.
> 민재: (밝게 웃으며) 내 눈에는 너도 친절왕이야.

6 민재가 공감하는 마음으로 말할 때, ㉠에 들어갈 알맞은 말은 무엇입니까? (   )

① 그건 아닌 것 같아.
② 네 생각을 잘 모르겠어.
③ 그래, 그럴 수도 있겠다.
④ 네 생각이 잘못된 것 같아.
⑤ 넌 아빠를 이해하지 못하는구나.

7 주민이가 민재의 말을 듣고 놀란 까닭으로 알맞은 것의 기호를 쓰시오.

> ㉮ 민재가 주민이 아버지를 싫어한다고 말해서
> ㉯ 민재가 주민이 아버지를 닮지 않았다고 말해서
> ㉰ 민재가 주민이도 주민이 아버지와 비슷한 것 같다고 말해서

(   )

8 다음 상황에서 명진이가 친구들에게 할 말로 가장 알맞은 것은 무엇입니까? (   )

① 너희들 정말 대단하다! 쉬는 시간이어도 너무 시끄럽잖아.
② 얘들아, 조금만 조용히 해 주면 안 될까? 쉬는 시간에 부탁해서 미안해.
③ 수업 시간만큼 쉬는 시간도 조용히 하자. 너희가 기분 나쁘다고 해도 소용없어.
④ 윤성아, 너 이 책 읽고 싶다고 했지? 준호랑 이야기 그만하고 책 좀 읽는 게 어때?
⑤ 너희가 귓속말로 대화하니까 내가 책 읽는 데 집중을 할 수가 없어. 내 입장 좀 이해해 줘.

_{문법}

9 다음 중 문장의 종류가 '명령문'인 것은 무엇입니까? (   )

① 물 한 잔만 주어라.
② 학교에 다녀왔습니다.
③ 그림을 정말 잘 그리는구나!
④ 지우개를 어디에다 두었니?
⑤ 오늘 방과 후에 운동장에서 놀자.

_{문법}

10 다음 문장을 의문문으로 바꾸어 쓰시오.

> 창문이 열려 있습니다.

(   )

[1~2] 다음 그림을 보고, 물음에 답하시오.

1 그림 ❶에서 소희의 마음은 어떠하겠습니까?

( )

① 설렌다.　　② 행복하다.　　③ 걱정된다.
④ 부끄럽다.　　⑤ 자랑스럽다.

2 ㉠과 ㉡으로 알 수 있는 대화의 특성은 무엇입니까?

( )

① 상대의 마음을 살피며 말한다.
② 잘 듣지 않았으면 다시 물어본다.
③ 공식적인 상황에서는 높임말을 쓴다.
④ 표정, 몸짓, 말투는 별로 중요하지 않다.
⑤ 상대를 직접 보지 않고도 말을 주고받는다.

3 말을 주고받을 때 표정과 말투가 하는 역할로 알맞지 <u>않은</u> 것은 무엇입니까? ( )

① 상대의 말을 이해하는 데 도움이 된다.
② 말하는 사람의 감정이나 마음 상태를 알 수 있다.
③ 자신이 하고 싶은 말을 실감 나게 표현할 수 있다.
④ 표정이나 말투에 따라 말의 뜻이 달라지기도 한다.
⑤ 말을 하지 않아도 생각을 정확하게 전달할 수 있게 한다.

4 친구를 칭찬하는 말을 할 때 어울리는 표정, 몸짓, 말투를 쓰시오.

( )

[5~7] 다음 글을 읽고, 물음에 답하시오.

㉮ 어떻게 해야 칭찬이 힘을 발휘할 수 있을까요?

먼저, 분명하고 자세하게 칭찬해야 해요. 누군가를 칭찬할 때 두루뭉술하게 칭찬하지 말고 칭찬하는 내용이 무엇인지를 자세하게 말하는 것이 좋아요. "우아, 멋지다!", "정말 대단해!"와 같이 칭찬하기보다는 "다른 사람을 생각해서 양보하는 모습이 정말 멋지구나!"와 같이 분명하고 자세하게 칭찬해야 해요. 그래야 상대가 무엇을 잘했는지 알고 칭찬을 받으려고 더 노력하게 된답니다.

㉯ 무엇보다 칭찬이 힘을 발휘할 수 있도록 하려면 칭찬하는 말에 마음을 담아야 해요. 달콤한 칭찬의 말이지만 진실된 마음이 없으면 그것은 결코 힘을 발휘할 수 없어요. 진심 어린 칭찬이야말로 힘을 발휘할 수 있는 최고의 칭찬이라는 것을 잊지 마세요.

[서술형]

5 누군가를 칭찬할 때 분명하고 자세하게 칭찬해야 하는 까닭은 무엇인지 쓰시오.

_____

_____

6 글 ㉮의 내용으로 보아, 가장 힘을 발휘할 수 있는 칭찬은 무엇입니까? ( )

① 정말 잘했어!
② 우아, 멋지다!
③ 난 네가 착할 때가 더 많은 것 같아.
④ 다음에는 상을 받을 수 있기를 바라.
⑤ 다친 친구의 모습을 보고 최선을 다해 도와주는 모습이 정말 멋지구나!

7 이 글에서 말한 최고의 칭찬은 무엇인지 빈칸에 알맞은 말을 쓰시오.

┌─────────────────┐
│   │어린 칭찬
└─────────────────┘

(   )

[8~9] 다음 글을 읽고, 물음에 답하시오.

> **㉮** 동욱: 정인아, 무슨 걱정이 있니?
>
> 정인: (다소 힘없는 듯한 목소리로) 아니, 아무 일도 없는데.
>
> 동욱: (빈정거리는 말투로) 에이, 얼굴 표정을 보니 고민거리가 있는 것 같은데?
>
> 정인: (약간 성가신 듯이) 고민은 무슨 고민? 아무 일 없다니까.
>
> 동욱: (궁금해하며) 그러지 말고 말해 봐. 무슨 일인데? 다른 사람한테 절대로 말하지 않을게.
>
> 정인: (조심스럽게) 음, 사실은 체육 시간에 뒤 구르기가 잘 안돼. 그래서 모둠끼리 여러 가지 동작을 꾸밀 때 방해가 되는 것 같아.
>
> 동욱: (큰 소리로) 뭐, 네가 뒤 구르기를 못한다고? 그럼 선생님이나 친구들에게 도와 달라고 하면 되지, 뭘 그렇게 걱정해.
>
> 정인: (당황하며) 어떻게 그러니?
>
> **㉯** 모모: 전 도대체 왜 이럴까요? 모든 일에 왜 자신이 없고 소심하며 망설이게 되죠?
>
> 마술사: 음하하하, 음하하하!
>
> 모모: 역시 제 고민은 너무 하찮아서 이야깃거리도 되지 못하는군요.
>
> 마술사: 모모야, 그러지 말고 너도 웃어 봐. 이것은 절대로 널 비웃는 웃음이 아니야. 하하하!
>
> 마술사, 모모: 하하하!
>
> 마술사: 어때? 한바탕 웃고 나니까 기분이 좋아졌지?
>
> 모모: 그러네요. 기분이 훨씬 좋아졌어요.
>
> 마술사: 그렇다면 지금 느낌을 가지고 내 말을 들어 봐. 모모야, 너 자신과 사랑에 빠져 보렴. 남들을 의식하지 말고 너 자신을 좋아하고 사랑해 봐.

8 대화 ㉮와 ㉯에서 정인이와 모모의 고민은 무엇인지 각각 쓰시오.

(1) 정인이의 고민: _____

_____

(2) 모모의 고민: _____

_____

9 대화 ㉯의 마술사가 대화 ㉮의 동욱이에게 해 줄 수 있는 말로 가장 알맞은 것은 무엇이겠습니까?

(   )

① 친구의 고민을 들었을 때는 직접 고민을 해결해 주어야지.

② 친구가 고민을 말하기 싫어하더라도 계속 물어보는 것이 좋아.

③ 친구가 조언을 받아들일 수 있는 기분인지 살핀 다음 말해야 해.

④ 친구에게 조언을 할 때는 절대 실천할 수 없는 방법을 말해야 해.

⑤ 친구의 고민은 다른 친구들도 알 수 있도록 큰 소리로 말하는 것이 좋아.

10 다른 사람에게 조언하는 방법으로 알맞지 <u>않은</u> 것은 무엇입니까? (   )

① 상대에게 진심이 전해지도록 노력한다.

② 상대에게 도움이 될 수 있는 내용을 말한다.

③ 친구가 받아들일 수 있는 내용을 조언하는 것이 좋다.

④ 친구에게 억지로 고민을 말하라고 강요해서는 안 된다.

⑤ 상대가 고민을 자세하게 말할 수 있도록 말하는 중간중간 계속 끼어든다.

[11~12] 다음 글을 읽고, 물음에 답하시오.

> 민재: (조심스럽게) 주민아, 너희 아빠께서는 소방관이
> 시니까 덩치도 크고 운동도 잘하시겠다.
> 주민: (밝게 웃으며) 우리 아빠? 키는 크신데 운동은 잘
> 안 하셔. 요즘에 119 구조대로 부서를 옮기시고는
> 친절왕이 되셨지. 아빠의 친절왕 정신 때문에 우리
> 는 어딘가 놀러 갈 때 제시간에 도착하지 못하기도
> 해. 얼마 전에는 영화관에 너무 늦게 들어가서 영화
> 뒷부분만 본 적도 있어.
> 민재: (크게 웃으며) 왜?
> 주민: 길을 잃고 헤매는 할머니를 가시는 곳까지 모셔
> 다드리느라 그랬지. 우리 아빠께서는 길에서 애들
> 끼리 싸우는 것을 보면 꼭 가서 말리셔야 하고, 누
> 구든 도움이 필요한 사람이 있으면 꼭 도와주셔야
> 해. 무관심은 나쁜 것이라고 하시면서 말이야.
> 민재: (감탄하며) 우아, 너희 아빠 참 대단하시다.

11 민재와 주민이는 무엇에 대하여 이야기를 나누고 있
습니까? (   )

① 착한 일을 한 경험
② 지난 주말에 본 영화
③ 119 구조대가 하는 일
④ 친절왕이신 주민이의 아버지
⑤ 도움이 필요한 사람을 도와주어야 하는 까닭

12 이 대화에서 민재는 주민이의 말에 어떻게 반응하고
있습니까? (   )

① 공감하며 반응하고 있다.
② 다 안다는 듯이 반응하고 있다.
③ 모든 말에 대하여 질문을 하고 있다.
④ 지루하다는 듯이 건성으로 반응하고 있다.
⑤ 진심으로 위로하는 말투와 표정을 보이고 있다.

[13~14] 다음 그림을 보고, 물음에 답하시오.

13 그림에 나타난 상황이 어떠한지 두 가지를 고르시오.
(   )

① 정아는 유라를 도와주고 싶다.
② 유라는 미술 준비물을 챙겨 오지 않았다.
③ 유라는 정아보다 그림을 늦게 그리고 있다.
④ 정아는 평소에 유라보다 그림을 잘 그린다.
⑤ 정아는 스스로 그림을 완성해야 한다고 생각한다.

서술형

14 다음 정아의 입장에서 유라에게 해 줄 수 있는 말을
생각하여 대화를 완성하시오.

> 정아: 유라야, 내가 색칠하는 것 좀 도와줄까?
> 유라: 고마워, 정아야. 밑그림을 그리는 데 시간
> 이 많이 걸렸나 봐.
> 정아: _____
>
> _____

15 고민 나누기 엽서를 쓸 때 고려할 점으로 알맞지 <u>않은</u>
것에 ×표 하시오.

(1) 고민을 구체적으로 쓴다.   (   )
(2) 고민하는 상황이 잘 드러나게 쓴다.   (   )
(3) 고민하게 된 까닭이 드러나게 쓴다.   (   )
(4) 친구의 고민을 내 고민처럼 꾸며 쓴다. (   )

1. 대화와 공감

● 정답 및 풀이 3쪽

평가 주제	친구들의 고민을 듣고 해결 방법 제안하기
평가 목표	친구들의 고민을 이해하여 고민에 맞는 해결 방법을 자세히 쓸 수 있다.

내 고민은?

저는 요즘 자꾸 늦잠을 잡니다. 그래서 부모님께 꾸지람을 많이 듣지만 잘 고쳐지지 않아요. 아침에 일찍 일어나고 싶은데 어떻게 하면 좋을까요?

잠꾸러기에게

저도 그런 적이 있었어요. 그래서 저녁에 일찍 잠자리에 들었더니 늦잠 자는 일이 많이 줄어들었어요. 저녁에 일찍 자면 아침에 일찍 일어날 수 있을 거예요. 그리고 자는 시간과 일어나는 시간을 정해 놓고 지키려고 노력해야 해요.

1 친구의 고민은 무엇인지 쓰시오.

2 친구의 고민에 어떤 해결 방법을 제시했는지 쓰시오.

3 자신이라면 친구의 고민에 대해 어떤 해결 방법을 제시해 줄 수 있을지 조건 에 맞게 쓰시오.

> 조건
> 1. 친구에게 엽서를 쓰는 형식으로 쓴다.
> 2. 실천할 수 있는 해결 방법을 자세히 쓴다.

미로를 따라 길을 찾아보세요.

● 정답 및 풀이 3쪽

출발

도착

2 작품을 감상해요

▶ 학습을 완료하면 V표를 하면서 학습 진도를 체크해요.

2 작품을 감상해요

개념 강의

● 정답 및 풀이 4쪽

1 경험을 떠올리며 작품을 읽을 때 좋은 점

- 내용을 더 쉽게 이해할 수 있습니다.
- 내용을 더 생생하게 느낄 수 있습니다.
- 책이나 영상에서 본 것을 떠올리면 더욱 실감 나게 읽을 수 있습니다.
- 인물의 마음을 더 잘 이해할 수 있습니다.

2 경험을 떠올리며 시 읽기

> 시에서 말하는 이가 겪은 일을 찾습니다. ➡ 시의 말하는 이처럼 느낀 경험을 떠올립니다.

예 「출렁출렁」을 읽고 말하는 이처럼 느낀 경험 떠올리기

추울 때 버스 정류장에서 집에 빨리 가고 싶었어.

할머니가 보고 싶을 때 할머니 댁이 바로 우리 집 앞에 있었으면 했어.

등교 시간에 배고파서 점심시간을 앞당기고 싶었어.

3 경험을 떠올리며 이야기 읽기

> 이야기에서 자신의 경험과 비슷한 부분을 찾아봅니다.

➡ 자신의 경험을 떠올려 이어질 이야기를 상상해 씁니다.

➡ 상상해 쓴 이야기를 친구들과 바꾸어 읽어 봅니다.

➡ 상상한 이야기가 비슷하거나 다른 까닭을 생각해 봅니다. 지식이나 경험에 따라 생각이나 느낌이 다르게 나타날 수 있습니다.

➡ 작품 속 세계와 우리가 살고 있는 현실 세계의 다른 점을 이야기해 봅니다.

예 「덕실이가 말을 해요」를 읽고 이어질 이야기 상상하기

수일이는 가짜 수일이를 만들 수 있을까?

- 덕실이가 말한 대로 쥐를 찾아서 가짜 수일이를 만들 수 있을 거야.
- 가짜 수일이를 만들 수 없을 거야. 수일이가 꿈을 꾸고 있는지도 몰라.

---

1 경험을 떠올리며 작품을 읽을 때 좋은 점

경험을 떠올리며 글을 읽으면 좋은 점으로 알맞은 것에 모두 ○표 하시오.

(1) 내용을 더 생생하게 느낄 수 있다. ( )

(2) 인물의 마음을 더 잘 이해할 수 있다. ( )

(3) 글의 내용을 복잡하고 어렵게 바꿀 수 있다. ( )

2 경험을 떠올리며 시 읽기

자신의 경험을 떠올리며 시를 읽은 친구의 이름을 쓰시오.

> 지훈: 시를 읽으니 보고 싶은 사람을 그리워하는 말하는 이의 마음이 느껴졌어.
> 아인: 시의 말하는 이처럼 나도 할머니가 보고 싶을 때 할머니 댁으로 가는 길을 앞당기고 싶었어.

( )

3 경험을 떠올리며 이야기 읽기

다음 두 친구와 같이 이야기를 읽고, 상상한 내용이 다른 까닭은 무엇인지 빈칸에 알맞은 말을 쓰시오.

> 규진 「덕실이가 말을 해요」에서 앞으로 가짜 수일이가 진짜 행세를 할 것이다.
> 연아 「덕실이가 말을 해요」에서 엄마가 가짜 수일이를 예뻐해 수일이가 가짜 수일이를 만든 것을 후회할 것이다.

→ 같은 이야기로 글을 쓰더라도 자신의 지식이나 ( ) 에 따라 생각이나 느낌이 다르게 나타날 수 있기 때문이다.

2 작품을 감상해요

● 정답 및 풀이 4쪽

어휘·문법

어휘

1. 핵심 개념 어휘: 경험, 작품, 감상

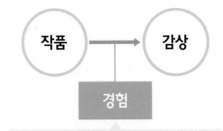

作 지을 작
品 물건 품
뜻 예술 창작 활동으로 얻어지는 제작물.

작품 → **감상**

경험

鑑 거울 감
賞 상줄 상
뜻 주로 예술 작품을 이해하여 즐기고 평가함.

經 지날 경, 驗 시험 험
뜻 자신이 실제로 해 보거나 겪어 봄. 또는 거기서 얻은 지식이나 기능.

➡ 경험을 떠올리며 작품을 감상해 봅니다.

2. 작품 속 어휘

낱말	뜻	예시
얼	정신의 가장 중요한 부분.	전통 문화에는 민족의 얼이 담겨 있습니다.
치밀하다	자세하고 꼼꼼하다.	그는 일 처리를 물샐틈없이 치밀하게 합니다.
방방곡곡	한 군데도 빠짐이 없는 모든 곳.	만세 소리는 삼천리 방방곡곡에 퍼져 나갔습니다.
자근자근	자꾸 가볍게 누르거나 밟는 모양.	혁이가 아버지의 다리를 자근자근 주물러 드렸습니다.
나직하다	소리가 조금 낮고 조용하다.	나를 부르는 나직한 아빠의 목소리가 들려왔습니다.

문법 동작이나 상태를 나타내는 낱말

종수가 복도에서 넘어졌다. 종수는 넘어져 다친 곳이 아팠다.

◆ '넘어졌다'는 종수가 한 동작을 나타내고, '아팠다'는 종수의 상태를 나타냅니다. '넘어지다'처럼 사람이나 사물의 동작을 나타내는 낱말은 '동사', '아프다'와 같이 사람이나 사물의 성질, 상태를 나타내는 낱말은 '형용사'라고 합니다. 둘 다 문장에서 서술어로 쓰일 수 있고, 형태가 변하는 낱말이라는 공통점이 있습니다.

어휘·문법 확인 문제

1 핵심 개념 어휘

다음 뜻에 알맞은 낱말을 쓰시오.

> 자신이 실제로 해 보거나 겪어 봄. 또는 거기서 얻은 지식이나 기능.

( )

2 단원

2 작품 속 어휘

( ) 안의 낱말 중 알맞은 것에 ○표 하시오.

⑴ 할머니의 어깨를 (옴짝달싹, 자근자근) 주물러 드렸다.

⑵ 언니는 성격이 (치밀하고, 여유롭고) 실수가 거의 없어서 일을 완벽하게 한다.

3 작품 속 어휘

다음 밑줄 친 낱말의 뜻으로 알맞은 것에 ○표 하시오.

> 우리글에는 우리 겨레의 얼이 살아 숨 쉬고 있다.

⑴ 정신의 가장 중요한 부분.
( )

⑵ 예의에 관한 모든 절차나 질서.
( )

4 문법

다음 보기 의 낱말을 동사와 형용사로 구분하여 쓰시오.

> **보기**
> 먹다 작다 달리다 기쁘다

⑴ 동사: ( )

⑵ 형용사: ( )

유관순

① 유관순은 1902년 12월 16일, 충청남도 천안의 작은 마을에서 태어났다. 유관순의 아버지는 대를 이어 그 마을에서 살아온 선비 집안의 후손이었다. 유관순의 집은 그리 넉넉하지 못했지만, 늘 웃음소리가 끊이지 않는 화목한 가정이었다. / 어느 날, 아버지께서는 유관순에게 평소 마음에 둔 이야기를 들려주셨다.

"우리나라가 일본의 침략을 받고 시달리는 것은 나라의 힘이 약한 까닭이다. 나라의 힘을 기르려면 서양 문물을 받아들이고 신학문을 배워야 한다."

아버지께서는 엄숙한 표정으로 말씀을 이으셨다.

"여자들도 집안일만 할 것이 아니라 더 배워서 나라의 일꾼이 되어야 한다."

아버지께서는 젊은이들을 잘 가르쳐야 빼앗긴 나라를 되찾을 수 있다고 생각해 유관순을 서울로 보내어 신학문을 배우게 하셨다.

중심 내용 | 유관순의 아버지는 유관순에게 신학문을 배우게 하셨습니다.

② 1916년에 유관순은 서울 정동에 있는 이화학당에 입학했다. 유관순은 아버지의 가르침을 따라 방학 동안에는 고향에 내려가 우리글을 모르는 마을 사람들에게 열심히 글을 가르쳤다. 그러나 일본은 우리나라 사람들이 우리글을 배우는 것을 싫어했다. 우리글에는 우리 민족의 얼이 담겼다고 생각했기 때문이다.

이 무렵, 우리 겨레는 내 나라, 내 땅에서 마음 놓고 사는 것조차 힘들었다. _{일제 강점기} 그래서 하루하루 고통 속에서 살았으며 모두 독립을 애타게 바랐다. 그리하여 온 겨레가 한마음으로 목청껏 독립을 외쳤다. 1919년 3월 1일, 서울 탑골 공원에서 시작한 독립 만세 운동이 바로 그것이었다.

중심 내용 | 일본의 침략을 받아 시달리던 시기에 유관순은 마을 사람들에게 우리글을 가르쳤습니다.

후손(後 뒤 후, 孫 손자 손) 자신의 세대에서 여러 세대가 지난 뒤의 자녀를 통틀어 이르는 말.
얼 정신의 가장 중요한 부분.
독립(獨 홀로 독, 立 설 립) 한 나라가 완전한 주권을 가지고 있는 것. 다른 나라에 종속되거나 의존하지 않는 것.
목청껏 있는 힘껏 큰 소리로.

---

1 유관순에 대한 설명으로 알맞은 것을 두 가지 고르시오. (   )

① 화목한 가정에서 자랐다.
② 1902년 12월, 충청남도에서 태어났다.
③ 집안일을 하느라 학교에 다니지 못했다.
④ 가족과 함께 서울에서 천안으로 이사 왔다.
⑤ 가정 형편이 넉넉해 주변 사람들에게 베풀고 살았다.

2 아버지께서 유관순에게 신학문을 배워야 한다고 말씀하신 까닭은 무엇입니까? (   )

① 집이 넉넉하지 않아서
② 나라의 힘을 기르기 위해서
③ 화목한 가정을 만들기 위해서
④ 선비 집안의 대를 잇기 위해서
⑤ 일본이 신학문을 배우지 못하게 해서

서술형

3 일본이 우리나라 사람들이 우리글을 배우는 것을 싫어한 까닭은 무엇인지 쓰시오.

_____

_____

중요 독해

4 유관순이 살던 시대에 대한 설명으로 알맞지 <u>않은</u> 것은 무엇입니까? (   )

① 나라의 힘이 약했다.
② 독립을 애타게 바랐다.
③ 일본의 침략을 받고 시달렸다.
④ 젊은이들은 서양에 가서 자신의 꿈을 이루었다.
⑤ 우리나라 사람들이 우리글을 배우는 것이 힘들었다.

유관순

❸ 그날, 유관순도 친구들과 함께 거리로 나갔다. 태극기를 든 남녀노소가 한목소리로 독립 만세를 불렀다. 유관순의 마음도 뜨거워졌다. 유관순은 친구들과 함께 목이 터져라 독립 만세를 불렀다.

"대한 독립 만세!" / "대한 독립 만세!"

거리에는 태극기를 든 사람들이 거대한 물결처럼 밀려들었다. 태극기의 물결은 온 장안을 뒤덮었다. 일본 헌병들은 닥치는 대로 몽둥이와 칼을 휘두르고 총을 쏘아 댔다. 많은 사람이 쓰러졌으나 만세 소리는 그칠 줄을 몰랐다. 유관순과 친구들이 기숙사로 돌아왔을 때에는 이미 여러 선생님과 친구가 잡혀간 뒤였다.

중심 내용 | 일본 헌병들이 몽둥이와 칼을 휘두르고 총을 쏘아 댔지만 유관순과 사람들은 독립 만세를 불렀습니다.

❹ 1919년 3월 10일, 일본은 학교를 강제로 닫았다. 그래서 기숙사에 있던 학생들은 뿔뿔이 흩어졌고 유관순도 고향으로 돌아왔다.
제각기 따로따로 흩어지는 모양.

고향으로 돌아온 유관순은 독립 만세를 부를 준비를 했다. 유관순은 사촌 언니와 함께 동지들을 모으고, 독립 만세를 부를 계획을 치밀하게 세웠다. 날마다 이 마을 저 마을을 찾아다니며 독립 만세를 부르는 일에 함께 참여할 것을 부탁했다. 하루 종일 돌아다니다가 집에 돌아오면 몸은 말할 수 없이 피곤했다. 그렇지만 잠시 찬물에 발을 담그고, 곧바로 가족과 함께 밤새워 태극기를 만들었다. 보통 사람들로서는 생각할 수 없을 만큼 놀라운 지혜와 용기로 일을 추진했다.

독립 만세를 부르기로 약속한 날이 하루 앞으로 다가왔다. 밤이 되자 유관순은 홰를 가지고 매봉에 올랐다. 홰에 불을 붙여 높이 쳐들자 여기저기 다른 산봉우리에서도 횃불이 올랐다. 그 횃불들은 이튿날 있을 일을 다짐하는 약속이었다.

중심 내용 | 일본이 학교를 강제로 닫자 유관순은 고향으로 돌아와 독립 만세를 부를 준비를 하였습니다.

장안 수도라는 뜻으로, '서울'을 이르는 말.
동지(同 한가지 동, 志 뜻 지) 목적이나 뜻이 서로 같음. 또는 그런 사람.
홰 불을 붙이는 데 쓰는 물건.
횃불 어둠을 밝히기 위해 소나무 가지나 길게 묶은 싸리나 갈대 다발에 붙인 불.

중요 독해

5 유관순이 고향에 돌아가 한 일을 두 가지 고르시오.
( )

① 사촌 언니와 학교에 다녔다.
② 가족과 함께 태극기를 만들었다.
③ 독립 만세를 부를 계획을 세웠다.
④ 일본 헌병에게 우리말을 가르쳤다.
⑤ 일본 헌병에게 칼을 휘두르고 총을 쏘았다.

6 이 글을 읽은 느낌을 알맞게 말한 친구의 이름을 쓰시오.

나래: 일제 강점기에 나라를 지키려는 유관순의 노력에 감동했어.
서진: 일본에게 시달리다가 결국 독립 만세 운동을 포기한 모습이 안타까웠어.

( )

서술형

7 다음과 같이 이 글을 읽으며 떠올린 경험을 쓰시오.

예전에 일제 강점기를 다룬 글을 읽은 것이 생각났다.

_____

_____

어휘

8 이 글 속 낱말의 뜻을 [보기]에서 찾아 기호를 쓰시오.

보기
㉮ 자세하고 꼼꼼하다.
㉯ 제각기 따로따로 흩어지는 모양.
㉰ 목적이나 뜻이 서로 같음. 또는 그런 사람.

(1) 동지 ( )   (2) 뿔뿔이 ( )
(3) 치밀하다 ( )

유관순

❺ 아우내 장터에 아침이 밝았다. 새벽부터 장터에 모여든 사람들은 여느 때보다 몇 **곱절**이나 되었다. 독립 만세를 부르려고 모인 사람이 대부분이었다.

오후 1시, 유관순은 많은 사람 앞에서 외쳤다.

"여러분, 반만년의 역사를 지닌 우리 겨레가 불행하게도 일본에 나라를 **빼앗겼습니다**. 이제 나라를 되찾아야 합니다. 지금 전국 방방곡곡에서 모두 일어나 독립을 외치고 있습니다. 여러분, 만세를 부릅시다. 대한 독립 만세를!"

만 년의 반. 오천 년

순식간에 독립 만세 소리가 온 **천지**를 뒤흔들었다. 깜짝 놀라 달려온 일본 헌병들은 총과 칼을 휘두르면서 평화롭게 독립 만세를 부르며 나아가는 사람들을 막았다. 많은 사람이 죽거나 다쳤다.

중심 내용 | 아우내 장터에서 유관순은 나라를 되찾아야 한다며 독립 만세를 불렀습니다.

❻ 유관순도 일본 헌병들에게 붙잡혀 끌려가고 말았다. 그리고 일본 헌병대에서 온갖 고문을 당한 뒤 재판을 받았다. 유관순은 재판을 받을 때 조금도 굽히지 않고 당당했다. 유관순은 3년 형을 받고 감옥에 갇혔지만 우리나라가 독립을 해야 한다는 유관순의 **신념**은 누구도 꺾

을 수 없었다.

1920년 9월 28일, 나라를 구하려고 죽음을 무릅쓰고 독립 만세를 부르던 유관순은 열아홉 나이에 감옥에서 숨을 거두고 말았다. 그러나 유관순이 ┌ ㉠ ┐을/를 사랑했던 마음은 지금도 우리 겨레의 가슴속에 남아 나라의 소중함을 일깨워 준다.

중심 내용 | 유관순이 나라를 사랑했던 마음은 지금도 우리 겨레의 가슴속에 남아 나라의 소중함을 일깨워 줍니다.

- **글의 종류** 전기문
- **글의 특징** 일제 강점기에 독립 만세를 외친 유관순의 삶과 신념을 알 수 있습니다.
- **작품 정리** 빈칸에 알맞은 말을 넣어 유관순이 한 일 정리하기

> 충청남도 천안에서 태어남. → 이화학당에 입학함. → 마을 사람들에게 ❶( )을/를 가르침. → 거리에 나가 ❷( ) 만세를 부름. → 일본 헌병들에게 붙잡혀 감옥에서 숨을 거둠.

곱절 어떤 수나 양을 두 번 합한 만큼.
㉠ 쌀 생산량이 작년보다 곱절이나 늘었다.
천지(天 하늘 천, 地 땅 지) 하늘과 땅을 아울러 이르는 말.
신념(信 믿을 신, 念 생각 념) 굳게 믿는 마음.
㉠ 나는 무엇이든지 하면 된다는 신념을 가지고 있습니다.

---

9 유관순이 재판을 받을 때 당당했던 까닭은 무엇일지 알맞은 것에 ○표 하시오.

(1) 자신이 할 일이 없다고 생각해서 ( )

(2) 자신의 잘못을 이미 반성하고 있어서 ( )

(3) 자신이 옳은 일을 했다고 굳게 믿어서 ( )

<어휘>

10 이 글에서 '방방곡곡'의 뜻은 무엇입니까? ( )

① 한쪽으로 치우쳐 구석진 곳.

② 사람이나 차가 많이 다니는 길.

③ 한 군데도 빠짐이 없는 모든 곳.

④ 여러 가지 상품을 사고파는 일정한 장소.

⑤ 많은 사람이 모일 수 있게 만들어 놓은 빈터.

<중요 독해>

11 ㉠에 들어갈 알맞은 말은 무엇입니까? ( )

① 가족　　② 나라　　③ 친구

④ 학교　　⑤ 학문

<서술형>

12 이 글을 읽을 때 다음 친구와 같이 경험을 떠올리면 좋은 점을 한 가지 쓰시오.

가족과 서대문형무소역사관에 다녀온 것이 생각났어.

_____

_____

출렁출렁 / 허리 밟기

가

출렁출렁

박성우

이러다 지각하겠다 싶을 때, 있는 힘껏 길을 잡아당기면 **출렁출렁**, 학교
길이 당겨져 오는 소리 또는 모양.
가 우리 앞으로 온다

춥고 배고파 죽겠다 싶을 때, 있는 힘껏 길을 잡아당기면 출렁출렁, 저녁
을 차린 우리 집이 버스 정류장 앞으로 온다

갑자기 니가 보고 싶을 때, 있는 힘껏 길을 잡아당기면 출렁출렁, 그리운
'너'의 방언
니가 내게 안겨 온다

나

허리 밟기

정완영

할머니 아픈 허리는 왜 밟아야 시원할까요?
아이쿠! 아이쿠! 하면서도 ㉠**"꼭꼭 밟아라."** 하십니다
그래도 나는 겁이 나 **자근자근** 밟습니다.
할머니께서 '아이쿠' 소리를 내셔서

- **글의 종류** 시

- **글의 특징** 말하는 이의 경험과 그에 대한 말하는 이의 마음이 잘 드러나는 시 두 편입니다.

- **작품 정리** 빈칸에 알맞은 말을 넣어 말하는 이의 경험 정리하기

말하는 이의 경험	
출렁출렁	학교에 지각하겠다 싶을 때, 춥고 배고파 죽겠다 싶을 때, 그리운 사람이 보고 싶을 때 ❶( )을/를 힘껏 잡아당기는 상상을 한 일
허리 밟기	❷( )의 허리를 자주 밟아드린 일

출렁출렁 물 따위가 자꾸 큰 물결을 이루며 흔들리는 소리. 또는 그 모양.
아이쿠 '아이코'가 바른 표기임. 아프거나 힘들거나 놀라거나 원통하거나 기막힐 때 내는 소리.
자근자근 자꾸 가볍게 누르거나 밟는 모양.

중요 독해

13 시 **가**의 1, 2연에서 말하는 이가 길을 힘껏 잡아당기는 까닭은 무엇입니까? ( )

① 친구와 화해하고 싶어서
② 시간이 빨리 가기를 바라서
③ 잘못한 일을 되돌리고 싶어서
④ 빨리 방학을 맞이하고 싶어서
⑤ 학교와 집에 빨리 가고 싶어서

14 시 **가**를 읽고 말하는 이처럼 느낀 경험을 알맞게 말한 친구의 이름을 쓰시오.

> 수민: 배가 불러서 밥을 남긴 적이 있어.
> 지아: 친구들과 노는 게 너무 재미있어서 집에 가고 싶지 않았던 적이 있어.
> 정우: 할머니가 보고 싶을 때 할머니 댁이 바로 우리 집 앞에 있었으면 했어.

( )

15 시 **나**의 할머니께서 ㉠과 같이 말씀하신 까닭은 무엇입니까? ( )

① 다리가 너무 아파서
② 손자가 허리를 세게 밟는 것 같아서
③ 허리를 밟아 주는 손자에게 미안해서
④ 손자가 허리를 자주 밟아 주지 않아서
⑤ 꼭꼭 밟아야 아픈 허리가 시원해지기 때문에

16 시 **나**에서 말하는 이의 마음을 나타낼 때 가장 어울리는 목소리는 무엇입니까? ( )

① 힘찬 목소리
② 울먹이는 목소리
③ 불만스러운 목소리
④ 깜짝 놀라는 목소리
⑤ 조심조심하는 목소리

덕실이가 말을 해요   김우경

❶ 게임 속 세상에서는 수일이가 주인이어서 모든 일을 수일이가 정한다. 수일이 생각대로 컴퓨터 속 사람들을 이끌고 다니며 귀신들을 물리치고 새로운 세상을 만들어 간다.

그러다가 게임 속 나라에서 빠져나와 컴퓨터를 끄면, 아주 다른 세상이 수일이를 기다리고 있다. 컴퓨터 바깥의 세상은 수일이 마음대로 할 수 없는 세상이다. 주로 수일이가 이끌려 다녀야 하는 세상이다.

"이게 뭐야. 에이, 방학 동안 학원에만 왔다 갔다 했어!"

컴퓨터를 끄자마자 맥이 탁 풀리며 짜증부터 났다. 달력을 보니 방학이 일주일도 안 남아 있다. 오늘이 8월 25일이니까 정확하게 6일 남았다.

"엄마 때문이야. 우리 엄마 시키는 대로 다 하려면 내가 둘은 있어야 해."

수일이는 걸상 옆에 앉아 있는 덕실이가 엄마라도 되는 듯이, 덕실이를 곁눈질로 흘겨보며 말했다.
_{수일이의 짜증이 난 마음을 알 수 있음.}

중심 내용 | 수일이는 게임 속에서 세상을 마음대로 할 수 있지만, 현실에서는 방학 내내 학원만 다녔습니다.

❷ "으으, ㉠진짜 내가 하나 더 있었으면 좋겠어! 그래야 하나는 학원에 가고 하나는 마음껏 놀 수가 있지."

"정말 네가 둘이었으면 좋겠니?"

"둘이었으면 좋겠어."

"참말이야?"

"그래, 참말이야! 혼자서는 너무 힘들어. 어, 그런데 네가 말을 했니?"

수일이는 눈을 커다랗게 뜨고 덕실이를 보았다.

"말이야 벌써부터 했지. 지금껏 네가 못 알아들었을 뿐이야. 나는 말하면 안 되니?"
_{이야기 속 세상이 현실과 다른 점: 강아지가 말을 함.}

덕실이가 꼬리를 흔들며 말했다. 아주 잠깐 동안 수일이는 입이 벌어져서 다물어지지 않았다.

㉡"엄마! 덕실이가 말을 해요!"

중심 내용 | 수일이는 자신이 하나 더 있으면 좋겠다고 생각할 때 덕실이가 말을 해서 깜짝 놀랐습니다.

걸상 걸터앉는 기구.
곁눈질 곁눈으로 보는 일.
㉘ 그는 곁눈질로 흘겨보며 친구의 기분을 살폈습니다.
참말 사실과 조금도 틀림이 없는 말.

---

17 컴퓨터 바깥 세상에서의 수일이의 모습으로 알맞은 것은 무엇입니까? (   )

① 수일이는 늘 혼자 다닌다.
② 수일이는 항상 기분이 좋다.
③ 수일이는 학원에 가지 않는다.
④ 수일이는 모든 것의 주인인 것처럼 행세한다.
⑤ 수일이는 자신이 하고 싶은 대로 하지 못한다.

서술형

18 수일이가 ㉠과 같이 말한 까닭은 무엇인지 쓰시오.

_____

_____

19 ㉡을 말할 때 수일이에게 어울리는 목소리는 무엇이겠습니까? (   )

① 깜짝 놀란 목소리
② 억울해하는 목소리
③ 속상해하는 목소리
④ 지루해하는 목소리
⑤ 잔뜩 화가 난 목소리

어휘

20 다음 밑줄 친 말 대신 쓸 수 있는 말을 두 가지 고르시오. (   )

> 그래, <u>참말</u>이야! 혼자서는 너무 힘들어.

① 정말   ② 뜻밖   ③ 상상
④ 거짓   ⑤ 사실

덕실이가 말을 해요

❸ "얘, 너 또 학원 가기 싫으니까 엉뚱한 소리로 빠져나가려고 그러지?"

엄마가 안방에서 나오며 말했다. 손에 걸레를 들고 있었다.

"아니에요, 정말로 말을 했어요!"

"걔들도 무슨 말인가 하기는 하겠지. 사람이 못 알아들어서 그렇지."

"나하고 말을 했다니까요. 나는 알아들었어요. 덕실이가 나한테, '나는 말하면 안 되니?' 그랬어요."

"얘가 더위를 먹었나? 아, 쓸데없는 소리 그만하고 얼른 학원에나 가. 늦겠다!"

엄마가 눈살을 찌푸리며 말했다. 그러고는 이야기를 더 듣지도 않겠다는 듯이 욕실로 걸레를 빨러 들어가 버렸다.

"알겠어요."

수일이도 이야기를 더 하고 싶지 않았다.

중심 내용 | 수일이는 엄마께 덕실이가 말을 했다고 말씀드렸지만, 엄마는 그 말을 믿지 않으셨습니다.

❹ "아무 말이든 또 해 봐. 덕실아, 너도 내가 하나로는 힘들겠다고 생각하지?"

"조금."

덕실이가 말했다.

"조금이라고? 아침 먹자마자 피아노 학원, 속셈 학원, 바둑 교실, 영어 학원, 검도……. 하루 종일 학원에 왔다 갔다 하기 바쁜데도? 방학인데 놀 시간이 없어!"

"학원 다니는 게 싫어? 나는 좋을 것 같은데."

"너는 한 군데도 안 다니니까 그렇지. 컴퓨터 오락도 좀 마음 놓고 하고, 밖에 나가서 아이들하고 공도 차며 실컷 놀고 싶단 말이야."

"공 차는 게 좋아? 나는 공을 물어뜯는 게 더 좋더라."
(공을 물어뜯는 게: 덕실이가 좋아하는 것)

중심 내용 | 수일이는 하루 종일 학원에 다니는 것이 싫고, 쉬면서 놀고 싶어 합니다.

더위를 먹었나 여름철에 더위 때문에 몸에 이상 증세가 생겼나.
눈살 두 눈썹 사이에 잡히는 주름.
바둑 두 사람이 검은 돌과 흰 돌을 나누어 가지고 바둑판 위에 번갈아 하나씩 두어 가며 승부를 겨루는 놀이. 두 집 이상이 있어야 살며, 서로 에워싼 집을 많이 차지하면 이김.

중요 독해

21 글 ❸에서 엄마가 수일이의 말을 믿지 않은 까닭은 무엇입니까? (　　　)

① 있을 수 없는 일이라서
② 이미 알고 있는 일이라서
③ 수일이가 거짓말을 자주 해서
④ 수일이와 말하고 싶지 않아서
⑤ 수일이가 덕실이를 자주 괴롭혀서

22 글 ❸에서 수일이의 마음은 어떠하였겠습니까? (　　　)

① 기쁘다.　② 실망스럽다.
③ 자랑스럽다.　④ 감동적이다.
⑤ 기대가 된다.

서술형

23 수일이에 대해 어떤 생각이 드는지 그렇게 생각한 까닭과 함께 쓰시오.

24 이 이야기의 내용과 관련한 자신의 경험을 알맞게 말하지 못한 친구의 이름을 쓰시오.

유진: 수일이는 방학 내내 학원만 다녀서 힘들었을 것 같아.
호진: 나도 가끔 우리 집 고양이가 나한테 말을 하는 것처럼 느껴질 때가 있어.
성찬: 나도 수일이처럼 나와 똑같이 생긴 누군가가 내 일을 대신해 줬으면 좋겠다고 생각했어.

(　　　　　　)

● 국어 78~80쪽 / 정답 및 풀이 4쪽

덕실이가 말을 해요

❺ "우, 내가 둘이었으면 좋겠어. 누가 나 대신 학원에 좀 다녀 줬으면!"

수일이가 걸상 다리를 발로 차며 말했다. 걸상은 아무렇지도 않고 발바닥만 아팠다.

"정말 네가 둘이었으면 좋겠어?" / "그래!"

"그럼 너를 하나 더 만들면 되지."

"하나 더? 어떻게?"

"말해 주면 나한테도 가끔 공을 물어뜯을 수 있도록 해 주는 거지?"

"그래. 못 쓰는 공 너 하나 줄게."

"어떻게 하느냐 하면, 네 손톱을 깎아서 쥐한테 먹이는 거야." / "뭐어?"

"그러면 그 쥐가 너하고 똑같은 모습으로 바뀔지도 몰라." / "그건 옛날이야기일 뿐이야."

"옛날에 있었던 일이니까 지금도 있을 수 있지."

"옛날에 있었던 일이 아니라 옛날이야기래도. 어떤 아이가 손톱을 함부로 버렸는데, 그걸 쥐가 먹고는 사람이 돼 가지고 그 아이를 집에서 쫓아내고⋯⋯."

옛날부터 전해져 내려오는 이야기.

그 이야기 말하는 거지?"

"그래도 나 같으면 한번 해 보겠어."

"글쎄, 그게 될까?" / "해 보고 안 되면 그만이지 뭐."

"쥐도 없잖아." / "쥐는 어디든 있어."

덕실이가 나직하게 말했다. 쥐가 어디선가 엿듣고 있
소리가 꽤 낮게.
을지도 모른다는 듯이.

중심 내용 | 덕실이는 수일이를 한 명 더 만드는 방법을 알려 주었습니다.

- **글의 종류**   이야기
- **글의 특징**   수일이와 말하는 강아지 덕실이가 수일이의 고민을 함께 해결해 나가는 이야기입니다.
- **작품 정리**   빈칸에 알맞은 말을 넣어 글의 내용 정리하기

> 게임 속 세상에서는 자기 마음대로 할 수 있지만 현실에서는 방학 내내 ❶(   )만 다닌 수일이는 짜증이 났음.
>
> ↓
>
> 수일이는 자신이 하나 더 있으면 좋겠다고 생각할 때 ❷(   )(이)가 말을 해서 깜짝 놀람.
>
> ↓
>
> 덕실이는 손톱을 깎아서 ❸(   )한테 먹이면 수일이를 하나 더 만들 수 있다고 알려 줌.

중요 독해

25 덕실이가 가르쳐 준 '수일이를 하나 더 만들 수 있는 방법'은 무엇입니까? (   )

① 수일이가 손톱을 기르는 것
② 덕실이가 수일이의 손톱을 먹는 것
③ 덕실이가 수일이의 공을 물어뜯는 것
④ 수일이가 쓰던 물건을 쥐한테 주는 것
⑤ 수일이의 손톱을 깎아서 쥐한테 먹이는 것

26 수일이가 덕실이가 가르쳐 준 방법을 믿지 않은 까닭은 무엇입니까? (   )

① 쉬운 방법이기 때문에
② 옛날이야기이기 때문에
③ 이미 해 본 방법이기 때문에
④ 처음 들어 보는 이야기이기 때문에
⑤ 옛날에 실제로 있었던 일이기 때문에

어휘

27 다음 문장의 (   )에 들어갈 알맞은 말에 ○표 하시오.

> 형이 자기 비밀을 (엿듣게, 나직하게) 말했다.

28 「덕실이가 말을 해요」의 작품 속 세계와 현실 세계가 어떻게 다른지 알맞게 설명한 것에 ○표 하시오.

⑴ 작품 속 세계에는 쥐가 있지만 현실 세계에는 쥐가 없다. (   )

⑵ 작품 속 세계에서는 강아지와 대화할 수 있지만 현실 세계에서는 그럴 수 없다. (   )

⑶ 작품 속 세계에서 수일이는 하루 종일 학원을 다니지만 현실 세계에서는 학원에 다녀 줄 가짜 수일이를 만들 수 있다. (   )

꽃

정여민

❶ 꽃이 얼굴을 내밀었다

❷ 내가 먼저 본 줄 알았지만
봄이 쫓아가던 길목에서
내가 보아 주기를 날마다 기다리고 있었다

❸ 내가 먼저 말 건 줄 알았지만
바람과 인사하고 햇살과 인사하며
날마다 내게 말을 걸고 있었다

❹ 내가 먼저 웃어 준 줄 알았지만
떨어질 꽃잎도 지켜 내며
나를 향해 더 많이 활짝 웃고 있었다

❺ ㉠내가 더 나중에 보아서 미안하다.

- **글의 종류** 시

- **글의 특징** 봄날에 활짝 핀 꽃을 본 경험을 꽃이 인사하고 말을 거는 모습이라고 표현했습니다.

- **작품 정리** 빈칸에 알맞은 말을 넣어 시의 내용 정리하기

1~2연	꽃은 활짝 피어서 '내'가 보아 주기를 기다리고 있었음.
3~4연	꽃은 날마다 '내'게 ❶( )을/를 걸고, '나'를 향해 웃고 있었음.
5연	'나'는 나중에 보아서 ❷( )에게 미안함.

길목 길의 중요한 통로가 되는 어귀.
㉐ 친구가 학교 가는 길목에서 기다리고 있었습니다.

29 이 시를 읽으면서 떠오르는 장면을 두 가지 고르시오. ( )

① 꽃밭에 봄비가 내리는 모습
② 꽃을 보고 있는 아이의 모습
③ 봄날에 예쁘게 핀 꽃들의 모습
④ 산에서 예쁜 꽃을 꺾는 아이의 모습
⑤ 작은 화분에 꽃씨를 심는 아이의 모습

30 ❺연에서 말하는 이의 마음은 어떠합니까? ( )

① 미안한 마음
② 용서하는 마음
③ 깜짝 놀란 마음
④ 지루해하는 마음
⑤ 실망스러운 마음

31 이 시의 내용을 무언극으로 표현하려고 할 때, 등장하는 인물은 누구누구로 하면 좋을지 고르시오.
( )

① 아이 ② 꽃들 ③ 강아지
④ 선생님 ⑤ 친구들

서술형

32 이 시에서 바꾸고 싶은 표현을 찾아 쓰고, 보기 와 같이 바꾸어 쓰시오.

보기
꽃이 얼굴을 내밀었다
→ 친구가 손을 내밀었다

[1~2] 다음 글을 읽고, 물음에 답하시오.

㉮ 1916년에 유관순은 서울 정동에 있는 이화학당에 입학했다. 유관순은 아버지의 가르침을 따라 방학 동안에는 고향에 내려가 우리글을 모르는 마을 사람들에게 열심히 글을 가르쳤다. 그러나 일본은 우리나라 사람들이 우리글을 배우는 것을 싫어했다.

㉯ 오후 1시, 유관순은 많은 사람 앞에서 외쳤다.

"여러분, 반만년의 역사를 지닌 우리 겨레가 불행하게도 일본에 나라를 빼앗겼습니다. 이제 나라를 되찾아야 합니다. 지금 전국 방방곡곡에서 모두 일어나 독립을 외치고 있습니다. 여러분, 만세를 부릅시다. 대한 독립 만세를!"

순식간에 독립 만세 소리가 온 천지를 뒤흔들었다. 깜짝 놀라 달려온 일본 헌병들은 총과 칼을 휘두르면서 평화롭게 독립 만세를 부르며 나아가는 사람들을 막았다. 많은 사람이 죽거나 다쳤다.

㉰ 1920년 9월 28일, 나라를 구하려고 죽음을 무릅쓰고 독립 만세를 부르던 유관순은 열아홉 나이에 감옥에서 숨을 거두고 말았다. 그러나 유관순이 나라를 사랑했던 마음은 지금도 우리 겨레의 가슴속에 남아 나라의 소중함을 일깨워 준다.

1 유관순이 한 일이 <u>아닌</u> 것은 무엇입니까? ( )

① 독립 만세 운동을 했다.
② 마을 사람들에게 우리글을 가르쳤다.
③ 서울 정동에 있는 이화학당에 입학했다.
④ 열아홉 나이에 감옥에서 숨을 거두었다.
⑤ 총과 칼을 휘두르며 일본 헌병에 맞섰다.

2 자신의 경험을 떠올려 말한 친구의 이름을 쓰시오.

> 혜영: 유관순 열사를 존경하는 마음이 들어.
> 지훈: 목숨이 위태로운데 용기를 낸 점이 대단해.
> 시후: 일제 강점기에 벌어진 일을 다룬 책을 읽은 것이 기억났어.

( )

[3~5] 다음 시를 읽고, 물음에 답하시오.

출렁출렁

이러다 지각하겠다 싶을 때, 있는 힘껏 길을 잡아당기면 출렁출렁, 학교가 우리 앞으로 온다

춥고 배고파 죽겠다 싶을 때, 있는 힘껏 길을 잡아당기면 출렁출렁, 저녁을 차린 우리 집이 버스 정류장 앞으로 온다

갑자기 니가 보고 싶을 때, 있는 힘껏 길을 잡아당기면 출렁출렁, 그리운 니가 내게 안겨 온다

3 3연에서 말하는 이가 있는 힘껏 길을 잡아당기는 까닭으로 알맞은 것은 무엇입니까? ( )

① 춥고 배가 고파서
② 학교에 빨리 가고 싶어서
③ 그리운 사람이 보고 싶어서
④ 바닷가에 빨리 가서 놀고 싶어서
⑤ 엄마와 버스 정류장에서 만나기 위해서

4 이 시의 '출렁출렁'을 읽을 때, 떠오르는 모습으로 알맞은 것은 무엇입니까? ( )

① 비가 세차게 내리는 모습
② 집이 하나씩 사라지는 모습
③ 많은 사람이 떠나가는 모습
④ 학교가 점점 더 멀어지는 모습
⑤ 긴 길이 줄어들어 가까워지는 모습

5 이 시를 읽고 느껴지는 마음은 무엇입니까? ( )

① 친구들과 다투어 후회하는 마음
② 오랫동안 걸어서 피곤하고 지친 마음
③ 원하는 것을 이루고 싶은 간절한 마음
④ 달리기를 하는 것에 자신이 없는 마음
⑤ 집과 학교의 거리가 가까워 행복한 마음

6 다음 시에 나타난 '나'의 마음으로 알맞은 것을 두 가지 고르시오. (   )

> ### 허리 밟기
>
> 할머니 아픈 허리는 왜 밟아야 시원할까요?
> 아이쿠! 아이쿠! 하면서도 "꼭꼭 밟아라." 하십니다
> 그래도 나는 겁이 나 자근자근 밟습니다.

① 할머니가 많이 보고 싶고 그립다.
② 할머니께서 아프실까 봐 조심스럽다.
③ 할머니께서 심부름을 자꾸 시키는 것이 귀찮다.
④ 할머니의 아프신 허리가 빨리 나았으면 좋겠다.
⑤ 발바닥이 차가워서 할머니가 싫어하실까 봐 걱정이 된다.

[7~8] 다음 글을 읽고, 물음에 답하시오.

> "우, 내가 둘이었으면 좋겠어. 누가 나 대신 학원에 좀 다녀 줬으면!"
> 수일이가 걸상 다리를 발로 차며 말했다. 걸상은 아무렇지도 않고 발바닥만 아팠다.
> "정말 네가 둘이었으면 좋겠어?"
> "그래!"
> "그럼 너를 하나 더 만들면 되지."
> "하나 더? 어떻게?"
> "말해 주면 나한테도 가끔 공을 물어뜯을 수 있도록 해 주는 거지?"
> "그래. 못 쓰는 공 너 하나 줄게."
> "어떻게 하느냐 하면, 네 손톱을 깎아서 쥐한테 먹이는 거야."
> "뭐어?"
> "그러면 그 쥐가 너하고 똑같은 모습으로 바뀔지도 몰라."
> "그건 옛날이야기일 뿐이야."

7 이 글의 내용으로 알맞은 것을 두 가지 고르시오.
(   )

① 수일이는 학원에 가는 것을 좋아한다.
② 수일이는 가짜 수일이를 만든 적이 있다.
③ 수일이는 쓰던 물건을 쥐에게 주기로 했다.
④ 수일이는 자신이 둘이었으면 좋겠다고 생각한다.
⑤ 수일이는 가짜 수일이를 만들 방법에 대해 듣는다.

8 이 이야기를 읽고 자신의 경험과 비슷한 부분에 대해 말하지 <u>못한</u> 친구의 이름을 쓰시오.

> 서율: 나도 손톱 먹는 쥐가 나오는 옛날이야기를 들어 봤어.
> 은희: 덕실이가 말한 대로 쥐를 찾아서 가짜 수일이를 만들 수 있을 거야.
> 주민: 나도 수일이처럼 나와 똑같이 생긴 누군가가 내 일을 대신해 줬으면 좋겠다고 생각했어.

(   )

문법

9 다음 중 상태나 동작을 나타내는 말이 <u>아닌</u> 것은 무엇입니까? (   )

① 먹다   ② 멋지다   ③ 예쁘다
④ 지우개   ⑤ 달리다

문법

10 다음 낱말을 동사와 형용사로 구분하여 선으로 이으시오.

(1) 심다 •

(2) 크다 •   • ㉮ 동사

(3) 슬프다 •   • ㉯ 형용사

(4) 떨어지다 •

2. 작품을 감상해요

[1~2] 다음 글을 읽고, 물음에 답하시오.

가 1919년 3월 10일, 일본은 학교를 강제로 닫았다. 그래서 기숙사에 있던 학생들은 뿔뿔이 흩어졌고 유관순도 고향으로 돌아왔다.

고향으로 돌아온 유관순은 독립 만세를 부를 준비를 했다. 유관순은 사촌 언니와 함께 동지들을 모으고, 독립 만세를 부를 계획을 치밀하게 세웠다. 날마다 이 마을 저 마을을 찾아다니며 독립 만세를 부르는 일에 함께 참여할 것을 부탁했다. 하루 종일 돌아다니다가 집에 돌아오면 몸은 말할 수 없이 피곤했다. 그렇지만 잠시 찬물에 발을 담그고, 곧바로 가족과 함께 밤새워 태극기를 만들었다. 보통 사람들로서는 생각할 수 없을 만큼 놀라운 지혜와 용기로 일을 추진했다.

나 유관순도 일본 헌병들에게 붙잡혀 끌려가고 말았다. 그리고 일본 헌병대에서 온갖 고문을 당한 뒤에 재판을 받았다.

1 유관순이 고향으로 돌아와 한 일이 아닌 것은 무엇입니까? ( )

① 밤새 태극기를 만들었다.
② 독립 만세를 부를 준비를 했다.
③ 사촌 언니와 함께 동지들을 모았다.
④ 학교를 다시 열기 위해 편지를 썼다.
⑤ 마을을 찾아다니며 독립 만세를 부르는 일에 함께 참여하자고 부탁했다.

서술형

2 이 글을 읽고 궁금한 점을 생각하여 짝과 묻고 답하기를 하려고 합니다. 다음 질문에 대한 답을 생각하여 쓰시오.

> 만약 유관순이 일본 헌병들에게 잡히지 않았다면 어떻게 되었을까요?

_____

_____

3 경험을 떠올리며 글을 읽으면 좋은 점으로 알맞지 않은 것은 무엇입니까? ( )

① 내용을 더 쉽게 이해할 수 있다.
② 내용을 더 생생하게 느낄 수 있다.
③ 인물의 마음을 더 잘 이해할 수 있다.
④ 글을 다 읽지 않아도 내용을 파악할 수 있다.
⑤ 책이나 영상에서 본 것을 떠올리면 더욱 실감 나게 읽을 수 있다.

[4~5] 다음 시를 읽고, 물음에 답하시오.

이러다 지각하겠다 싶을 때, 있는 힘껏 길을 잡아당기면 출렁출렁, 학교가 우리 앞으로 온다

춥고 배고파 죽겠다 싶을 때, 있는 힘껏 길을 잡아당기면 출렁출렁, 저녁을 차린 우리 집이 버스 정류장 앞으로 온다

갑자기 니가 보고 싶을 때, 있는 힘껏 길을 잡아당기면 출렁출렁, 그리운 니가 내게 안겨 온다

4 이 시에서 말하는 이가 한 일은 무엇입니까? ( )

① 집에서 숙제를 했다.
② 지각해서 선생님께 혼났다.
③ 보고 싶은 사람에게 전화를 했다.
④ 길을 있는 힘껏 잡아당기는 상상을 했다.
⑤ 춥고 배고파서 버스 정류장으로 뛰어갔다.

5 이 시의 3연에서 말하는 이의 마음은 어떠하겠습니까? ( )

① 미안한 마음
② 불안한 마음
③ 속상한 마음
④ 후회하는 마음
⑤ 그리워하는 마음

[6~8] 다음 시를 읽고, 물음에 답하시오.

> ㉠할머니 아픈 허리는 왜 밟아야 시원할까요?
> 아이쿠! 아이쿠! 하면서도 "꼭꼭 밟아라." 하십니다
> 그래도 나는 겁이 나 자근자근 밟습니다.

6 ㉠의 말을 통해 알 수 있는 것은 무엇입니까?
( )

① 할머니는 허리가 튼튼하시다.
② '나'는 할머니를 좋아하지 않는다.
③ '나'는 할머니를 자주 뵙지 못한다.
④ 할머니는 '나'와 멀리 떨어진 곳에 사신다.
⑤ '나'는 할머니의 허리를 밟아 드리고는 한다.

서술형

7 '내'가 겁이 난 까닭은 무엇일지 쓰시오.

_____

_____

8 이 시를 읽고 말하는 이와 비슷한 경험을 떠올리지 **못한** 친구의 이름을 쓰시오.

> 희원: 할머니 어깨를 주물러 드렸던 것이 생각났어.
> 선빈: 할아버지 댁에 놀러가서 맛있는 것도 먹고 용돈도 받았던 기억이 나.
> 수진: 아버지 흰머리를 뽑아 드렸어. 아버지는 뽑으라고 하시는데 나는 아버지께서 아프실까 봐 조심조심 뽑았던 것이 떠올라.

( )

[9~10] 다음 글을 읽고, 물음에 답하시오.

> "이게 뭐야. 에이, 방학 동안 학원에만 왔다 갔다 했어!"
> 컴퓨터를 끄자마자 맥이 탁 풀리며 짜증부터 났다. 달력을 보니 방학이 일주일도 안 남아 있다. 오늘이 8월 25일이니까 정확하게 6일 남았다.
> "엄마 때문이야. 우리 엄마 시키는 대로 다 하려면 내가 둘은 있어야 해."
> 수일이는 걸상 옆에 앉아 있는 덕실이가 엄마라도 되는 듯이, 덕실이를 곁눈질로 흘겨보며 말했다. 그리고는 영어 학원 가방을 집어서 퍽 소리가 나도록 방바닥에 떨어뜨렸다.
> "으, 진짜 내가 하나 더 있었으면 좋겠어! 그래야 하나는 학원에 가고 하나는 마음껏 놀 수가 있지."
> "정말 네가 둘이었으면 좋겠니?"
> "둘이었으면 좋겠어."
> "참말이야?"
> "그래, 참말이야! 혼자서는 너무 힘들어. 어, 그런데 네가 말을 했니?"
> ㉠수일이는 눈을 커다랗게 뜨고 덕실이를 보았다.
> "말이야 벌써부터 했지. 지금껏 네가 못 알아들었을 뿐이야. 나는 말하면 안 되니?"

9 수일이의 불만은 무엇입니까? ( )

① 컴퓨터가 고장난 것
② 덕실이가 말을 하는 것
③ 시험이 일주일도 안 남은 것
④ 덕실이의 말을 알아듣지 못한 것
⑤ 방학 동안 학원에만 왔다 갔다 한 것

10 수일이가 ㉠과 같이 놀란 까닭은 무엇입니까?
( )

① 덕실이가 말을 해서
② 수일이가 한 명 더 생겨서
③ 학원 갈 시간이 다 되어서
④ 방학이 일주일도 안 남아서
⑤ 덕실이가 옆에 있었던 것을 몰라서

[11~12] 다음 글을 읽고, 물음에 답하시오.

가 "엄마, 덕실이가요!"

"애, 너 또 학원 가기 싫으니까 엉뚱한 소리로 빠져 나가려고 그러지?"

엄마가 안방에서 나오며 말했다. 손에 걸레를 들고 있었다.

"아니에요, 정말로 말을 했어요!"

"개들도 무슨 말인가 하기는 하겠지. 사람이 못 알 아들어서 그렇지."

나 "아무 말이든 또 해 봐. 덕실아, 너도 내가 하나로 는 힘들겠다고 생각하지?"

"조금." / 덕실이가 말했다.

"조금이라고? 아침 먹자마자 피아노 학원, 속셈 학원, 바둑 교실, 영어 학원, 검도……. 하루 종일 학원에 왔다 갔다 하기 바쁜데도? 방학인데 놀 시간이 없어!"

다 "우, 내가 둘이었으면 좋겠어. 누가 나 대신 학원 에 좀 다녀 줬으면!"

수일이가 걸상 다리를 발로 차며 말했다. 걸상은 아 무렇지도 않고 발바닥만 아팠다.

"정말 네가 둘이었으면 좋겠어?" / "그래!"

"그럼 너를 하나 더 만들면 되지."

11 이 이야기의 세계와 우리가 살고 있는 현실 세계를 알맞게 비교한 것을 찾아 기호를 쓰시오.

> ㉮ 이야기 속 세계와 현실 세계 모두 자신을 하나 더 만들 수 있다.
> ㉯ 이야기 속 세계에는 방학이 있지만 현실 세계 에는 방학이 없다.
> ㉰ 이야기 속 세계에서는 강아지인 덕실이와 대화 할 수 있지만 현실 세계에서는 그럴 수 없다.

( )

서술형

12 이 이야기에서 자신의 경험과 비슷한 부분을 찾아보 고 떠오르는 내용을 쓰시오.

_____

_____

[13~14] 다음 시를 읽고, 물음에 답하시오.

> ㉠꽃이 얼굴을 내밀었다
>
> 내가 먼저 본 줄 알았지만
> 봄이 쫓아가던 길목에서
> 내가 보아 주기를 날마다 기다리고 있었다
>
> 내가 먼저 말 건 줄 알았지만
> ㉡바람과 인사하고 햇살과 인사하며
> 날마다 내게 말을 걸고 있었다
>
> 내가 먼저 웃어 준 줄 알았지만
> ㉢떨어질 꽃잎도 지켜 내며
> 나를 향해 더 많이 활짝 웃고 있었다

13 말하는 이가 경험한 일은 무엇입니까? ( )

① 꽃에 물을 주었다.
② 봄날에 꽃을 보았다.
③ 떨어진 꽃잎을 주웠다.
④ 친구에게 꽃을 선물했다.
⑤ 꽃을 보고 불쾌한 마음이 들었다.

14 ㉠~㉢ 중에서 다음 친구들이 무언극으로 표현한 장 면은 무엇인지 가장 알맞은 것의 기호를 쓰시오.

( )

15 친구들 앞에서 시를 낭송할 때 주의해야 할 점으로 알맞은 것을 두 가지 고르시오. ( )

① 감정 없이 단조롭게 읽는다.
② 시만 쳐다보면서 큰 소리로 읽는다.
③ 시의 행과 연을 생각하며 알맞게 쉬어 읽는다.
④ 시의 분위기를 살려 목소리의 크기 변화를 준다.
⑤ 시의 내용을 이해할 수 있도록 설명하면서 읽는다.

2. 작품을 감상해요

● 정답 및 풀이 6쪽

평가 주제	이야기의 끝부분을 상상해 글 쓰기
평가 목표	자신의 경험을 떠올려 이어질 이야기를 상상해 쓸 수 있다.

수일이가 걸상 다리를 발로 차며 말했다. 걸상은 아무렇지도 않고 발바닥만 아팠다.

"정말 네가 둘이었으면 좋겠어?" / "그래!"

"그럼 너를 하나 더 만들면 되지." / "하나 더? 어떻게?"

"말해 주면 나한테도 가끔 공을 물어뜯을 수 있도록 해 주는 거지?"

"그래. 못 쓰는 공 너 하나 줄게."

"어떻게 하느냐 하면, 네 손톱을 깎아서 쥐한테 먹이는 거야." / "뭐어?"

"그러면 그 쥐가 너하고 똑같은 모습으로 바뀔지도 몰라."

"그건 옛날이야기일 뿐이야." / "옛날에 있었던 일이니까 지금도 있을 수 있지."

"옛날에 있었던 일이 아니라 옛날이야기래도. 어떤 아이가 손톱을 함부로 버렸는데, 그걸 쥐가 먹고는 사람이 돼 가지고 그 아이를 집에서 쫓아내고……. 그 이야기 말하는 거지?"

"그래도 나 같으면 한번 해 보겠어."

"글쎄, 그게 될까?" / "해 보고 안 되면 그만이지 뭐."

"쥐도 없잖아." / "쥐는 어디든 있어."

덕실이가 나직하게 말했다.

---

1 가짜 수일이를 만들 수 있는 방법은 무엇인지 쓰시오.

2 수일이는 가짜 수일이를 만들었을지 상상하여 쓰시오.

3 수일이에게 어떤 일이 일어날지 이어질 내용을 상상해서 조건 에 맞게 쓰시오.

> 조건
> 1. 앞 이야기와 자연스럽게 이어지도록 쓴다.
> 2. 대화문을 포함해 쓴다.

숨은 그림을 찾아보세요.

● 정답 및 풀이 6쪽

파티에 쓸
그릇을 찾아 줘.

3 글을 요약해요

▶ 학습을 완료하면 V표를 하면서 학습 진도를 체크해요.

3 글을 요약해요

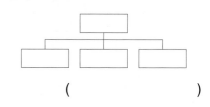

● 정답 및 풀이 7쪽

1 여러 가지 설명 방법

비교·대조	두 가지 이상의 대상에서 공통점과 차이점을 찾아 설명하는 방법입니다.
열거	설명하려는 대상의 특징을 나열하여 설명하는 방법입니다.

예 설명 방법에 알맞은 틀

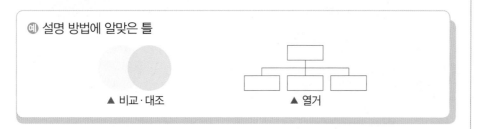

▲ 비교·대조   ▲ 열거

2 구조를 생각하며 글 요약하기

어떤 구조를 활용해 내용을 설명했는지 살펴봅니다.

➡ 각 문단의 중심 문장을 찾습니다.

➡ 중요하지 않은 내용은 지우고, 세부 내용은 대표적인 말로 바꾸어 중심 내용을 정리합니다.

➡ 글의 구조에 알맞게 틀을 그려 내용을 정리합니다.

예 「직업과 옷 색깔」을 읽고 중심 문장 찾기

의사나 간호사는 보통 흰색 옷을 입는다. 감염에 민감한 환자들이 있는 병원에서는 위생이 매우 중요한 문제이기 때문이다. 흰색 옷은 옷이 더러워졌을 때 이를 쉽게 알아차릴 수 있게 해 준다.

→ 글을 요약하려면 문단마다 중심 문장을 찾아야 합니다.

3 대상을 생각하며 설명하는 글 쓰기

- 친구들에게 설명하고 싶은 대상을 떠올려 봅니다.
- 설명하고 싶은 대상의 특징을 잘 드러낼 수 있는 설명 방법을 생각합니다.
- 설명하는 글을 쓰기 위한 자료를 수집합니다.
- 설명하는 글에 알맞은 틀을 그리고 중심 내용을 정리합니다.
- 정리한 내용을 바탕으로 하여 설명하는 글을 씁니다.

예 설명하는 글을 쓸 때 주의할 점
– 글의 목적에 맞는 표현을 씁니다.
– 확실하지 않은 정보를 제공해서는 안 됩니다.
– 추측하는 말이나 주장하는 말은 설명하는 글에 어울리지 않습니다.
– 읽는 사람이 이해할 수 있는 말을 사용합니다.

개념 확인 문제

1 여러 가지 설명 방법

다음 틀은 어떤 설명 방법과 관련된 것인지 쓰시오.

```
        ┌───┐
    ┌───┤   ├───┐
  ┌─┴─┐┌┴┐┌─┴─┐
  │   ││ ││   │
  └───┘└─┘└───┘
```

(   )

2 구조를 생각하며 글 요약하기

글을 요약하는 방법으로 알맞지 <u>않은</u> 것에 ×표 하시오.

⑴ 각 문단의 중심 문장을 찾는다.
(   )

⑵ 중요하지 않은 내용도 빠짐없이 적어 둔다. (   )

⑶ 글의 구조에 알맞게 틀을 그려 내용을 정리한다. (   )

⑷ 어떤 구조를 활용해 내용을 설명했는지 살펴본다. (   )

3 대상을 생각하며 설명하는 글 쓰기

설명하는 글을 쓸 때 주의할 점으로 알맞은 것을 모두 찾아 기호를 쓰시오.

㉮ 글의 목적에 맞는 표현을 쓴다.
㉯ 확실하지 않은 정보는 제공하지 않는다.
㉰ 읽는 사람이 이해할 수 없는 말을 쓴다.
㉱ 추측하는 말이나 주장하는 말을 포함하여 쓴다.

(   )

어휘

1. 핵심 개념 어휘: 비교, 대조, 열거

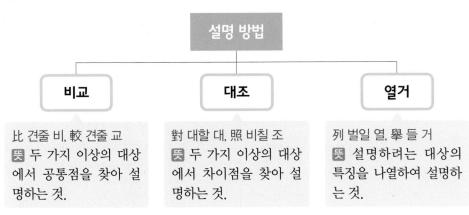

설명 방법

비교	대조	열거
比 견줄 비, 較 견줄 교 뜻 두 가지 이상의 대상에서 공통점을 찾아 설명하는 것.	對 대할 대, 照 비칠 조 뜻 두 가지 이상의 대상에서 차이점을 찾아 설명하는 것.	列 벌일 열, 擧 들 거 뜻 설명하려는 대상의 특징을 나열하여 설명하는 것.

➡ 대상을 설명하는 방법에는 비교, 대조, 열거가 있습니다.

2. 작품 속 어휘

낱말	뜻	예시
국보(國寶) 國 나라 국 寶 보배 보	나라에서 지정하여 법률로 보호하는 문화재.	이번에 새로 발굴된 유물은 국보로 지정되었습니다.
고유(固有)하다 固 굳을 고 有 있을 유	본래부터 가지고 있다.	김치는 우리나라의 고유한 음식입니다.
청결	맑고 깨끗함.	음식을 만드는 사람은 청결에 주의해야 합니다.
공정(公正)하다 公 공평할 공 正 바를 정	공평하고 올바르다.	엄마께서는 공정하게 빵을 나눠 주셨습니다.

문법 이어 주는 말

◆ 문장과 문장 사이에서 두 문장을 이어 주는 역할을 하는 말을 '이어 주는 말'이라고 합니다. 이어 주는 말을 사용하면 읽는 사람이 이해하기 쉽습니다.

이어 주는 말	사용하는 상황	예
그리고	앞의 문장을 덧붙이는 내용이 이어질 때에 씀.	나는 사과와 배를 좋아한다. 그리고 포도도 좋아한다.
그러나	앞의 문장과 서로 반대되는 문장이 이어질 때에 씀.	나는 토끼를 좋아한다. 그러나 동생은 토끼를 좋아하지 않는다.
그래서	두 문장이 원인과 결과의 관계일 때에 씀.	아이스크림을 너무 많이 먹었다. 그래서 배탈이 났다.

1 핵심 개념 어휘
다음 빈칸에 들어갈 알맞은 낱말을 쓰시오.

> '대조'는 두 가지 이상의 대상에서 ☐☐을/를 찾아 설명하는 것이다.

(   )

3
단원

2 작품 속 어휘
다음 빈칸에 들어갈 낱말로 알맞은 것에 ○표 하시오.

> 하늘을 관찰하기 위해 만들어진 첨성대는 나라에서 보호하고 관리하는 (1)☐☐☐로 지정되었다. 첨성대는 우리의 (2)☐☐☐ 건축 기술이 얼마나 우수했는지 보여 준다.

(1) (국보, 국비)

(2) (미천한, 고유한)

3 작품 속 어휘
다음 밑줄 친 낱말과 비슷한 뜻을 가진 낱말에 ○표 하시오.

> 이번 반장 선거는 매우 공정하게 치러질 것이다.

(1) 정숙하게   (   )

(2) 정당하게   (   )

4 문법
다음 빈칸에 들어갈 알맞은 이어 주는 말을 쓰시오.

> 오늘 열이 났다. ☐☐☐ 해열제를 먹고 일찍 잤다.

(   )

설명하는 글

㉮ 새싹 채소를 가꾸는 방법

❶ 씨앗을 미지근한 물에 담가 놓는다.

❷ 준비한 그릇에 부드러운 헝겊을 깔고, 불린 씨앗을 서로 겹치지 않게 **촘촘히** 깔아 준다.

미지근한 물에 담가 놓았던 씨앗

❸ 종이로 덮어 햇빛을 가리고 물기가 마르지 않게 물뿌리개로 물을 뿌려 준다.

❹ 싹이 나오면 종이를 벗겨 그늘에 두고, **수분**이 마르지 않도록 물을 준다.

❺ 5~6일이 지나면 새싹 채소를 얻을 수 있다.

㉯ 국립중앙박물관 이용 안내

▶ 국립중앙박물관은 1월 1일, 설날(당일), 추석(당일)에는 쉽니다.

▶ 6세 이하 어린이는 보호자와 함께해야 합니다.

■ 관람 시간
  • 월 · 화 · 목 · 금요일 10:00~18:00
  • 수 · 토요일 10:00~21:00
  • 일요일 · 공휴일 10:00~19:00

■ 관람료: 무료(**상설** 전시관, 어린이 박물관, 무료 특별 전시)

• **글의 종류** 설명하는 글

• **글의 특징** 일상생활에서 흔히 볼 수 있는 설명서나 안내문입니다.

• **글의 구조** 빈칸에 알맞은 말을 넣어 글에서 설명하는 내용 정리하기

글 ㉮	❶( )을/를 가꾸는 방법
글 ㉯	국립중앙박물관을 이용하는 관람 ❷( ), 관람료, 쉬는 날, 관람하는 방법 등

촘촘히 틈이나 간격이 매우 좁거나 작게.
예 산에 올라가서 나무를 촘촘히 심어 두었습니다.
수분(水 물 수, 分 나눌 분) 축축한 물의 기운.
상설(常 항상 상, 設 베풀 설) 언제든지 이용할 수 있도록 설비와 시설을 갖추어 둠.

중요 독해

1 글 ㉮에서 설명이 더 필요한 부분으로 알맞은 것을 모두 찾아 기호를 쓰시오.

> ㉮ 싹이 난 뒤 언제 새싹 채소를 얻을 수 있는가?
> ㉯ 씨앗을 미지근한 물에 얼마나 담가 놓아야 하는가?
> ㉰ 물뿌리개로 얼마나 자주 물을 뿌려 주어야 하는가?

( )

2 글 ㉯에서 국립중앙박물관에 대해 설명하는 내용이 아닌 것은 무엇입니까? ( )

① 관람료 ② 쉬는 날 ③ 관람 시간
④ 가는 방법 ⑤ 입장 조건

서술형

3 주변에서 설명하는 글을 한 가지 찾아 소개하는 내용을 쓰시오.

_____

_____

4 이와 같은 설명하는 글을 읽으면 좋은 점으로 알맞은 것은 무엇입니까? ( )

① 필요 없는 정보도 얻을 수 있다.
② 친구와 비슷한 주장을 할 수 있다.
③ 일의 순서를 마음대로 바꿀 수 있다.
④ 어떤 일을 할 때 그 일의 차례를 알 수 있다.
⑤ 대상에 대한 말하는 이의 생각과 느낌을 알 수 있다.

다보탑과 석가탑

❶ 우리나라에는 화강암을 쪼아 만든 석탑이 많습니다. 그 가운데에서 가장 유명한 탑은 다보탑과 석가탑입니다. 다보탑과 석가탑에는 **공통점**과 **차이점**이 있습니다.

중심 내용 | 다보탑과 석가탑에는 공통점과 차이점이 있습니다.

❷ 다보탑과 석가탑은 공통점이 있습니다. 두 탑은 모두 통일 신라 시대에 만든 탑으로서 불국사 대웅전 앞뜰
_{본존 불상을 모신 법당}
에 나란히 서 있습니다. 또 두 탑은 그 가치를 인정받아 국보로 지정되었습니다.

중심 내용 | 다보탑과 석가탑은 공통점이 있습니다.

❸ 두 탑의 모습은 매우 다릅니다. 다보탑은 장식이 많고 화려합니다. 십자 모양의 받침 주변에 돌계단을 만들고 그 위에 사각·팔각·원 모양의
_{다보탑의 모습}
돌을 쌓아 올렸습니다. 반면 석가탑
_{석가탑의 모습}
은 단순하면서도 세련된 멋이 있습니다. 사각 평면 받침 위에 돌을 삼층으로 쌓아 올려 매우 균형 있는 모습을 자랑합니다.

▲ 다보탑

중심 내용 | 다보탑과 석가탑의 모습은 매우 다릅니다.

❹ 다보탑과 석가탑은 서로 다른 모습으로 각각 아름답습니다. 두 탑은 우리 조상의 뛰어난 솜씨와 **예술성**을 보여 줍니다. 그래서 많은 사람에게 관심과 사랑을 받습니다.

▲ 석가탑

중심 내용 | 다보탑과 석가탑은 서로 다른 모습으로 각각 아름답습니다.

- **글의 종류**　설명하는 글
- **글의 특징**　다보탑과 석가탑을 비교·대조의 설명 방법을 사용하여 설명하는 글입니다.
- **글의 구조**　빈칸에 알맞은 말을 넣어 글에서 다보탑과 석가탑을 설명한 방법 정리하기

비교· ❶(　　　　)	다보탑과 석가탑의 ❷(　　　　　)와/ 과 차이점을 찾아 설명함.

공통점(共 한 가지 공, 通 통할 통, 點 점 점)　둘 또는 그 이상의 여럿 사이에 두루 통하는 점.
차이점(差 다를 차, 異 다를 이, 點 점 점)　서로 같지 아니하고 다른 점.
예술성(藝 재주 예, 術 재주 술, 性 성품 성)　예술 작품이 지닌 예술적인 특성.

---

5 문단 ❶의 중심 문장을 찾아 기호를 쓰시오.

> ㉠우리나라에는 화강암을 쪼아 만든 석탑이 많습니다. ㉡그 가운데에서 가장 유명한 탑은 다보탑과 석가탑입니다. ㉢다보탑과 석가탑에는 공통점과 차이점이 있습니다.

（　　　　　　）

6 다보탑과 석가탑의 공통점은 무엇인지 쓰시오.

_____

_____

7 이 글에서 대상을 어떻게 설명했습니까? (　　　)

① 대상을 상상하여 설명했다.
② 글쓴이가 좋아하는 것을 순서대로 설명했다.
③ 두 대상에서 공통점과 차이점을 찾아 설명했다.
④ 전체를 여러 부분으로 나누어 부분별로 설명했다.
⑤ 대상과 관련된 재미있는 이야기로 흥미를 유발하며 설명했다.

8 이 글에 나오는 다음 뜻을 가진 낱말은 무엇입니까?
（　　　）

> 나라에서 지정하여 법률로 보호하는 문화재.

① 장식　　　② 가치　　　③ 국보
④ 균형　　　⑤ 예술성

세계의 탑

❶ 사람들은 다양한 목적으로 탑을 세웁니다. 종교나 군사 목적으로 탑을 만들 뿐만 아니라 무엇인가를 기념하려고 탑을 짓습니다. 세계 여러 도시에 있는 유명한 탑을 알아봅시다.

중심 내용 | 세계 여러 도시에 있는 유명한 탑을 알아봅시다.

❷ 이탈리아 토스카나주에는 피사의 사탑이 있습니다. 피사의 사탑은 <u>종교 목적으로 만들어졌습니다.</u> 55미터
피사의 사탑이 세워진 목적
높이로 세운 이 탑은 완성한 뒤 조금씩 한쪽으로 기울기 시작해 현재 모습이 되었습니다. 그 아슬아슬한 모습은 눈길을 많이 끕니다.

중심 내용 | 이탈리아 토스카나주에는 피사의 사탑이 있습니다.

◀ 이탈리아의 피사의 사탑

❸ 프랑스 파리에는 에펠 탑이 있습니다. 에펠 탑은 <u>1889년에 프랑스 혁명 100주년을 기념해 세웠습니다.</u>
에펠 탑이 세워진 목적
에펠 탑의 높이는 324미터이고, 해마다 세계 여러 나라에서 수백만 관광객이 찾을 만큼 유명합니다. 현재는 파리뿐만 아니라 프랑스 전체를 상징하는 건축물이기도 합니다.

중심 내용 | 프랑스 파리에는 에펠 탑이 있습니다.

◀ 프랑스의 에펠 탑

군사(軍 군사 군, 事 일 사)   군대, 군비, 전쟁 등 군에 관한 일.
아슬아슬한   일 따위가 잘 안될까 봐 두려워서 소름이 끼칠 정도로 마음이 약간 위태롭거나 조마조마한.
㉠ 나는 아슬아슬한 줄타기 모습을 보고는 눈을 질끈 감아 버렸습니다.
건축물(建 세울 건, 築 쌓을 축, 物 물건 물)   땅 위에 지은 구조물 중에서 지붕, 기둥, 벽이 있는 건물을 통틀어 이르는 말.

---

9 이 글에서 설명한 것은 무엇입니까? (   )

① 세계의 유명한 탑
② 다양한 종교의 세계
③ 세계의 인기 여행지
④ 최근에 새로 만든 탑
⑤ 이탈리아와 프랑스의 문화

중요 독해

10 다음에서 설명하는 탑의 이름은 무엇인지 쓰시오.

> • 프랑스 혁명 100주년을 기념해 세웠다.
> • 324미터의 높이이다.
> • 프랑스 전체를 상징하는 건축물이다.

(   )

11 문단 내용에 알맞은 설명을 찾아 선으로 이으시오.

(1) 문단 ❶ •

(2) 문단 ❷ •

(3) 문단 ❸ •

• ㉮ 설명하려는 대상

• ㉯ 설명하려는 대상의 예

어휘

12 다음 밑줄 친 낱말 대신 쓸 수 있는 낱말은 무엇입니까? (   )

> 그 아슬아슬한 모습은 눈길을 많이 끕니다.

① 시간   ② 유래   ③ 목적
④ 관심   ⑤ 상징

세계의 탑

❹ 중국 상하이에는 높이가 468미터인 동방명주 탑이 있습니다. 이 탑은 1994년에 방송을 <u>송신하려고</u> 세웠습니다. <u>동방명주 탑이 세워진 목적</u> 동방명주 탑은 높은 기둥을 중심축으로 하여 구슬 세 개를 꿰어 놓은 것 같은 독특한 <u>외형</u> 때문에 '동양의 진주'라고 불립니다.

중심 내용 | 중국 상하이에는 동방명주 탑이 있습니다.

▲ 중국의 동방명주 탑

- **글의 종류** 설명하는 글
- **글의 특징** 세계의 여러 도시에 있는 탑의 특징을 나열하여 설명하고 있는 글입니다.
- **글의 구조** 빈칸에 알맞은 말을 넣어 문단 내용 정리하기

문단	중심 문장
❶	세계 여러 도시에 있는 유명한 ❶( )을/를 알아봅시다.
❷	이탈리아 토스카나주에는 ❷( )이/가 있습니다.
❸	프랑스 파리에는 에펠 탑이 있습니다.
❹	중국 상하이에는 높이가 468미터인 동방명주 탑이 있습니다.

송신(送 보낼 송, 信 믿을 신)**하려고** 전화, 라디오, 텔레비전 방송 따위의 신호를 보내려고.
⑩ 그날의 중요한 뉴스들은 바로바로 세계 각지로 송신하였습니다.
외형(外 밖 외, 形 모양 형) 사물의 겉모양.
⑩ 이 건물의 외형은 아주 특이합니다.

중요 독해

13 동방명주 탑에 대한 설명으로 알맞지 <u>않은</u> 것은 무엇입니까? ( )

① 1994년에 세워졌다.
② 높이가 468미터이다.
③ 동양의 진주라고 불린다.
④ 종교 목적으로 만들어졌다.
⑤ 높은 기둥을 중심축으로 하여 구슬을 꿰어 놓은 것 같은 외형이다.

14 이 글의 설명 방법으로 알맞은 것은 무엇입니까?
( )

① 대상에 대해 상상하여 설명했다.
② 일이 일어난 차례대로 설명했다.
③ 글쓴이가 다닌 곳을 중심으로 설명했다.
④ 하나의 대상만 그림을 그리듯이 설명했다.
⑤ 설명하려는 대상의 특징을 나열해 설명했다.

15 이 글의 내용을 정리하기에 가장 좋은 틀을 찾아 ○표 하시오.

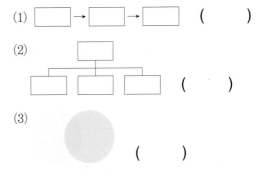

(1) ☐ → ☐ → ☐ ( )
(2) ( )
(3) ( )

서술형

16 이 글과 같은 설명 방법으로 설명할 수 있는 내용을 한 가지 생각하여 쓰시오.

_____

_____

직업과 옷 색깔 박영란·최유성

❶ 사람은 직업에 따라 **고유한** 색깔 옷을 입기도 한다. 직업의 특성에 따라 특정 색깔의 옷이 일을 하는 데 도움이 되기 때문이다.

중심 내용 | 사람은 직업에 따라 고유한 색깔 옷을 입기도 합니다.

❷ 의사나 간호사는 보통 흰색 옷을 입는다. **감염**에 민감한 환자들이 있는 병원에서는 **위생**이 매우 중요한 문제이기 때문이다. _{의사나 간호사가 흰색 옷을 입는 까닭} 흰색 옷은 옷이 더러워졌을 때 이를 쉽게 알아차릴 수 있게 해 준다. 약사나 위생사, 요리사와 같이 [㉠]을 유지해야 하는 일을 하는 사람들도 마찬가지로 흰색 옷을 입는다.

중심 내용 | 의사나 간호사는 보통 흰색 옷을 입습니다.

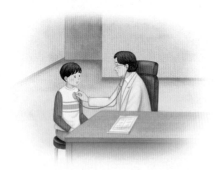

❸ 법관은 검은색 옷을 입는다. 예전 서양에서는 신분에 따라 입을 수 있는 옷 색깔이 정해져 있었지만, 검은색 옷은 누구나 입을 수 있었다. 법관의 검은색 옷은 법 앞에서 모든 사람이 평등하다는 뜻을 나타내며, 다른 것에 물들지 않고 **공정하게** 재판해야 한다는 의미를 담고 있다. _{법관이 검은색 옷을 입는 까닭}

중심 내용 | 법관은 검은색 옷을 입습니다.

고유(固 굳을 고, **有** 있을 유**)한** 본래부터 가지고 있는.
감염(感 느낄 감, **染** 물들 염**)** 병균이 몸에 옮아서 병에 걸리는 것.
㉾ 수두는 피부 접촉으로 감염될 수 있으니 조심합니다.
위생(衛 지킬 위, **生** 날 생**)** 건강에 유익하도록 조건을 갖추거나 대책을 세우는 일.
공정(公 공평할 공, **正** 바를 정**)하게** 공평하고 올바르게.

서술형

17 문단 ❶의 중심 문장을 찾아 쓰시오.

_____

_____

18 흰색 옷을 입는 직업의 공통점으로 알맞은 것은 무엇입니까? (   )

① 위생이 중요하다.
② 요리를 잘해야 한다.
③ 사람들과 접촉하지 않는다.
④ 흙이나 풀을 만질 일이 많다.
⑤ 상대방의 눈에 쉽게 띄면 안 된다.

중요 독해

19 법관의 옷 색깔에 담긴 뜻을 두 가지 고르시오.

(   )

① 청결을 유지하고 있다.
② 법 앞에서 모든 사람이 평등하다.
③ 주변 환경과 상황에 따라 다르게 판결한다.
④ 다른 것에 물들지 않고 공정하게 재판해야 한다.
⑤ 중요한 일을 결정할 수 있을 정도로 높은 지위에 있다.

어휘

20 ㉠에 들어갈 다음 뜻을 가진 낱말은 무엇입니까?

(   )

맑고 깨끗함.

① 정숙   ② 공정   ③ 평등
④ 청결   ⑤ 자율

직업과 옷 색깔

❹ 군인은 주변 환경과 상황에 따라 옷 색깔을 달리하여 입는다. 전투를 벌일 때 적군 눈에 쉽게 띄면 안 되기 때문이다. _{군인이 주변 환경과 상황에 따라 옷 색깔을 달리하여 입는 까닭} 예전의 화약 무기는 한번 사용하면 연기가 자욱하여 적군과 아군을 구분하기가 힘들었다. 따라서 당시에는 강한 원색의 군복을 입었다. 오늘날에는 기술이 발달하여 군인은 대부분 주변 환경과 구별하기 힘든 색의 옷을 입는다.

중심 내용 | 군인은 주변 환경과 상황에 따라 옷 색깔을 달리하여 입습니다.

❺ 사람들은 직업에 따라 입는 옷 색깔이 다양하다. 옷 색깔이 무엇을 뜻하는지 안다면 그 직업을 더 잘 알 수 있다.

중심 내용 | 사람들은 직업에 따라 입는 옷 색깔이 다양합니다.

- **글의 종류** 설명하는 글
- **글의 특징** 고유한 색깔 옷을 입는 여러 가지 직업의 특징을 나열하여 설명하는 글입니다.
- **글의 구조** 빈칸에 알맞은 말을 넣어 글의 내용 정리하기

글의 구조	문단의 중심 문장
처음	사람은 ❶( )에 따라 고유한 색깔 옷을 입기도 한다.
가운데	• 의사나 간호사는 보통 흰색 옷을 입는다. • 법관은 ❷( ) 옷을 입는다. • ❸( )은/는 주변 환경과 상황에 따라 옷 색깔을 달리하여 입는다.
끝	사람들은 직업에 따라 입는 옷 색깔이 다양하다.

적군(敵 대적할 적, 軍 군사 군)   적의 군대나 군사.
자욱하여   연기나 안개 따위가 잔뜩 끼어 흐릿하여.
㉑ 주방 안에는 밥 짓는 연기로 자욱했습니다.
아군(我 나 아, 軍 군사 군)   우리 편 군대.
원색(原 근원 원, 色 빛 색)   본디의 제 빛깔.

---

21 다음 문단에서 중심 문장의 기호를 찾아 쓰시오.

> ㉠ 군인은 주변 환경과 상황에 따라 옷 색깔을 달리하여 입는다. ㉡ 전투를 벌일 때 적군 눈에 쉽게 띄면 안 되기 때문이다. ㉢ 예전의 화약 무기는 한번 사용하면 연기가 자욱하여 적군과 아군을 구분하기가 힘들었다. ㉣ 따라서 당시에는 강한 원색의 군복을 입었다. ㉤ 오늘날에는 기술이 발달하여 군인은 대부분 주변 환경과 구별하기 힘든 색의 옷을 입는다.

(   )

22 군인이 주변 환경과 상황에 따라 옷 색깔을 달리하여 입는 까닭은 무엇인지 쓰시오.

_____

_____

23 이 글에서 대상을 어떤 방법으로 설명했는지 알맞게 말한 친구에 ○표 하시오.

(1) 찬영: 시대에 따라 옷의 유행이 어떻게 바뀌었는지 설명했어. (   )

(2) 주민: 직업 별로 어울리는 옷 색깔을 다양하게 추천하며 설명했어. (   )

(3) 인호: 여러 가지 특징을 나열해 직업과 옷 색깔의 관계를 설명했어. (   )

24 다음은 이 글의 내용을 요약한 것입니다. 빈칸에 알맞은 말을 쓰시오.

> 사람은 직업에 따라 고유한 색깔 옷을 입는다. 의사나 간호사는 보통 흰색 옷을 입고, 법관은 검은색 옷을 입는다. 또 (1)(   )은/는 주변 환경과 상황에 따라 옷 색깔을 달리하여 입는다. 이처럼 사람들은 (2)(   )에 따라 입는 옷 색깔이 다양하다.

[1~2] 다음 글을 읽고, 물음에 답하시오.

과일 카드 놀이 방법

❶ 책상 가운데에 종을 놓고 과일 카드를 똑같이 나누어 가진다.

❷ 차례에 맞게 각자 카드를 한 장씩 펼쳐 내려놓는다.

❸ 펼친 카드 가운데에서 같은 과일이 다섯 개가 되면 재빨리 종을 친다.

❹ 먼저 종을 친 사람이 바닥에 모인 카드를 모두 가져간다.

❺ ❷~❹를 되풀이해서 마지막까지 카드를 가지고 있는 사람이 이긴다.

---

1 카드를 얻으려면 어떻게 해야 하는지 바르게 말한 친구의 이름을 쓰시오.

상아: 다른 과일 다섯 개를 찾아내어 옆 사람과 모두 바꾸고 그 카드를 가져온다.

민우: 같은 과일 다섯 개가 바닥에 펼쳐지면 가장 먼저 종을 쳐서 카드를 가져온다.

희진: 종이 울리면 과일을 뒤섞은 다음에 가위바위보에서 이긴 사람부터 하나씩 카드를 가져온다.

(   )

2 이와 같은 글을 읽으면 좋은 점을 모두 고르시오.
(   )

① 필요한 정보를 얻을 수 있다.

② 일의 방법과 규칙을 알 수 있다.

③ 알고 싶은 것을 자세히 알 수 있다.

④ 어떤 문제에 대해 제안하는 글을 쓸 수 있다.

⑤ 어떤 일을 할 때에 그 일의 차례를 계속해서 바꿀 수 있다.

[3~5] 다음 글을 읽고, 물음에 답하시오.

우리나라에는 화강암을 쪼아 만든 석탑이 많습니다. 그 가운데에서 가장 유명한 탑은 다보탑과 석가탑입니다. 다보탑과 석가탑에는 공통점과 차이점이 있습니다.

다보탑과 석가탑은 공통점이 있습니다. 두 탑은 모두 통일 신라 시대에 만든 탑으로서 불국사 대웅전 앞뜰에 나란히 서 있습니다. 또 두 탑은 그 가치를 인정받아 국보로 지정되었습니다.

㉠두 탑의 모습은 매우 다릅니다. ㉡다보탑은 장식이 많고 화려합니다. ㉢십자 모양의 받침 주변에 돌계단을 만들고 그 위에 사각·팔각·원 모양의 돌을 쌓아 올렸습니다. ㉣반면 석가탑은 단순하면서도 세련된 멋이 있습니다. ㉤사각 평면 받침 위에 돌을 삼 층으로 쌓아 올려 매우 균형 있는 모습을 자랑합니다.

3 ㉠~㉤ 중 중심 문장을 찾아 기호를 쓰시오.

(   )

4 다보탑과 석가탑의 공통점을 두 가지 고르시오.
(   )

① 국보로 지정되었다.

② 장식이 많고 화려하다.

③ 받침이 십자 모양이다.

④ 통일 신라 시대에 만들었다.

⑤ 불국사 대웅전 뒤뜰에 나란히 서 있다.

5 이 글에서 대상을 설명하기 위해 사용한 설명 방법을 무엇이라고 합니까? (   )

① 비유

② 주장

③ 정의

④ 비교와 대조

⑤ 분석과 분류

[6~8] 다음 글을 읽고, 물음에 답하시오.

㉮ 사람은 직업에 따라 고유한 색깔 옷을 입기도 한다. 직업의 특성에 따라 특정 색깔의 옷이 일을 하는 데 도움이 되기 때문이다.

㉯ 의사나 간호사는 보통 흰색 옷을 입는다. 감염에 민감한 환자들이 있는 병원에서는 위생이 매우 중요한 문제이기 때문이다. 흰색 옷은 옷이 더러워졌을 때 이를 쉽게 알아차릴 수 있게 해 준다. 약사나 위생사, 요리사와 같이 청결을 유지해야 하는 일을 하는 사람들도 마찬가지로 흰색 옷을 입는다.

㉰ 법관은 검은색 옷을 입는다. 예전 서양에서는 신분에 따라 입을 수 있는 옷 색깔이 정해져 있었지만, 검은색 옷은 누구나 입을 수 있었다. 법관의 검은색 옷은 법 앞에서 모든 사람이 평등하다는 뜻을 나타내며, 다른 것에 물들지 않고 공정하게 재판해야 한다는 의미를 담고 있다.

㉱ 군인은 주변 환경과 상황에 따라 옷 색깔을 달리하여 입는다. 전투를 벌일 때 적군 눈에 쉽게 띄면 안 되기 때문이다. 예전의 화약 무기는 한번 사용하면 연기가 자욱하여 적군과 아군을 구분하기가 힘들었다. 따라서 당시에는 강한 원색의 군복을 입었다.

6 직업에 따라 옷 색깔을 특별히 정해서 입는 까닭은 무엇입니까? ( )

① 멋있어 보일 수 있기 때문에
② 일할 때 도움이 되기 때문에
③ 직업을 잘 알릴 수 있기 때문에
④ 어떤 일을 하는지 알려 주기 때문에
⑤ 일하는 즐거움을 줄 수 있기 때문에

7 이 글의 내용으로 알맞지 <u>않은</u> 것은 무엇입니까?
( )

① 법관은 검은색 옷을 입는다.
② 위생사는 흰색 옷을 입는다.
③ 약사나 요리사는 노란색 옷을 입는다.
④ 의사나 간호사는 보통 흰색 옷을 입는다.
⑤ 군인은 주변 환경과 상황에 따라 옷 색깔을 달리하여 입는다.

8 이 글은 어떤 설명 방법을 사용했는지 알맞은 것에 ○표 하시오.

⑴ 정의 ( )
⑵ 열거 ( )
⑶ 운율 ( )
⑷ 질문과 답 ( )

문법

9 다음 문장의 이어 주는 말이 알맞게 쓰이지 <u>않은</u> 것을 찾아 기호를 쓰시오.

㉮ 나는 오늘 친구와 싸웠다. <u>그래서</u> 기분이 좋지 않다.
㉯ 동생이 늦잠을 잤다. <u>그리고</u> 학교에 지각하지 않았다.
㉰ 나는 달리기를 잘한다. <u>그러나</u> 수영은 잘하지 못한다.

( )

문법

10 다음 빈칸에 이어 주는 말 '그래서'가 들어가기에 알맞은 문장은 무엇입니까? ( )

① 나는 사과를 좋아한다. ☐ 배도 좋아한다.
② 학교에 지각했다. ☐ 늦잠을 잤기 때문이다.
③ 엄마께 혼이 났다. ☐ 동생과 싸웠기 때문이다.
④ 아이스크림을 너무 많이 먹었다. ☐ 배탈이 났다.
⑤ 나는 낮에 만화 영화를 재미있게 보고 있었다. ☐ 엄마께서 심부름을 시키셨다.

[1~2] 다음 그림을 보고, 물음에 답하시오.

1 그림 ㉮의 아이가 한 일은 무엇입니까? (　　　)

① 도서관에서 백과사전을 읽었다.
② 집에서 장난감 조립 설명서를 읽었다.
③ 박물관에서 유물에 대한 설명을 읽었다.
④ 영화관에서 영화관 이용 안내문을 보았다.
⑤ 집에서 종이접기 차례를 보며 종이접기를 했다.

서술형

2 그림 ㉯의 상황에서 설명하는 글을 읽으면 어떤 도움을 받을 수 있을지 쓰시오.

_____

_____

3 다음 글에서 알 수 있는 정보를 모두 고르시오.

(　　　)

> ▶ 국립중앙박물관은 1월 1일, 설날(당일), 추석
> (당일)에는 쉽니다.
> ▶ 6세 이하 어린이는 보호자와 함께해야 합니다.
> ■ 관람 시간
> • 월·화·목·금요일 10:00~18:00
> • 수·토요일 10:00~21:00
> • 일요일·공휴일 10:00~19:00
> ■ 관람료: 무료(상설 전시관, 어린이 박물관, 무
> 료 특별 전시)

① 관람료　　② 쉬는 날　　③ 관람 순서
④ 예약 방법　　⑤ 관람 시간

[4~6] 다음 글을 읽고, 물음에 답하시오.

㉮ 다보탑과 석가탑은 공통점이 있습니다. 두 탑은 모두 통일 신라 시대에 만든 탑으로서 불국사 대웅전 앞뜰에 나란히 서 있습니다. 또 두 탑은 그 가치를 인정받아 국보로 지정되었습니다.

두 탑의 모습은 매우 다릅니다. 다보탑은 장식이 많고 화려합니다. 십자 모양의 받침 주변에 돌계단을 만들고 그 위에 사각·팔각·원 모양의 돌을 쌓아 올렸습니다. 반면 석가탑은 단순하면서도 세련된 멋이 있습니다. 사각 평면 받침 위에 돌을 삼 층으로 쌓아 올려 매우 균형 있는 모습을 자랑합니다.

㉯ 사람들은 다양한 목적으로 탑을 세웁니다. 종교나 군사 목적으로 탑을 만들 뿐만 아니라 무엇인가를 기념하려고 탑을 짓습니다. 세계 여러 도시에 있는 유명한 탑을 알아봅시다.

이탈리아 토스카나주에는 피사의 사탑이 있습니다. 피사의 사탑은 종교 목적으로 만들어졌습니다. 55미터 높이로 세운 이 탑은 완성한 뒤 조금씩 한쪽으로 기울기 시작해 현재 모습이 되었습니다. 그 아슬아슬한 모습은 눈길을 많이 끕니다.

프랑스 파리에는 에펠 탑이 있습니다. 에펠 탑은 1889년에 프랑스 혁명 100주년을 기념해 세웠습니다. 에펠 탑의 높이는 324미터이고, 해마다 세계 여러 나라에서 수백만 관광객이 찾을 만큼 유명합니다.

4 글 ㉮와 ㉯에서 사용한 설명 방법을 각각 쓰시오.

⑴ 글 ㉮: (　　　　　　　　　　)

⑵ 글 ㉯: (　　　　　　　　　　)

5 글 ㉮를 읽고 다음 설명이 다보탑의 특징이면 '다', 석가탑의 특징이면 '석'이라고 쓰시오.

⑴ 장식이 많고 화려하다.　　　　　(　　　)

⑵ 단순하면서도 세련된 멋이 있다.　(　　　)

⑶ 사각 평면 받침 위에 돌을 삼 층으로 쌓아 올려
균형 있다.　　　　　　　　　　(　　　)

6 글 **나**에서 알 수 있는 피사의 사탑의 특징으로 알맞지 **않은** 것은 무엇입니까? (   )

① 55미터 높이로 세웠다.
② 군사 목적으로 만들어졌다.
③ 이탈리아 토스카나주에 있다.
④ 완성한 뒤 조금씩 한쪽으로 기울었다.
⑤ 아슬아슬한 모습이 눈길을 많이 끈다.

[7~10] 다음 글을 읽고, 물음에 답하시오.

가 ①사람은 직업에 따라 고유한 색깔 옷을 입기도 한다. 직업의 특성에 따라 특정 색깔의 옷이 일을 하는 데 도움이 되기 때문이다.

나 의사나 간호사는 보통 흰색 옷을 입는다. 감염에 민감한 환자들이 있는 병원에서는 위생이 매우 중요한 문제이기 때문이다. 흰색 옷은 옷이 더러워졌을 때 이를 쉽게 알아차릴 수 있게 해 준다.

다 법관은 검은색 옷을 입는다. 예전 서양에서는 신분에 따라 입을 수 있는 옷 색깔이 정해져 있었지만, 검은색 옷은 누구나 입을 수 있었다. 법관의 검은색 옷은 법 앞에서 모든 사람이 평등하다는 뜻을 나타내며, 다른 것에 물들지 않고 공정하게 재판해야 한다는 의미를 담고 있다.

라 군인은 주변 환경과 상황에 따라 옷 색깔을 달리하여 입는다. 전투를 벌일 때 적군 눈에 쉽게 띄면 안 되기 때문이다. 예전의 화약 무기는 한번 사용하면 연기가 자욱하여 적군과 아군을 구분하기가 힘들었다. 따라서 당시에는 강한 원색의 군복을 입었다. 오늘날에는 기술이 발달하여 군인은 대부분 주변 환경과 구별하기 힘든 색의 옷을 입는다.

7 이 글의 설명 방법으로 알맞은 것은 무엇입니까?
(   )

① 적군과 아군의 차이점을 대조하여 설명했다.
② 법관이 하는 일을 부분별로 나누어 설명했다.
③ 여러 가지 직업의 좋은 점을 나열하여 설명했다.
④ 여러 가지 옷을 만드는 방법을 차례대로 설명했다.
⑤ 여러 가지 특징을 나열해 직업과 옷 색깔의 관계를 설명했다.

8 이 글에서 ①의 예로 든 직업이 **아닌** 것은 무엇입니까? (   )

① 의사
② 법관
③ 군인
④ 운전사
⑤ 간호사

9 예전의 군인과 오늘날 군인의 옷차림의 변화로 알맞은 것은 무엇입니까? (   )

① 예전에는 어두운 색의 옷을 입었지만 오늘날에는 밝은 색의 옷을 입는다.
② 예전에는 눈에 잘 띄지 않는 옷을 입었지만 오늘날에는 눈에 잘 띄는 옷을 입는다.
③ 예전에는 풀과 비슷한 색의 옷을 입었지만 오늘날에는 건물과 비슷한 색의 옷을 입는다.
④ 예전에는 적군과 구별하기 힘든 색의 옷을 입었지만 오늘날에는 강한 원색의 옷을 입는다.
⑤ 예전에는 강한 원색의 옷을 입었지만 오늘날에는 주변 환경과 구별하기 힘든 색의 옷을 입는다.

<u>서술형</u>
10 이 글의 내용을 정리할 수 있는 다음 틀을 활용하여 글의 내용을 정리하시오.

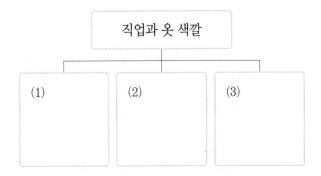

11 글을 요약할 때 주의할 점으로 알맞지 <u>않은</u> 것은 무엇입니까? (　　　)

① 중요하지 않은 내용은 지운다.
② 문단마다 중심 문장을 찾는다.
③ 세부적인 내용은 그대로 옮겨 쓴다.
④ 글의 구조에 알맞은 틀을 그려 내용을 정리한다.
⑤ 글에서 대상을 설명하는 방법이 무엇인지 확인한다.

서술형

12 보기 와 같은 틀에 정리해 설명하기에 어울리는 주제를 생각하여 쓰고, 어떤 내용을 설명하고 싶은지 쓰시오.

보기

(1) 주제: _____

(2) 설명하고 싶은 내용: _____

_____

_____

13 우리 반 친구들에게 자신이 좋아하는 것을 설명하는 글을 쓰려고 합니다. 설명하고 싶은 대상을 알맞게 말하지 <u>못한</u> 친구의 이름을 쓰시오.

성호: 누구나 아는 내용에 대해 설명해야지.
유나: 친구들에게 꼭 알려 주고 싶은 정보에 대해 설명할 거야.
지안: 반 친구들이 호기심을 느낄 만한 내용에 대해 설명해야겠어.

(　　　　　　　　　)

14 다음 표는 설명하는 글을 쓰려고 정리한 내용입니다. '수집할 곳'에 정리한 내용 중 알맞지 <u>않은</u> 것을 찾아 기호를 쓰시오.

글의 내용	고양이 기르기와 강아지 기르기의 공통점과 차이점
수집할 내용	• 먹이 주는 방법 • 잘 기를 수 있는 환경 • 고양이와 강아지의 성격 • 좋아하는 것과 싫어하는 것
수집할 곳	㉮ 백과사전 ㉯ 고양이나 강아지 기르기 관련 서적 ㉰ 고양이나 강아지를 기르고 있는 사람의 블로그 ㉱ 육식 동물과 초식 동물의 차이점을 다룬 신문 기사

(　　　　　　　　　)

15 주제를 중심으로 여러 가지 자료를 친구들과 함께 찾아 글을 쓰려고 합니다. 차례대로 기호를 쓰시오.

㉮ 내용에 알맞은 설명 방법 정하기
㉯ 주제와 관련 있는 자료 함께 찾기
㉰ 알맞은 설명 방법으로 내용 정리하기
㉱ 내용과 자료에 따라 설명하는 글 쓰기
㉲ 모둠 친구들이 함께 설명할 주제 정하기
㉳ 자료를 함께 읽고 설명하고 싶은 내용 정하기

(　　　) → (　　　) → (　　　) → (　　　)
→ (　　　) → (　　　)

3. 글을 요약해요

● 정답 및 풀이 9쪽

평가 주제	구조를 생각하며 글 요약하기
평가 목표	글의 구조를 파악하여 글의 내용을 요약할 수 있다.

❶ 어류는 아가미가 있는 척추동물입니다. 어류는 물속 환경에 적응할 수 있도록 다양한 기관이 발달했습니다.

❷ 어류 피부는 대부분 비늘로 덮여 있습니다. 비늘은 어류 몸을 보호합니다. 비늘은 짠 바닷물이 몸속으로 들어오지 못하게 막아 줍니다. 또 저마다 비늘 무늬가 달라 몸을 쉽게 숨길 수 있게 합니다.

❸ 어류는 아가미로 물속에 녹아 있는 산소를 흡수합니다. 입으로 물을 삼키고 아가미로 다시 내뱉는 과정에서 산소를 얻습니다.

❹ 어류는 몸통에 옆줄이 있습니다. 어류는 옆줄로 물 흐름이나 떨림 같은 환경 변화를 알아냅니다.

1 이 글에서 어류에 대해 설명한 것은 무엇인지 쓰시오.

2 어류의 몸통에 있는 옆줄의 역할은 무엇인지 쓰시오.

3 이 글의 내용을 요약하여 조건 에 맞게 쓰시오.

조건
1. 글에서 중요한 내용만 찾아 요약한다.
2. 이어 주는 말을 한 가지 이상 사용하여 요약한다.

다른 그림을 찾아보세요.

● 정답 및 풀이 9쪽

다른 곳이 15군데 있어요.

4 글쓰기의 과정

▶ 학습을 완료하면 V표를 하면서 학습 진도를 체크해요.

4 글쓰기의 과정

● 정답 및 풀이 9쪽

1 문장을 구성하는 성분

주어	문장에서 동작이나 상태의 주체가 되는 말입니다.
서술어	문장에서 주어의 움직임, 상태, 성질 따위를 풀이하는 말입니다.
목적어	문장에서 동작의 대상이 되는 말입니다.

나는 음식을 먹었습니다.
주어　목적어　서술어

2 쓸 내용을 떠올려 내용을 조직하고 글로 나타내기

- 글 쓰는 상황이나 목적, 읽을 사람, 주제를 정하고 글로 쓸 내용을 떠올립니다. 쓸 내용을 몇 가지로 나누어 떠올리거나 쓰고 싶은 내용을 자유롭게 떠올릴 수 있습니다.
- 시간 흐름과 장소 변화에 따라 일어난 일을 정리합니다. 이처럼 흐름에 맞게 생각이나 느낌을 묶는 것을 다발 짓기라고 합니다.
- 떠올린 내용으로 다발 짓기를 하고, 글로 씁니다.

예 「상쾌한 아침」의 내용을 다발 짓기로 묶기

일어난 일		생각이나 느낌
아빠께서 나를 깨우심. 아빠께서 말씀하심.	처음	더 자고 싶어서 툴툴거림.
공원까지 걸음. 턱걸이를 다섯 개나 성공함. 운동으로 땀을 흘린 뒤에 물을 마심.	가운데	생각보다 사람이 많아서 놀람. 아빠께 칭찬을 들어 기분이 좋음. 물이 배 속까지 시원하게 함.
이웃 어른들께 반갑게 인사함. 아빠를 앞질러 집으로 달림.	끝	기분이 참 상쾌함.

3 호응 관계가 알맞은 문장 쓰기

호응의 뜻	문장에서 앞에 어떤 말이 오고 짝인 말이 뒤따라오는 것을 호응이라고 합니다.
호응이 중요한 까닭	호응이 되지 않으면 문장이 어색해지거나, 전달하려는 뜻이 잘못 전해질 수 있습니다.

예 호응 관계의 종류 살펴보기

시간을 나타내는 말과 서술어의 호응	내일 도서관에 갈 거야.
높임의 대상을 나타내는 말과 서술어의 호응	할머니께서 맛있는 떡을 주셨다.
동작을 당하는 주어와 서술어의 호응	동생이 누나에게 업혔다.

개념 확인 문제

1 문장을 구성하는 성분

다음 문장에서 목적어를 찾아 쓰시오.

나는 사과를 먹었습니다.

(　　　　　　)

2 쓸 내용을 떠올려 내용을 조직하고 글로 나타내기

쓸 내용을 떠올려 내용을 조직할 때 주의할 점으로 알맞지 않은 것은 무엇입니까? (　　　)

① 읽을 사람이 누구인지 고려한다.
② 쓸 내용을 처음, 가운데, 끝으로 구분하여 정리한다.
③ 시간 흐름, 장소 변화에 따라 일어난 일을 정리한다.
④ 다발 짓기를 할 때에는 글을 쓰는 목적은 생각하지 않는다.
⑤ 일어난 일에 따라 생각이나 느낌을 묶어 다발 짓기로 나타낸다.

3 호응 관계가 알맞은 문장 쓰기

다음 문장에 나타난 호응 관계의 종류로 알맞은 것에 ○표 하시오.

아버지께 선물을 드렸다.

(1) 동작을 당하는 주어와 서술어의 호응 (　　　)
(2) 높임의 대상을 나타내는 말과 서술어의 호응 (　　　)

4 글쓰기의 과정

● 정답 및 풀이 9쪽

어휘·문법

어휘

1. 핵심 개념 어휘: 구성, 성분, 호응

```
문장 구성
├── 성분
└── 호응
```

構 얽을 구, 成 이룰 성
뜻 몇 가지 부분이나 요소들을 모아서 일정한 전체를 짜 이룸.

成 이룰 성, 分 나눌 분
뜻 한 문장을 구성하는 요소.

呼 부를 호, 應 응할 응
뜻 문장에서 앞에 어떤 말이 오고 짝인 말이 뒤따라오는 것.

➡ 문장을 구성하는 성분을 알고 호응 관계에 알맞은 문장을 씁니다.

2. 작품 속 어휘

낱말	뜻	예시
도전(挑戰) 挑 돋울 도 戰 싸움 전	어려운 사업이나 기록 경신 따위에 맞섬.	이번 시험에서는 100점에 도전해 봅시다.
줌	주먹의 준말. 한 손에 쥘 만한 분량을 세는 단위.	윤아는 작은 손으로 모래 한 줌을 쥐어 보았습니다.
비법(秘法) 秘 숨길 비 法 법 법	공개하지 않고 비밀리에 하는 방법.	공부를 잘 할 수 있는 비법을 알고 싶습니다.
툴툴거리다	마음에 차지 아니하여서 잇따라 몹시 투덜거리다.	시험에서 떨어진 민재는 속상해서 툴툴거렸습니다.
시리다	몸의 한 부분이 찬 기운으로 인해 추위를 느낄 정도로 차다.	아침에 일어나 차가운 물을 마셨더니 이가 시렸습니다.

문법 | 문장의 호응

◆ 문장에서 앞에 어떤 말이 오고 짝인 말이 뒤따라오는 것을 호응이라고 합니다. 호응이 이루어지지 않으면 어색한 문장이 되거나 전달하려는 뜻이 잘못 전해질 수 있습니다. 호응의 종류는 다음과 같습니다.

어제 가족과 뒷산으로 소풍을 갔다.
→ 시간을 나타내는 말과 서술어의 호응

아버지께서 사진을 찍어 주셨다.
→ 높임의 대상을 나타내는 말과 서술어의 호응

산 정상에 서니 마을 풍경이 한눈에 보였다.
→ 동작을 당하는 주어와 서술어의 호응

어휘·문법 확인 문제

1 핵심 개념 어휘

다음 뜻에 해당하는 낱말을 쓰시오.

> 몇 가지 부분이나 요소들을 모아서 일정한 전체를 짜 이룸.

( )

2 작품 속 어휘

다음 보기 에서 알맞은 낱말을 골라 문장을 완성하시오.

보기
도전   비법

(1) 지우는 은수에게 배운 ( ) 으로 떡볶이를 만들었다.

(2) 나는 오늘 처음으로 산 정상에 오르는 ( )을 했다.

3 작품 속 어휘

다음 밑줄 친 낱말과 비슷한 뜻을 가진 낱말에 ○표 하시오.

> 민서가 바구니에 있는 쌀을 한 줌 쥐어 보았다.

(1) 움큼 ( )
(2) 자루 ( )
(3) 리터 ( )

4 문법

다음 문장의 호응 관계를 생각하며 알맞은 말에 ○표 하시오.

(1) 내일 민지는 유나와 함께 도서관에 (갔다, 갈 것이다).

(2) 차창 밖으로 푸른 바다가 저 멀리 (보였다, 보았다).

4
단원

준비 문장을 구성하는 성분 알기

● 국어 124~125쪽 / 정답 및 풀이 9쪽

문장을 구성하는 성분

㉮

무엇이 (㉠) 뜁니다.

누가 아이가 공을 던집니다.

㉯

무엇이다 이것은 새입니다.

어찌하다 새가 나뭇가지에 앉았습니다.

어떠하다 새가 (㉡).

㉰

무엇을 나는 (㉢) 먹었습니다.

무엇을 ㉣내 친구는 좋아합니다.

• **특징** 그림에 어울리는 문장을 만들며 문장을 구성하는 성분을 알 수 있습니다.

• **활동 정리** 빈칸에 알맞은 말을 넣어 문장을 구성하는 성분 정리하기

㉮	주어	문장에서 동작이나 ❶( )의 주체가 되는 말.
㉯	서술어	주어의 움직임, 상태, 성질 따위를 풀이하는 말.
㉰	목적어	문장에서 동작의 ❷( )이/가 되는 말.

나뭇가지 나무의 줄기에서 뻗어 나는 가지.
◉ 나뭇가지에 연이 하나 걸렸습니다.

---

1 ㉠~㉢에 들어갈 알맞은 말을 쓰시오.

(1) ㉠: ( )

(2) ㉡: ( )

(3) ㉢: ( )

중요 독해

2 ㉣의 문장이 어색한 까닭은 무엇입니까? ( )

① 문장에 주어가 없어서

② 문장에 서술어가 없어서

③ 내 친구가 누구인지 나와 있지 않아서

④ 내 친구가 무엇을 좋아하는지 설명하지 않아서

⑤ 내 친구가 얼마만큼 좋아하는지 설명하지 않아서

서술형

3 다음 문장의 밑줄 친 부분의 문장 성분을 쓰고, 어떤 역할을 하는지 쓰시오.

아이가 물을 마십니다.

(1) 문장 성분: _____

(2) 역할: _____

4 다음 중 주어, 서술어, 목적어가 모두 들어 있는 문장을 찾아 기호를 쓰시오.

㉮ 백두산은 매우 높다.
㉯ 동생이 장난감을 샀다.
㉰ 크고 두꺼운 책을 빌렸다.

( )

민재가 글을 쓰는 상황

- **특징** 학급 신문에 실을 글을 쓰기 위해 쓸 내용을 떠올리는 과정을 나타낸 그림 입니다. 민재가 어떤 상황에서 어떤 목적 으로 글을 쓰려고 하는지 알 수 있습니다.

- **활동 정리** 빈칸에 알맞은 말을 넣어 민 재가 글을 쓰는 상황 정리하기

상황	❶( )에 글을 실 어야 할 상황
목적	자신이 ❷( )에 겪은 일을 소개하려는 글을 쓰려고 함.
계획	친구들이 재미있어할 내 용을 쓰는 것

실을 글, 그림, 사진 따위를 책이나 신문 따위의 출판물에 낼.

4 단원

---

5 민재가 글을 쓰는 상황과 목적을 찾아 기호를 쓰시오.

> ㉮ 발표를 해야 할 상황에서 자신에게 있었던 일 을 설명하는 글을 쓰려고 한다.
> ㉯ 멀리 있는 친구에게 편지를 써야 할 상황에서 안부를 묻는 글을 쓰려고 한다.
> ㉰ 학급 신문에 글을 실어야 할 상황에서 지난달 에 겪은 일을 소개하는 글을 쓰려고 한다.

(   )

어휘

6 다음 밑줄 친 낱말 대신 넣을 수 있는 말을 두 가지 고르시오. (   )

> 학급 신문에 실을 글

① 넣을   ② 읽을
③ 빠질   ④ 수록할
⑤ 구독할

7 민재는 누가 읽을 것을 예상하고 글을 쓰려고 하는지 쓰시오.

(   )

8 다음은 글로 쓸 내용을 어떻게 떠올린 것입니까? (   )

딸꾹질 / 강아지가 아픔.
힘들었던 일
제주도 / 야영
음식 만들기 / 즐거웠던 일 / 겪은 일 / 신기했던 일 / 보름달을 보며 소원 말하기

① 떠오른 생각을 하나만 썼다.
② 떠오른 경험을 시간 순서대로 썼다.
③ 떠오른 생각을 한 문장으로 나타냈다.
④ 떠오른 생각을 비슷한 주제별로 묶었다.
⑤ 자신과 비슷한 경험을 떠올린 친구와 비교했다.

도전! 달걀말이

❶ 나는 달걀말이를 정말 좋아한다. 날마다 달걀말이를 반찬으로 먹어도 투정하지 않을 자신이 있다. 지난 주말에 삼촌 댁에 갔더니 삼촌께서 내가 좋아하는 달걀말이를 해 주셨다. 삼촌은 요리를 정말 잘하시는 것 같다. 달걀말이가 너무 맛있어서 삼촌께 달걀말이를 만드는 방법을 배워 왔다.

중심 내용 | 달걀말이를 좋아하는 '나'는 삼촌께 달걀말이 만드는 방법을 배워 왔습니다.

❷ 먼저 재료로 달걀 여섯 알, 다진 파 한 줌, 소금, 식용유를 준비한다. 그런 다음 달걀을 큰 그릇에 깨뜨려 넣고 다진 파 한 줌과 소금 적당량을 넣어서 골고루 잘 저어 준다. 삼촌께서 이때 달걀을 젓가락으로 싹둑싹둑 잘라 주어야 좋다고 하셨다. 덩어리진 것을 가위로 자르듯 끊어 주면 된다고 하셨다. 그런 다음 약한 불에 준비한 지짐 판을 얹고 식용유를 골고루 두른 뒤 달걀물을 넓게 붓는다. 그리고 조금씩 익으면 끝에서부터 뒤집개로 살살 말아 준다.

달걀을 저을 때 주의할 점

중심 내용 | 달걀말이는 달걀과 재료를 넣고 골고루 잘 저어서 지짐 판에 붓고 익히면서 살살 말아 만듭니다.

❸ 내가 음식을 만든다고 하니 아버지께서 걱정하시며 조금 도와주셨다. 그리고 내가 처음으로 만든 달걀말이를 드시고 정말 맛있다고 하셨다. 내가 만든 요리를 우리 반 친구들에게도 주고 싶지만 사람이 너무 많으니 특별히 요리 비법을 공개한 것이다.

중심 내용 | '나'는 반 친구들에게 달걀말이 요리 비법을 공개했습니다.

- **글의 종류** 소개하는 글
- **글의 특징** 글쓴이가 달걀말이를 만드는 방법을 배워서 직접 만들어 본 경험을 쓴 글입니다.
- **글의 구조** 빈칸에 알맞은 말을 넣어 글쓴이가 글을 쓴 목적, 글을 읽을 사람, 글의 주제 정리하기

글을 쓴 목적	**❶**( )을/를 만든 경험을 소개하기 위해서
글을 읽을 사람	우리 반 **❷**( )
글의 주제	스스로 달걀말이를 만든 일

도전(挑 도울 도, 戰 싸울 전) 어려운 사업이나 기록 경신 따위에 맞섬.
줌 주먹의 준말. 한 손에 쥘 만한 분량을 세는 단위.
적당량(適 맞을 적, 當 마땅 당, 量 헤아릴 량) 쓰임에 알맞은 분량.
비법(祕 숨길 비, 法 법 법) 공개하지 않고 비밀리에 하는 방법.

9 이 글에서 글쓴이가 경험한 일은 무엇인지 쓰시오.
( )

10 달걀말이를 만드는 방법의 차례대로 기호를 쓰시오.

> ㉮ 달걀이 조금씩 익으면 끝에서부터 뒤집개로 살살 말아 준다.
> ㉯ 달걀을 큰 그릇에 깨뜨려 넣고 다진 파와 소금을 넣어 잘 저어 준다.
> ㉰ 약한 불 위에 올린 지짐 판에 식용유를 두르고 달걀물을 넓게 붓는다.

( ) → ( ) → ( )

〔서술형〕

11 삼촌께서 가르쳐 주신 달걀말이를 만드는 방법 중 특히 중요한 것은 무엇인지 쓰시오.

_____

_____

〔중요 독해〕

12 이 글을 읽고 글쓴이의 마음을 가장 알맞게 짐작한 친구의 이름을 쓰시오.

> 정아: 달걀말이 만드는 것이 귀찮았을 것 같아.
> 선희: 스스로 만든 달걀말이가 맛있어서 신이 났을 것 같아.
> 준수: 자기만 알던 달걀말이 비법을 공개하게 되어서 아쉬웠을 것 같아.

( )

상쾌한 아침

❶ 아침 일찍, 아빠께서 공원에 가자며 나를 깨우셨다.

" ㉠ 는 말이 있어. 얼른 일어나자."

아빠 말씀에 난 억지로 일어나 세수를 하고 옷을 입었다. 공원에 갈 준비가 끝날 때까지도 난 계속 툴툴거렸다.

중심 내용 | 아침에 아빠께서 공원에 가자며 깨우셔서 나는 툴툴거렸습니다.

❷ 대문을 나서니, 찬 바람에 코끝이 시려 손으로 코를 가렸다.

"왜? 춥니? 좀 걸으면 괜찮아질 거야."

아빠께서는 물통을 들고 뚜벅뚜벅 걸어가셨다. 아빠 발걸음이 어찌나 빠른지 나는 그 뒤를 따라 뛰어야 했다. 뒷산 시민 공원에 도착하니 벌써 운동하는 사람이 많아 깜짝 놀랐다. / "준비 운동부터 하자."

나는 아빠를 따라 맨손 체조를 했다. 체조를 하고 나니 정말 추위가 달아나는 것 같았다. 철봉에서 턱걸이를 다섯 번이나 해서 아빠께 칭찬을 들었다. 아침 일찍 일어나기는 힘들었지만 아빠께 칭찬을 들으니 기분이 좋

았다. 운동으로 땀을 흘린 뒤에 마시는 물은 배 속까지 시원하게 했다.

중심 내용 | 공원에 걸어가서 운동을 하며 땀을 흘린 뒤에 물을 마셨습니다.

❸ 이웃 어른들께 반갑게 인사를 하며 아빠와 함께 공원을 나왔다. 나는 아빠를 앞질러 집으로 달렸다. 아빠와 함께 아침 운동을 하니 기분이 참 상쾌했다.

중심 내용 | 이웃 어른들께 인사를 하고 공원을 나와 아빠를 앞질러 집으로 달렸습니다.

- **글의 종류**　생활문
- **글의 특징**　아빠와 아침 운동을 하러 간 일과 그 일에 대한 생각이나 느낌이 잘 드러난 글입니다.
- **글의 구조**　빈칸에 알맞은 말을 넣어 글을 쓴 목적과 겪은 일 정리하기

글을 쓴 목적	❶(　　　　)으로 아침 운동을 다녀온 경험에 대해 생각이나 느낌을 나타내기 위해서
겪은 일	아침 일찍 일어나 ❷(　　　　)와/과 함께 공원으로 운동을 갔습니다.

툴툴거렸다　마음에 차지 아니하여서 잇따라 몹시 투덜거렸다.
시려　찬 것 따위가 닿아 통증이 있어.

---

13 이 글에서 글쓴이가 겪은 일은 무엇입니까? (　　　)

① 아침에 학교에서 체육 동작을 배웠다.
② 동네에 새로 생긴 시민 공원을 구경했다.
③ 아침부터 찬 바람을 쐬어서 감기에 걸렸다.
④ 아침에 뒷산 시민 공원에서 친구를 만났다.
⑤ 아침 일찍 일어나 공원에서 아빠와 운동을 했다.

어휘

14 ㉠에 들어갈 부지런함을 강조하는 말은 무엇인지 기호를 쓰시오.

> ㉮ 구슬이 서 말이라도 꿰어야 보배다
> ㉯ 일찍 일어나는 새가 벌레를 잡는다
> ㉰ 낮말은 새가 듣고 밤말은 쥐가 듣는다

(　　　　　　　)

서술형

15 이 글의 내용을 다발 짓기로 정리하려고 합니다. 빈칸에 들어갈 내용을 각각 쓰시오.

일어난 일		생각이나 느낌
아빠께서 나를 깨우심. 아빠께서 말씀하심.	처음	(1)
(2)	가운데	생각보다 사람이 많아서 놀람. 아빠께 칭찬을 들어 기분이 좋음. 물이 배 속까지 시원하게 함.
이웃 어른들께 반갑게 인사함. 아빠를 앞질러 집으로 달림.	끝	기분이 참 상쾌함.

할머니께서 오신 날

❶ 학교 공부가 끝나고 집으로 갔다. 오늘은 어려운 내용을 배워 머리가 아팠다. ㉠그런데 집에 오니 할머니께서 계셨다. 늘 내 편이 되어 주시는 할머니께서 계시니 갑자기 기분이 좋아졌다.

중심 내용 | '나'는 학교 공부가 끝나고 집으로 왔는데 할머니께서 계셔서 기분이 좋아졌습니다.

❷ 할머니께서 공부하느라 고생했다며 맛있는 떡볶이를 해 주셨다. 동생과 함께 먹다 보니 어느새 떡볶이를 다 먹었다. 정말 맛있었다. 짝과 함께 수학 공부를 하기로 해서 할머니께 인사드리고 친구 집으로 갔다. 할머니께 공부를 열심히 한다고 칭찬을 들었지만 할머니와 함께 있지 못해 ㉡ 마음이 들었다. 수학 공부를 하는 동안 할머니께서 일찍 가시지 않으면 좋겠다고 생각했다. 공부를 마치자마자 집으로 왔다. 다행히 할머니께서 아직 집에 계셨다. 할머니와 함께 만화 영화도 보고, 과일과 피자도 먹었다.

중심 내용 | '나'는 할머니께서 해 주신 떡볶이를 먹고, 할머니와 함께 만화 영화도 보고, 과일과 피자도 먹었습니다.

❸ 할머니께서는 저녁을 드시고 나서 댁으로 가셨다. 생각보다 오래 계셨지만 그래도 헤어질 때가 되니 섭섭했다. 우리 집에 더 자주 오셨으면 좋겠다고 생각하다가 다음부터 내가 할머니 댁에 자주 찾아가야겠다고 생각했다. 즐거운 하루였다.

중심 내용 | 할머니는 저녁을 드시고 가셨고, 나는 할머니 댁에 자주 찾아가야겠다고 생각했습니다.

- **글의 종류** 생활문

- **글의 특징** 글쓴이의 집에 할머니께서 오신 일과 그 일에 대한 글쓴이의 생각이나 느낌이 잘 드러난 글입니다.

- **글의 구조** 빈칸에 알맞은 말을 넣어 글쓴이의 생각이나 느낌 정리하기

  - 할머니께서 집에 오셔서 기분이 좋아짐.
  - 할머니께서 해 주신 ❶( )이/가 정말 맛있었음.
  - 할머니께 ❷( )을/를 열심히 한다고 칭찬을 들었지만 할머니와 함께 있지 못해 아쉬웠음.
  - 할머니께서 우리 집에 더 자주 오시면 좋겠음.

편(便 편할 편) 여러 패로 나누었을 때 그 하나하나의 쪽.
섭섭했다 서운하고 아쉬웠다.

중요 독해

16 글쓴이에게 일어난 일이 <u>아닌</u> 것은 무엇입니까?
( )

① 할머니께서 집에 오셨다.
② 학교에서 어려운 내용을 배웠다.
③ 할머니께서 떡볶이를 해 주셨다.
④ 친구 집에 수학 공부를 하러 갔다.
⑤ 할머니께서 저녁을 안 드시고 일찍 가셨다.

17 ㉠에 대한 글쓴이의 생각이나 느낌은 어떠했습니까?
( )

① 궁금했다.
② 실망스러웠다.
③ 자랑스러웠다.
④ 머리가 아팠다.
⑤ 기분이 좋아졌다.

어휘

18 ㉡에 들어갈 '미련이 남아 서운한.'이라는 뜻을 가진 낱말은 무엇입니까? ( )

① 우울한 ② 두려운 ③ 신나는
④ 아쉬운 ⑤ 부끄러운

19 다음 다발 짓기에 없는 내용을 글 ❸에서 어떻게 썼는지 찾아 ○표 하시오.

일어난 일		생각이나 느낌
저녁에 할머니께서 댁으로 가심.	끝	섭섭함. 더 자주 오시면 좋겠음.

(1) 일어난 일에 대해 글쓴이의 생각이나 느낌을 더 자세하게 드러냈다. ( )

(2) 글쓴이가 한 일과 본 일을 더 간단하게 나타내고 생각이나 느낌을 과장하여 썼다. ( )

호응 관계가 알맞은 문장

가

어제 친구와 박물관에 ⑦ .	➡	시간을 나타내는 말과 서술어의 호응
아버지께서 청소를 하신다.	➡	높임의 대상을 나타내는 말과 서술어의 호응
물고기가 낚싯줄에 걸렸다.	➡	동작을 당하는 주어와 서술어의 호응

나

ⓒ숲속에서 다람쥐와 새가 지저겁니다.

・**특징** 문장에 쓰인 호응 관계의 종류를 알고 문장의 호응 관계를 생각하며 올바른 문장을 만드는 방법을 알 수 있습니다.

・**활동 정리** 빈칸에 알맞은 말을 넣어 문장의 호응 관계 정리하기

> 시간을 나타내는 말과 서술어의 호응
>
> 나는 어제 친구와 재미있는 동화책을 ❶( ).

> ❷( )의 대상을 나타내는 말과 서술어의 호응
>
> 할머니께서 동생에게 맛있는 떡을 주셨다.

> 동작을 당하는 주어와 서술어의 호응
>
> 도둑이 경찰에게 잡혔다.

4 단원

---

20 ⑦에 들어갈 알맞은 서술어는 무엇입니까? ( )

① 간다   ② 갔다   ③ 갈까
④ 갈래   ⑤ 갈 것이다

중요 독해

21 다음 문장의 밑줄 친 부분에 나타난 호응 관계의 종류를 보기 에서 찾아 기호를 쓰시오.

> 보기
> ㉠ 시간을 나타내는 말과 서술어의 호응
> ㉡ 동작을 당하는 주어와 서술어의 호응
> ㉢ 높임의 대상을 나타내는 말과 서술어의 호응

(1) 내일 도서관에 갈 거야. ( )

(2) 동생이 누나에게 업혔다. ( )

(3) 아버지께 선물을 드렸다. ( )

(4) 나는 어제 운동장에서 친구를 만났어. ( )

서술형

22 ⓒ의 문장을 주어와 서술어가 호응하도록 바르게 고쳐 쓰시오.

_____

_____

23 주어와 서술어가 호응하도록 다음 문장을 바르게 고쳐 쓴 것에 ○표 하시오.

(1) 나는 동생보다 키와 몸무게가 더 무겁다.
→ 나는 동생보다 키가 더 크고, 몸무게가 더 무겁다.

( )

(2) 어젯밤에 비와 바람이 세차게 불었습니다.
→ 어젯밤에 비가 세차게 불고, 바람이 세차게 내렸습니다.

( )

1 다음 밑줄 친 부분이 문장에서 하는 역할을 찾아 ○표 하시오.

> • 나는 <u>음식</u>을 먹었습니다.
> • 내 친구는 <u>강아지</u>를 좋아합니다.

(1) 문장에서 동작의 대상이 되는 '목적어'이다.
( )

(2) 문장에서 동작이나 상태의 주체가 되는 '주어'이다.
( )

[2~5] 다음 글을 읽고, 물음에 답하시오.

가

> 민재야, 이번 학급 신문에 실을 글을 한 편 써 줘.

> 어떤 글을 쓸까? 그래, 내가 지난달에 겪은 일을 소개하는 글을 써 보자.

나 나는 달걀말이를 정말 좋아한다. 날마다 달걀말이를 반찬으로 먹어도 투정하지 않을 자신이 있다. 지난 주말에 삼촌 댁에 갔더니 삼촌께서 내가 좋아하는 달걀말이를 해 주셨다. 삼촌은 요리를 정말 잘하시는 것 같다. 달걀말이가 너무 맛있어서 삼촌께 달걀말이를 만드는 방법을 배워 왔다.

먼저 재료로 달걀 여섯 알, 다진 파 한 줌, 소금, 식용유를 준비한다. 그런 다음 달걀을 큰 그릇에 깨뜨려 넣고 다진 파 한 줌과 소금 적당량을 넣어서 골고루 잘 저어 준다. 삼촌께서 이때 달걀을 젓가락으로 싹둑싹둑 잘라 주어야 좋다고 하셨다. 덩어리진 것을 가위로 자르듯 끊어 주면 된다고 하셨다. 그런 다음 약한 불에 준비한 지짐 판을 얹고 식용유를 골고루 두른 뒤 달걀물을 넓게 붓는다. 그리고 조금씩 익으면 끝에서부터 뒤집개로 살살 말아 준다.

내가 음식을 만든다고 하니 아버지께서 걱정하시며 조금 도와주셨다. 그리고 내가 처음으로 만든 달걀말이를 드시고 정말 맛있다고 하셨다.

2 그림 **가**의 민재가 글을 쓰는 상황이나 목적은 무엇인지 빈칸에 알맞은 말을 쓰시오.

• ( )에 자신이 지난달에 겪은 일을 소개하는 글을 쓰려고 한다.

3 글 **나**를 쓴 민재가 달걀말이를 만든 까닭은 무엇입니까? ( )

① 삼촌 댁에서 먹고 너무 맛있어서
② 삼촌께서 좋아하시는 음식이어서
③ 아빠께서 만들어 달라고 부탁하셔서
④ 집에 달걀말이를 만들 재료가 있어서
⑤ 아빠께 달걀말이를 만드는 방법을 배워서

4 글 **나**에 나타난 민재의 기분으로 알맞은 것은 무엇입니까? ( )

① 힘들고 괴롭다.
② 신나고 즐겁다.
③ 죄송하고 슬프다.
④ 부끄럽고 안타깝다.
⑤ 부럽고 걱정스럽다.

5 글 **나**의 제목은 '도전! 달걀말이'입니다. 민재가 이 제목을 붙인 까닭을 알맞게 말한 친구의 이름을 쓰시오.

> 규리: 달걀말이를 스스로 만들어 본 경험이 글의 주요 내용이기 때문이야.
> 민재: 달걀말이를 만들 때 필요한 재료를 준비하는 과정이 글의 주요 내용이기 때문이야.

( )

[6~7] 다음 글을 읽고, 물음에 답하시오.

가		일어난 일	생각이나 느낌
	처음	아빠께서 나를 깨우심. 아빠께서 말씀하심.	㉠
	가운데	공원까지 걸음. 턱걸이를 다섯 개나 성공함. 운동으로 땀을 흘린 뒤에 물을 마심.	생각보다 사람이 많아서 놀람. 아빠께 칭찬을 들어 기분이 좋음. 물이 배 속까지 시원하게 함.
	끝	이웃 어른들께 반갑게 인사함. 아빠를 앞질러 집으로 달림.	기분이 참 상쾌함.

나 아침 일찍, 아빠께서 공원에 가자며 나를 깨우셨다.
"일찍 일어나는 새가 벌레를 잡는다는 말이 있어. 얼른 일어나자."
아빠 말씀에 난 억지로 일어나 세수를 하고 옷을 입었다. 공원에 갈 준비가 끝날 때까지도 난 계속 툴툴거렸다.

6 글을 쓰기 전에 가와 같이 시간 흐름과 장소 변화에 따라 일어난 일을 정리할 수 있습니다. 이처럼 흐름에 맞게 생각이나 느낌을 묶는 것을 무엇이라고 하는지 쓰시오.

(   )

7 글 나의 내용으로 보아, ㉠에 쓴 내용은 무엇이겠습니까? (   )

① 설레고 행복함.
② 일찍 일어나서 뿌듯함.
③ 더 자고 싶어서 툴툴거림.
④ 아버지께 감사한 마음이 듦.
⑤ 아침 운동을 할 생각에 긴장됨.

8 짝을 이루었을 때 자연스러운 문장이 되도록 각각 선으로 이으시오.

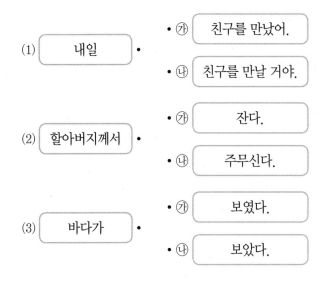

(1) 내일 •   • ㉮ 친구를 만났어.
          • ㉯ 친구를 만날 거야.

(2) 할아버지께서 •   • ㉮ 잔다.
          • ㉯ 주무신다.

(3) 바다가 •   • ㉮ 보였다.
          • ㉯ 보았다.

문법
9 다음 문장에 어울리는 서술어를 찾아 ○표 하시오.

(1) 할머니께서 진지를 (먹는다, 드신다).
(2) 그곳에서는 호수가 아주 잘 (본다, 보인다).
(3) 내일 놀이터에 (놀러갔다, 놀러갈 것이다).
(4) 선생님께 궁금한 점을 (여쭈어보았다, 물어보았다).

문법
10 다음 문장을 호응 관계를 생각하며 알맞게 고쳐 쓴 것은 무엇입니까? (   )

내 짝은 그림과 글씨를 잘 쓴다.

① 내 짝은 그림과 글씨를 잘 그린다.
② 내 짝은 그림과 글씨를 잘 쓰십니다.
③ 내 짝은 그림과 글씨를 잘 쓸 것입니다.
④ 내 짝은 그림을 잘 그리고, 글씨를 잘 쓴다.
⑤ 내 짝은 그림을 잘 쓰고, 글씨를 잘 그린다.

1 문장 성분에 대한 설명으로 알맞지 <u>않은</u> 것은 무엇입니까? ( )

① 모든 문장에 주어, 목적어, 서술어가 꼭 있다.
② 문장에서 동작의 대상이 되는 말을 목적어라고 한다.
③ 문장에서 동작이나 상태의 주체가 되는 말을 주어라고 한다.
④ 문장에는 반드시 있어야 하는 부분과 그렇지 않은 부분이 있다.
⑤ 주어의 움직임, 상태, 성질 따위를 풀이하는 말을 서술어라고 한다.

서술형
2 다음 그림을 보고 주어, 서술어, 목적어가 모두 들어간 문장을 하나 만들어 쓰시오.

_____

_____

3 다음 문장에서 꼭 있어야 하는 부분과 그렇지 않은 부분을 구분하여 쓰시오.

> 잽싸고 빠른 경찰이 검정 옷을 입은 도둑을 잡았다.

(1) 꼭 있어야 하는 부분:
( )

(2) 그렇지 않은 부분:
( )

[4~5] 다음 내용을 읽고, 물음에 답하시오.

4 가에서 민재는 어떤 글을 쓰려고 합니까? ( )

① 겪은 일을 소개하는 글
② 문제 상황을 알리는 글
③ 중요한 정보를 알리는 글
④ 자신의 의견을 주장하는 글
⑤ 겪은 일을 바탕으로 하여 상상한 이야기

5 나는 민재가 글로 쓸 내용을 떠올린 것입니다. 민재가 어떻게 떠올렸는지 알맞은 것을 찾아 ○표 하시오.

(1) 시간 순서에 따라 쓸 내용을 떠올림. ( )

(2) 쓸 내용을 몇 가지로 나누어 떠올림. ( )

[6~7] 다음 글을 읽고, 물음에 답하시오.

나는 달걀말이를 정말 좋아한다. 날마다 달걀말이를 반찬으로 먹어도 투정하지 않을 자신이 있다. 지난 주말에 삼촌 댁에 갔더니 삼촌께서 내가 좋아하는 달걀말이를 해 주셨다. 삼촌은 요리를 정말 잘하시는 것 같다. 달걀말이가 너무 맛있어서 삼촌께 달걀말이를 만드는 방법을 배워 왔다.

먼저 재료로 달걀 여섯 알, 다진 파 한 줌, 소금, 식용유를 준비한다. 그런 다음 달걀을 큰 그릇에 깨뜨려 넣고 다진 파 한 줌과 소금 적당량을 넣어서 골고루 잘 저어 준다. 삼촌께서 이때 달걀을 젓가락으로 싹둑싹둑 잘라 주어야 좋다고 하셨다. 덩어리진 것을 가위로 자르듯 끊어 주면 된다고 하셨다. 그런 다음 약한 불에 준비한 지짐 판을 얹고 식용유를 골고루 두른 뒤 달걀물을 넓게 붓는다. 그리고 조금씩 익으면 끝에서부터 뒤집개로 살살 말아 준다.

내가 음식을 만든다고 하니 아버지께서 걱정하시며 조금 도와주셨다. 그리고 내가 처음으로 만든 달걀말이를 드시고 정말 맛있다고 하셨다.

서술형

6 이 글에서 글쓴이가 소개한 내용은 무엇인지 쓰시오.

_____

_____

7 이 글을 쓰기 위해 글쓴이가 떠올렸을 내용으로 알맞지 <u>않은</u> 것은 무엇입니까? (   )

① 삼촌께 달걀말이 만드는 방법을 배워 왔지.
② 삼촌께서 해 주신 달걀말이가 정말 맛있었어.
③ 내가 음식을 만들다가 부엌을 너무 어질러서 부모님께 혼이 났어.
④ 달걀말이를 스스로 만들어 보았는데 정말 맛있어서 즐거운 마음이 들었어.
⑤ 삼촌께서 달걀을 저을 때 젓가락으로 덩어리진 부분을 끊어 주라고 하신 것이 특히 중요해.

[8~9] 다음 글을 읽고, 물음에 답하시오.

"일찍 일어나는 새가 벌레를 잡는다는 말이 있어. 얼른 일어나자."

아빠 말씀에 난 억지로 일어나 세수를 하고 옷을 입었다. 공원에 갈 준비가 끝날 때까지도 난 계속 툴툴거렸다.

대문을 나서니, 찬 바람에 코끝이 시려 손으로 코를 가렸다. / "왜? 춥니? 좀 걸으면 괜찮아질 거야."

아빠께서는 물통을 들고 뚜벅뚜벅 걸어가셨다. 아빠 발걸음이 어찌나 빠른지 나는 그 뒤를 따라 뛰어야 했다. 뒷산 시민 공원에 도착하니 벌써 운동하는 사람이 많아 깜짝 놀랐다. / "준비 운동부터 하자."

나는 아빠를 따라 맨손 체조를 했다. 체조를 하고 나니 정말 추위가 달아나는 것 같았다. 철봉에서 턱걸이를 다섯 번이나 해서 아빠께 칭찬을 들었다. 아침 일찍 일어나기는 힘들었지만 아빠께 칭찬을 들으니 기분이 좋았다. 운동으로 땀을 흘린 뒤에 마시는 물은 배 속까지 시원하게 했다. 이웃 어른들께 반갑게 인사를 하며 아빠와 함께 공원을 나왔다. 나는 아빠를 앞질러 집으로 달렸다. 아빠와 함께 아침 운동을 하니 기분이 참 상쾌했다.

8 글쓴이가 공원에서 한 일이 <u>아닌</u> 것은 무엇입니까?
(   )

① 맨손 체조를 했다.
② 춥다고 계속 툴툴거렸다.
③ 철봉에서 턱걸이를 했다.
④ 운동하는 사람들을 보았다.
⑤ 땀을 흘린 뒤에 물을 마셨다.

9 이 글을 처음, 가운데, 끝으로 나누어 정리할 때, 가운데 부분에 정리할 글쓴이의 생각이나 느낌으로 알맞은 것을 모두 고르시오. (   )

① 학교에 가기 싫음.
② 칭찬을 들어 기분이 좋음.
③ 더 자고 싶어서 툴툴거림.
④ 물이 배 속까지 시원하게 함.
⑤ 운동하는 사람이 많아서 놀람.

[10~12] 다음 글을 읽고, 물음에 답하시오.

㉮

		일어난 일	생각이나 느낌
	처음	할머니께서 오심.	기분이 좋아짐.
	가운데	할머니께서 떡볶이를 해 주심. 친구 집에 수학 공부를 하러 감.	맛있게 먹음. 할머니와 함께 있지 못해 아쉬움.

㉯ 학교 공부가 끝나고 집으로 갔다. 오늘은 어려운 내용을 배워 머리가 아팠다. 그런데 집에 오니 할머니께서 계셨다. 늘 내 편이 되어 주시는 할머니께서 계시니 갑자기 기분이 좋아졌다.

　할머니께서 공부하느라 고생했다며 맛있는 떡볶이를 해 주셨다. 동생과 함께 먹다 보니 어느새 떡볶이를 다 먹었다. 정말 맛있었다. 짝과 함께 수학 공부를 하기로 해서 할머니께 인사드리고 친구 집으로 갔다. 할머니께 공부를 열심히 한다고 칭찬을 들었지만 할머니와 함께 있지 못해 아쉬운 마음이 들었다. 수학 공부를 하는 동안 할머니께서 일찍 가시지 않았으면 좋겠다고 생각했다.

서술형

10 ㉮에서 '일어난 일'의 가운데 부분을 어떻게 나누었는지 쓰시오.

_____

_____

11 글 ㉯에서 알 수 있는 글쓴이의 생각이나 느낌이 <u>아닌</u> 것은 무엇입니까? (　　　)

① 떡볶이가 정말 맛있었다.
② 할머니께서 와 계셔서 기분이 좋았다.
③ 짝과 함께 수학 공부를 해서 즐거웠다.
④ 학교에서 어려운 내용을 배워 머리가 아팠다.
⑤ 할머니께서 일찍 가시지 않았으면 좋겠다고 생각했다.

12 ㉮의 다발 짓기에 없는 내용은 글 ㉯에서 어떻게 표현했는지 찾아 기호를 쓰시오.

> ㉮ 다발 짓기에 없는 내용은 쓰지 않았다.
> ㉯ 한 일, 들은 일, 본 일을 상상하여 썼다.
> ㉰ 글쓴이의 생각을 더 자세하게 드러냈다.

(　　　　　　　　　　　)

13 다음 문장의 빈칸에 들어갈 말로 알맞은 것은 무엇입니까? (　　　)

> 우리 반은 지난주에 박물관으로 현장 체험 학습을 　　　　　.

① 다녀왔다
② 다녀온다
③ 다녀오겠다
④ 다녀오셨다
⑤ 다녀올 것이다

14 다음 문장의 밑줄 친 부분의 호응 관계의 종류가 다른 하나는 무엇입니까? (　　　)

① <u>내일</u> 친구를 <u>만날 거야.</u>
② <u>할머니께서</u> 맛있는 떡을 <u>주셨다.</u>
③ <u>지난 주말에</u> 할머니 댁에 <u>다녀왔다.</u>
④ 나는 <u>어제</u> 재미있는 동화책을 <u>읽었다.</u>
⑤ 우리 가족은 <u>오늘 저녁에</u> 갈비를 <u>먹을 것이다.</u>

15 다음 중 호응 관계가 바르지 <u>않은</u> 문장은 무엇입니까? (　　　)

① 도둑이 경찰에게 잡혔다.
② 내 짝은 그림과 글씨를 잘 쓴다.
③ 내 동생은 노래를 잘 부르고 춤도 잘 춘다.
④ 부모님께서 주말에 동물원에 가자고 하셨다.
⑤ 어젯밤에 비가 세차게 내리고, 바람이 세차게 불었다.

4. 글쓰기의 과정

● 정답 및 풀이 11~12쪽

평가 주제	글로 쓸 내용을 떠올려 다발 짓기
평가 목표	글을 쓰는 목적과 읽을 사람을 생각하며 글 쓸 내용을 조직할 수 있다.

1 민재가 글을 쓰는 상황과 민재의 글을 읽을 사람은 누구인지 쓰시오.

2 자신이 민재라면 어떤 내용을 쓸지 떠올려 보고, 쓸 내용을 몇 가지로 나누어 생각그물을 완성하시오.

겪은 일

3 문제 2번에서 떠올린 내용을 한 가지 골라 조건 에 맞게 다발 짓기로 정리하여 쓰시오.

> **조건**
> 1. 일어난 일에 대한 생각이나 느낌을 정리한다.
> 2. 처음, 가운데, 끝을 구분하여 일어난 일을 차례대로 정리한다.

일어난 일		생각이나 느낌
(1)	처음	(2)
(3)	가운데	(4)
(5)	끝	(6)

출발 →

도착

5 글쓴이의 주장

▶ 학습을 완료하면 Ⅴ표를 하면서 학습 진도를 체크해요.

5 글쓴이의 주장

● 정답 및 풀이 12쪽

1 상황에 따라 여러 가지로 해석되는 낱말 알기

동형어(형태가 같은 낱말)	형태는 같지만 뜻이 서로 다른 낱말
다의어	여러 가지 뜻을 가진 한 낱말

예 동형어 '다리'와 다의어 '다리'

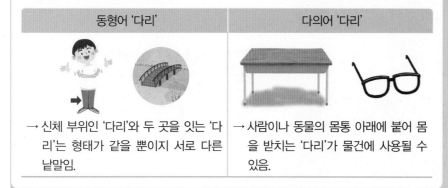

동형어 '다리'	다의어 '다리'
→ 신체 부위인 '다리'와 두 곳을 잇는 '다리'는 형태가 같을 뿐이지 서로 다른 낱말임.	→ 사람이나 동물의 몸통 아래에 붙어 몸을 받치는 '다리'가 물건에 사용될 수 있음.

2 글을 읽고 글쓴이의 주장 파악하기

주장	글에서 글쓴이가 내세우는 생각을 말합니다.
근거	• 주장을 뒷받침하는 내용입니다. • 주장할 때에는 근거도 제시해야 합니다.
글쓴이의 주장을 파악하는 방법	• 각 문단의 중심 내용을 확인합니다. • 글쓴이의 의견이 무엇인지 알아보고, 어떤 근거를 제시했는지도 살펴봅니다. • 글쓴이가 여러 번 강조해 사용한 낱말이 무엇인지 확인합니다.

3 근거의 적절성을 파악하며 글 읽기

- 제시한 근거가 주장과 관련이 있는지 알아봅니다.
- 제시한 근거가 주장을 더욱 설득력 있게 하는지 알아봅니다.
- 제시한 근거에 알맞은 낱말을 썼는지 알아봅니다.

예 주장을 뒷받침하는 근거가 적절한지 파악하기

주장	교실이나 복도에서 큰 소리로 떠들지 말자.
근거	① 교실의 쓰레기를 줄일 수 있다. ② 넘어지거나 부딪혀 다칠 수 있다. ③ 소음 때문에 다른 사람에게 피해를 줄 수 있다. ④ 안전하고 질서 있는 생활을 할 수 있다.

→ ③은 적절한 근거지만, ①, ②, ④의 내용은 주장과 관련이 없으므로 적절하지 않습니다.

개념 확인 문제

1 상황에 따라 여러 가지로 해석되는 낱말 알기

다음과 같은 낱말을 무엇이라고 하는지 알맞은 것을 찾아 ○표 하시오.

다리	다리

(1) 동형어　　　　　(　　)
(2) 다의어　　　　　(　　)

2 글을 읽고 글쓴이의 주장 파악하기

글을 읽고 글쓴이의 주장을 파악하는 방법으로 알맞지 <u>않은</u> 것은 무엇입니까? (　　)

① 글의 마지막 문단만 살펴본다.
② 각 문단의 중심 내용을 확인한다.
③ 글쓴이가 제시한 근거를 살펴본다.
④ 글쓴이의 의견이 무엇인지 알아본다.
⑤ 글쓴이가 여러 번 강조해 사용한 낱말을 확인한다.

3 근거의 적절성을 파악하며 글 읽기

근거의 적절성을 파악하는 기준으로 알맞지 <u>않은</u> 것을 찾아 기호를 쓰시오.

㉮ 근거가 주장과 관련이 있는가? ㉯ 근거가 주장을 더욱 설득력 있게 하는가? ㉰ 근거가 한 문장 이상으로 제시되었는가?

(　　　　)

5 글쓴이의 주장

어휘·문법

● 정답 및 풀이 12쪽

어휘

1. 핵심 개념 어휘: 주장, 근거, 적절성

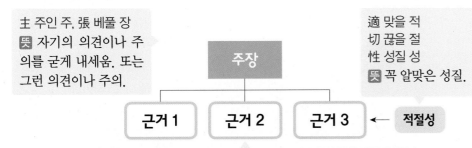

主 주인 주, 張 베풀 장
뜻 자기의 의견이나 주의를 굳게 내세움. 또는 그런 의견이나 주의.

適 맞을 적
切 끊을 절
性 성질 성
뜻 꼭 알맞은 성질.

주장

근거 1 | 근거 2 | 근거 3 ← 적절성

根 뿌리 근, 據 근거 거
뜻 어떤 일이나 의논, 의견에 그 근본이 됨. 또는 그런 까닭.

➡ 주장을 뒷받침하는 근거의 적절성을 파악하며 글을 읽습니다.

2. 작품 속 어휘

낱말	뜻	예시
보행(步行) 步 걸음 보 行 갈 행	걸어 다님.	인간이 다른 포유류와 다른 점은 바로 직립 보행을 한다는 점입니다.
통제(統制) 統 거느릴 통 制 절제할 제	일정한 방침이나 목적에 따라 행위를 제한하거나 제약함.	마라톤 대회로 인해 많은 사람이 모였고, 교통이 통제되었습니다.
비극(悲劇) 悲 슬플 비 劇 심할 극	인생의 슬프고 애달픈 일을 당하여 불행한 경우를 이르는 말.	전쟁의 비극은 어느 누구도 감당하기 어려운 일입니다.
표절	시나 글, 노래 따위를 지을 때에 남의 작품의 일부를 몰래 따다 씀.	인기 가수의 신곡이 외국 음악을 표절했다는 의심을 받고 있습니다.

문법 　동형어와 다의어

배01「명사」「1」 사람이나 동물의 몸에서 위장, 창자, 콩팥 따위의 내장이 들어 있는 곳으로 가슴과 엉덩이 사이의 부위.
배02「명사」 사람이나 짐 따위를 싣고 물 위를 떠다니도록 나무나 쇠 따위로 만든 물건.
배03「명사」 배나무의 열매.

형태는 같지만 뜻이 서로 다른 '동형어'

배01「명사」
「1」 사람이나 동물의 몸에서 위장, 창자, 콩팥 따위의 내장이 들어 있는 곳으로 가슴과 엉덩이 사이의 부위.
「2」 절족동물, 특히 곤충에서 머리와 가슴이 아닌 부분.

여러 가지 뜻을 가진 '다의어'

어휘·문법 확인 문제

1 핵심 개념 어휘

다음 뜻에 알맞은 낱말을 보기 에서 찾아 쓰시오.

> 어떤 일이나 의논, 의견에 그 근본이 됨. 또는 그런 까닭.

보기
주장, 　근거, 　적절성

(　　　　　　　)

2 작품 속 어휘

다음 문장에서 알맞은 낱말에 ○표 하시오.

⑴ 육이오 전쟁은 국가의 (비극, 희극)이다.
⑵ 나는 다리를 다쳐서 (보행, 운행)이 어렵다.
⑶ 다른 사람의 작품을 베껴 쓰는 것은 (표절, 표현)이다.

3 작품 속 어휘

다음은 '통제'의 뜻입니다. 빈칸에 들어갈 알맞은 낱말에 ○표 하시오.

> 일정한 방침이나 목적에 따라 행위를 □□□하거나 제약함.

⑴ 설명　　　　　　(　　　)
⑵ 독립　　　　　　(　　　)
⑶ 제한　　　　　　(　　　)

4 문법

다음 밑줄 친 낱말은 '동형어'와 '다의어' 중 무엇에 해당하는지 쓰시오.

> 다리를 건너다가 넘어져서 다리를 다쳤다.

(　　　　　　　)

동형어와 다의어

• **특징** 상황에 따라 여러 가지로 해석되는 낱말이 있다는 것을 알고, 동형어와 다의어의 개념과 차이점에 대해 알 수 있습니다.

• **활동 정리** 빈칸에 알맞은 말을 넣어 동형어와 다의어의 공통점과 차이점 정리하기

	공통점	차이점
동형어	글자 형태가 같음.	❶( )은/는 같지만 뜻이 서로 다른 낱말임.
다의어		여러 가지 ❷( )을/를 가진 낱말임.

다양하게 모양, 빛깔, 형태, 양식 따위가 여러 가지로 많게.

1 그림 ②에서 남자아이가 걱정하는 표정을 지은 까닭은 무엇입니까? ( )

① 갑자기 다리가 아파서
② 다리가 흔들리는 것 같아서
③ 다리가 무너질까 봐 걱정되어서
④ 누가 다리를 다쳤다고 생각해서
⑤ 태빈이의 안경다리를 부러지게 해서

2 ㉠~㉢의 '다리'가 뜻하는 것으로 알맞은 그림을 찾아 선으로 이으시오.

(1) ㉠ '다리' •

(2) ㉡ '다리' •

(3) ㉢ '다리' •

• ㉮

• ㉯

• ㉰

3 다음 중 동형어와 다의어에 대한 설명으로 알맞지 <u>않은</u> 것은 무엇입니까? ( )

① 다의어의 뜻은 서로 관련이 있다.
② 다의어와 동형어는 글자의 형태가 같다.
③ 동형어는 형태는 다르지만 뜻이 서로 같다.
④ 다의어는 여러 가지 뜻을 가진 한 낱말이다.
⑤ 동형어는 국어사전에서 찾았을 때 서로 다른 낱말이므로 구분해 제시한다.

4 다음은 친구들이 동형어와 다의어가 만들어진 까닭에 대해 이야기를 나눈 것입니다. 알맞게 말하지 <u>못한</u> 친구의 이름을 쓰시오.

> 유미: 동형어나 다의어가 없다면 낱말이 너무 많아서 힘들 것 같아.
> 성훈: 낱말 하나를 비슷한 상황에서 사용하다 보니 다의어가 된 것 같아.
> 형주: 동형어는 본디 뜻과 관련 있는 부분이 조금씩 바뀌면서 만들어진 것 같아.

( )

어린이 보행 안전

❶ 자동차가 많아지면서 교통사고는 심각한 사회 문제가 되었다. 신문 기사나 방송으로 교통사고 소식을 자주 접할 수 있다. 그중에서도 어린이 교통사고는 가벼운 ㉠사고로도 심각한 결과를 가져올 수 있기 때문에 주의가 필요하다. 어린이가 교통사고로 사망하는 유형을 보면 보행 중에 교통사고로 사망하는 경우의 비율이 매우 높다. 어린이의 생명을 지키려면 보행 중인 어린이의 교통사고를 줄일 수 있는 방법을 찾아야 한다.

중심 내용 | 어린이의 생명을 지키려면 보행 중인 어린이의 교통사고를 줄일 수 있는 방법을 찾아야 합니다.

❷ 어린이 보행 중 교통사고를 줄이는 방법은 무엇일까? 운전자에게 어린이 보행 안전 교육을 철저히 해야 한다. ㉡전체 교통사고 가운데에서 보행 중에 발생한 사고의 나이대별 분포를 살펴보면, 초등학생이 다른 나이대보다 상대적으로 높게 나타나는 것을 알 수 있다. 이는 초등학생들이 바깥 활동이 잦은 데다 위험 상황을 판단하고 그에 대처하는 능력이 부족하기 때문이다. 그러므로 운전자에게 어린이 보행자를 보호할 수 있는 안전 교육을 실시해 어린이 보행 중 교통사고가 일어나지 않도록 해야 한다.

중심 내용 | 운전자에게 어린이 보행 안전 교육을 철저히 해야 합니다.

❸ 어린이를 고려한 보행 안전시설도 더 필요하다. 학교 앞길에는 과속 차량을 단속하는 장치를 마련해야 한다. 그리고 학교 근처의 어린이 보호 구역을 현재 반지름 300미터보다 더 넓게 하여 어린이들이 안전하게 다닐 수 있게 해야 한다. 그뿐만 아니라 어린이가 많이 다니는 길에는 과속 방지 턱을 만들어 차량 속도를 낮추도록 해야 한다. 이와 같은 안전시설은 어린이 교통사고를 줄이는 데 많은 도움이 될 것이다.

중심 내용 | 어린이를 고려한 보행 안전시설을 더 마련해야 합니다.

▲ 과속 방지 턱

보행(步 걸음 보, 行 다닐 행) 걸어 다님.
분포(分 나눌 분, 布 베 포) 일정한 범위에 흩어져 퍼져 있음.
대처 어떤 정세나 사건에 대하여 알맞은 조치를 취함.
단속하는 규칙이나 법령, 명령 따위를 지키도록 통제하는.
턱 평평한 곳의 어느 한 부분이 갑자기 조금 높이 된 자리.

5단원

중요 독해

5 어린이가 교통사고로 사망하는 유형을 보면 어떤 경우의 비율이 매우 높은지 빈칸에 알맞은 말을 쓰시오.

• (   ) 중에 교통사고로 사망하는 경우

어휘

6 이 글에 쓰인 ㉠'사고'의 뜻으로 알맞은 것에 ○표 하시오.

(1) 생각하고 궁리함. (   )

(2) 뜻밖에 일어난 불행한 일. (   )

(3) 국가의 중요한 서적을 보관하던 서고. (   )

서술형

7 ㉡과 같은 일이 일어나는 까닭을 쓰시오.

_____

_____

8 어린이를 고려한 보행 안전시설을 늘리는 방법으로 알맞은 것을 모두 고르시오. (   )

① 신호등의 개수를 줄인다.

② 학교 근처에 주차장을 더 넓게 만든다.

③ 학교 근처에 어린이 보호 구역을 더 넓게 한다.

④ 어린이가 많이 다니는 길에 과속 방지 턱을 만든다.

⑤ 학교 앞길에 과속 차량을 단속하는 장치를 마련한다.

● 국어 154쪽 / 정답 및 풀이 12쪽

어린이 보행 안전

❹ 어린이 스스로도 보행 중 교통사고를 당하지 않도록 노력해야 한다. 도로에서 발생하는 수많은 <u>비극</u>은 교통 <u>법규</u>를 무시하고 조금 빨리 가려다가 발생한다. _{교통사고가 일어나는 까닭} 운전자와 보행자 모두 도로에서 시간적 <u>여유</u>를 가지는 마음이 필요하다. 보행 신호가 초록색으로 바뀌지도 않았는데 보행자가 <u>무리하게</u> 길을 건너면 사고를 당할 수 있다. 그리고 신호가 바뀌자마자 좌우를 살피지 않고 출발하다가 사고를 당하기도 한다. 또 신호가 바뀐 뒤에도 신호 <u>위반</u>을 하는 차가 있을 수 있기 때문에 늘 조심해야 한다. 따라서 운전자와 보행자 모두 도로에서 조급하게 서두르지 말고 교통 법규와 안전 수칙을 지키며 생활해야 한다.

중심 내용 | 어린이 스스로도 보행 중 교통사고를 당하지 않도록 노력해야 합니다.

❺ 이제부터라도 어린이 보행 중 교통사고를 줄이는 일에 모두 힘써야 한다. 어린이 보행 안전은 남에게 미룰 수도 없고, 남이 대신해 줄 수도 없다. 우리 모두 노력해 어린이 보행 중 교통사고가 일어나지 않도록 하자.

중심 내용 | 우리 모두 노력해 어린이 보행 중 교통사고가 일어나지 않도록 합시다.

- **글의 종류** 주장하는 글

- **글의 특징** 어린이 보행 중 교통사고를 줄이기 위해 모두 노력해야 한다고 주장하는 글입니다.

- **글의 구조** 빈칸에 알맞은 말을 넣어 어린이 보행 중 교통사고를 줄이는 방법 정리하기

  ① ❶(   )에게 어린이 보행 안전 교육을 철저히 해야 한다.
  ② 어린이를 고려한 보행 ❷(   )도 더 필요하다.
  ③ 어린이 스스로도 보행 중 교통사고를 당하지 않도록 노력해야 한다.

비극(悲 슬플 비, 劇 심할 극) 인생의 슬프고 애달픈 일을 당하여 불행한 경우를 이르는 말.
법규(法 법 법, 規 법 규) 일반 국민의 권리와 의무에 관계있는 법 규범.
여유 느긋하고 차분하게 생각하거나 행동하는 마음의 상태. 또는 대범하고 너그럽게 일을 처리하는 마음의 상태.
무리하게 도리나 이치에 어긋나 있거나 정도가 지나치게 심하게.
위반 법률, 명령, 약속 따위를 지키지 않고 어김.

---

9 어린이가 교통사고를 당하지 않도록 노력할 점을 두 가지 고르시오. (   )

① 교통 법규를 무시한다.
② 안전 수칙을 지키며 생활한다.
③ 신호가 바뀌자마자 길을 건넌다.
④ 도로에서 조급하게 서두르지 않는다.
⑤ 운전자는 도로에서 시간적 여유를 줄이는 마음이 필요하다.

[어휘]

10 다음은 글 ❺에서 찾은 낱말의 뜻입니다. 어떤 낱말인지 찾아 쓰시오.

- 짐승을 가두어 기르는 곳.
- 말하는 사람과 듣는 사람을 포함한 여러 사람.

(   )

11 ㉮~㉰ 중 밑줄 친 '일어나다'의 뜻으로 알맞은 것의 기호를 쓰시오.

우리 모두 노력해 어린이 보행 중 교통사고가 일어나지 않도록 하자.

사전에서 찾은 뜻	「동사」 [1] ㉮[…에서] 　누웠다가 앉거나 앉았다가 서다. [2] ㉯「1」잠에서 깨어나다. 　㉰「2」어떤 일이 생기다.

(   )

[서술형]

12 글쓴이의 주장은 무엇인지 쓰시오.

_____

_____

글 가

❶ 인공 지능 기술의 개발 속도는 우리가 예상할 수 없을 만큼 빨라지고 있습니다. 많은 사람이 다음 세기에는 인공 지능이 인간을 뛰어넘을 것이라고 말합니다. 앞으로 인공 지능은 우리의 삶 곳곳에 영향을 미칠 것입니다. 그런 미래는 편리함이라는 빛만큼이나 위험하고 어두운 그림자 또한 있을 것이라고 생각합니다. 그러므로 인공 지능이 일으킬 위험을 막을 방법도 생각해야 합니다.

중심 내용 | 인공 지능이 일으킬 위험을 막을 방법을 생각해야 합니다.

❷ 첫째, 인공 지능을 가졌느냐 아니냐에 따라 부자는 더 부자가 되고 가난한 사람은 더욱 가난해질 것입니다. 이로써 사회적·경제적 불평등은 더욱 심해질 것입니다.

중심 내용 | 인공 지능이 사회적·경제적 불평등을 심하게 할 것입니다.

❸ 둘째, 힘이 강한 나라나 집단이 힘이 약한 나라나 사람들을 지배할 수도 있습니다. 인공 지능이 발달하면 힘

있는 사람들의 지배력이 지금과 비교가 안 될 정도로 강해질 것입니다. 즉 나라 사이에 새로운 지배 관계가 생길 위험이 매우 크다고 생각합니다.

중심 내용 | 힘이 강한 나라나 집단이 힘이 약한 나라 사람들을 지배할 수도 있습니다.

인공 지능 인간의 지능이 가지는 학습, 추리, 적응, 논증 따위의 기능을 갖춘 컴퓨터 시스템.
불평등(不 아닐 불, 平 평평할 평, 等 무리 등) 차별이 있어 고르지 아니함.
지배력 어떤 사람이나 집단, 조직, 사물 등을 자기의 의사대로 복종하게 하여 다스리는 힘.

13 글 ❶에서 알 수 있는 인공 지능 기술에 대한 글쓴이의 생각을 두 가지 고르시오. (　　　　)

① 우리의 삶과 관련이 없을 것이다.
② 편리함만큼 위험한 점도 있을 것이다.
③ 인류에게 도움이 되는 점만 있을 것이다.
④ 인공 지능이 일으킬 위험은 없을 것이다.
⑤ 앞으로 우리의 삶 곳곳에 영향을 미칠 것이다.

중요 독해

14 글 ❶의 중심 내용으로 알맞은 것에 ○표 하시오.

⑴ 인공 지능 기술의 개발 속도는 빨라지고 있다.
(　)

⑵ 인공 지능이 일으킬 위험을 막을 방법을 생각해야 한다. (　)

⑶ 많은 사람이 다음 세기에는 인공 지능이 인간을 뛰어넘을 것이라고 말한다. (　)

서술형

15 인공 지능이 나라 사이에 새로운 지배 관계를 만들 위험이 크다고 한 까닭은 무엇인지 쓰시오.

_____

_____

16 이 글에서 가장 많이 쓰인 낱말을 모은 것으로 알맞은 것을 찾아 기호를 쓰시오.

㉮ 삶, 개발, 속도
㉯ 등장, 집단, 학자
㉰ 인공 지능, 위험, 지배
㉱ 인공 지능, 부자, 능력

(　　　　)

● 국어 158쪽 / 정답 및 풀이 13쪽

글 ㉮

❹ 셋째, 지금보다 더 발달한 인공 지능이 등장하면 인간은 인공 지능에게 지배를 받게 될지도 모릅니다. 인공 지능은 인간보다 뛰어난 지적 능력이 있으면서 인간에게 있는 문제점은 없습니다. 인공 지능에게 독립성이 생긴다면 인공 지능은 인간의 통제에서 벗어나고 끝내 인간 사회는 비극을 맞게 될 것입니다.

중심 내용 | 인간이 인공 지능에게 지배를 받게 될지도 모릅니다.

❺ 세계적인 학자들이 공개한 '㉠인공 지능에게 보내는 공개편지'에는 우리 사회가 인공 지능으로 엄청난 이득을 얻을 수도 있지만, 인공 지능에 숨어 있는 위험을 막을 방법을 깊이 연구해야 한다는 내용이 담겨 있습니다. 인간이 편리함에 눈이 멀어 인공 지능을 계속 개발한다면 인간은 스스로에게 덫을 놓는 실수를 저지르게 될지도 모릅니다.

중심 내용 | 인공 지능의 위험을 막을 방법을 연구해야 합니다.

- **글의 종류** 주장하는 글
- **글의 특징** 인공 지능이 일으킬 위험을 알고 막아야 한다는 글쓴이의 주장이 드러난 글입니다.
- **글의 구조** 빈칸에 알맞은 말을 넣어 문단의 내용 정리하기

문단	중심 문장
❶	인공 지능이 일으킬 ❶(　　　)을/를 막을 방법을 생각해야 한다.
❷	인공 지능이 사회적·경제적 ❷(　　　)을/를 심하게 할 것이다.
❸	힘이 강한 나라나 집단이 힘이 약한 나라나 사람들을 지배할 수도 있다.
❹	인간이 인공 지능에게 ❸(　　　)을/를 받게 될지도 모른다.
❺	인공 지능의 위험을 막을 방법을 연구해야 한다.

지적 지식이나 지성에 관한.
통제(統 거느릴 통, 制 절제할 제) 일정한 방침이나 목적에 따라 행위를 제한하거나 제약함.

중요 독해

17 ㉠에 담긴 내용으로 알맞은 것을 두 가지 고르시오.
(　　　)

① 인공 지능 개발에는 비용이 많이 든다.
② 인공 지능 개발을 계속해 나가야 한다.
③ 인공 지능은 인간을 절대 뛰어넘을 수 없다.
④ 우리 사회는 인공 지능으로 엄청난 이득을 얻을 수도 있다.
⑤ 인공 지능에 숨어 있는 위험을 막을 방법을 깊이 연구해야 한다.

18 이 글의 제목으로 알맞은 것은 무엇이겠습니까?
(　　　)

① 인공 지능의 좋은 점
② 인공 지능의 긍정적 효과
③ 인공 지능은 미래의 희망
④ 인공 지능 개발에 따른 위험
⑤ 인공 지능 개발의 밝은 미래

어휘

19 다음 낱말의 뜻을 보기 에서 찾아 기호를 쓰시오.

보기
㉮ 해로움이나 손실이 생길 우려가 있음. 또는 그런 상태.
㉯ 인생의 슬프고 애달픈 일을 당하여 불행한 경우를 이르는 말.
㉰ 어떤 사람이나 집단, 조직, 사물 등을 자기의 의사대로 복종하게 하여 다스림.

지배	비극	위험
(1)	(2)	(3)

서술형

20 이 글에 나타난 글쓴이의 주장을 한 문장으로 쓰시오.

_____

_____

글 나

❶ 영국의 어느 대학교에서 펼친 '킬러 로봇 반대 운동'을 들어 보았습니까? 이 운동은 로봇을 개발할 때 돈을 우선할 것이 아니라 사회에 끼칠 위험도 함께 생각해야 한다고 말합니다. <u>'킬러 로봇 반대 운동'의 내용</u> 이처럼 우리 사회 곳곳에서는 인공 지능을 개발하거나 이용할 때 사회에 질 책임을 강조하려는 움직임이 활발히 일어나고 있습니다. 인공 지능에는 위험이 있긴 하지만 우리는 인공 지능을 개발하는 것을 포기할 수 없습니다. 인공 지능은 인류 미래에 꼭 있어야 할 기술입니다.

중심 내용 | 인공 지능은 인류 미래에 꼭 있어야 할 기술입니다.

❷ 첫째, 인공 지능에 제대로 된 규칙을 부여해 잘 통제하고 활용하면 인류의 삶은 더욱 편리하고 풍요로워질 것입니다. 예를 들어 움직임이 불편한 노인과 장애인들은 무인 자동차로 자유롭게 이동할 수 있습니다. 인류가

인공 지능을 제대로 관리한다면 인공 지능은 인류에게 많은 도움이 될 것입니다.

중심 내용 | 인공 지능에 제대로 된 규칙을 부여해 잘 통제하고 활용하면 인류에게 도움이 될 것입니다.

❸ 둘째, 인공 지능과 관련한 일자리가 늘어날 것입니다. 많은 사람이 인공 지능의 발달로 삼십 년 안에 현재의 일자리 절반이 사라질 것이라고 걱정합니다. 하지만 이 문제는 사람들의 의견을 모으고 제도를 마련하여 인공 지능이 인간의 일자리를 빼앗지 않도록 하면 됩니다. 더 나아가 인공 지능 관련 일자리를 늘려 나갈 수도 있습니다.

중심 내용 | 인공 지능과 관련한 일자리가 늘어날 것입니다.

> 부여해 사람에게 권리·명예·임무 따위를 지니도록 해 주거나, 사물이나 일에 가치·의의 따위를 붙여 주어.
> 무인(無 없을 무, 人 사람 인) 사람이 없음.
> 예 그 가게는 우리 동네 최초로 무인 판매를 시작했습니다.

5
단원

중요 독해

21 글 ❶의 중심 내용을 찾아 기호를 쓰시오.

> ㉮ 인공 지능은 위험과 불안이 있다.
> ㉯ 인공 지능은 인류 미래에 꼭 있어야 할 기술이다.
> ㉰ 인공 지능을 개발하거나 이용할 때 돈을 우선시해야 한다.

(   )

22 인공 지능에 제대로 된 규칙을 부여해 잘 통제하고 활용하면 어떤 일이 일어난다고 하였는지 두 가지를 고르시오. (   )

① 인류의 삶이 더욱 편리해진다.
② 인간이 일을 하지 않아도 된다.
③ 인류의 삶이 더욱 풍요로워진다.
④ 사회에 여러 가지 위험을 끼칠 것이다.
⑤ 지구에 사는 동물의 종류가 늘어날 것이다.

23 글 ❸에서 알 수 있는 인공 지능의 좋은 점은 무엇인지 빈칸에 알맞은 말을 쓰시오.

> 인공 지능과 관련한 [   ]이/가 늘어날 것이다.

(   )

24 이와 같은 글을 읽을 때 글쓴이의 주장을 파악하는 방법을 알맞게 말한 친구의 이름을 모두 쓰시오.

> 혜정: 각 문단의 중심 내용을 확인해야 해.
> 나리: 글쓴이가 사용한 낱말 가운데 어려운 낱말이 무엇인지 찾아봐야 해.
> 진욱: 글쓴이가 여러 번 강조해 사용한 낱말이 무엇인지 확인해 보아야 해.

(   )

글 ❹

④ 셋째, 사람이 하기 어렵거나 위험한 일을 인공 지능이 대신할 수 있습니다. 사람 몸에 해로운 물질을 다루는 일이나 높은 빌딩에 페인트를 칠하는 일같이 위험한 일을 인공 지능 로봇이 대신한다면 어쩌다가 일어날 수 있는 사고나 ⑤ 를 줄일 수 있습니다.

중심 내용 | 사람이 하기 어렵거나 위험한 일을 인공 지능이 대신할 수 있습니다.

⑤ 인공 지능 개발을 연구하는 학자들은 인공 지능으로 세상을 더 살기 좋게 만들 수 있도록 다양한 분야에서 노력할 것이라고 말했습니다. 앞으로 인공 지능은 인간의 생활을 이롭게 하는 생활 속 기술로 자리 잡을 것입니다. 인간에게 나쁜 영향을 줄 수 있는 인공 지능은 철저히 통제하고, 인간을 보호하고 도울 수 있는 인공 지능을 활용하면 인공 지능은 인류의 미래를 희망으로 가득하게 만들어 줄 것입니다.

중심 내용 | 인공 지능은 인류의 미래를 희망으로 가득하게 만들어 줄 것입니다.

- **글의 종류** 주장하는 글
- **글의 특징** 인공 지능은 미래의 희망이라는 글쓴이의 주장이 드러난 글입니다.
- **글의 구조** 빈칸에 알맞은 말을 넣어 문단의 내용 정리하기

문단	중심 문장
❶	인공 지능은 ❶( )에 꼭 있어야 할 기술이다.
❷	인공 지능에 제대로 된 규칙을 부여해 잘 통제하고 활용하면 인류에게 도움이 될 것이다.
❸	인공 지능과 관련한 ❷( )이/가 늘어날 것이다.
❹	사람이 하기 어렵거나 위험한 일을 인공 지능이 대신할 수 있다.
❺	인공 지능은 인류의 미래를 ❸( )(으)로 가득하게 만들어 줄 것이다.

25 인공 지능이 사람을 대신할 수 있다고 한 일은 무엇입니까? ( )

① 사람들이 좋아하는 일
② 규칙 없이 창의적으로 하는 일
③ 사람이 하기 어렵거나 위험한 일
④ 약한 사람들을 통제하고 지배하는 일
⑤ 인간보다 뛰어난 지적 능력이 필요한 일

중요 독해

26 글쓴이의 주장으로 알맞은 것에 ○표 하시오.

(1) 인공 지능은 인류의 미래를 희망으로 가득하게 만들어 줄 것이다. ( )

(2) 인공 지능 분야의 발전을 위해 사회적·경제적 지원을 늘려야 한다. ( )

서술형

27 이 글의 제목을 지어 쓰시오.

_____

_____

어휘

28 ⑤에 들어갈 다음 뜻을 가진 낱말은 무엇입니까? ( )

> 생명이나 신체, 재산, 명예 따위에 손해를 입음. 또는 그 손해.

① 이익 ② 피해 ③ 발생
④ 불안 ⑤ 불만

29 다음 중 이 글에 나타난 글쓴이의 주장과 비슷한 의견은 무엇입니까? ( )

① 인공 지능은 더 이상 개발할 필요가 없어.
② 인공 지능은 좋은 점보다 나쁜 점이 훨씬 많아.
③ 인공 지능이 발달하면 일자리를 모두 빼앗길 거야.
④ 인공 지능을 잘 통제하면서 활용하면 더 살기 좋은 세상이 될 거야.
⑤ 인공 지능이 발달하면 미래에는 인간이 인공 지능의 지배를 받을 수도 있어.

글을 쓸 때에도 지켜야 할 윤리가 있다

❶ 일상생활에서 규칙과 질서를 잘 지키는 일이 중요한 것처럼, 글을 쓸 때에도 다른 사람에게 피해를 주지 않으려면 규범을 지켜야 한다. 글을 쓸 때 남의 글을 베껴 자신이 쓴 글인 양 속이는 사람이 있다. 그리고 진실이 아닌 내용을 진실인 것처럼 거짓으로 꾸며 글을 쓰는 사람도 있다. 또 읽는 사람이 크게 상처를 받을 수 있는 내용의 글을 함부로 쓰는 사람도 있다. 이것은 모두 글쓰기 과정에서 지켜야 할 규범과 예의를 지키지 않은 경우이다. 이처럼 글을 쓰는 과정에서 지켜야 하는 여러 가지 규범을 쓰기 윤리라고 한다. 글을 쓸 때 흔히 글만 잘 쓰면 된다고 생각하기 쉽지만 아무리 잘 쓴 글이라고 하더라도 쓰기 윤리에 벗어난 글이라면 아무 소용이 없다. 쓰기 윤리를 지켜야 하는 까닭을 살펴보자.

중심 내용 | 글을 쓸 때에도 다른 사람에게 피해를 주지 않으려면 규범을 지켜야 합니다.

❷ 첫째, 쓰기 윤리를 지키지 않는 것은 법을 어기는 일

이다. 무엇보다 진실이 아닌 내용을 진실인 것처럼 쓰는 경우, 법으로 처벌을 받을 수도 있다. 예를 들어 어떤 과학자가 자신이 연구한 결과를 돋보이게 하려고 내용을 조작하거나 결과를 부풀려서 쓴 보고서를 발표했다고 하자. 이것은 과학자 자신뿐만 아니라 그 보고서를 읽는 모든 사람을 속이는 일로, 법의 심판을 피할 수 없다. 이렇듯 쓰기 윤리의 시작은 스스로에게 떳떳하고 진실하게 쓰는 것이며 이를 어길 경우 처벌을 받을 수도 있음을 유념해야 한다.

중심 내용 | 쓰기 윤리를 지키지 않는 것은 법을 어기는 일입니다.

규범(規 법 규, 範 법 범) 인간이 행동하거나 판단할 때에 마땅히 따르고 지켜야 할 가치 판단의 기준.
양 어떤 모양을 하고 있거나 어떤 행동을 짐짓 취함을 나타내는 말.
윤리(倫 인륜 윤, 理 다스릴 리) 사람으로서 마땅히 행하거나 지켜야 할 도리.
유념해야 잊거나 소홀히 하지 않도록 마음속에 깊이 간직하여 생각해야.

5단원

30 글쓰기 과정에서 지켜야 할 규범과 예의를 지키지 않은 경우를 모두 고르시오. (   )

① 남의 글을 베껴 쓰는 경우
② 거짓으로 꾸며 글을 쓰는 경우
③ 단순한 내용의 글을 쓰는 경우
④ 자료에서 인용한 부분을 명확히 밝혀 글을 쓰는 경우
⑤ 읽는 사람이 크게 상처를 받을 수 있는 글을 함부로 쓰는 경우

32 글쓴이가 말한, 쓰기 윤리의 시작은 무엇입니까?

(   )

① 잘 쓴 글을 베껴서 쓰는 것
② 재미있고 즐거운 글을 쓰는 것
③ 읽는 사람의 기준에 맞춰 쓰는 것
④ 스스로에게 떳떳하고 진실하게 쓰는 것
⑤ 주제를 정해서 글쓰기 계획을 세우는 것

중요 독해

31 글을 쓰는 과정에서 지켜야 하는 여러 가지 규범을 무엇이라고 하는지 찾아 쓰시오.

(   )

서술형

33 글 ❷의 중심 내용은 무엇인지 쓰시오.

_____

_____

글을 쓸 때에도 지켜야 할 윤리가 있다

❸ 둘째, 쓰기 윤리를 지키지 않으면 다른 사람에게 물질이나 정신 피해를 줄 수 있다. 글을 쓰려고 어떤 자료를 이용하는 경우, 자신이 직접 쓴 부분과 자료에서 인용한 부분을 명확하게 구분하지 않으면 표절이 될 수 있다. 너무도 뚜렷하게 의도가 있는 표절이면 저작권자에게 피해를 준다. 예를 들어 어떤 작가가 오랜 시간 힘들여 쓴 이야기책이 유명해졌는데, 어떤 사람이 비슷한 내용으로 다른 책을 만들어서 판다면 어떻게 될까? 이야기책의 원래 작가는 그만큼 돈을 못 벌게 되고, 또 마음에 큰 상처를 받게 될 것이다. 만약 친구가 내가 쓴 글을 읽고 내 글과 비슷하게 써서 상을 받았다고 생각해 본다면 저작권을 존중해 쓰기 윤리를 지키는 일이 중요하다는 것을 알게 될 것이다. 또 나쁜 마음으로 다른 사람에게 있지도 않은 사실을 글로 써서 퍼뜨리거나, 다른 사람 글을 함부로 헐뜯어 쓰기 윤리를 어기는 행동도 피해자에게 씻지 못할 상처를 남길 수 있다.

중심 내용 | 쓰기 윤리를 지키지 않으면 다른 사람에게 물질이나 정신 피해를 줄 수 있습니다.

❹ 셋째, 쓰기 윤리를 지키지 않는 것은 문화 발전을 막는 일이다. 글쓰기는 사람들이 생각을 함께 나누게 함으로써 문화 발전에 큰 역할을 한다. 그런데 자신이 조사한 내용을 거짓으로 꾸미거나 ㉠허위로 글을 쓰는 사람이 많다면 글을 읽는 사람들은 글의 내용을 믿을 수 없게 된다. 또 여러 사람이 새로운 창작물을 만들려고 노력하는 대신 다른 사람의 글을 베끼려고만 한다면 인류의 문화 발전은 이루어지기 어렵다. 이런 일들이 반복되면 사회 전체에 혼란이 커지고, 우리나라의 신뢰에도 문제가 생길 것이다. 다른 사람 글에 예의 있게 반응하는 것 또한 사람들에게 창작 욕구를 북돋워 문화 발전에 기여하는 일이다.

중심 내용 | 쓰기 윤리를 지키지 않는 것은 문화 발전을 막는 일입니다.

표절 시나 글, 노래 따위를 지을 때에 남의 작품의 일부를 몰래 따다 씀.
⑩ 그 영화는 한 소설과 내용이 유사하여 표절 논란이 생겼습니다.
저작권자(著 나타날 저, 作 지을 작, 權 권세 권, 者 놈 자) 저작권법에 따라 저작권을 인정받아 이를 행사할 수 있는 사람.
허위 진실이 아닌 것을 진실인 것처럼 꾸민 것.

---

34 글을 쓸 때에 자신이 직접 쓴 부분과 자료에서 인용한 부분을 명확하게 구분하지 않으면 무엇이 될 수 있습니까? ( )

① 연구　　　　② 창작
③ 표절　　　　④ 참고
⑤ 창의력

35 조사한 내용을 거짓으로 꾸미거나 허위로 글을 쓰는 사람이 많을 때 생기는 문제는 무엇입니까? ( )

① 글의 내용을 믿을 수 없게 된다.
② 글의 내용이 재미없어지게 된다.
③ 글의 내용을 빨리 쓸 수 없게 된다.
④ 글의 내용을 길게 쓸 수 없게 된다.
⑤ 글의 내용이 다양해지지 않게 된다.

어휘

36 다음 중 ㉠'허위'와 뜻이 비슷한 낱말은 무엇입니까? ( )

① 거짓　　　　② 허영
③ 불만　　　　④ 진실
⑤ 사실

중요 독해

37 글쓴이가 쓰기 윤리를 지켜야 하는 까닭으로 제시한 내용을 모두 찾아 ○표 하시오.

(1) 쓰기 윤리를 지키지 않는 것은 문화 발전을 막는 일이다. ( )

(2) 쓰기 윤리를 지키지 않으면 물질이나 정신 피해를 줄 수 있다. ( )

(3) 쓰기 윤리를 지키지 않으면 다른 사람보다 많은 저작권을 갖게 된다. ( )

글을 쓸 때에도 지켜야 할 윤리가 있다

⑤ 쓰기 윤리를 존중하는 것은 우리나라의 미래 발전에 영향을 미칠 정도로 중요하다. 우리가 쓰기 윤리를 존중하지 않으면 우리 스스로 피해를 보는 일이 생길 수도 있다. 그러므로 글을 쓸 때 **출처**를 정확히 밝히고, 자신을 속이지 않으며 거짓된 내용은 쓰지 않아야 한다. 또 다른 사람 글에도 예의 있게 반응하고 읽는 사람을 배려하며 글을 써야 한다.

중심 내용 | 쓰기 윤리를 존중하는 것은 우리나라의 미래 발전에 영향을 미칠 정도로 중요한 일이므로 쓰기 윤리를 지켜야 합니다.

- **글의 종류** 주장하는 글
- **글의 특징** 글을 쓸 때에 쓰기 윤리를 지켜야 한다는 글쓴이의 주장이 드러난 글입니다.
- **글의 구조** 빈칸에 알맞은 말을 넣어 글쓴이의 주장과 근거 정리하기

주장	쓰기 ❶( )을/를 지키자.
근거	• 쓰기 윤리를 지키지 않는 것은 법을 어기는 일이다. • 쓰기 윤리를 지키지 않으면 다른 사람에게 물질이나 ❷( ) 피해를 줄 수 있다. • 쓰기 윤리를 지키지 않는 것은 ❸( ) 발전을 막는 일이다.

출처(出 날 출, 處 곳 처) 사물이나 말 따위가 생기거나 나온 근거.

5
단원

중요 독해

38 다음 중 쓰기 윤리를 지키지 <u>못한</u> 친구의 이름을 쓰시오.

유라
자료에서 인용한 부분은 출처를 정확히 밝혀서 내가 쓴 부분과 구별했어.

정확하지 않은 부분은 사실인 것처럼 그럴 듯하게 꾸며서 썼어.
호영

성문
다른 사람의 글에 예의 있게 반응하고, 읽는 사람을 배려하며 글을 썼어.

(   )

서술형

39 이 글에 나타난 글쓴이의 주장은 무엇인지 쓰시오.

_____

_____

40 이와 같은 주장하는 글을 읽을 때 근거의 적절성을 살펴야 하는 까닭으로 알맞은 것에 모두 ○표 하시오.

(1) 근거가 적절하지 않으면 주장하는 내용도 믿을 수 없기 때문이다. (   )

(2) 근거에 알맞지 않은 낱말을 사용해도 주장은 적절할 수 있기 때문이다. (   )

(3) 적절한 근거가 많을수록 글쓴이의 주장이 더욱 설득력 있게 느껴지기 때문이다. (   )

41 다음 주장을 뒷받침하는 근거로 적절한 것의 번호를 쓰시오.

주장	교실이나 복도에서 큰 소리로 떠들지 말자.
근거	㉮ 교실의 쓰레기를 줄일 수 있다. ㉯ 넘어지거나 부딪혀 다칠 수 있다. ㉰ 소음 때문에 다른 사람에게 피해를 줄 수 있다.

(   )

학교 안에서 스마트폰 사용이 필요한가

○○초등학교 어린이 신문　　　　20○○년 ○○월 ○○일

학교 안에서 스마트폰 사용이 필요한가

❶ 최근 스마트폰을 사용하는 사람이 늘면서 초등학생이 스마트폰에 중독되는 것을 걱정하는 목소리가 높습니다. 마침내 학교 안에서 초등학생이 스마트폰을 쓰지 못하게 하는 법안까지 국회에 제출되었습니다. 스마트폰을 지나치게 쓰는 것이 문제라는 사실에는 공감하지만, 초등학생들이 학교 안에서 스마트폰을 아예 쓰지 못하도록 법으로 막는 것을 두고 찬성과 반대 입장이 팽팽히 맞섭니다. 여러분은 어떻게 생각하나요?

중심 내용 | 학교 안 스마트폰 사용을 법으로 금지하는 문제에 대한 찬성과 반대 입장이 팽팽히 맞서고 있습니다.

❷ ㉠학교 안 스마트폰 사용을 법으로 금지해야 한다고 주장하는 사람들은 다음과 같은 근거를 듭니다.

"학교 안에서 스마트폰을 사용하면 학생들이 수업에 집중하지 못해 학업에 방해가 됩니다. 만약 학교 안에서 스마트폰을 사용하는 것을 법으로 금지한다면 학생들이 스마트폰에 정신을 빼앗기지 않아 좀 더 수업에 집중할 수 있을 것입니다. 아무리 학교에서 사용하지 않겠다고 다짐해도 스마트폰이 자신에게 있으면 손이 가기 마련입니다. 또 학교에서까지 스마트폰을 사용하면 난청, 시각 장애, 거북목 증후군 같은 여러 가지 병에 걸릴 수 있습니다. 따라서 학생이 스마트폰을 학교에서 사용하는 것을 막는 장치가 있어야 합니다."

목이 거북목처럼 앞으로 구부러지는 증상.

중심 내용 | 학교 안 스마트폰 사용을 법으로 금지해야 한다고 주장하는 사람들은 학업 방해, 스마트폰 사용으로 인해 걸릴 수 있는 여러 가지 병 등을 근거로 듭니다.

법안(法 법 법, 案 책상 안) 법률의 안건이나 초안.
공감(共 한가지 공, 感 느낄 감) 남의 감정, 의견, 주장 따위에 대하여 자기도 그렇다고 느낌.
팽팽히 둘의 힘이 서로 엇비슷하게.
금지 법이나 규칙 따위로 어떤 행위를 하지 못하도록 함.
난청(難 어려울 난, 聽 들을 청) 청력이 저하 또는 손실된 상태. 청각 기관의 장애로 생김.

---

42 이 기사는 어떤 문제에 대한 찬반 의견을 다루었습니까? (　　　)

① 학교 폭력 문제
② 초등학생의 게임 중독
③ 학교 안 스마트폰 사용
④ 초등학생의 비속어 사용
⑤ 초등학생의 인터넷 용어 사용

중요 독해

43 ㉠을 주장하는 사람들이 제시한 근거로 알맞은 것을 두 가지 고르시오. (　　　　)

① 학업에 방해가 된다.
② 동영상 자료를 볼 수 있다.
③ 여러 가지 병에 걸릴 수 있다.
④ 다양한 기능을 사용할 수 있다.
⑤ 거북목 증후군을 치료할 수 있다.

서술형

44 ㉠을 뒷받침할 수 있는 근거를 한 가지 쓰시오.

_____

_____

45 다음은 이 글에 쓰인 낱말의 뜻을 알아본 것입니다. ㉮와 ㉯ 중 문장에 어울리는 뜻을 찾아 기호를 쓰시오.

쓰인 문장	초등학생이 스마트폰을 쓰지 못하게 하는 법안까지 국회에 제출되었습니다.
사전에서 찾은 뜻	쓰다03 「동사」 [1] ㉮어떤 일을 하는 데에 새료나 도구, 수단을 이용하다. [2] ㉯다른 사람에게 베풀거나 내다.

(　　　　　　　　)

학교 안에서 스마트폰 사용이 필요한가

❸ 하지만 ㉠학교 안 스마트폰 사용을 법으로 금지하면 안 된다고 주장하는 사람들도 있습니다. 이들의 생각은 다음과 같습니다.

"초등학생의 스마트폰 중독 문제를 강제적으로 해결할 수는 없습니다. 학교 안에서 스마트폰을 쓰지 못하게 한다면 오히려 역효과만 일어날 것입니다. 대부분의 학생은 방과 후에 스마트폰을 사용하기 때문에 법을 굳이 만들지 않아도 됩니다. 초등학생에게 스마트폰을 올바르게 사용하도록 교육하는 것이 학교 안에서 스마트폰을 사용하지 못하도록 법으로 금지하는 것보다 훨씬 ㉡ 이/가 클 것입니다. 또 학생들은 수업에서 이해하지 못한 내용을 스마트폰으로 바로바로 찾아볼 수도 있습니다."

지금 우리 주변에도 스마트폰을 사용하는 친구들을 어렵지 않게 볼 수 있습니다. 여러분은 '학교 안 스마트폰 사용'을 어떻게 생각하십니까? / ○○○기자

중심 내용 | 학교 안 스마트폰 사용을 법으로 금지하면 안 된다고 주장하는 사람들은 스마트폰을 쓰지 못하게 할 때의 역효과와, 올바른 스마트폰 사용법을 교육하는 것이 더 효과가 크다는 점 등을 근거로 듭니다.

- **글의 종류** 기사문
- **글의 특징** 학교 안 스마트폰 사용에 대한 찬반 의견이 나타나 있는 기사문입니다.
- **글의 구조** 빈칸에 알맞은 말을 넣어 스마트폰 사용에 관한 찬반 의견 정리하기

주제	학교 안 스마트폰 사용을 ❶( )(으)로 금지해야 한다.
찬성 근거	• 수업에 집중하지 못해 학업에 방해가 된다. • 난청, 시각 장애, 거북목 증후군 같은 여러 가지 ❷( )에 걸릴 수 있다.
반대 근거	• 학교 안에서 스마트폰을 쓰지 못하게 하면 역효과만 일어날 것이다. • 올바른 스마트폰 사용법을 ❸( )하는 것이 학교 안에서 스마트폰 사용을 법으로 금지하는 것보다 효과가 클 것이다.

중독 어떤 사상이나 사물에 젖어 버려 정상적으로 사물을 판단할 수 없는 상태.
역효과 기대하였던 바와는 정반대가 되는 효과.

중요 독해

46 ㉠을 주장하는 사람들이 제시한 근거로 알맞지 <u>않은</u> 내용에 ✕표 하시오.

(1) 스마트폰을 쓰지 못하게 하면 역효과만 일어날 것이다. (   )

(2) 수업에서 이해하지 못한 내용을 스마트폰으로 바로바로 찾아볼 수 있다. (   )

(3) 스마트폰을 할 시간에 친구들과 어울려 놀면 친구 관계가 더 좋아질 것이다. (   )

47 ㉠을 주장하는 사람들은 학생들이 언제 스마트폰을 주로 사용한다고 했습니까? (   )

① 방과 후   ② 점심시간   ③ 수업 시간
④ 독서 시간   ⑤ 아침 등교 시간

어휘

48 ㉡에 들어갈 다음 뜻의 낱말은 무엇입니까? (   )

어떤 목적을 지닌 행위에 의하여 드러나는 보람이나 좋은 결과.

① 노력   ② 기대   ③ 효과   ④ 크기   ⑤ 주제

49 '학생들이 학교 안에서 스마트폰을 사용할 수 있도록 허락해야 한다.'에 찬성하는 친구의 이름을 쓰시오.

하늘: 학교에서 스마트폰을 사용하면 공부 시간에 다른 친구에게 방해가 될 수 있어.
은아: 스마트폰을 올바르게 사용하는 규칙을 만들면 오히려 공부에 도움이 될 수 있어.

(   )

[1~2] 다음 그림을 보고, 물음에 답하시오.

① 태빈아, 안녕? 어디 다녀오는 길인가 보구나!

응, ㉠다리가 부러져서 고치고 오는 길이야.

누가? 많이 다쳤어? 걱정되겠다.

무슨 소리야. 안경다리가 부러져서 고치고 오는 길인데…….

1 남자아이가 생각한 ㉠'다리'의 뜻으로 알맞은 것에 ○표 하시오.

(1) (   )   (2) (   )   (3) (   )

2 이 대화에 쓰인 '다리'와 같이 형태는 같지만 뜻이 서로 다른 낱말을 무엇이라고 합니까? (   )

① 유의어   ② 동형어   ③ 반의어
④ 다의어   ⑤ 상의어

[3~4] 다음 글을 읽고, 물음에 답하시오.

어린이를 고려한 보행 안전시설도 더 필요하다. 학교 앞길에는 과속 차량을 단속하는 장치를 마련해야 한다. 그리고 학교 근처의 어린이 보호 구역을 현재 반지름 300미터보다 더 넓게 하여 어린이들이 안전하게 다닐 수 있게 해야 한다. 그뿐만 아니라 어린이가 많이 다니는 길에는 과속 방지 ㉠턱을 만들어 차량 속도를 낮추도록 해야 한다. 이와 같은 안전시설은 어린이 교통사고를 줄이는 데 많은 도움이 될 것이다.

3 어린이를 고려한 보행 안전시설로 제시한 것을 모두 고르시오. (   )

① 학교 앞길에 과속 차량을 단속하는 장치를 마련한다.
② 어린이들이 많이 다니는 길에 과속 방지 턱을 만든다.
③ 어린이 보행자를 보호할 수 있는 안전 교육을 실시한다.
④ 어린이 보호 구역을 현재 반지름 300미터보다 더 넓게 한다.
⑤ 운전자와 보행자가 교통 법규와 안전 수칙을 지키도록 캠페인을 벌인다.

4 이 글에 쓰인 ㉠의 뜻으로 알맞은 것의 기호를 쓰시오.

㉮ 사람의 입 아래에 있는 뾰족하게 나온 부분.
㉯ 좋은 일이 있을 때에 남에게 베푸는 음식 대접.
㉰ 평평한 곳의 어느 한 부분이 갑자기 조금 높이 된 자리.

(   )

[5~6] 다음 글을 읽고, 물음에 답하시오.

㉮ 인공 지능에는 위험이 있긴 하지만 우리는 인공 지능을 개발하는 것을 포기할 수 없습니다. 인공 지능은 인류 미래에 꼭 있어야 할 기술입니다.
㉯ 인공 지능 개발을 연구하는 학자들은 인공 지능으로 세상을 더 살기 좋게 만들 수 있도록 다양한 분야에서 노력할 것이라고 말했습니다. 앞으로 인공 지능은 인간의 생활을 이롭게 하는 생활 속 기술로 자리 잡을 것입니다. 인간에게 나쁜 영향을 줄 수 있는 인공 지능은 철저히 통제하고, 인간을 보호하고 도울 수 있는 인공 지능을 활용하면 인공 지능은 인류의 미래를 희망으로 가득하게 만들어 줄 것입니다.

5 이 글의 중심 내용으로 알맞은 것은 무엇입니까?
( )

① 인공 지능 개발을 연구하는 학자들이 많아졌다.
② 사람이 하기 위험한 일을 인공 지능이 대신한다.
③ 인간이 인공 지능에게 지배를 받게 될지도 모른다.
④ 인공 지능은 인류의 미래를 희망으로 가득하게 만들어 줄 것이다.
⑤ 인간에게 나쁜 영향을 줄 수 있는 인공 지능은 철저히 통제해야 한다.

6 이 글을 읽고 글쓴이의 주장을 파악하는 방법으로 빈칸에 알맞은 말은 무엇입니까? ( )

> '인공 지능', '인류', '미래'와 같이 글쓴이가 ☐☐☐☐이 무엇인지 확인한다.

① 뜻을 모르는 낱말
② 동형어로 사용한 낱말
③ 다의어로 사용한 낱말
④ 가장 적게 사용한 낱말
⑤ 여러 번 강조해 사용한 낱말

[7~8] 다음 글을 읽고, 물음에 답하시오.

㉮ 글을 쓸 때 흔히 글만 잘 쓰면 된다고 생각하기 쉽지만 아무리 잘 쓴 글이라고 하더라도 쓰기 윤리에 벗어난 글이라면 아무 소용이 없다. 쓰기 윤리를 지켜야 하는 까닭을 살펴보자.
㉯ 첫째, 쓰기 윤리를 지키지 않는 것은 법을 어기는 일이다. 무엇보다 진실이 아닌 내용을 진실인 것처럼 쓰는 경우, 법으로 처벌을 받을 수도 있다. 예를 들어 어떤 과학자가 자신이 연구한 결과를 돋보이게 하려고 내용을 조작하거나 결과를 부풀려서 쓴 보고서를 발표했다고 하자. 이것은 과학자 자신뿐만 아니라 그 보고서를 읽는 모든 사람을 속이는 일로, 법의 심판을 피할 수 없다. 이렇듯 쓰기 윤리의 시작은 스스로에게 떳떳하고 진실하게 쓰는 것이며 이를 어길 경우 처벌을 받을 수도 있음을 유념해야 한다.

7 쓰기 윤리를 지켜야 하는 까닭은 무엇인지 빈칸에 알맞은 말을 쓰시오.

> 쓰기 윤리를 지키지 않는 것은 ☐☐을/를 어기는 일이기 때문이다.

( )

8 글 ㉯에 대해 알맞게 말한 친구의 이름을 쓰시오.

> 하나: 쓰기 윤리를 지켜야 하는 까닭으로 주장의 내용을 뒷받침하고 있어.
> 윤아: 쓰기 윤리를 지키지 않은 문제 상황을 제시한 부분으로 글쓴이의 주장이 드러나 있어.

( )

문법

9 ㉠과 ㉡의 뜻을 보기 에서 찾아 기호를 쓰시오.

> ㉠배를 탔더니 ㉡배가 아팠다.

> 보기
> ㉮ 배나무의 열매.
> ㉯ 사람이 짐 따위를 물 위로 떠다니도록 나무나 쇠 따위로 만든 물건.
> ㉰ 사람이나 동물의 몸에서 위장, 창자, 콩팥 따위의 내장이 들어 있는 곳으로 가슴과 엉덩이 사이의 부위.

(1) ㉠: ( ) (2) ㉡: ( )

문법

10 다음 빈칸에 들어갈 다의어로 알맞은 것은 무엇입니까? ( )

> • 신경을 많이 썼더니 ☐☐☐이/가 아프다.
> • 지원이는 ☐☐☐이/가 좋아서 수학 문제를 잘 푼다.

① 배   ② 발   ③ 차   ④ 다리   ⑤ 머리

[1~2] 다음 그림을 보고, 물음에 답하시오.

1 그림 ❶과 ❷에서 친구들은 '다리'를 어떤 뜻으로 생각하였는지 찾아 선으로 이으시오.

(1) 남자아이 •

(2) 여자아이 •

• ㉮ 안경다리

• ㉯ 사람의 다리

2 다음 문장의 밑줄 친 낱말이 ㉠, ㉡과 같이 동형어인 것을 두 가지 고르시오. (   )

① • 답안지에 답을 <u>적었다.</u>
  • 경품 응모를 위해 주소를 <u>적었다.</u>
② • 우리 아빠는 <u>발</u>이 크다.
  • 아기의 <u>발</u>이 귀여워서 계속 바라보았다.
③ • <u>병</u>이 나면 병원에 가야 한다.
  • 사용한 빈 <u>병</u>은 재활용할 수 있다.
④ • 그 아저씨는 <u>배</u>가 불룩 나왔다.
  • 그 섬에는 하루에 두 번씩 <u>배</u>가 들어온다.
⑤ • 사람들이 강을 건널 수 있도록 <u>다리</u>를 세웠다.
  • 선생님께서는 내가 그 친구와 친해질 수 있도록 <u>다리</u>를 놓아 주셨다.

[3~5] 다음 글을 읽고, 물음에 답하시오.

어린이 보행 중 교통사고를 ㉠줄이는 방법은 무엇일까? 운전자에게 어린이 보행 안전 교육을 철저히 해야 한다. 전체 교통사고 가운데에서 보행 중에 발생한 사고의 나이대별 분포를 살펴보면, 초등학생이 다른 나이대보다 상대적으로 높게 나타나는 것을 알 수 있다. 이는 초등학생들이 바깥 활동이 ㉡잦은 데다 위험 상황을 판단하고 그에 대처하는 능력이 부족하기 때문이다. 그러므로 운전자에게 어린이 보행자를 보호할 수 있는 안전 교육을 실시해 어린이 보행 중 교통사고가 ㉢일어나지 않도록 해야 한다.

3 글쓴이가 제시한 어린이 보행 중 교통사고를 줄이는 방법에 ○표 하시오.

(1) 어린이들의 바깥 활동을 없앤다.   (   )

(2) 초등학생들에게 안전하게 다닐 수 있는 인도를 만든다.   (   )

(3) 운전자에게 어린이 보행 안전 교육을 철저히 해야 한다.   (   )

4 다음은 ㉠~㉢ 중 한 낱말의 뜻을 국어사전에서 찾은 것입니다. 어떤 낱말의 뜻인지 기호를 쓰시오.

> [2] 「1」 잠에서 깨어나다.
> 「2」 어떤 일이 생기다.
> 「3」 어떤 마음이 생기다.
> ……

(   )

서술형
5 문제 **4**번에서 답한 낱말의 뜻 중 한 가지를 골라 뜻이 드러나도록 문장을 만들어 쓰시오.

_____

_____

[6~10] 다음 글을 읽고, 물음에 답하시오.

㉮ 인공 지능 기술의 개발 속도는 우리가 예상할 수 없을 만큼 빨라지고 있습니다. 많은 사람이 다음 세기에는 인공 지능이 인간을 뛰어넘을 것이라고 말합니다. 앞으로 인공 지능은 우리의 삶 곳곳에 영향을 미칠 것입니다. 그런 미래는 편리함이라는 빛만큼이나 위험하고 어두운 그림자 또한 있을 것이라고 생각합니다. 그러므로 인공 지능이 일으킬 위험을 막을 방법도 생각해야 합니다.

첫째, 인공 지능을 가졌느냐 아니냐에 따라 부자는 더 부자가 되고 가난한 사람은 더욱 가난해질 것입니다. 이로써 사회적 · 경제적 불평등은 더욱 심해질 것입니다. ⃞ ㉠ ⃞

둘째, 힘이 강한 나라나 집단이 힘이 약한 나라나 사람들을 지배할 수도 있습니다. 인공 지능이 발달하면 힘 있는 사람들의 지배력이 지금과 비교가 안 될 정도로 강해질 것입니다. 즉 나라 사이에 새로운 지배 관계가 생길 위험이 매우 크다고 생각합니다.

㉯ 인공 지능에는 위험이 있긴 하지만 우리는 인공 지능을 개발하는 것을 포기할 수 없습니다. 인공 지능은 인류 미래에 꼭 있어야 할 기술입니다.

첫째, 인공 지능에 제대로 된 규칙을 부여해 잘 통제하고 활용하면 인류의 삶은 더욱 편리하고 풍요로워질 것입니다. ⃞ ㉡ ⃞

둘째, 인공 지능과 관련한 일자리가 늘어날 것입니다. 많은 사람이 인공 지능의 발달로 삼십 년 안에 현재의 일자리 절반이 사라질 것이라고 걱정합니다. 하지만 이 문제는 사람들의 의견을 모으고 제도를 마련하여 인공 지능이 인간의 일자리를 빼앗지 않도록 하면 됩니다.

6 글 ㉮에서 인공 지능이 나라 사이에 새로운 지배 관계를 만들 위험이 크다고 한 까닭으로 알맞은 것을 찾아 기호를 쓰시오.

> ㉮ 인공 지능이 발달하면 국가의 구분이 의미가 없어지기 때문에
> ㉯ 인공 지능이 발달하면 힘 있는 사람들의 지배력이 강해질 것이기 때문에

( )

7 다음 사례는 ㉠과 ㉡ 중 어디에 들어가는 것이 알맞은지 기호를 쓰시오.

> 예를 들어 움직임이 불편한 노인과 장애인들은 무인 자동차로 자유롭게 이동할 수 있습니다. 인류가 인공 지능을 제대로 관리한다면 인공 지능은 인류에게 많은 도움이 될 것입니다.

( )

8 글 ㉮와 ㉯에 대한 설명으로 알맞은 것은 무엇입니까? ( )

① 글 ㉮의 글쓴이는 인공 지능 개발을 찬성한다.
② 글 ㉮에는 인공 지능을 개발하는 방법이 나와 있다.
③ 글 ㉮의 글쓴이는 인공 지능에 대하여 부정적인 입장이다.
④ 글 ㉮와 ㉯는 인공 지능에 대하여 비슷한 주장을 펼치고 있다.
⑤ 글 ㉯의 글쓴이는 인공 지능이 일으킬 위험에 대하여 경고하고 있다.

9 글 ㉯의 제목으로 알맞은 것은 무엇이겠습니까? ( )

① 인공 지능 개발에 따른 위험
② 인공 지능은 미래의 희망이다
③ 인공 지능은 우리를 위험에 빠뜨린다
④ 인공 지능, 과연 이대로 두어도 좋은가
⑤ 인공 지능으로 인해 어둠이 가득한 미래

서술형
10 글 ㉮와 ㉯에서 알 수 있는 글쓴이의 주장을 각각 쓰시오.

글 ㉮	(1)
글 ㉯	(2)

5
단원

[11~12] 다음 글을 읽고, 물음에 답하시오.

일상생활에서 규칙과 질서를 잘 지키는 일이 중요한 것처럼, 글을 쓸 때에도 다른 사람에게 피해를 주지 않으려면 규범을 지켜야 한다. 글을 쓸 때 남의 글을 베껴 자신이 쓴 글인 양 속이는 사람이 있다. 그리고 진실이 아닌 내용을 진실인 것처럼 거짓으로 꾸며 글을 쓰는 사람도 있다. 또 읽는 사람이 크게 상처를 받을 수 있는 내용의 글을 함부로 쓰는 사람도 있다. 이것은 모두 ㉠글쓰기 과정에서 지켜야 할 규범과 예의를 지키지 않은 경우이다. 이처럼 글을 쓰는 과정에서 지켜야 하는 여러 가지 규범을 　㉡　(이)라고 한다. 글을 쓸 때 흔히 글만 잘 쓰면 된다고 생각하기 쉽지만 아무리 잘 쓴 글이라고 하더라도 쓰기 윤리에 벗어난 글이라면 아무 소용이 없다. 쓰기 윤리를 지켜야 하는 까닭을 살펴보자.

11 ㉠의 예로 알맞지 <u>않은</u> 것은 무엇입니까? (　　　)

① 글을 쓸 때 높임 표현을 사용하지 않은 것
② 남의 글을 베껴 자신이 쓴 글인 양 속이는 것
③ 진실이 아닌 내용을 진실인 것처럼 꾸미는 것
④ 읽는 사람이 상처를 받을 수 있는 글을 쓰는 것
⑤ 조사한 내용을 거짓으로 꾸미거나 허위로 글을 쓰는 것

12 이 글의 ㉡에 들어갈 말로 알맞은 것을 찾아 쓰시오.

(　　　　　　　　　)

서술형
13 다음 주장을 뒷받침할 수 있는 적절한 근거를 생각하여 쓰시오.

주장	교실이나 복도에서 큰 소리로 떠들지 말자.

_____

_____

[14~15] 다음 글을 읽고, 물음에 답하시오.

㉮ 학교 안에서 스마트폰을 사용하면 학생들이 수업에 집중하지 못해 학업에 방해가 됩니다. 만약 학교 안에서 스마트폰을 사용하는 것을 법으로 금지한다면 학생들이 스마트폰에 정신을 빼앗기지 않아 좀 더 수업에 집중할 수 있을 것입니다. 아무리 학교에서 사용하지 않겠다고 다짐해도 스마트폰이 자신에게 있으면 손이 가기 마련입니다. 또 학교에서까지 스마트폰을 사용하면 난청, 시각 장애, 거북목 증후군 같은 여러 가지 병에 걸릴 수 있습니다.

㉯ 초등학생의 스마트폰 중독 문제를 강제적으로 해결할 수는 없습니다. 학교 안에서 스마트폰을 쓰지 못하게 한다면 오히려 역효과만 일어날 것입니다. 대부분의 학생은 방과 후에 스마트폰을 사용하기 때문에 법을 굳이 만들지 않아도 됩니다. 초등학생에게 스마트폰을 올바르게 사용하도록 교육하는 것이 학교 안에서 스마트폰을 사용하지 못하도록 법으로 금지하는 것보다 훨씬 효과가 클 것입니다.

14 글 ㉮와 ㉯에 대한 설명으로 알맞은 것은 무엇입니까? (　　　)

① 글 ㉮와 ㉯에는 글쓴이의 주장이 나타나 있지 않다.
② 글 ㉮와 ㉯ 모두 학교 안 스마트폰 사용을 찬성한다.
③ 글 ㉮와 ㉯ 모두 학교 안 스마트폰 사용을 반대한다.
④ 글 ㉮는 학교 안 스마트폰 사용에 찬성, 글 ㉯는 반대하는 입장이다.
⑤ 글 ㉮는 학교 안 스마트폰 사용에 반대, 글 ㉯는 찬성하는 입장이다.

15 학교 안 스마트폰 사용을 찬성하는 주장의 근거이면 '찬', 반대하는 주장의 근거이면 '반'이라고 쓰시오.

⑴ 스마트폰을 학교에서 사용하다가 잃어버릴 수 있다. (　　　)

⑵ 스마트폰으로 손쉽게 필요한 정보를 찾아볼 수 있다. (　　　)

5. 글쓴이의 주장

● 정답 및 풀이 15쪽

평가 주제	주장에 대한 의견 나누기
평가 목표	주장에 대한 의견을 글로 쓸 수 있다.

> ㉠학생들이 학교 안에서 스마트폰을 사용할 수 있도록 허락해야 한다.

찬성	학교생활에 필요하고 도움이 되므로 스마트폰을 올바르게 사용하도록 교육해야 한다.	반대	수업에 집중하고 여러 가지 병에 걸리는 것을 예방하려면 스마트폰 사용을 금지해야 한다.

1 ㉠의 주장에 찬성하거나 반대하는 자신의 의견을 정하여 쓰시오.

2 문제 1번에서 정한 자신의 주장을 뒷받침하는 근거를 떠올려 쓰시오.

3 문제 1번과 2번에서 쓴 내용을 바탕으로 자신의 의견을 조건 에 맞게 쓰시오.

조건
1. 서론, 본론, 결론이 구분되게 쓴다.
2. 주장에 대한 근거를 제시한다.

5단원

숨은 그림을 찾아보세요.

● 정답 및 풀이 15쪽

6 토의하여 해결해요

▶ 학습을 완료하면 V표를 하면서 학습 진도를 체크해요.

6 토의하여 해결해요

● 정답 및 풀이 16쪽

● 정답 및 풀이 16쪽

1 토의 뜻과 필요성

토의의 뜻	어떤 문제를 여러 사람이 협력해 해결하는 방법입니다.
토의를 해야 하는 까닭	• 적절한 문제 해결 방법을 찾을 수 있습니다. • 문제 상황을 더 잘 이해할 수 있습니다. • 문제 해결에 직접 참여할 수 있습니다. • 결정된 내용을 잘 받아들일 수 있습니다.

토론도 토의와 같이 문제 해결을 위해 의견을 검토하고 선택하는 것은 같지만, 토론은 의견이 찬반 양쪽으로 나뉘며 각각 자기편 주장을 받아들이도록 상대편을 설득하는 차이가 있지.

2 토의 절차와 방법

토의 절차	토의 방법
토의 주제 정하기	• 토의하고 싶은 주제를 자유롭게 이야기하기 • 토의 주제로 알맞은지 판단하기 　─ 우리 모두와 관련이 있는 주제인지 살펴봅니다. 　─ 해결 방법을 찾을 수 있는 주제인지 살펴봅니다. 　─ 우리가 변화를 이끌어 낼 수 있는 주제인지 살펴봅니다. • 토의 주제 결정하기
의견 마련하기	• 토의 주제에 맞게 자신의 의견 쓰기 • 그 의견이 좋은 까닭 쓰기
의견 모으기	• 친구들과 의견 주고받기 • 각 의견의 장단점 찾기 • 의견이 알맞은지 판단할 기준 세우기 　─ 토의 주제에 맞는 내용인지 생각합니다. 　─ 알맞은 주장과 근거를 들었는지 생각합니다. 　─ 실천할 수 있는지 생각합니다. • 기준에 따라 의견이 알맞은지 판단하기
의견 결정하기	기준에 따라 가장 알맞은 의견으로 결정하기

3 글을 읽고 토의하기

• 글을 읽고 문제 상황을 파악합니다.
• 문제 상황과 관련이 있는 토의 주제를 정합니다.
• 토의 주제에 따라 자신의 의견을 정리해 봅니다. ─• 자신의 의견과 그 의견이 좋은 까닭을 정리해 봅니다.
• 친구들의 의견이 알맞은지 살펴보며 토의합니다.
• 토의에서 결정한 의견을 정리해 봅니다.

개념 확인 문제

1 　토의 뜻과 필요성

다음 중 토의를 해야 하는 까닭으로 알맞은 것에 ○표 하시오.

(1) 상황을 어렵고 복잡하게 만들 수 있다. (　　　)

(2) 적절한 문제 해결 방법을 찾을 수 있다. (　　　)

2 　토의 절차와 방법

다음은 토의 절차 중 무엇을 할 때에 사용하는 방법인지 알맞은 것을 찾아 기호를 쓰시오.

> • 토의하고 싶은 주제를 자유롭게 이야기하기
> • 토의 주제로 알맞은지 판단하기

> ㉮ 의견 모으기
> ㉯ 의견 마련하기
> ㉰ 의견 결정하기
> ㉱ 토의 주제 정하기

(　　　　　　　　)

3 　글을 읽고 토의하기

글을 읽고 토의하는 방법에 알맞게 차례대로 기호를 쓰시오.

> ㉮ 글을 읽고 문제 상황 파악하기
> ㉯ 토의에서 결정한 의견 정리하기
> ㉰ 문제 상황과 관련해 토의 주제를 정하기
> ㉱ 자신의 의견을 정리하고, 친구들의 의견이 알맞은지 살펴보며 토의하기

(　　) → (　　) → (　　) → (　　)

6 토의하여 해결해요

● 정답 및 풀이 16쪽

어휘

1. 핵심 개념 어휘: 토의, 절차, 방법

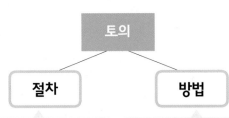

討 칠 토, 議 의논할 의
뜻 어떤 문제에 대하여 검토하고 협의함.

節 마디 절, 次 버금 차
뜻 일을 치르는 데 거쳐야 하는 순서나 방법.

方 모 방, 法 법도 법
뜻 어떤 일을 해 나가거나 목적을 이루기 위하여 취하는 수단이나 방식.

➡ 토의 절차와 방법을 알고 토의에 참여해 봅시다.

2. 작품 속 어휘

낱말	뜻	예시
사고(事故) 事 일 사 故 연고 고	뜻밖에 일어난 불행한 일.	갑자기 건물이 무너지는 사고가 나서 많은 사람들이 다쳤습니다.
화제(話題) 話 말할 화 題 제목 제	이야기할 만한 재료나 소재.	신문 기사의 내용을 화제 삼아 이야기를 나누었습니다.
안건(案件) 案 책상 안 件 사건 건	토의하거나 조사하여야 할 사실.	이번 안건에 대한 의견을 말해 주십시오.
방안(方案) 方 모 방 案 책상 안	일을 처리하거나 해결하여 나갈 방법이나 계획.	문제를 해결할 구체적인 방안을 마련하였습니다.
단속	규칙이나 법령, 명령 따위를 지키도록 통제함.	교문 앞에서 학생들의 교복을 단속하였습니다.

문법   구개음화

제가 맏이[마디]에요!

'마디'라고?

◆ 음절의 끝소리에 있는 'ㄷ, ㅌ'이 모음 'ㅣ'와 만나면 발음할 때에 [ㅈ, ㅊ]으로 소리 나게 되는데 이러한 현상을 '구개음화'라고 합니다.

구개음화는 소리를 좀 더 쉽게 내기 위해 일어나는 현상으로, 구개음화된 것은 표준 발음이지만 글로 쓸 때에는 원래 표기대로 적어야 합니다.

예 맏이[마지], 해돋이[해도지], 같이[가치], 붙이다[부치다]

---

1 핵심 개념 어휘
'절차'의 뜻은 무엇인지 빈칸에 알맞은 말을 쓰시오.

> 일을 치르는 데 거쳐야 하는 [   ](이)나 방법.

(   )

2 작품 속 어휘
다음 보기 에서 알맞은 낱말을 골라 문장을 완성하시오.

> 보기
> 사고,   단속,   방안

(1) 이 문제를 해결할 (   )이/가 떠오르지 않았다.

(2) 경찰관들은 속도를 위반하는 차를 (   )하는 중이다.

(3) 은수는 횡단보도를 건너다가 자동차 (   )이/가 났다.

3 작품 속 어휘
다음 밑줄 친 낱말과 비슷한 뜻을 가진 낱말에 ○표 하시오.

> 우리는 새로 나온 영화를 화제(으)로 대화를 나누었다.

(1) 제목   (   )
(2) 일거리   (   )
(3) 이야깃거리   (   )

4 문법
다음 낱말의 발음을 알맞게 쓰시오.

(1) 밭이   [   ]
(2) 미닫이 [   ]

6
단원

준비 토의 뜻과 필요성 알기

● 국어 186쪽 / 정답 및 풀이 16쪽

토의 뜻과 필요성

㉮
이것은 언제 정한 거지?

나도 처음 보는데…….

알립니다
1학년이 수업을 마치고 집으로 갈 때에는 운동장에서 축구를 할 수 없습니다.

1학년을 안전하게 보호하는 것도 중요하지만 무조건 운동장을 못 쓰게 하면 안 된다고 생각합니다.

하지만 우리가 축구를 하고 싶다고 해서 다른 사람을 위험하게 할 수는 없어요.

㉯

지난번에 1학년 동생이 운동장에서 축구공에 맞아 다쳤습니다. 이와 같은 사고를 막으면서 운동장을 ㉠안전하게 쓰려면 어떻게 해야 할까요?

1학년이 수업을 마치고 집으로 가는 시간을 피해 축구하는 시간을 정하면 어떨까요?

- **특징** 토의의 뜻과 토의를 해야 하는 까닭을 알고, 일상생활에서 토의를 하면 좋은 점에 대해 생각해 볼 수 있습니다.

- **활동 정리** 빈칸에 알맞은 말을 넣어 문제를 해결하는 과정 정리하기

㉮	알림 글로 1학년이 집으로 갈 때 운동장에서 ❶(　　　)을/를 할 수 없다고 결정된 내용을 전달함.
㉯	학생들이 모여 ❷(　　　)을/를 안전하게 쓰는 방법을 의논함.

사고(事 일 사, 故 연고 고) 뜻밖에 일어난 불행한 일.
예 복도에서 아이들끼리 뛰다가 부딪히는 사고가 생겼습니다.

---

1 그림 ㉮와 ㉯에서 각각 문제를 어떻게 해결하였는지 찾아 선으로 이으시오.

(1) 그림 ㉮ •

(2) 그림 ㉯ •

• ㉮ 학생들이 문제를 직접 의논함.

• ㉯ 알림 글로 결정된 내용을 전달함.

어휘

2 ㉠의 뜻으로 알맞은 것은 무엇입니까? (　　　)

① 편하고 걱정 없이 좋게.
② 즐겁고 유쾌한 기분이나 느낌이 있게.
③ 볼 낯이 없거나 매우 떳떳하지 못하게.
④ 위험이 생기거나 사고가 날 염려가 없게.
⑤ 남에게 대하여 마음이 편치 못하고 부끄럽게.

중요 독해

3 그림 ㉯처럼 문제를 해결하면 좋은 점으로 알맞지 않은 것은 무엇입니까? (　　　)

① 문제 해결에 직접 참여할 수 있다.
② 문제 상황을 더 잘 이해할 수 있다.
③ 결정된 내용을 잘 받아들일 수 있다.
④ 적절한 문제 해결 방법을 찾을 수 있다.
⑤ 다른 사람의 의견을 듣지 않을 수 있다.

서술형

4 일상생활에서 토의를 해야 할 때는 언제인지 쓰시오.

_____

_____

토의 절차와 방법

다가오는 ○월 ○○일이 무슨 날일까요?

개교기념일이에요.

무슨 날이지?

문제 상황

올해는 개교기념일 행사를 학생들의 의견을 모아 진행하기로 했어요.

❶ ⊙토의 주제 정하기

토의 주제는 무엇으로 정하면 좋을까요?

❷ [ⓛ]

토의 주제에 따라 내 생각을 정리해 봐야지.

❸ [ⓒ]

각자 정리한 의견을 모아 보겠습니다.

저는 우리 학교 역사부터 조사하면 좋겠습니다. 왜냐하면……

제 의견의 좋은 점은……

❹ [ⓔ]

우리 모둠에서는 개교기념일 행사로 '우리 학교 역사 찾기'를 하기로 결정했습니다.

- **특징** 토의 절차와 각 토의 절차에 알맞은 토의 방법을 알아볼 수 있는 그림입니다.

- **활동 정리** 빈칸에 알맞은 말을 넣어 토의 절차 정리하기

  토의 ❶( ) 정하기
  ↓
  의견 마련하기
  ↓
  의견 모으기
  ↓
  ❷( ) 결정하기

개교기념일(開 열 개, 校 학교 교, 紀 벼리 기, 念 생각 념, 日 날 일) 새로 학교를 세워 교육을 시작한 날을 기념하는 날.
행사(行 다닐 행, 事 일 사) 여럿이 어떤 목적과 계획을 가지고 조직적인 모임이나 절차를 진행하는 것. 또는 그러한 큰일.
㉠ 비가 오면 행사를 취소합니다.

6 단원

---

5 ⊙에서 토의 주제로 알맞은지 판단하는 방법으로 알맞지 <u>않은</u> 것에 ×표 하시오.

(1) 우리 모두와 관련이 있는 주제 ( )

(2) 해결 방법을 찾을 수 없는 주제 ( )

(3) 우리가 변화를 이끌어 낼 수 있는 주제 ( )

6 ⓛ~ⓔ에 들어갈 토의 절차로 알맞은 것을 보기 에서 찾아 쓰시오.

> **보기**
>
> 의견 모으기,   의견 결정하기,   의견 마련하기

(1) ⓛ: ( )

(2) ⓒ: ( )

(3) ⓔ: ( )

서술형

7 '개교기념일을 뜻깊게 보내는 방법'을 주제로 토의할 때 다음 의견의 문제점을 쓰시오.

의견	개교기념일을 기념해서 전교생이 해외 여행에 다녀오면 좋겠습니다.

_____

_____

8 이와 같은 토의에 참여하는 태도로 알맞지 <u>않은</u> 것은 무엇입니까? ( )

① 다른 사람의 의견을 존중한다.

② 토의 주제와 관련한 이야기를 한다.

③ 다른 사람의 의견을 끝까지 듣는다.

④ 알맞은 까닭을 들어 자신의 주장을 말한다.

⑤ 궁금한 내용은 친구가 말하는 도중에 질문한다.

기본 글을 읽고 토의하기

● 국어 201쪽 / 정답 및 풀이 16쪽

고사리손으로 교통사고 대책 마련 눈길

○○일보 　　　　　　　　 20○○년 ○○월 ○○일

고사리손으로 교통사고 대책 마련 눈길

❶ 어린이 보호 구역에서 유치원생이 목숨을 잃은 사고가 있은 뒤, 초등학생들이 직접 교통사고 대책 마련에 나서 화제가 됐다. 과거에도 같은 곳에서 비슷한 사고가 있었기에 학생들은 학교 앞 어린이 보호 구역이 자신들의 안전을 지켜 주지 못한다는 것을 알았다.

중심 내용 | 학교 앞 어린이 보호 구역에서 유치원생이 목숨을 잃은 사고가 발생하자 초등학생들이 직접 교통사고 대책 마련에 나섰습니다.

❷ 이에 따라 전교 학생회에서 '안전한 학교 만들기' 안건을 마련했다. 이날 회의에서는 '구청장님께 편지 쓰기'라는 실천 방안까지 나왔다.

　학생회는 학교 친구들이 직접 학교 앞 어린이 보호 구역 환경 개선을 요구하고 뚜렷한 개선 방안을 낼 것을 계획했다. 학생회는 학교 곳곳에 알림 글을 붙여 전교생이 편지를 쓰자고 했다. 그 결과, 편지가 2주 만에 200여 통이나 쌓였다.

중심 내용 | 전교 학생회에서 '안전한 학교 만들기' 안건을 마련했고, '구청장님께 편지 쓰기'라는 실천 방안이 나와 전교생이 쓴 편지가 2주 만에 200여 통이나 쌓였습니다.

화제(話 말할 화, 題 제목 제)　이야기할 만한 재료나 소재.
예 한국 드라마가 전 세계에서 큰 인기를 끌면서 화제를 모으고 있습니다.
안건(案 책상 안, 件 사건 건)　토의하거나 조사하여야 할 사실.
예 어떤 안건으로 토의를 할지 생각해 봅시다.
개선(改 고칠 개, 善 착할 선)　잘못된 것이나 부족한 것, 나쁜 것 따위를 고쳐 더 좋게 만듦.
예 잘못된 제도를 빨리 개선하는 것이 필요합니다.

---

9 학생들에게 생긴 문제로 알맞은 것에 ○표 하시오.

(1) 학교 앞 어린이 보호 구역에 차가 너무 많이 다니는 것　　　　　　　　　　（　　）

(2) 학교 앞 어린이 보호 구역에서 유치원생이 교통사고로 목숨을 잃은 것　　　（　　）

중요 독해

10 학생들은 문제 9번에서 답한 문제를 어떻게 해결하였는지 찾아 기호를 쓰시오.

> ㉮ 선생님께 문제 해결 방법을 여쭤보았다.
> ㉯ 전교 학생회장이 문제 해결 방법을 직접 제시하였다.
> ㉰ 전교 학생회에서 안건을 마련하고 토의를 하여 여러 가지 해결 방법을 제안했다.

（　　　　　　）

11 전교 학생회에서 회의한 결과 나온 실천 방안은 무엇입니까? （　　　　）

① 운전자 안전 교육하기
② 구청장님께 편지 쓰기
③ 교장 선생님과 면담하기
④ 우리 학교 안전 지도 만들기
⑤ 학교 안전을 위한 표어와 포스터 만들기

어휘

12 이 글에 쓰인 다음 뜻을 가진 낱말은 무엇입니까? （　　　　）

> 일을 처리하거나 해결하여 나갈 방법이나 계획.

① 안건　　　② 화제　　　③ 개선
④ 방안　　　⑤ 실천

고사리손으로 교통사고 대책 마련 눈길

❸ 학교 앞 어린이 보호 구역에 폐회로 텔레비전[CCTV]과 신호등을 설치하고, 불법 주정차 단속을 제대로 해야 한다는 내용이 대부분이었다. 이 가운데 가장 눈에 띄는 제안은 어린이 보호 구역 표지판을 개선하자는 것이었다. 어린이 보호 구역 표지판이 너무 작아 가로수에 가려 잘 보이지도 않는 데다 밤에는 어린이 보호 구역을 알아보기조차 힘들다는 의견이었다. 이에 따라 어린이 보호 구역 표지판의 크기를 키우고 밤에 잘 보일 수 있도록 표지판 테두리를 엘이디(LED)로 반짝이게 만들어 밤이든 낮이든 운전자가 이곳이 어린이 보호 구역임을 분명히 알게 하자는 개선 방안이 나왔다.

중심 내용 | 학생들은 어린이 보호 구역에 폐회로 텔레비전[CCTV]과 신호등 설치하기, 불법 주정차 단속하기, 어린이 보호 구역 표지판 개선하기 등의 다양한 개선 방안을 제안했습니다.

❹ 학생회는 교사와 함께 이를 받아들이게 할 방법을 논의했고, 지방 자치 단체 누리집에 면담을 신청해 구청장을 만났다. 학생회는 아이들이 직접 쓴 편지를 전달하며 불법 주정차 단속을 강화하고 어린이 보호 구역 표지

판을 개선해 달라고 구청장에게 부탁했다. 이에 구청장은 신속하게 시설을 개선하고 문제를 해결하기로 약속했다. / ○○○ 기자

중심 내용 | 학생회는 구청장을 만나 아이들이 직접 쓴 편지를 전달하며 불법 주정차 단속 강화와 어린이 보호 구역 표지판 개선에 대해 부탁하였고, 구청장은 이를 해결하기로 약속했습니다.

- **글의 종류** 기사문
- **글의 특징** 초등학생들이 직접 교통사고 대책 마련에 나선 일에 대한 기사입니다.
- **글의 구조** 빈칸에 알맞은 말을 넣어 학생들에게 생긴 문제와 해결 방법 정리하기

문제	학교 앞 어린이 보호 구역에서 유치원생이 ❶( )(으)로 목숨을 잃었음.
해결 방법	학생들은 전교 학생회에서 '안전한 ❷( ) 만들기' 안건을 마련하고 토의를 하여 여러 가지 해결 방법을 제안함.

단속(團 둥글 단, 束 묶을 속) 규칙이나 법령, 명령 따위를 지키도록 통제함.
강화(強 강할 강, 化 될 화) 수준이나 정도를 더 높임.

중요 독해

13 학생들이 학교 앞 어린이 보호 구역을 개선하기 위해 제안한 방안으로 알맞지 <u>않은</u> 것은 무엇입니까?

( )

① 어린이 보호 구역 표지판을 개선해야 한다.
② 어린이 보호 구역에 신호등을 설치해야 한다.
③ 어린이 보호 구역에 차가 다니지 못하게 막아야 한다.
④ 어린이 보호 구역에 불법 주정차 단속을 제대로 해야 한다.
⑤ 어린이 보호 구역에 폐회로 텔레비전[CCTV]을 설치해야 한다.

14 학생들은 어린이 보호 구역의 표지판을 어떻게 개선하기를 바랐는지 알맞은 말에 ○표 하시오.

- 크기를 (1)(작게, 크게) 하고, 표지판 테두리를 (2)(두껍게, 반짝이게) 만든다.

15 학생회는 학생들의 편지를 전달하고 개선 방안을 제안하기 위해 누구를 만났는지 쓰시오.

( )

서술형

16 이 글을 읽고 '모두에게 안전한 학교를 만드는 방법'에 대해 토의를 하고자 합니다. 토의 주제와 관련한 자신의 의견을 조건 에 맞게 쓰시오.

조건
- 토의 주제에 맞는 내용이어야 함.
- 실천할 수 있어야 함.
- 알맞은 주장과 근거를 들어야 함.

_____

_____

1 다음 중 일상생활에서 토의를 해야 할 때를 알맞게 말하지 못한 친구의 이름을 쓰시오.

> 수현: 가족 여행 장소를 정할 때 토의할 수 있어.
> 예나: 모둠 과제의 역할을 정할 때 토의할 수 있어.
> 기준: 자신이 오늘 입을 옷을 정할 때 토의할 수 있어.
> 민아: 교실 청소를 하는 시간을 정할 때 토의할 수 있어.

(   )

[2~4] 다음 그림을 보고, 물음에 답하시오.

2 이 그림과 같이 어떤 문제를 여러 사람이 협력해 해결하는 방법을 무엇이라고 하는지 쓰시오.

(   )

3 ㉠의 절차에서 의견을 모으는 과정에 맞게 순서대로 기호를 쓰시오.

> ㉮ 각 의견의 장단점 찾기
> ㉯ 친구들과 의견 주고받기
> ㉰ 의견이 알맞은지 판단할 기준 세우기
> ㉱ 기준에 따라 의견이 알맞은지 판단하기

(   ) → (   ) → (   ) → (   )

4 ㉡의 절차에서 의견을 결정하는 방법으로 알맞지 않은 것은 무엇입니까? (   )

① 실천할 수 있는 의견을 결정한다.
② 가장 길게 말한 의견을 결정한다.
③ 토의 주제에 맞는 의견을 결정한다.
④ 알맞은 주장과 근거를 든 의견을 결정한다.
⑤ 좋은 의견이 많으면 여러 가지 의견을 결정할 수도 있다.

5 다음 그림에서 마루가 잘못한 점을 모두 찾아 ○표 하시오.

⑴ 친구의 의견을 무시했다. (   )

⑵ 의견을 말할 때 바르게 자리에 앉지 않고 서서 말했다. (   )

⑶ 자신의 의견을 반말로 이야기하며 자신의 주장만 내세웠다. (   )

[6~8] 다음 글을 읽고, 물음에 답하시오.

　㉠어린이 보호 구역에서 유치원생이 목숨을 잃은 사고가 있은 뒤, 초등학생들이 직접 교통사고 대책 마련에 나서 화제가 됐다. 과거에도 같은 곳에서 비슷한 사고가 있었기에 학생들은 학교 앞 어린이 보호 구역이 자신들의 안전을 지켜 주지 못한다는 것을 알았다.

　이에 따라 전교 학생회에서 '안전한 학교 만들기' 안건을 마련했다. 이날 회의에서는 '구청장님께 편지 쓰기'라는 실천 방안까지 나왔다.

　학생회는 학교 친구들이 직접 학교 앞 어린이 보호 구역 환경 개선을 요구하고 뚜렷한 개선 방안을 낼 것을 계획했다. 학생회는 학교 곳곳에 알림 글을 붙여 전교생이 편지를 쓰자고 했다. 그 결과, 편지가 2주 만에 200여 통이나 쌓였다.

　학교 앞 어린이 보호 구역에 폐회로 텔레비전[CCTV]과 신호등을 설치하고, 불법 주정차 단속을 제대로 해야 한다는 내용이 대부분이었다. 이 가운데 가장 눈에 띄는 제안은 어린이 보호 구역 표지판을 개선하자는 것이었다. 어린이 보호 구역 표지판이 너무 작아 가로수에 가려 잘 보이지도 않는 데다 밤에는 어린이 보호 구역을 알아보기조차 힘들다는 의견이었다.

6 ㉠에 나타난 문제를 학생들은 어떻게 해결했습니까?
(　)

① 교장 선생님께 도움을 요청했다.
② 지역 경찰서에 방문하여 대책 마련을 요구했다.
③ 학생들을 대상으로 안전에 관한 교육을 실시했다.
④ 안건을 마련하고 토의하여 해결 방법을 제안했다.
⑤ 개선 방안에 관한 글을 지방 자치 단체 누리집에 올렸다.

7 학생들이 제안한 해결 방법 중 가장 눈에 띄는 제안은 무엇입니까? (　)

① 어린이 보호 구역을 넓혀야 한다는 것
② 어린이 보호 구역 표지판을 개선하자는 것
③ 불법 주정차 단속을 제대로 해야 한다는 것
④ 학생들에게 안전 교육을 실시해야 한다는 것
⑤ 어린이 보호 구역에 신호등을 설치해야 한다는 것

8 이 기사문을 읽고 생각할 수 있는 토의 주제로 알맞은 것은 무엇입니까? (　)

① 구청장님을 만나는 방법
② 현장학습을 안전하게 가는 방법
③ 학급의 날을 즐겁게 보내는 방법
④ 모두에게 안전한 학교를 만드는 방법
⑤ 전교생이 운동장을 공평하게 사용하는 방법

문법

9 다음 낱말의 발음이 바른 것에 ○표 하시오.

⑴ 굳이 ([구지], [구치])

⑵ 맏이 ([마디], [마지])

⑶ 밭이 ([바티], [바치])

문법

10 다음 낱말의 발음이 올바른 것을 찾아 선으로 이으시오.

⑴ 해돋이 ·

· ㉮ [해도지]

· ㉯ [해도디]

⑵ 같이 ·

· ㉮ [가티]

· ㉯ [가치]

⑶ 붙이다 ·

· ㉮ [부지다]

· ㉯ [부치다]

[1~3] 다음 그림을 보고, 물음에 답하시오.

1 그림 ㉯에서 친구들이 의견을 나누게 된 까닭은 무엇인지 알맞은 것을 찾아 ○표 하시오.

(1) 1학년 동생들이 운동장을 함께 사용하자고 제안했기 때문에 ( )

(2) 1학년 동생이 운동장에서 축구공에 맞아 다치는 일이 생겼기 때문에 ( )

2 그림 ㉮와 ㉯에서 문제를 해결한 방법으로 알맞은 것을 두 가지 고르시오. ( )

① 그림 ㉮에서는 학생들이 문제 해결 방법을 직접 의논했다.

② 그림 ㉯에서는 학생들이 토의를 하여 문제 해결 방법을 찾았다.

③ 그림 ㉮에서는 이미 결정된 문제 해결 방법을 알림 글로 전달했다.

④ 그림 ㉯에서는 한 사람의 의견만 반영하여 문제 해결 방법을 찾았다.

⑤ 그림 ㉮에서는 학생들이 토의를 통해 결정한 내용을 알림 글로도 전달했다.

3 그림 ㉯와 같은 방법으로 문제를 해결해야 할 때로 알맞은 것에 ○표 하시오.

(1) 학급에서 모둠별로 청소 구역을 정할 때 ( )

(2) 자신이 수업 시간에 발표를 할 것인지 정할 때 ( )

[4~5] 다음 대화를 보고, 물음에 답하시오.

성희: '개교기념일을 뜻깊게 보내는 방법'으로 주제를 정하고 토의를 시작합시다.

지훈: 우리 학교 도서관에는 책이 많습니다. 제가 지금까지 대출한 책도 200권이 넘습니다.

예지: 개교기념일을 기념해서 전교생이 함께 해외여행을 다녀오면 좋겠습니다.

은호: 이번 개교기념일에 무조건 학교 상징을 바꾸면 좋겠습니다.

서술형

4 친구들은 무엇에 대한 토의를 하고 있는지 쓰시오.

_____

_____

5 다음은 토의를 한 친구들의 의견을 평가한 것입니다. 알맞지 <u>않은</u> 내용을 찾아 기호를 쓰시오.

> ㉮ 은호는 주제에 알맞은 의견과 근거를 모두 제시하였다.
> ㉯ 지훈이가 말한 의견에는 주제와 맞지 않는 내용이 있다.
> ㉰ 예지의 의견은 실천하기 어려운 의견이라 알맞지 않다.

( )

[6~7] 다음 그림을 보고, 물음에 답하시오.

[8~10] 다음 그림을 보고, 물음에 답하시오.

8 그림 속 여자아이의 고민을 해결하기 위한 토의 주제를 정하려고 합니다. 빈칸에 들어갈 알맞은 말을 쓰시오.

• (　　　　　　　)을/를 어떻게 보내면 좋을까?

9 다음 의견의 장점과 단점으로 알맞은 것을 찾아 선으로 이으시오.

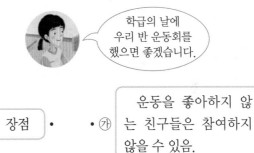

(1)　장점　•

• ㉮　운동을 좋아하지 않는 친구들은 참여하지 않을 수 있음.

(2)　단점　•

• ㉯　하루 동안 신나게 운동을 할 수 있음.

6 토의를 할 때 마루가 잘못한 점이 <u>아닌</u> 것은 무엇입니까? (　　　)

① 친구의 의견을 무시했다.
② 자신의 의견을 반말로 이야기했다.
③ 마주보고 있는 친구의 얼굴만 보고 말했다.
④ 알맞은 까닭을 들어 자신의 주장을 말하지 않았다.
⑤ 친구의 의견을 존중하지 않고 자신의 주장만 내세웠다.

7 의견을 모을 때 지켜야 할 점으로 알맞지 <u>않은</u> 것은 무엇입니까? (　　　)

① 자신의 의견을 높임말로 이야기해야 한다.
② 다른 사람의 의견을 존중하며 들어야 한다.
③ 알맞은 까닭을 들어 자신의 주장을 말해야 한다.
④ 다른 사람이 말을 길게 하면 중간에 끼어들어 말해야 한다.
⑤ 다른 사람의 의견을 끝까지 듣고 자신의 의견을 말해야 한다.

서술형
10 문제 8번에서 정한 토의 주제에 대한 자신의 의견을 쓰고, 그 의견의 좋은 점을 생각하여 쓰시오.

자신의 의견	(1)
의견의 좋은 점	(2)

6 단원

[11~13] 다음 글을 읽고, 물음에 답하시오.

가 어린이 보호 구역에서 유치원생이 목숨을 잃은 사고가 있은 뒤, 초등학생들이 직접 교통사고 대책 마련에 나서 화제가 됐다. 과거에도 같은 곳에서 비슷한 사고가 있었기에 학생들은 학교 앞 어린이 보호 구역이 자신들의 안전을 지켜 주지 못한다는 것을 알았다.

나 이에 따라 전교 학생회에서 '안전한 학교 만들기' 안건을 마련했다. 이날 회의에서는 '구청장님께 편지 쓰기'라는 실천 방안까지 나왔다.

학생회는 학교 친구들이 직접 학교 앞 어린이 보호 구역 환경 개선을 요구하고 뚜렷한 개선 방안을 낼 것을 계획했다.

다 학교 앞 어린이 보호 구역에 폐회로 텔레비전[CCTV] 과 신호등을 설치하고, 불법 주정차 단속을 제대로 해야 한다는 내용이 대부분이었다. 이 가운데 가장 눈에 띄는 제안은 어린이 보호 구역 표지판을 개선하자는 것이었다. 어린이 보호 구역 표지판이 너무 작아 가로수에 가려 잘 보이지도 않는 데다 밤에는 어린이 보호 구역을 알아보기조차 힘들다는 의견이었다.

라 학생회는 교사와 함께 이를 받아들이게 할 방법을 논의했고, 지방 자치 단체 누리집에 면담을 신청해 구청장을 만났다. 학생회는 아이들이 직접 쓴 편지를 전달하며 불법 주정차 단속을 강화하고 어린이 보호 구역 표지판을 개선해 달라고 구청장에게 부탁했다. 이에 구청장은 신속하게 시설을 개선하고 문제를 해결하기로 약속했다.

서술형

11 글 **가**에서 학생들에게 어떤 문제가 생겼는지 쓰시오.

_____

_____

12 문제 11번에서 답한 문제 상황을 해결하기 위해 전교 학생회가 마련한 안건은 무엇입니까? ( )

① 깨끗한 거리 만들기
② 안전한 학교 만들기
③ 어린이 보호 구역 늘리기
④ 구청장님께 면담 신청하기
⑤ 어린이 보호 구역에 유치원생 출입을 금지하기

13 학생회가 구청장을 만나 부탁한 내용으로 알맞은 것을 두 가지 찾아 ○표 하시오.

(1) 불법 주정차 단속을 강화해 달라는 것 ( )

(2) 어린이 보호 구역 표지판을 개선해 달라는 것
( )

(3) 어린이들이 학교 앞에서도 뛰어다닐 수 있도록 해 달라는 것 ( )

[14~15] 다음 그림을 보고, 물음에 답하시오.

14 이 그림과 관련된 토의 주제로 알맞은 것을 찾아 기호를 쓰시오.

㉮ 복도를 깨끗하게 하는 방법은 무엇일까?
㉯ 복도에서 안전하게 생활하는 방법은 무엇일까?
㉰ 복도에서 넘어지지 않고 뛰는 방법은 무엇일까?

( )

15 문제 14번에서 답한 토의 주제에 대한 의견으로 알맞은 것을 모두 고르시오. ( )

① 복도에 책꽂이와 신발장을 마련하자.
② 복도에서는 한 명씩 뛸 수 있도록 정하자.
③ 복도에서 조심히 다니자는 안내문을 붙이자.
④ 복도의 질서 유지를 위해 일할 당번을 정하자.
⑤ 복도에서 위험한 행동을 한 사람에게 벌점을 주기로 하자.

6. 토의하여 해결해요

● 정답 및 풀이 18쪽

평가 주제	알맞은 주제를 정해 의견 나누기
평가 목표	토의 주제에 맞게 자신의 의견을 마련할 수 있다.

가 쓰레기통 주변이 지저분함.

나 복도에서 친구들이 부딪힘.

다 책꽂이가 너무 높음.

라 친구들이 줄을 빨리 서지 않음.

1 그림 가~라 중 한 가지를 정해 어떤 문제 상황이 있는지 쓰시오.

2 이와 같은 문제 상황에서 토의하고 싶은 주제를 정해 쓰시오.

3 문제 **2**번에서 정한 토의 주제에 대한 자신의 의견을 조건 에 맞게 쓰시오.

조건
1. 문제 상황에 대해 자세히 설명한다.
2. 자신의 의견과 그 의견이 좋은 까닭을 함께 정리한다.

다른 그림을 찾아보세요.

● 정답 및 풀이 18쪽

다른 곳이 15군데 있어요.

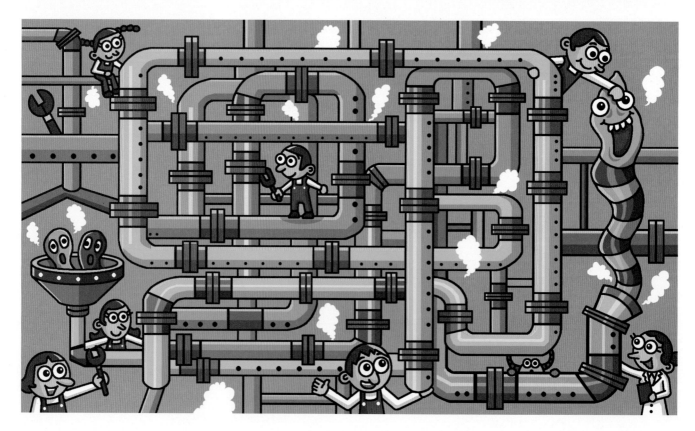

7 기행문을 써요

▶ 학습을 완료하면 V표를 하면서 학습 진도를 체크해요.

	학습 내용	백점 쪽수	확인
개념	여정, 견문, 감상이 잘 드러나게 기행문 쓰기	112쪽	☐
어휘 + 문법	핵심 개념 어휘: 여정, 견문, 감상 작품 속 어휘: 풍광, 쪽빛, 오름, 조망하다 문법: 문장의 종류에 알맞은 종결 표현	113쪽	☐
독해	기행문을 읽거나 쓴 경험 이야기하기: 「기행문을 읽거나 쓴 경험」	114쪽	☐
	기행문의 특성을 파악하고 여정, 견문, 감상이 드러나게 기행문 쓰기 : 「돌하르방 어디 감수광」	115~117쪽	☐
평가	단원 평가 1회, 2회	118~122쪽	☐
	수행 평가	123쪽	☐

7 기행문을 써요

● 정답 및 풀이 18쪽

1 여행하며 보고 듣고 느낀 점을 글로 쓰면 좋은 점

- 여행하면서 보고 들은 것을 나중에 알 수 있습니다.
- 여행했을 때의 기분을 잘 간직할 수 있습니다.
- 여행했던 경험을 다시 느낄 수 있습니다.
- 다른 사람에게 여행 정보를 줄 수 있습니다.

> 예 서윤이와 현석이가 여행을 다녀와서 나누는 대화
>
> 어디어디 다녀왔어?
>
> 삼나무 숲길을 걸었는데…… 거기 이름이 뭐더라. 여행할 때에는 다 기억할 것 같았는데…….
>
> → 현석이는 여행하면서 보고 듣고 느낀 것을 글로 남기지 않아서 여행 경험을 정확하게 전하지 못했음.

2 기행문의 특성 파악하기

기행문		여정을 적고, 여행으로 얻은 견문과 감상을 쓴 글
기행문에 들어가야 할 내용	여정	• 여행의 과정이나 일정 • 주로 시간과 장소를 나타내는 표현이 쓰임. • '먼저, 이른 아침에', '~에 도착했다, ~(으)로 갔다' 따위의 표현을 씀. ←시간 표현 ←장소 표현
	견문	• 여행하며 보거나 들은 것 • 어떤 장소를 방문해 본 것과 들은 것을 나타냄. • '~을/를 보다, ~이/가 있다', '~(이)라고 한다, ~을/를 듣다' 따위와 같은 표현이 있음.
	감상	• 여행하며 든 생각이나 느낌 • '~처럼, ~같이'와 같이 비유를 쓰는 경우가 많고, '느끼다, 생각하다'라는 낱말을 쓰기도 함.
기행문의 형식		일기, 편지, 생활문과 같은 여러 가지 형식으로 쓸 수 있음.

3 여정, 견문, 감상이 드러나게 기행문 쓰기

처음	여행한 까닭이나 목적을 씀.

▼

가운데	여행지에서 다닌 곳, 보고 들은 것, 생각하거나 느낀 것과 같이 여행하면서 있었던 일을 씀.

▼

끝	여행의 전체 감상을 씀.

개념 확인 문제

1 여행하며 보고 듣고 느낀 점을 글로 쓰면 좋은 점

여행하며 보고 듣고 느낀 점을 글로 쓰면 좋은 점으로 알맞지 <u>않은</u> 것에 ✕표 하시오.

(1) 여행했던 경험을 다시 느낄 수 있다. ( )

(2) 여행했을 때에 든 기분을 잘 간직할 수 있다. ( )

(3) 가 보지 않은 곳도 다녀왔다고 자랑할 수 있다. ( )

2 기행문의 특성 파악하기

㉮~㉰ 중 여정, 견문, 감상에 대한 설명을 찾아 기호를 쓰시오.

> ㉮ 여행의 과정이나 일정
> ㉯ 여행하며 보거나 들은 것
> ㉰ 여행하며 든 생각이나 느낌

(1) 여정: ( )
(2) 견문: ( )
(3) 감상: ( )

3 여정, 견문, 감상이 드러나게 기행문 쓰기

다음은 기행문의 처음, 가운데, 끝 중 어느 부분에 쓰는 내용인지 쓰시오.

> 여행지에서 다닌 곳, 보고 들은 것, 생각하거나 느낀 것과 같이 여행하면서 있었던 일

( )

7 기행문을 써요

어휘

1. 핵심 개념 어휘: 여정, 견문, 감상

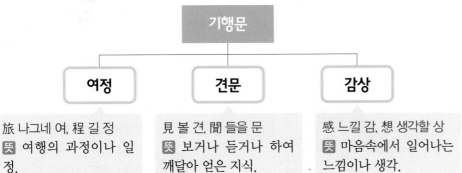

```
기행문
├─ 여정
├─ 견문
└─ 감상
```

여정
旅 나그네 여, 程 길 정
뜻 여행의 과정이나 일정.

견문
見 볼 견, 聞 들을 문
뜻 보거나 듣거나 하여 깨달아 얻은 지식.

감상
感 느낄 감, 想 생각할 상
뜻 마음속에서 일어나는 느낌이나 생각.

➡ 기행문에는 여정, 견문, 감상을 씁니다.

2. 작품 속 어휘

낱말	뜻	예시
풍광(風光) 風 바람 풍 光 빛날 광	경치, 산이나 들, 강, 바다 따위의 자연이나 지역의 모습.	멋진 자연의 풍광을 사진으로 찍었습니다.
쪽빛 [쪽삗]	남빛, 짙은 푸른빛.	비가 온 뒤의 하늘은 연한 쪽빛이었습니다.
오름	'산'과 '산봉우리'의 제주 방언.	제주도에서 크고 작은 오름을 보았습니다.
조망(眺望)하다 眺 바라볼 조 望 바랄 망	먼 곳을 바라보다.	높은 곳에 올라가니 푸른 바닷물이 멀리 조망됩니다.

문법 ▸ 문장의 종류에 알맞은 종결 표현

◆ 우리말에는 다양한 '종결 표현'이 있습니다. '종결 표현'이란 문장을 끝맺는 데 쓰이는 표현으로, 이러한 종결 표현(문장을 끝맺는 말)에 따라 문장의 종류가 달라집니다.

평서문	말하는 이가 하고 싶은 말을 단순히 전달하는 문장 예 밥을 먹는다. / 밥을 먹네. / 밥을 먹습니다. └─'-다' └─'-네' └─'-ㅂ니다'
의문문	말하는 이가 질문을 하여 대답을 요구하는 문장 예 숙제를 했냐? / 숙제를 했니? / 숙제를 했습니까? └─'-냐' └─'-니' └─'-ㅂ니까'
명령문	말하는 이가 무엇을 시키거나 행동을 요구하는 문장 예 손을 씻어라. / 손을 씻게. / 손을 씻으십시오. └─'-아라/어라' └─'-게' └─'-ㅂ시오'
청유문	말하는 이가 어떤 행동을 함께할 것을 요청하는 문장 예 운동을 가자. / 운동하러 가세. / 운동하러 갑시다. └─'-자' └─'-세' └─'-ㅂ시다'
감탄문	말하는 이가 자기 느낌을 표현하는 문장 예 꽃이 피었구나! / 꽃이 피었군! / 꽃이 피었구려! └─'-구나' └─'-군' └─'-구려'

어휘·문법 확인 문제

1 핵심 개념 어휘
다음 빈칸에 알맞은 낱말을 보기 에서 찾아 쓰시오.

보기
여정, 견문, 감상

도서관에서 읽은 책의 ☐ 을 수첩에 적어 두었다.

(   )

2 작품 속 어휘
다음 뜻에 해당하는 낱말을 찾아 ○표 하시오.

먼 곳을 바라보다.

(1) 조망하다   (   )
(2) 주시하다   (   )

3 작품 속 어휘
다음 보기 에서 빈칸에 알맞은 낱말을 쓰시오.

보기
쪽빛, 풍광

(1) 산꼭대기에 올라서 멋진 (   ) 을/를 볼 수 있었다.
(2) 배를 타고 나아가자 (   ) 바다가 끝없이 펼쳐져 있었다.

4 문법
다음 주어진 문장의 종류에 알맞게 (   ) 안에 들어갈 말에 ○표 하시오.

(1) 감탄문: 꽃이 (피었구나! / 피었다.)
(2) 평서문: 손을 (씻었니? / 씻었다. / 씻어라.)

7
단원

준비 기행문을 읽거나 쓴 경험 이야기하기

● 국어 215~216쪽 / 정답 및 풀이 18쪽

기행문을 읽거나 쓴 경험

• **특징** 기행문을 읽거나 쓴 경험을 떠올려 보고, 여행하면서 보고 듣고 느낀 점을 글로 쓰면 좋은 점을 알 수 있습니다.

• **활동 정리** 빈칸에 알맞은 말을 넣어 현석이와 서윤이가 한 일 정리하기

현석	❶( ) 여행을 다녀와서 글로 남긴 것이 없어서 여행 경험을 정확하게 전하지 못함.
서윤	여행하면서 본 것을 써 놓고 ❷( )을/를 찍어 두어 여행 경험을 자신 있게 전함.

세계 자연 유산 유네스코가 인류의 미래를 위해 보호해야 할 가치가 있다고 판단하여 지정·등재하는 자연 지역.

중요 독해

1 그림 ㉮에서 현석이가 멋쩍어한 까닭으로 알맞은 것에 ○표 하시오.

⑴ 여행하면서 보고 듣고 느낀 것을 쓴 글을 잃어버려서 (   )

⑵ 글로 남긴 것이 없어서 여행 경험을 정확하게 전하지 못해서 (   )

2 그림 ㉯에서 서윤이는 어떤 마음이 들었겠습니까? (   )

① 지루하다. ② 뿌듯하다.
③ 우울하다. ④ 미안하다.
⑤ 부끄럽다.

3 그림 ㉯에서 서윤이가 여행 경험을 자신 있게 전할 수 있었던 까닭은 무엇입니까? (   )

① 여행을 올해 다녀와서
② 제주도에서 오랫동안 지내서
③ 제주도가 나오는 동영상을 자주 보아서
④ 현석이가 여행하지 못한 곳을 다녀와서
⑤ 여행하면서 본 것을 사진과 함께 글로 남겨 놓아서

서술형

4 그림 ㉮와 ㉯를 보면서 현석이에게 해 주고 싶은 말을 떠올려 쓰시오.

_____

_____

돌하르방 어디 감수광　유홍준

❶ 제주행 비행기를 탈 때면 나는 창가 쪽 자리를 선호한다. 하늘에서 보는 제주도의 풍광을 만끽하기 위해서다.

"저희 비행기는 잠시 후 제주 국제공항에 착륙하겠습니다. 안전벨트를 다시 매어 주십시오."

기내 방송이 나오면 나는 창가에 바짝 붙어 제주도가 나타나기를 기다린다. 비행기 왼쪽 좌석이면 한라산이 먼저 나타나고 오른쪽이면 쪽빛 바다와 맞닿아 둥글게 돌아가는 해안선이 시야에 펼쳐진다.

이윽고 비행기가 제주도 상공으로 들어오면 왼쪽 창밖으로는 오름의 산비탈에 수놓듯이 줄지어 있는 산담이 아름답고, 오른쪽 창밖으로는 삼나무 방풍림 속에 짙은 초록빛으로 자란 밭작물들이 싱그러워 보인다. 비행기가 선회하여 활주로로 들어설 때는 오른쪽과 왼쪽의 풍광이 교체되면서 제주의 들과 산이 섞바뀌어 모두 볼 수 있게 된다. 올 때마다 보는 제주의 전형적인 풍광이지만 그것이 철 따라 다르고 날씨 따라 다르기 때문에

㉠언제나 신천지에 오는 것 같은 설렘을 느끼게 된다.

중심 내용 | '나'는 비행기를 타고 하늘에서 제주도의 풍광을 보았습니다.

❷ 우리 답사의 첫 유적지는 한라산 산천단이었다. 한라산 산신께 제사드리는 산천단에 가서 답사의 안전을 빌고 가는 것이 순서에도 맞고 또 제주도에 온 예의라는 마음도 든다. 산천단은 제주시 아라동 제주대학교 뒤편 소산봉(소산 오름) 기슭에 있다. 산천단 주위에는 제단을 처음 만들 당시에 심었을 수령 500년이 넘는 곰솔 여덟 그루가 산천단의 역사와 함께 엄숙하고도 성스러운 분위기를 보여 준다.

중심 내용 | 제주도에 도착한 '나'는 한라산 산천단으로 갔습니다.

감수광　'가시나요'의 제주 방언.
선호　여럿 가운데서 특별히 가려서 좋아함.
쪽빛　남빛. 짙은 푸른빛.
상공(上 윗 상, 空 빌 공)　어떤 지역의 위에 있는 공중.
오름　'산'과 '산봉우리'의 제주 방언.
산담　'사성'의 제주 방언으로, 무덤 뒤에 반달 모양으로 두둑하게 둘러싼 것을 말함.
섞바뀌어　서로 번갈아 차례가 바뀌어.
곰솔　소나뭇과의 상록 침엽 교목.

서술형

5 글쓴이가 제주행 비행기를 탈 때 창가 쪽 자리를 선호하는 까닭을 쓰시오.

_____

_____

6 글쓴이가 비행기 창밖으로 본 제주도의 풍광을 두 가지 고르시오. (　　　)

① 제주 시내의 모습
② 제주 올레 제1경로
③ 드넓은 사막과 황무지
④ 삼나무 방풍림 속에 자란 밭작물들
⑤ 오름의 산비탈에 줄지어 있는 산담

7 ㉠은 무엇에 해당하는지 알맞은 것에 ○표 하시오.

| 여정 | 견문 | 감상 |

어휘

8 다음 뜻을 가진 낱말은 무엇입니까? (　　　)

경치, 산이나 들, 강, 바다 따위의 자연이나 지역의 모습.

① 쪽빛　② 선호　③ 오름　④ 산담　⑤ 풍광

9 글쓴이가 제주도에 도착하여 가장 먼저 간 곳은 어디입니까? (　　　)

① 다랑쉬오름　　② 성산 일출봉
③ 한라산 산천단　④ 오름 아랫자락
⑤ 제주 올레 제1경로

● 국어 219~220쪽 / 정답 및 풀이 18쪽

돌하르방 어디 감수광

❸ 제주의 동북쪽 구좌읍 세화리 송당리 일대는 크고 작은 무수한 오름이 저마다의 맵시를 자랑하며 드넓은 들판과 황무지에 오똑하여 오름의 섬 제주에서도 오름이 가장 많고 아름다운 '오름의 왕국'이라고 했다. 그중에서도 다랑쉬오름은 '오름의 여왕'이라고 불린다.

다랑쉬라는 이름의 유래에는 여러 설이 있으나 다랑쉬오름 남쪽에 있던 마을에서 보면 북사면을 차지하고 앉아 된바람을 막아 주는 오름의 분화구가 마치 달처럼 둥글어 보인다 하여 붙여졌다는 설이 가장 정겹다.

오름 아래 자락에는 삼나무와 편백나무 조림지가 있어 제법 무성하다 싶지만 숲길을 벗어나면 이내 천연의 풀밭이 나오면서 시야가 갑자기 탁 트이고 사방이 멀리 조망된다. ㉠경사면을 따라 불어오는 그 유명한 제주의 바람이 흐르는 땀을 씻어 주어 한여름이라도 더운 줄 모른다. 발길을 옮길 때마다, 한 굽이를 돌 때마다 시야는 점점 넓어지면서 가슴까지 시원하게 열린다.

중심 내용 | '오름의 여왕'이라고 불리는 다랑쉬오름은 이름이 붙여진 여러 유래가 있습니다.

❹ 성산 일출봉은 제주 답사의 기본 경로라 할 만큼 잘

알려져 있고, 영주 십경의 제1경이 '성산에 뜨는 해'인 성산 일출이며, 제주 올레 제1경로가 시작되는 곳일 만큼 제주의 중요한 상징이기도 하다.

제주도와 연결된 서쪽을 제외한 성산 일출봉의 동·남·북쪽 외벽은 깎아 내린 듯한 절벽으로 바다와 맞닿아 있다. 일출봉의 서쪽은 고운 잔디 능선 위에 돌기둥과 수백 개의 기암이 우뚝우뚝 솟아 있는데 그 사이에 계단으로 만든 등산로가 나 있다. 전설에 따르면 설문대할망은 일출봉 분화구를 빨래 바구니로 삼고 우도를 빨랫돌로 하여 옷을 매일 세탁했다고 한다.

일출봉은 멀리서 볼 때나, 가까이 다가가 올려다볼 때나, 정상에 올라 분화구를 내려다볼 때나 풍광 그 자체의 아름다움과 감동이 있다. 특히나 항공 사진으로 찍은 성산 일출봉은 공상 과학 영화에나 나옴 직한 신비스러운 모습을 보여 준다.

중심 내용 | 성산 일출봉은 제주의 중요한 상징입니다.

조림지 나무를 심거나 씨를 뿌리거나 하는 따위의 인위적인 방법으로 숲을 이룬 땅.
조망된다 먼 곳이 바라보인다.
영주 신선이 사는 섬이라는 뜻으로, 제주를 말함.

중요 독해

10 다랑쉬오름에 대한 설명으로 알맞은 것을 모두 고르시오. (   )

① 제주의 서북쪽에 있다.
② '오름의 여왕'이라고 불린다.
③ 주변에 들판이 없고 건물들만 있다.
④ 다랑쉬라는 이름의 유래에 여러 설이 있다.
⑤ 오름의 분화구가 달처럼 둥글어 보인다 하여 다랑쉬라는 이름이 붙여졌다는 설이 있다.

11 ㉠은 무엇에 해당하는지 알맞은 것의 기호를 쓰시오.

> ㉮ 여행하면서 다닌 곳
> ㉯ 여행하면서 보고 들은 것
> ㉰ 여행하면서 생각하거나 느낀 것

(   )

12 성산 일출봉과 관련하여 알게 된 전설은 무엇인지 ㉮와 ㉯에 들어갈 알맞은 말을 쓰시오.

> 설문대 할망은 일출봉 ㉮ 을/를 빨래 바구니로 삼고 ㉯ 을/를 빨랫돌로 하여 옷을 매일 세탁했다고 한다.

(1) ㉮: (   )   (2) ㉯: (   )

13 성산 일출봉에 대해 글쓴이가 생각하거나 느낀 것은 무엇입니까? (   )

① 자랑스러운 마음이 든다.
② 엄숙한 분위기가 느껴진다.
③ 들뜨는 마음과 설렘이 있다.
④ 풍광 그 자체의 아름다움과 감동이 있다.
⑤ 공상 과학 영화를 볼 때처럼 두려움이 다가온다.

돌하르방 어디 감수광

❺ 우리는 어리목에서 출발하여 만세 동산을 지나 1700 고지인 윗세오름까지 올라 그곳 산장 휴게소에서 준비해 간 도시락을 먹고 영실로 하산하면서 한라산의 아름다움을 만끽했다. 영실에 들어서면 이내 솔밭 사이로 시원한 계곡물이 흐른다. 본래 실이라는 이름이 붙은 곳은 계곡을 말하는 것으로 옛 기록에는 영곡으로 나오기도 한다. 언제 어느 때 가도 계곡물 소리와 바람 소리, 거기에 계곡을 끼고 도는 안개가 신령스러워 영실이라는 이름에 값한다. 무더운 여름날 소나기라도 한차례 지나간 뒤라면 이 계곡을 두른 절벽 사이로 100여 미터의 폭포가 생겨 더욱 장관을 이룬다.
훌륭하거나 장대한 광경.

숲길을 지나노라면 아래로는 제주조릿대가 떼를 이루면서 낮은 포복으로 기어가며 온통 푸르게 물들여 놓고,
배를 땅에 대고 김.
위로는 하늘을 가린 울창한 나무들이 크면 큰 대로 작으면 작은 대로 아름답고 기이하다.

중심 내용 | '나'는 어리목에서 출발하여 만세 동산을 지나 윗세오름까지 올라 하산하여 영실에 들어섰습니다.

❻ 숲길을 빠져나와 머리핀처럼 돌아가는 가파른 능선 허리춤에 올라서면 홀연히 눈앞에 수백 개의 뾰족한 기암괴석이 호를 그리며 병풍처럼 펼쳐진다. 오르면 오를수록 이 수직의 기암들이 점점 더 하늘로 치솟아 올라 신비스럽고도 웅장한 모습에 절로 감탄이 나온다.

언제 올라도 한라산 영실은 아름답다. 오백 장군봉을 안방에 드리운 병풍 그림처럼 둘러놓고, 그것을 멀찍이서 바라보며 느린 걸음으로 돌계단을 밟으며 바쁠 것도 힘들 것도 없이 오르노라면 마음이 들뜰 것도 같지만 거

기엔 아름다움뿐만 아니라 장엄함과 아늑함이 곁들여
씩씩하고 웅장하며 위엄 있고 엄숙함.
있기에 우리는 함부로 감정을 놀리지 못하고 아래 한 번, 위 한 번, 좌우로 한 번씩 발을 옮기며 그 풍광에 느긋이 취하게 된다.

▲ 한라산

중심 내용 | 한라산 영실은 언제 올라도 아름다우며 그 풍광에 느긋이 취하게 됩니다.

- **글의 종류** 기행문

- **글의 특징** 글쓴이가 제주도를 여행한 후 여정, 견문, 감상 등을 쓴 기행문입니다.

- **글의 구조** 빈칸에 알맞은 말을 넣어 글의 내용 정리하기

  ① 제주도에 도착한 '나'는 답사의 안전을 빌고 가기 위해 한라산 ❶( )(으)로 이동함.
  ② 다랑쉬오름은 '오름의 ❷( )'(이)라고 불리고, 성산 일출봉은 제주 답사의 기본 경로이며 제주의 중요한 상징이기도 함.
  ③ '나'는 ❸( )에서 출발하여 윗세오름까지 올랐다가 영실에 들어서서 언제 봐도 아름다운 한라산의 풍광을 감상함.

만끽했다 느낌이나 기분을 마음껏 즐겼다.
신령스러워 보기에 신기하고 영묘한 데가 있어.
제주조릿대 볏과 대나무의 하나. 우리나라 특산종으로 제주에 분포함.
기이하다 보통과 달라서 놀랍거나 이상하다.
옌 광대가 기이한 복장을 하고 나와서 재미있는 재주를 선보였습니다.
기암괴석 기이하게 생긴 바위와 괴상하게 생긴 돌.
호 원둘레 또는 기타 곡선 위의 두 점에 의하여 한정된 부분.

7 단원

중요 독해

14 한라산의 영실에 대한 설명으로 알맞지 <u>않은</u> 것은 무엇입니까? ( )

① 솔밭 사이로 계곡물이 흐른다.
② 옛 기록에는 영곡으로 나오기도 한다.
③ 계곡을 끼고 도는 안개가 신령스럽다.
④ 크고 작은 무수한 오름이 맵시를 자랑한다.
⑤ 소나기가 지나간 뒤 절벽 사이로 폭포가 생긴다.

서술형

15 자신이 여행한 곳 중 기행문을 써 보고 싶은 곳을 고르고, 그 까닭을 쓰시오.

(1) 기행문을 써 보고 싶은 곳: ( )

(2) 그 까닭: _____

_____

_____

[1~3] 다음 그림을 보고, 물음에 답하시오.

1 그림 ㉮와 ㉯에서 현석이와 서윤이는 어떤 이야기를 나누고 있습니까? (　　　)

① 여행을 다녀온 경험
② 여행 가고 싶은 장소
③ 여행을 다녀오면 좋은 점
④ 여행을 함께 가고 싶은 사람
⑤ 여행에 대해 쓴 글이나 책을 읽었던 경험

2 그림 ㉮의 현석이에 대한 설명으로 알맞은 것을 두 가지 고르시오. (　　　)

① 여행 다니는 것을 좋아하지 않는다.
② 여행 경험을 정확하게 전하지 못하였다.
③ 여행하며 본 것을 사진으로 찍어 두었다.
④ 여행하며 다녀온 곳을 기억하지 못하였다.
⑤ 여행하며 다녀온 곳을 글로 꼼꼼히 써 놓았다.

3 그림 ㉯에서 서윤이가 다녀온 곳이 <u>아닌</u> 곳은 어디입니까? (　　　)

① 만장굴
② 한라산
③ 거문오름
④ 천지연 폭포
⑤ 성산 일출봉

4 여행하면서 보고 듣고 느낀 점을 글로 쓰면 좋은 점이 <u>아닌</u> 것은 무엇입니까? (　　　)

① 여행했던 경험을 다시 느낄 수 있다.
② 다른 사람에게 여행 정보를 줄 수 있다.
③ 여행했을 때의 기분을 잘 간직할 수 있다.
④ 여행하며 경험한 것을 빨리 잊어버릴 수 있다.
⑤ 여행하면서 보고 들은 것을 나중에 알 수 있다.

[5~6] 다음 글을 읽고, 물음에 답하시오.

　㉠제주의 동북쪽 구좌읍 세화리 송당리 일대는 크고 작은 무수한 오름이 저마다의 맵시를 자랑하며 드넓은 들판과 황무지에 오뚝하여 오름의 섬 제주에서도 오름이 가장 많고 아름다운 '오름의 왕국'이라고 했다. 그중에서도 다랑쉬오름은 '오름의 여왕'이라고 불린다.
　다랑쉬라는 이름의 유래에는 여러 설이 있으나 다랑쉬오름 남쪽에 있던 마을에서 보면 북사면을 차지하고 앉아 된바람을 막아 주는 오름의 분화구가 마치 달처럼 둥글어 보인다 하여 붙여졌다는 설이 가장 정겹다.

5 오름의 섬 제주에서 '오름의 여왕'이라고 불리는 오름의 이름을 쓰시오.

( )

6 ㉠에 대한 설명으로 알맞은 것은 무엇입니까?

( )

① 앞으로 있을 계획을 말한 것이다.
② 여행한 뒤에 한 반성이 나타나 있다.
③ 여행하면서 생각하거나 느낀 것이다.
④ 여행하면서 불편했던 점이 드러나 있다.
⑤ 여행하면서 보고 들은 것이 나타나 있다.

7 ㉠~㉣ 중에서 여정이 나타나 있는 부분의 기호를 쓰시오.

┌─────────────────────────────────────┐
│ ㉠우리는 어리목에서 출발하여 만세 동산을 지 │
│ 나 1700 고지인 윗세오름까지 올라 그곳 산장 휴 │
│ 게소에서 준비해 간 도시락을 먹고 영실로 하산 │
│ 하면서 한라산의 아름다움을 만끽했다. 영실에 │
│ 들어서면 이내 솔밭 사이로 시원한 계곡물이 흐 │
│ 른다. ㉡본래 실이라는 이름이 붙은 곳은 계곡 │
│ 을 말하는 것으로 옛 기록에는 영곡으로 나오기 │
│ 도 한다. ㉢언제 어느 때 가도 계곡물 소리와 바 │
│ 람 소리, 거기에 계곡을 끼고 도는 안개가 신령스 │
│ 러워 영실이라는 이름에 값한다. ㉣무더운 여름 │
│ 날 소나기라도 한차례 지나간 뒤라면 이 계곡을 │
│ 두른 절벽 사이로 100여 미터의 폭포가 생겨 더욱 │
│ 장관을 이룬다. │
└─────────────────────────────────────┘

( )

8 다음 중 여정, 견문, 감상을 드러내는 표현을 찾아 각각 기호를 쓰시오.

┌─────────────────────────────────────┐
│ ㉮ 우리는 버스를 타고 담양으로 갔다. │
│ ㉯ 불국사에는 청운교와 백운교가 있다. │
│ ㉰ 다음 날 저녁에 들른 곳은 고창 고인돌박물관 │
│   이다. │
│ ㉱ 창경궁이 유네스코 세계 문화유산이 되었다고 │
│   한다. │
│ ㉲ 현대 기술 수준을 앞선 우리 선조의 지혜가 자 │
│   랑스럽게 느껴졌다. │
└─────────────────────────────────────┘

(1) 여정: ( )
(2) 견문: ( )
(3) 감상: ( )

문법

9 다음과 같은 문장 종류에 쓰이는 끝맺는 말로 알맞은 것은 무엇입니까? ( )

┌─────────────────────────────────────┐
│ 바닷가에 버려진 쓰레기를 주우러 갑시다. │
└─────────────────────────────────────┘

① '-자'   ② '-니'
③ '-구나'   ④ '-습니까'
⑤ '-습니다'

문법

10 다음 주어진 문장 종류에 맞게 표현한 문장을 모두 고르시오. ( )

① 평서문: 차가 막혀서 늦게 도착했다.
② 의문문: 학교에 다녀와서 숙제는 했어?
③ 명령문: 일찍 일어나서 운동하러 가자.
④ 청유문: 밖에 나갔다 들어오면 손을 씻어라.
⑤ 감탄문: 학교 화단에 예쁜 꽃이 활짝 피었구나!

[1~3] 다음 그림을 보고, 물음에 답하시오.

1 그림 ㉯에서 서윤이가 뿌듯해한 까닭은 무엇일지 쓰시오.

_____

_____

2 그림 ㉮와 ㉯에서 현석이는 안 쓰고, 서윤이는 쓴 글은 무엇입니까? (   )

① 시   ② 소설   ③ 기행문
④ 주장하는 글   ⑤ 독서 감상문

3 그림 ㉮와 ㉯의 현석이에게 해 줄 수 있는 말로 알맞은 것을 모두 고르시오. (   )

① 기행문은 편지 형식으로만 써야 해.
② 기행문을 쓰면 다른 사람에게 여행 정보를 줄 수 있어.
③ 여행하면서 보고 듣고 느낀 것을 글로 남겨 두도록 하자.
④ 기행문을 쓰면 여행 경험을 생생하게 다른 사람과 함께 나눌 수 있어.
⑤ 여행하면서 보고 듣고 느낀 것은 글보다 사진으로 남겨 두는 것이 좋아.

4 다음 중 기행문을 쓴 경험을 말한 친구의 이름을 쓰시오.

> 예지: 불국사에서 문화재 해설사의 설명을 들은 적이 있어.
> 재경: 가족과 울릉도 여행을 하고 나서 보고 듣고 느낀 점을 일기 형식으로 쓴 적이 있어.

(   )

5 다음은 기행문에 들어가야 할 내용 중 무엇에 해당하는지 알맞은 것을 찾아 선으로 이으시오.

(1) 여행의 과정이나 일정   ·   · ㉮ 견문

(2) 여행하며 보거나 들은 것   ·   · ㉯ 감상

(3) 여행하며 든 생각이나 느낌   ·   · ㉰ 여정

[6~9] 다음 글을 읽고, 물음에 답하시오.

⑦ 제주행 비행기를 탈 때면 나는 창가 쪽 자리를 선호한다. 하늘에서 보는 제주도의 풍광을 만끽하기 위해서다.

"저희 비행기는 잠시 후 제주 국제공항에 착륙하겠습니다. 안전벨트를 다시 매어 주십시오."

기내 방송이 나오면 나는 창가에 바짝 붙어 제주도가 나타나기를 기다린다.

⑭ 우리 답사의 첫 유적지는 한라산 산천단이었다. 한라산 산신께 제사드리는 산천단에 가서 답사의 안전을 빌고 가는 것이 순서에도 맞고 또 제주도에 온 예의라는 마음도 든다.

⑮ 제주의 동북쪽 구좌읍 세화리 송당리 일대는 크고 작은 무수한 오름이 저마다의 맵시를 자랑하며 드넓은 들판과 황무지에 오뚝하여 오름의 섬 제주에서도 오름이 가장 많고 아름다운 '오름의 왕국'이라고 했다. 그 중에서도 다랑쉬오름은 '오름의 여왕'이라고 불린다.

⑯ 오름 아래 자락에는 삼나무와 편백나무 조림지가 있어 제법 무성하다 싶지만 숲길을 벗어나면 이내 천연의 풀밭이 나오면서 시야가 갑자기 탁 트이고 사방이 멀리 조망된다. 경사면을 따라 불어오는 그 유명한 제주의 바람이 흐르는 땀을 씻어 주어 한여름이라도 더운 줄 모른다. 발길을 옮길 때마다, 한 굽이를 돌 때마다 시야는 점점 넓어지면서 가슴까지 시원하게 열린다.

⑰ 성산 일출봉은 제주 답사의 기본 경로라 할 만큼 잘 알려져 있고, 영주 십경의 제1경이 '성산에 뜨는 해'인 성산 일출이며, 제주 올레 제1경로가 시작되는 곳일 만큼 제주의 중요한 상징이기도 하다.

제주도와 연결된 서쪽을 제외한 성산 일출봉의 동·남·북쪽 외벽은 깎아 내린 듯한 절벽으로 바다와 맞닿아 있다.

6 이 글에 대한 설명으로 알맞은 것을 두 가지 고르시오. ( )

① 편지 형식으로 쓴 기행문이다.
② 제주도를 다녀와서 쓴 기행문이다.
③ 글쓴이의 생각이나 느낌은 나타나 있지 않다.
④ 제주도를 여행하며 보고 들은 것이 나타나 있다.
⑤ 해외보다는 우리나라의 관광지를 방문하자고 주장하는 글이다.

7 다음 문장은 기행문의 여정, 견문, 감상 중 무엇에 해당하는지 쓰시오.

> 우리 답사의 첫 유적지는 한라산 산천단이었다.

( )

8 제주의 동북쪽 구좌읍 세화리 송당리 일대를 '오름의 왕국'이라고 하는 까닭은 무엇인지 쓰시오.

_____

_____

9 다음 중 글 ⑰에서 설명하고 있는 장소로 알맞은 것을 찾아 기호를 쓰시오.

▲ 오름   ▲ 성산 일출봉

( )

10 기행문을 쓸 때 여정, 견문, 감상을 잘 드러내는 표현을 찾아 선으로 이으시오.

(1) 여정	•	• ⑦	'느끼다, 생각하다'라는 낱말
(2) 견문	•	• ⑭	'~을/를 보다', '~을/를 듣다'와 같은 표현
(3) 감상	•	• ⑮	'먼저, 이른 아침에', '~(으)로 갔다'와 같은 표현

[11~14] 다음 글을 읽고, 물음에 답하시오.

우리는 어리목에서 출발하여 만세 동산을 지나 1700 고지인 윗세오름까지 올라 그곳 산장 휴게소에서 준비해 간 도시락을 먹고 영실로 하산하면서 한라산의 아름다움을 만끽했다. 영실에 들어서면 이내 솔밭 사이로 시원한 계곡물이 흐른다. 본래 실이라는 이름이 붙은 곳은 계곡을 말하는 것으로 옛 기록에는 영곡으로 나오기도 한다. 언제 어느 때 가도 계곡물 소리와 바람 소리, 거기에 계곡을 끼고 도는 안개가 신령스러워 영실이라는 이름에 값한다. 무더운 여름날 소나기라도 한차례 지나간 뒤라면 이 계곡을 두른 절벽 사이로 100여 미터의 폭포가 생겨 더욱 장관을 이룬다.

숲길을 지나노라면 아래로는 제주조릿대가 떼를 이루면서 낮은 포복으로 기어가며 온통 푸르게 물들여 놓고, 위로는 하늘을 가린 울창한 나무들이 크면 큰 대로 작으면 작은 대로 아름답고 기이하다.

숲길을 빠져나와 머리핀처럼 돌아가는 가파른 능선 허리춤에 올라서면 홀연히 눈앞에 수백 개의 뾰족한 기암괴석이 호를 그리며 병풍처럼 펼쳐진다. ㉠오르면 오를수록 이 수직의 기암들이 점점 더 하늘로 치솟아 올라 신비스럽고도 웅장한 모습에 절로 감탄이 나온다.

언제 올라도 한라산 영실은 아름답다. 오백 장군봉을 안방에 드리운 병풍 그림처럼 둘러놓고, 그것을 멀찍이서 바라보며 느린 걸음으로 돌계단을 밟으며 바쁠 것도 힘들 것도 없이 오르노라면 마음이 들뜰 것도 같지만 거기엔 아름다움뿐만 아니라 장엄함과 아늑함이 곁들여 있기에 우리는 함부로 감정을 놀리지 못하고 아래 한 번, 위 한 번, 좌우로 한 번씩 발을 옮기며 그 풍광에 느긋이 취하게 된다.

11 글쓴이가 한라산에서 본 것으로 알맞은 것을 두 가지 찾아 기호를 쓰시오.

㉮ 숲길을 지나며 울창한 나무들을 보았다.
㉯ 폭포 위로 비가 계속 쏟아지는 모습을 보았다.
㉰ 영실에 들어서서 솔밭 사이로 흐르는 계곡물을 보았다.

( )

12 다음 문장은 여정, 견문, 감상 중 무엇에 해당하는지 쓰시오.

숲길을 빠져나와 머리핀처럼 돌아가는 가파른 능선 허리춤에 올라서면 홀연히 눈앞에 수백 개의 뾰족한 기암괴석이 호를 그리며 병풍처럼 펼쳐진다.

( )

13 ㉠에 대한 설명으로 알맞은 것은 무엇입니까?
( )

① 여행하면서 다닌 곳이 나타나 있다.
② 여행하면서 책을 읽은 부분이 나타나 있다.
③ 여행하면서 생각하거나 느낀 것이 나타나 있다.
④ 어떤 장소를 방문해 알게 된 전설이 나타나 있다.
⑤ 어떤 장소에 들른 시간을 알려 주는 표현이 나타나 있다.

서술형

14 만약 자신이 글쓴이처럼 제주도에 간다면 어디를 가 보고 싶은지 생각하여 그 까닭과 함께 쓰시오.

_____

_____

15 다음 중 여정이 나타난 문장을 두 가지 고르시오.
( )

① 우리는 버스를 타고 담양으로 갔다.
② 불국사에는 청운교와 백운교가 있다.
③ 순천만 습지에서 농게와 짱뚱어를 보았다.
④ 이른 아침에 현대 문화와 옛 문화가 어우러진 인사동에 도착했다.
⑤ 유리 벽 사이로라도 석굴암을 볼 수 있어 천만다행이라고 생각했다.

7. 기행문을 써요

● 정답 및 풀이 20쪽

평가 주제	기행문을 쓰는 방법 알기
평가 목표	여정, 견문, 감상이 드러나게 기행문을 쓸 수 있다.

1 자신이 가 본 곳 가운데에서 가장 기억에 남는 곳을 떠올려 쓰시오.

2 문제 1번의 내용을 바탕으로 기행문을 쓰려고 할 때 어떤 내용을 쓸지 표 안의 내용을 완성하시오.

처음	여행한 목적	(1)
가운데	여정	(2)
	견문	(3)
	감상	(4)
끝	전체 감상과 더 알고 싶은 점	(5)

3 문제 2번에서 쓴 내용을 바탕으로 조건 에 맞게 기행문을 쓰시오.

> **조건**
> 1. 여정, 견문, 감상이 잘 드러나게 쓴다.
> 2. 글의 전체 짜임을 처음 – 가운데 – 끝으로 구성한다.

7
단원

미로를 따라 길을 찾아보세요.

● 정답 및 풀이 20쪽

출발

착륙지점

8 아는 것과 새롭게 안 것

8 아는 것과 새롭게 안 것

● 정답 및 풀이 21쪽

1 낱말의 짜임

단일어	나누면 본디의 뜻이 없어져 더는 나눌 수 없는 낱말 예 바늘, 복숭아, 자두, 오이, 감자, 수박
복합어	• 뜻이 있는 두 낱말을 합한 낱말 예 사과나무(사과＋나무), 검붉다(검다＋붉다), 바늘방석(바늘＋방석) • 뜻을 더해 주는 말과 뜻이 있는 낱말을 합한 낱말 예 맨주먹(맨－＋주먹), 햇밤(햇－＋밤), 덧신(덧－＋신)

2 낱말을 만드는 방법

• 낱말에 다른 낱말을 합해 낱말을 만듭니다.

예	책가방	＝	책	＋	가방

뜻: 책이나 학용품 따위를 넣어서 들고 다니는 가방.

• 뜻을 더해 주는 말에 낱말을 합해 낱말을 만듭니다.

예	햇과일	＝	햇－	＋	과일

뜻: 그해에 새로 난 과일.
└ 다른 낱말에 붙어 새로운 낱말을 만들고 뜻을 더해 줌.

3 겪은 일을 떠올리며 글 읽기

• 본 일을 떠올리며 읽습니다.
• 들은 일을 떠올리며 읽습니다.
• 한 일을 떠올리며 읽습니다.

예 겪은 일을 떠올리며 「자연을 닮은 우리 악기」를 읽기

옛날에는 농사일을 할 때나 힘든 일을 할 때 노래를 부르며 풍물을 연주했다는 이야기를 할머니께 들은 적이 있어.

학교에서 사물놀이를 배운 적이 있어. 신나게 꽹과리를 칠 때 어깨춤을 덩실덩실 출 정도로 흥겨웠지.

들은 일을 떠올리며 읽기　　　　한 일을 떠올리며 읽기

4 아는 지식을 활용해 글 읽기

• 글의 제목을 보고 내용을 짐작해 봅니다.
• 자신이 아는 지식을 생각하며 글을 읽어 봅니다.
• 자신이 알았던 부분에 밑줄을 그으며 글을 읽어 봅니다.
• 글을 읽고 새롭게 알거나 자세히 안 점을 정리해 봅니다.

개념 확인 문제

1 낱말의 짜임

다음에서 설명하는 것을 찾아 ○표 하시오.

> 나누면 본디의 뜻이 없어져 더는 나눌 수 없는 낱말.

(1) 단일어　（　　　）
(2) 복합어　（　　　）

2 낱말을 만드는 방법

다음 낱말이 만들어진 방법을 보기 에서 찾아 각각 기호를 쓰시오.

> 보기
> ㉮ 낱말에 다른 낱말을 합함.
> ㉯ 뜻을 더해 주는 말에 낱말을 합함.

(1) 햇과일　（　　　）
(2) 책가방　（　　　）

3 겪은 일을 떠올리며 글 읽기

다음 빈칸에 들어갈 알맞은 말을 모두 고르시오. （　　　　）

> 겪은 일을 떠올리며 글을 읽을 때에는 □, □, □을 떠올리며 읽는다.

① 본 일　　　　② 한 일
③ 들은 일　　　④ 상상한 일
⑤ 하고 싶은 일

4 아는 지식을 활용해 글 읽기

아는 지식을 활용해 글을 읽을 때에 먼저 무엇을 보고 글의 내용을 짐작해 볼 수 있는지 쓰시오.

（　　　　　　　　）

8 아는 것과 새롭게 안 것

어휘·문법

● 정답 및 풀이 21쪽

어휘

1. 핵심 개념 어휘: 경험, 지식

經 경서 경, 驗 시험 험
뜻 자신이 실제로 해 보거나 겪어 봄. 또는 거기서 얻은 지식이나 기능.

知 알 지, 識 알 식
뜻 어떤 대상에 대하여 배우거나 실천을 통하여 알게 된 명확한 인식이나 이해.

➡ 경험을 떠올리거나 아는 지식을 활용해 글을 읽을 수 있습니다.

2. 작품 속 어휘

낱말	뜻	예시
청아(淸雅)하다 淸 맑을 청 雅 아담할 아	속된 티가 없이 맑고 아름답다.	피리 소리가 청아하게 울려 퍼졌습니다.
이치(理致) 理 다스릴 이 致 이를 치	사물의 정당한 조리. 또는 도리에 맞는 취지.	사람이 나이가 들어 늙는 것은 자연의 당연한 이치이다.
탄력(彈力) 彈 탄알 탄 力 힘 력	용수철처럼 튀거나 팽팽하게 버티는 힘.	이 침대는 스프링의 탄력이 매우 좋습니다.
서식지	생물 따위가 일정한 곳에 자리를 잡고 사는 곳.	이곳은 반딧불이의 서식지입니다.
생존(生存) 生 날 생 存 있을 존	살아 있음. 또는 살아남음.	환경 문제로 동물들의 생존이 위협받고 있습니다.

문법　　낱말의 짜임

◆ 낱말은 크게 단일어와 복합어로 나누어져 있습니다. 단일어는 나누면 본디의 뜻이 없어져 더는 나눌 수 없는 낱말을 말합니다. 그리고 복합어는 뜻이 있는 두 낱말을 합한 낱말이나 뜻을 더해 주는 말과 뜻이 있는 낱말을 합한 낱말을 말합니다.

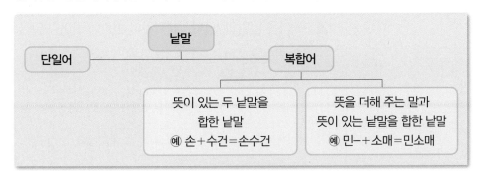

어휘·문법 확인 문제

1 핵심 개념 어휘
다음 뜻에 알맞은 낱말은 무엇인지 쓰시오.

> 어떤 대상에 대하여 배우거나 실천을 통하여 알게 된 명확한 인식이나 이해.

(　　　　　　)

2 작품 속 어휘
다음 밑줄 친 낱말의 뜻으로 알맞은 것에 ○표 하시오.

> 지혜의 청아한 노랫소리가 들렸습니다.

⑴ 소리의 울림이 매우 크고 힘찬.
(　　　)
⑵ 속된 티가 없이 맑고 아름다운.
(　　　)

3 작품 속 어휘
다음 빈칸에 알맞은 낱말을 보기 에서 찾아 쓰시오.

보기
생존, 　서식지, 　탄력

⑴ 환경이 오염되어 동물들의 (　　　)이/가 점점 사라지고 있습니다.
⑵ 이 고무줄은 잘 끊어지지 않고 (　　　)이/가 있습니다.
⑶ 소방관들은 사람들의 (　　　)을/를 가장 먼저 확인했습니다.

4 문법
다음 중 단일어로 알맞은 것에 모두 ○표 하시오.

김밥	나무
복숭아	햇밤

8
단원

낱말의 짜임

- **특징** 낱말의 짜임을 알고, 단일어와 복합어에 대해 익힐 수 있으며 낱말의 짜임을 알면 좋은 점을 알 수 있습니다.

- **활동 정리** 빈칸에 알맞은 말을 넣어 낱말의 짜임과 뜻 정리하기

바늘방석	바늘+❶( )
	앉아 있기에 몹시 불안스러운 자리
맨주먹	맨+주먹
	아무것도 없는 ❷( )

빈주먹   아무것도 가진 것이 없는 주먹.

중요 독해

1 예원이가 '바늘방석'의 뜻을 짐작한 방법은 무엇입니까? (   )

① 선생님께 낱말의 뜻을 여쭤보았다.
② 인터넷에서 낱말을 검색해 보았다.
③ 국어사전에서 낱말의 뜻을 찾아보았다.
④ 문장의 앞뒤 내용을 통해 뜻을 짐작했다.
⑤ '바늘'과 '방석'으로 나누어 뜻을 짐작했다.

2 다음 낱말의 뜻으로 알맞은 것을 찾아 각각 선으로 이으시오.

(1) 바늘방석 •

(2) 맨주먹 •

• ㉮ 아무것도 없는 빈주먹.

• ㉯ 앉아 있기에 몹시 불안스러운 자리.

3 다음 보기 의 낱말들을 단일어와 복합어로 나누어 쓰시오.

보기
사과, 산딸기, 복숭아, 자두, 수박, 애호박, 오이

단일어	(1)
복합어	(2)

4 다음 낱말의 짜임을 생각하며 빈칸에 들어갈 말을 쓰시오.

(1) 산 + 딸기 = [   ]

(2) [   ] + [   ] = 애호박

낱말 만들기

❶  =  +

　ⓐ구름다리　　구름　　　다리

❷  = 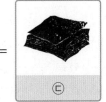 +

　　ⓛ　　　　　ⓒ　　　　ⓔ

❸  =  +

　ⓜ새우잠　　　새우　　　잠

- **특징** 낱말의 짜임을 생각하며 복합어를 만드는 방법에 알맞게 여러 가지 낱말을 만들어 볼 수 있습니다.

- **활동 정리** 빈칸에 알맞은 말을 넣어 낱말의 짜임과 뜻 정리하기

구름다리 = 구름 + ❶(　　　)
도로나 계곡 따위를 건너질러 ❷ (　　　)에 걸쳐 놓은 다리

김밥 = 김 + 밥
여러 가지 재료를 ❸(　　　) 속에 넣어 만든 음식

---

5 ⓐ에 대한 설명으로 알맞은 것을 두 가지 고르시오.
(　　　)

① 더는 나눌 수 없는 낱말이다.
② 뜻이 있는 두 낱말로 이루어진 낱말이다.
③ 낱말에 다른 낱말을 합해 만든 낱말이다.
④ 뜻을 더해 주는 말에 낱말을 합해 만든 낱말이다.
⑤ 뜻을 더해 주는 말과 뜻을 더해 주는 말을 합해 만든 낱말이다.

어휘

6 ⓛ~ⓔ에 들어갈 알맞은 낱말을 생각하여 쓰시오.

(1) ⓛ: (　　　　　　　)

(2) ⓒ: (　　　　　　　)

(3) ⓔ: (　　　　　　　)

---

7 ⓜ의 뜻으로 알맞은 것을 두 가지 고르시오.
(　　　)

① 새우처럼 생긴 사람.
② 불편하게 모로 누워 자는 잠.
③ 새우처럼 등을 구부리고 자는 잠.
④ 이불을 제대로 덮지 않고 자는 잠.
⑤ 새우로 만든 음식을 먹고 나서 자는 잠.

서술형

8 다음 보기 와 같이 낱말을 만들고, 그 낱말의 뜻도 함께 쓰시오.

보기

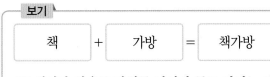

| 책 | + | 가방 | = | 책가방 |

뜻: 책이나 학용품 따위를 넣어서 들고 다니는 가방.

(1) [　　　] + [　　　] = [　　　]

(2) 뜻: ＿＿＿＿＿＿＿＿＿＿＿＿＿＿＿＿＿

＿＿＿＿＿＿＿＿＿＿＿＿＿＿＿＿＿＿＿

자연을 닮은 우리 악기 청동말굽

❶ 아주 먼 옛날, 우리 조상들은 우리 땅과 강을 닮은 악기를 만들어 아름다운 음악을 연주했습니다. 하늘과 땅에 제사를 지낼 때에도, 기쁘거나 슬픈 마음을 나타낼 때에도 사람들은 모여서 악기를 연주했어요. 우리나라 악기들은 자연에서 얻은 여덟 가지 재료로 만들어졌어요. 명주실, 대나무, 박, 흙, 가죽, 쇠붙이, 돌, 나무 등 주변에서 흔히 볼 수 있고 쉽게 구할 수 있는 것들이지요. 대한 제국 때 『증보문헌비고』에서는 이 여덟 악기의 재료를 팔음이라고 불렀어요. 여덟 가지 재료에 저마다 독특한 소리가 담겨 있기 때문이지요.

중심 내용 | 우리나라 악기들은 자연에서 얻은 명주실, 대나무, 박, 흙, 가죽, 쇠붙이, 돌, 나무 등 여덟 가지 재료로 만들어졌습니다.

❷ 대나무와 박에서 나오는 청아한 소리는 맑은 봄날의 아침 같아요. 명주실에서 뽑아내는 섬세한 소리와 나무에서 나오는 깨끗한 소리는 쨍쨍한 여름 햇살을 닮았어요. 쇠와 흙에서 울리는 우렁차고 광대한 소리는 높은 가을 하늘 같답니다. 돌의 묵직한 소리와 가죽의 탄탄한 소리는 겨울의 웅장함을 느끼게 하지요. 이렇게 옛사람들은 여러 악기의 소리를 들으며 자연의 이치를

깨달았답니다.

중심 내용 | 악기를 만든 재료에 따라 악기에서 나오는 소리의 느낌이 다릅니다.

❸ 명주실은 우리 악기를 만드는 데 가장 많이 쓰이는 재료 가운데 하나입니다. 명주실은 누에고치에서 뽑아낸 비단실이에요. 이 비단실로 천도 짜고, 소리 고운 악기도 만들지요. 명주실은 잘 끊어지지 않고 탄력이 있어서 가야금, 거문고, 아쟁, 해금 같은 악기의 줄로 쓰입니다. 가야금은 오동나무로 만든 울림통에 명주실을 열두 줄로 꼬아 얹어 만들어요. 웅장하고 깊은 소리를 내는 거문고의 줄도 명주실로 만들지요. 해금은 낮은음에서 높은음까지 다양한 소리를 내고, 아쟁은 가야금과 비슷하지만 가야금보다 몸통이 크고 줄이 굵습니다.

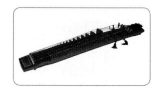

▲ 거문고

중심 내용 | 명주실은 탄력이 있어서 가야금, 거문고, 아쟁, 해금 같은 악기의 줄로 쓰입니다.

청아(淸 맑을 청, 雅 아담할 아)한 속된 티가 없이 맑고 아름다운.
이치(理 다스릴 이, 致 이를 치) 사물의 정당한 조리. 또는 도리에 맞는 취지.
탄력(彈 탄알 탄, 力 힘 력) 용수철처럼 튀거나 팽팽하게 버티는 힘.

---

9 우리 조상들이 악기를 만들 때 사용한 재료로 알맞지 않은 것은 무엇입니까? (　　　)

① 박　　　② 솜　　　③ 나무
④ 명주실　　⑤ 쇠붙이

중요 독해

10 다음의 재료에서 나오는 소리가 어떤 느낌을 준다고 하였는지 알맞은 것을 찾아 각각 선으로 이으시오.

(1) 돌　　　　　•　　•㉮ 겨울의 웅장함

(2) 명주실　　•　　•㉯ 높은 가을 하늘

(3) 쇠와 흙　•　　•㉰ 쨍쨍한 여름 햇살

(4) 대나무와 박　•　•㉱ 맑은 봄날의 아침

11 다음 특징을 가진 재료는 무엇인지 쓰시오.

> 누에고치에서 뽑아낸 비단실로 잘 끊어지지 않고 탄력이 있음.

(　　　　　　　　　　)

서술형

12 이 글을 읽을 때 겪은 일을 떠올리면 좋은 점은 무엇일지 한 가지만 쓰시오.

_____

_____

자연을 닮은 우리 악기

❹ 예부터 우리 조상들이 좋아했던 대나무는 굽힐 줄 모르는 곧은 마음을 상징했어요. 대나무를 즐겨 그리는 선비가 많았고, 장인들은 대나무로 여러 가지 물건을 만들었지요. 대나무로 만든 악기도 아주 많아요. 대나무는 속이 비어 있어서 보통 나무와는 다른 소리를 내는 악기를 만들 수 있어요. 그윽하고 평온한 소리가 울려 나오는 대금, 달빛이 빛나는 봄 밤에 어울리는 악기인 피리를 만듭니다. 그리고 맑고 청아한 소리를 내는 단소도 만들 수 있습니다.

▲ 단소

중심 내용 | 예부터 우리 조상들이 좋아했던 대나무는 속이 비어있어서 보통 나무와 다른 소리를 내는 대금, 피리, 단소를 만들 수 있습니다.

❺ 초가지붕 위에 주렁주렁 앉아 자라던 박은 물을 푸는 물박, 간장을 퍼내는 장 박, 밥을 담는 주발 박 같은 바가지나 그릇을 만드는 데 많이 쓰였어요. 우리 악기 가운데 생황은 박으로 만든 악기입니다. 생황은 박으로 만든 공명통(소리를 울리게 하는 통)에 서로 길이가 다른 여러 개의 대나무 관이 꽂혀 있는 악기예요.

중심 내용 | 박은 바가지나 그릇을 만드는 데 많이 쓰이고 생황이라는 악기를 만드는 데도 쓰입니다.

❻ 여덟 가지 재료로 만든 우리 옛 악기들은 저마다 독특하고 아름다운 소리를 지닙니다. 하지만 우리 악기들은 더불어 살아가는 사람들처럼 여럿이 함께 어우러져야 더 아름다운 소리를 만들어 냅니다. 서로 어울려 연주되는 우리 악기들은 제 소리만 뽐내지 않아요. 각자의 소리가 한데 어우러지도록 정성을 다하지요. 서로 둥글게 어울려 흥겨운 장단을 만들고 서로 하나 되어 아름다운 가락을 만들어요. 이렇게 하나 된 연주는 하늘에 닿아 사람들의 소원도 전해 주고, 조상님께 닿아 후손들의 효심도 전해 주고, 즐거운 놀이판에서 흥겹게 울려 퍼졌답니다.

중심 내용 | 서로 어울려 연주되는 우리 악기들은 각자의 소리가 한데 어우러져 아름다운 소리를 냅니다.

- **글의 종류** 설명하는 글
- **글의 특징** 우리 악기를 만드는 재료에 대해 설명하는 글입니다.
- **글의 구조** 빈칸에 알맞은 말을 넣어 글의 내용 정리하기

① 우리 조상들은 ❶( )에서 얻은 명주실, 대나무, 박, 흙, 가죽, 쇠붙이, 돌, 나무 등 여덟 가지 재료로 악기를 만들었음.
② 우리 악기들은 여럿이 함께 어우러져 아름다운 ❷( )을/를 만들어냄.

어휘

13 이 글에 나오는 다음 뜻에 알맞은 낱말에 ○표 하시오.

> 여럿이 조화되어 한 덩어리나 한판을 크게 이루게 되다.

(1) 뽐내다 ( )　　(2) 퍼지다 ( )
(3) 평온하다 ( )　　(4) 어우러지다 ( )

서술형

14 생황은 어떻게 생긴 악기인지 설명하여 쓰시오.

_____

_____

중요 독해

15 우리 악기들이 소리를 만들어 내는 방법으로 알맞은 것에 ○표 하시오.

(1) 각자 제 소리만 뽐낸다. ( )

(2) 각자의 소리가 한데 어우러지도록 정성을 다한다.
( )

16 다음 중 들은 일을 떠올리며 이 글을 읽은 친구의 이름을 쓰시오.

> 재희: 옛날에 농사일을 할 때 노래를 부르며 풍물을 연주했다는 이야기를 할머니께 들은 적이 있어.
> 혜정: 전통 악기 박물관에서 생황이라는 악기를 본 적이 있어.

( )

8
단원

우리나라의 멸종 위기 동물 백은영

❶ 지금까지 알려진 동물은 약 170만 종이라고 합니다. 앞으로 20~30년 안에 이 동물 가운데 $\frac{1}{4}$ 정도가 지구상에서 완전히 사라질 수도 있다고 합니다. 왜냐하면 지구 온난화와 환경 오염 등으로 동물의 서식지가 줄어들고 있기 때문입니다. 그리고 토종 동물이 다른 나라에서 들어온 동물과 벌이는 생존 경쟁에서 밀려나 사라지는 경우도 있기 때문입니다. 우리나라에도 이렇게 멸종되어 가는 동물이 많이 있습니다. 그럼 지금부터 우리나라에서 사라질 위기에 처한 동물을 만나 보겠습니다.

중심 내용 | 우리나라에도 멸종되어 가는 동물이 많이 있습니다.

❷  나는 점박이물범일세. 잘 사냐고? 음, 할 말이 없군. 지금 우리 가족은 겨우 500마리 남짓 남았을 뿐이거든. 물론 30년 전보다야 낫지만 말이야. 그때만 해도 사람들이 우리를 마구 잡아서 모피와 약을 만들었지만, 지금은 보호 구역도 정해 주더라고. 우리는 주로 백령도 근처에 머무는데 사람이 별로 없어서 지내기가 좋아. 그리고 추운 겨울이 되면 서해 위쪽으로 올라가 지낸다네. 그런데 여기서 잠깐! 사실 무척 걱정되는 게 있어. 우리에게는 새끼를 낳으려면 부빙이 꼭 필요하지. 그런데 지구가 점점 따뜻해지는 바람에 얼음들이 녹고 있어. 게다가 사람들이 오염된 물과 쓰레기를 바다에 마구 쏟아 내서 살기가 참 힘들다네. 자네가 우리 대신 사람들한테 잘 좀 말해 줄 수 없겠나?

중심 내용 | 점박이물범은 지구가 따뜻해지고 사람들이 환경을 오염시키면서 살기가 힘들어지고 있습니다.

❸  내가 염소게, 산양이게? 히히, 염소랑 비슷하게 생겼어도 난 엄연히 산양이야. 자세히 보면 수염도 없고 갈색, 검은색, 회색 털이 뒤섞여 있어. 그리고 내 뿔은 송곳 모양으로, 나이를 먹을 때마다 고리 모양으로 변해. 나는 워낙 험한 바위산에 살기 때문에 지금까지 살아남았어. 이런 내가 설마 인간 때문에 멸종 위기에 처할 줄은 정말 몰랐어. ㉠사냥꾼들은 내 털과 고기를 노렸지.

중심 내용 | 산양은 털과 고기를 노리는 사냥꾼들 때문에 멸종 위기에 처했습니다.

서식지 생물 따위가 일정한 곳에 자리를 잡고 사는 곳.
생존(生 날 생, **存** 있을 존) 살아 있음. 또는 살아남음.
부빙 물 위를 떠다니는 얼음덩이.

---

17 동물의 서식지가 줄어들고 있는 까닭은 무엇인지 빈칸에 알맞은 말을 이 글에서 찾아 쓰시오.

· 지구 온난화와 (   )

중요 독해

18 점박이물범이 걱정하는 점을 두 가지 고르시오.

(   )

① 겨울에 서해 위쪽으로 올라가는 길이 막힌 것
② 지구가 점점 따뜻해져서 얼음들이 녹고 있는 것
③ 사람들이 자신을 보기 위해 바다로 찾아오는 것
④ 지구가 점점 추워져서 새끼들이 살기 어려운 것
⑤ 사람들이 오염된 물과 쓰레기를 바다에 마구 쏟아 내는 것

19 산양에 대한 설명으로 알맞지 않은 것은 무엇입니까? (   )

① 멸종 위기에 처해 있다.
② 염소랑 비슷하게 생겼다.
③ 갈색, 검은색, 회색 털이 뒤섞여 있다.
④ 사냥꾼들이 산양의 털과 고기를 노렸다.
⑤ 도시 하천에서 살기 때문에 지금까지 살아남았다.

서술형

20 ㉠의 낱말 짜임을 쓰고, 그 뜻을 짐작해 쓰시오.

(1) [   ] + [   ] = [   ]

(2) 뜻: _____

_____

우리나라의 멸종 위기 동물

❹ 멸종 위기에 처한 우리나라의 동물들을 구하려면 어떻게 해야 할까요? 1993년 국제 연합 환경 계획에서 '생물 다양성 국가 연구에 대한 지침'을 발표했습니다. 이를 시작으로 하여 사람들은 단순히 멸종 위기의 동물을 보호하는 데에만 그치는 것이 아니라 생태계 전체를 건강하게 만드는 데 힘을 쏟기 시작했습니다. 멸종 위기 동물을 천연기념물로 지정해 보호하고 우리나라 고유의 생물들을 보존하는 방법을 찾기로 했습니다. 그렇게 해서 생겨난 것이 바로 깃대종과 지표종이랍니다.

중심 내용 | 멸종 위기 동물을 구하고 우리나라 고유의 생물들을 보존하기 위해 깃대종과 지표종이 생겨났습니다.

❺ 깃대종은 그 지역을 대표하는 생물들이기 때문에 깃대종이 잘 보존된다면 그 지역의 생태계가 잘 유지된다는 증거로 볼 수 있습니다. 우리나라의 대표적인 깃대종으로는 설악산의 산양, 내장산의 비단벌레, 속리산의 하늘다람쥐, 지리산의 반달가슴곰이 있습니다.

지표종은 그 지역의 환경이 얼마나 깨끗한지 측정할 수 있는 종을 말합니다. 예를 들어 오래전 탄광에서 일하던 광부들은 카나리아를 이용해 몸에 해로운 유독 가스를 측정했습니다. 공기가 좋은 곳에서 사는 카나리아는 산소가 부족하면 숨을 쉬기가 힘들어 노래를 멈춘답니다. 그래서 광부들은 카나리아가 노래를 부르는 동안에는 안심하고 일을 할 수 있었습니다.

중심 내용 | 깃대종은 그 지역을 대표하는 생물들이고, 지표종은 그 지역의 환경이 얼마나 깨끗한지 측정할 수 있는 종을 말합니다.

- **글의 종류** 설명하는 글

- **글의 특징** 우리나라의 멸종 위기 동물에 대해 설명하는 글입니다.

- **글의 구조** 빈칸에 알맞은 말을 넣어 글의 내용 정리하기

> ① 우리나라에도 ❶(   )되어 가는 동물이 많이 있음.
>
> ② 점박이물범, 산양, 발달가슴곰, 꼬치동자개 등은 모두 멸종 위기에 처함 동물임.
>
> ③ 멸종 위기의 동물을 구하기 위하여 ❷(   )와/과 지표종이 생겨났음.

천연기념물 귀하거나 학술적인 가치가 높아서, 법으로 보호하고 보존하기로 정한 동식물·광물 등 천연물을 통틀어 이르는 말.
유지(維 바 유, 持 가질 지) 어떤 상태나 상황을 그대로 보존하거나 변함없이 계속하여 지탱함.

어휘

21 이 글에 나오는 다음 낱말의 뜻을 보기 에서 찾아 기호를 쓰시오.

> **보기**
> ㉮ 위험한 고비나 시기.
> ㉯ 잘 보호하고 간수하여 남김.
> ㉰ 생물의 한 종류가 아주 없어짐. 또는 생물의 한 종류를 아주 없애 버림.

멸종	위기	보존
(1)	(2)	(3)

중요 독해

22 깃대종이 잘 보존되어 있다는 것은 무슨 뜻인지 알맞은 것에 ○표 하시오.

(1) 그 지역의 생태계가 잘 유지된다. (   )

(2) 그 지역에 멸종된 동물이 전혀 없다. (   )

23 우리나라의 대표적인 깃대종이 <u>아닌</u> 것은 무엇입니까? (   )

① 설악산의 산양   ② 탄광의 카나리아
③ 내장산의 비단벌레   ④ 속리산의 하늘다람쥐
⑤ 지리산의 반달가슴곰

24 이 글의 내용과 관련된 아는 지식을 알맞게 말하지 <u>못한</u> 친구의 이름을 쓰시오.

> 하은: 체력을 잘 길러서 산꼭대기까지 올라가 보고 싶어.
> 다온: 지구 온난화 때문에 북극곰이 살 곳이 줄어든다는 이야기를 들은 적이 있어.

(   )

8
단원

1 다음 그림과 낱말로 보아 '풋–'의 뜻은 무엇이겠습니까? (　　)

풋고추　　　풋밤　　　풋사과

① 매우 신.
② 덜 익은.
③ 자그마한.
④ 맛이 떫은.
⑤ 노르스름한.

2 다음 낱말의 짜임을 생각하며 뜻을 짐작한 것으로 알맞은 것은 무엇입니까? (　　)

뛰다　+　놀다　=　뛰놀다

① 이리저리 뛰어다니며 놀다.
② 값이나 가치 따위가 갑자기 오르다.
③ 어떤 일을 하다가 일정한 동안을 쉬다.
④ 직업이나 일정히 하는 일이 없이 지내다.
⑤ 발을 몹시 재빠르게 움직여 빨리 나아가다.

3 다음 빈칸에 공통으로 들어갈 말은 무엇입니까?

(　　)

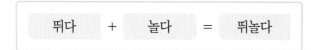

골목 □　　꽃 □　　눈 □

① 물
② 햇
③ 강
④ 길
⑤ 첫

[4~6] 다음 글을 읽고, 물음에 답하시오.

　나무는 어디에서나 쉽게 구할 수 있고 쓰임도 많은 재료예요. 나무로 만든 악기에는 박, 어 등이 있어요. 나무의 딱딱한 소리는 여러 악기를 모아 합주할 때 연주의 처음과 끝을 알리는 역할을 했답니다. 어는 나무로 만든 흰 호랑이 등 위에 스물일곱 개의 톱니가 붙어 있는 악기이고, 박은 단단한 나뭇조각 여섯 개의 한쪽 끝을 모아 묶은 악기예요. 박을 연주하는 사람은 지휘자와 같은 역할을 한답니다.

　돌로 만든 악기는 추위나 더위에 강하기 때문에 음의 변화가 거의 없었어요. 그래서 다른 악기의 음을 맞추거나 고르게 할 때 기준이 된답니다. 돌로 만든 악기에는 편경과 특경이 있어요. 편경은 단단한 돌을 'ㄱ' 자 모양으로 깎아서 만든 악기로, 돌조각을 '각퇴'라는 채로 쳐서 소리를 내요. 돌에서 나오는 티 없이 청아한 소리가 일품이에요. 편경은 주로 궁중에서 제사를 지낼 때 쓰입니다.

4 나무로 만든 악기를 두 가지 고르시오. (　　)
① 박
② 어
③ 편경
④ 특경
⑤ 꽹과리

5 편경에 대한 설명으로 알맞지 <u>않은</u> 것은 무엇입니까? (　　)

① 청아한 소리가 일품이다.
② 궁중에서 제사를 지낼 때 쓰인다.
③ 각퇴라는 채로 쳐서 소리를 낸다.
④ 연주의 처음과 끝을 알리는 역할을 한다.
⑤ 단단한 돌을 'ㄱ' 자 모양으로 깎아서 만든다.

6 다음에서 윤찬이는 이 글의 내용과 관련해 어떤 일을 떠올린 것인지 알맞은 것에 ○표 하시오.

윤찬: 편경을 만든 세종 대왕의 이야기를 들은 적이 있어.

(1) 본 일 　　　(　　　　)

(2) 한 일 　　　(　　　　)

(3) 들은 일 　　　(　　　　)

[7~8] 다음 글을 읽고, 물음에 답하시오.

❶ 꼬치동자개: 뭘 그리 놀라요? 나 처음 봐요? 하긴 나는 1940년대까지는 도시의 하천에서도 쉽게 잡을 수 있을 정도로 흔한 물고기였죠. 하지만 산업화·도시화가 되면서 환경이 오염되어 마음 놓고 살 곳이 사라져 버렸어요. 나와 친구들은 어느새 멸종 위기 1등급이 되어 버렸고요. 듣기로는 우리를 데려다가 연구해서 수를 늘릴 계획이 있다고 하던데, 그러다 잘못되면 어떡하죠?

❷ 멸종 위기에 처한 우리나라의 동물들을 구하려면 어떻게 해야 할까요? 1993년 국제 연합 환경 계획에서 '생물 다양성 국가 연구에 대한 지침'을 발표했습니다. 이를 시작으로 하여 사람들은 단순히 멸종 위기의 동물을 보호하는 데에만 그치는 것이 아니라 생태계 전체를 건강하게 만드는 데 힘을 쏟기 시작했습니다. 멸종 위기 동물을 천연기념물로 지정해 보호하고 우리나라 고유의 생물들을 보존하는 방법을 찾기로 했습니다. 그렇게 해서 생겨난 것이 바로 깃대종과 지표종이랍니다.

❸ 오늘날에는 동물이 멸종하는 것을 막고자 세계 여러 나라에서 많은 노력을 하고 있습니다. 각 나라는 점점 줄어드는 동물을 '멸종 위기종'으로 지정해 보호하기도 합니다. 그렇다면 멸종 위기의 동물을 보호하는 가장 좋은 방법은 무엇일까요? 그것은 바로 우리가 동물에게 관심을 기울이고 동물을 보살피며, 환경을 함부로 파괴하지 않고 깨끗하게 유지하는 것입니다.

7 꼬치동자개가 멸종 위기 1등급이 된 까닭은 무엇입니까? (　　　　)

① 연구하기에 쉬운 물고기라서
② 도시의 하천에서 쉽게 잡을 수 있어서
③ 산업화와 도시화로 환경이 오염되어서
④ 하천과 바다 등 서식지가 많아지고 있어서
⑤ 토종 물고기들과의 생존 경쟁에서 밀려나서

8 멸종 위기동물을 보호하는 방법으로 알맞은 것을 두 가지 고르시오. (　　　　)

① 환경을 깨끗하게 유지한다.
② 천연기념물로 지정한 동물의 수를 줄인다.
③ 동물에게 관심을 기울이고 동물을 보살핀다.
④ 깃대종과 지표종을 다른 나라에서 들여온다.
⑤ 멸종 위기 동물을 모두 동물원에서 살게 한다.

문법

9 다음 보기 의 낱말 중 복합어를 찾아 모두 쓰시오.

보기
하늘,　　손수건,　　민소매,　　구름

(　　　　　　　　　　)

문법

10 다음 주어진 낱말의 짜임을 생각하며 빈칸에 들어갈 알맞은 말을 쓰시오.

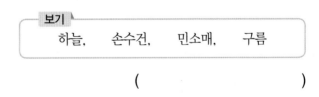

(1) 사과나무 ＝ 　　　 ＋ 　　　

(2) 검붉다 ＝ 검다 ＋

[1~3] 다음을 보고, 물음에 답하시오.

시원아, 책을 읽다가 '바늘방석'이라는 말이 나왔는데 뜻을 잘 모르겠어.

글쎄, '바늘'과 '방석'을 합친 말 같은데…….

아, 그러면 '바늘'은 '바느질할 때 쓰는 뾰족한 것'이고 '방석'은 '자리에 앉을 때 쓰는 것'이니까 '바늘방석'은 바늘처럼 뾰족한 방석이라는 뜻이겠구나.

①

②

시원이와 예원이가 제법인걸. '바늘방석'은 앉아 있기에 몹시 불안스러운 자리를 가리키는 말이란다.

뜻을 잘 모르는 낱말은 이미 내가 아는 뜻으로 그 뜻을 짐작해 볼 수 있어요.

③

④

선생님, 그럼 '맨주먹'은 '맨-'과 '주먹'으로 나눌 수 있고 '맨-'은 다른 것이 없다는 뜻을 더해 주니까, '맨주먹'은 ' ⊙ '이라는 뜻이겠네요?

그렇지. 이렇게 '바늘방석'이나 '맨주먹'처럼 낱말을 쪼개 살펴보면 뜻을 쉽게 짐작할 수 있단다.

⑤

1 예원이가 책을 읽다가 잘 이해하지 못한 낱말은 무엇인지 쓰시오.

( )

2 문제 1번에서 답한 낱말에 대한 설명으로 알맞은 것을 두 가지 고르시오. ( )

① 바늘이 꽂혀 있는 방석이다.
② '바늘방'과 '석'을 합한 말이다.
③ '바늘'과 '방석'을 합한 말이다.
④ 바늘처럼 길쭉하게 생긴 모양의 방석이다.
⑤ 앉아 있기에 몹시 불안스러운 자리를 가리키는 말이다.

3 다음 '맨주먹'의 짜임으로 보아, ⊙에 들어갈 뜻은 무엇입니까? ( )

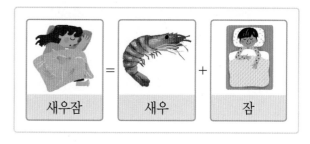

맨-	주먹
'다른 것이 없는'이라는 뜻을 더해 주는 말.	손가락을 모두 오므려 쥔 손.

① 아무것도 없는 공간
② 손가락을 활짝 편 손
③ 매우 크거나 센 주먹
④ 아무것도 없는 빈주먹
⑤ 팔의 힘이 무척 센 사람

서술형

4 다음 낱말의 짜임을 바탕으로 '새우잠'의 뜻을 짐작하여 쓰시오.

새우잠	=	새우	+	잠

_____

_____

5 다음 낱말에 쓰인 '-꾼'의 뜻으로 알맞은 것을 모두 고르시오. ( )

낚시꾼   소리꾼   나무꾼

① 서서 일하는 사람.
② 어떤 일을 잘하는 사람.
③ 어떤 일을 즐겨 하는 사람.
④ 힘이 많이 드는 일을 하는 사람.
⑤ 어떤 일을 전문적으로 하는 사람.

6 다음 중 낱말을 짜임에 맞게 나누지 <u>못한</u> 것은 무엇입니까? (　　)

① 맨발 = 맨- + 발
② 돌다리 = 돌 + 다리
③ 책가방 = 책가 + 방
④ 골목길 = 골목 + 길
⑤ 풋사랑 = 풋- + 사랑

7 다음 빈칸에 공통으로 들어갈 말은 무엇입니까?
(　　)

강 □ | □ 통 | □ 수건

① 첫　　　② 햇　　　③ 물
④ 꾼　　　⑤ 꾸러기

[8~11] 다음 글을 읽고, 물음에 답하시오.

가 우리나라 악기들은 자연에서 얻은 여덟 가지 재료로 만들어졌어요. 명주실, 대나무, 박, 흙, 가죽, 쇠붙이, 돌, 나무 등 주변에서 흔히 볼 수 있고 쉽게 구할 수 있는 것들이지요.

나 아주 오랜 옛날부터 사람들은 동물의 가죽을 잘 말려서 동그란 나무통에 씌워 두드리며 소리를 냈어요. 때로는 흥겨운 장단을 만들기도 했고, 때로는 깊고 웅장한 소리로 마음속의 슬픔과 두려움을 몰아내기도 했지요. 가죽으로 만든 악기에는 북과 장구가 있어요. 북은 백성들과 아주 가까운 악기로 힘든 농사일에 흥을 돋우기 위한 풍물놀이에 빠지지 않았어요. 장구는 모래시계를 옆으로 뉘어 놓은 것처럼 허리가 잘록한데, 다른 악기들과 어울려 흥을 돋워 주지요.

다 쇠는 아무나 함부로 다룰 수 없는 귀한 재료였어요. 쇠를 다루는 사람들이 불로 쇠를 녹여 여러 가지 도구를 만들어 쓰기도 하고, 무기를 만들기도 하였지요. 그 때문에 쇠로 만든 악기에도 특별한 힘이 있을 거라고 여겼어요. 사람들은 쇠를 녹여 사방을 깨우는 듯한 소리가 나는 악기를 만들어 특별한 신호를 보내거나, 놀이판의 흥을 높였어요. 쇠를 녹여 만든 우리 악기에는 징, 꽹과리, 편종, 특종, 나발 등이 있어요.

8 우리나라 악기들을 만드는 재료에 대한 설명으로 알맞은 것을 두 가지 고르시오. (　　)

① 값이 비싸다.
② 쉽게 구할 수 없다.
③ 자연에서 얻을 수 있다.
④ 주변에서 흔히 볼 수 있다.
⑤ 다른 나라 악기를 만들 때는 사용되지 않는다.

9 이 글에서 가죽으로 만든 악기의 예로 든 것을 두 가지 쓰시오.

(　　　　　　), (　　　　　　)

10 다음은 글 **다**를 읽고 친구들이 나눈 대화입니다. 알맞게 말하지 <u>못한</u> 친구의 이름을 쓰시오.

유나: 쇠를 녹여 만든 우리 악기에는 징, 꽹과리, 편종 등이 있어.

권범: 사람들은 쇠로 만든 악기에 특별한 힘이 있을 거라고 생각했어.

홍준: 쇠는 귀한 재료로 여겨졌기 때문에 무기로 만드는 것은 금지되어 있었어.

(　　　　　　　　)

서술형

11 다음 규리와 같이 이 글과 관련하여 자신이 겪은 일을 떠올려 쓰시오.

규리: 옛날에는 농사일을 할 때나 힘든 일을 할 때 노래를 부르며 풍물을 연주했다는 이야기를 할머니께 들은 적이 있어.

_____

_____

[12~15] 다음 글을 읽고, 물음에 답하시오.

가 지금까지 알려진 동물은 약 170만 종이라고 합니다. 앞으로 20~30년 안에 이 동물 가운데 $\frac{1}{4}$ 정도가 지구상에서 완전히 사라질 수도 있다고 합니다. 왜냐하면 지구 온난화와 환경 오염 등으로 동물의 서식지가 줄어들고 있기 때문입니다. 그리고 토종 동물이 다른 나라에서 들어온 동물과 벌이는 생존 경쟁에서 밀려나 사라지는 경우도 있기 때문입니다. 우리나라에도 이렇게 멸종되어 가는 동물이 많이 있습니다.

나 반달가슴곰: 우리는 산에서 도토리, 가래, 산뽕나무의 열매 등을 먹고 여기저기에 똥을 누어요. 바로 그 똥이 흙을 좋게 만들어서 씨앗이 돋아나게 하고 산을 푸르게 만드는 데 도움을 주거든요. 우리가 있어야 지리산의 생태계가 잘 돌아가는 거죠. 하지만 문제는 바로 사람들! 아무리 깊은 산속이라도 사람들이 보여요. 이 험한 데까지 대체 어떻게 오는 거죠?

다 깃대종은 그 지역을 대표하는 생물들이기 때문에 깃대종이 잘 보존된다면 그 지역의 생태계가 잘 유지된다는 증거로 볼 수 있습니다. 우리나라의 대표적인 깃대종으로는 설악산의 산양, 내장산의 비단벌레, 속리산의 하늘다람쥐, 지리산의 반달가슴곰이 있습니다.

지표종은 그 지역의 환경이 얼마나 깨끗한지 측정할 수 있는 종을 말합니다. 예를 들어 오래전 탄광에서 일하던 광부들은 카나리아를 이용해 몸에 해로운 유독 가스를 측정했습니다. 공기가 좋은 곳에서 사는 카나리아는 산소가 부족하면 숨을 쉬기가 힘들어 노래를 멈춘답니다. 그래서 광부들은 카나리아가 노래를 부르는 동안에는 안심하고 일을 할 수 있었습니다.

라 멸종 위기의 동물을 보호하는 가장 좋은 방법은 무엇일까요? 그것은 바로 우리가 동물에게 관심을 기울이고 동물을 보살피며, 환경을 함부로 파괴하지 않고 깨끗하게 유지하는 것입니다.

서술형

12 이 글에서 멸종되어 가는 동물이 많은 까닭이 무엇이라고 하였는지 찾아 한 가지만 쓰시오.

_____

_____

13 '깃대종'과 '지표종'의 뜻으로 알맞은 것을 찾아 선으로 이으시오.

(1) 깃대종 •   • ㉮ 그 지역을 대표하는 생물들

(2) 지표종 •   • ㉯ 그 지역의 환경이 얼마나 깨끗한지 측정할 수 있는 종

14 다음은 이 글에 나온 낱말입니다. 각 낱말의 짜임을 생각하여 빈칸에 들어갈 알맞은 말을 쓰시오.

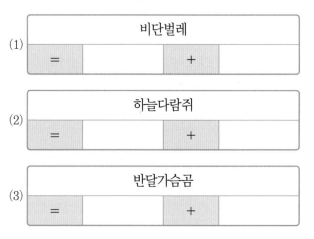

(1) 비단벌레
= [   ] + [   ]

(2) 하늘다람쥐
= [   ] + [   ]

(3) 반달가슴곰
= [   ] + [   ]

15 이 글과 관련된 아는 지식을 떠올린 내용으로 알맞지 **않은** 것은 무엇입니까? (   )

① 반달가슴곰은 가슴에 있는 하얀 반달무늬가 가장 큰 특징이지.

② 지구 온난화 때문에 북극곰이 살 곳이 줄어든다는 이야기를 들었어.

③ 고래가 줄어들자 고래잡이를 막는 법을 만들었다는 내용을 책에서 읽었어.

④ 멸종 위기 동물을 구하기 위해 환경을 깨끗하게 유지해야 한다는 것을 새롭게 알았어.

⑤ 다른 나라에서 들어온 동물 때문에 토종 동물이 사라질 위기에 처했다는 기사를 보았어.

8. 아는 것과 새롭게 안 것

● 정답 및 풀이 23쪽

평가 주제	새말 만들기
평가 목표	외래어나 외국어를 우리말로 순화하여 새말로 만들 수 있다.

1 친구들은 '알림판'의 이름을 무엇으로 짓자고 하였는지 두 가지 쓰시오.

2 자신이라면 학급 알림판의 이름을 어떻게 지을지 그 까닭과 함께 쓰시오.

3 다음 주어진 낱말을 새말로 만들어 조건 에 알맞게 쓰시오.

> **조건**
> 1. 낱말을 만든 방법을 함께 씁니다. (예) 생각+나눔터)
> 2. 새말로 만든 까닭을 함께 씁니다.

그림이나 사진		
낱말	내비게이션	크레파스
새말	(1)	(2)
만든 방법	(3)	(4)
만든 까닭	(5)	(6)

8
단원

숨은 그림을 찾아보세요.

● 정답 및 풀이 23쪽

9

여러 가지
방법으로
읽어요

▶ 학습을 완료하면 ∨표를 하면서 학습 진도를 체크해요.

	학습 내용	백점 쪽수	확인
개념	여러 가지 방법으로 글 읽기	142쪽	☐
어휘 + 문법	핵심 개념 어휘: 종류, 목적, 읽기 방법 작품 속 어휘: 대응하다, 패기, 비색, 실용성, 유려하다 문법: 사잇소리 현상	143쪽	☐
독해	글의 종류에 따른 읽기 방법 알기 :「점과 선으로 만든 암호」, 「미래 사회의 변화에 대처하는 자세」	144~145쪽	☐
	필요한 글을 찾아 정리하기: 「아름다운 비색을 지닌 고려청자」	146~147쪽	☐
평가	단원 평가 1회, 2회	148~152쪽	☐
	수행 평가	153쪽	☐

9 여러 가지 방법으로 읽어요

개념 강의

● 정답 및 풀이 24쪽

1 글의 종류에 따른 읽기 방법

설명하는 글	• 설명하려는 대상이 무엇인지 생각합니다. • 대상의 무엇을 자세히 설명하는지 생각합니다. • 대상을 보고 이미 아는 것을 떠올립니다. • 대상에 대해 새롭게 안 것을 찾습니다.
주장하는 글	• 글쓴이의 주장을 파악합니다. • 주장을 뒷받침하는 근거를 찾습니다. • 주장을 뒷받침하는 알맞은 근거인지 생각합니다. • 자신의 생각과 비교해 같은 점을 찾습니다. • 자신의 생각과 비교해 비판하는 태도로 읽습니다.

예 설명하는 글인 「점과 선으로 만든 암호」를 읽을 때 고려할 점

이 글은 무엇을 설명하는가?	정보 무늬
설명하는 내용이 무엇인가?	정보 무늬의 뜻, 사용 방법, 특징, 모양 따위
이미 알던 내용은 무엇인가?	정보 무늬의 모양
새롭게 안 내용은 무엇인가?	정보 무늬 사용 방법, 특징 따위

2 필요한 글을 찾아 정리하기

훑어 읽기	• 제목을 가장 먼저 읽고 필요한 내용이 있는지 생각합니다. • 글 전체를 다 읽지 않고 중요한 낱말을 읽으면서 필요한 내용이 있는지 찾아봅니다. • 제목뿐만 아니라 사진도 살펴보며 필요한 내용이 있을지 짐작합니다.
자세히 읽기	• 필요한 내용을 찾으며 자세히 읽습니다. • 중요한 내용이나 그것을 뒷받침하는 내용에 밑줄을 그으며 읽습니다. • 자신이 아는 내용과 새롭게 안 내용을 비교하며 자세히 읽습니다.

예 규빈이와 지완이가 「아름다운 비색을 지닌 고려청자」를 읽는 방법

규빈

제목에 나온 비색은 어떤 색깔을 말하는 것일까? 이 글에는 사진도 같이 있구나. 발표할 만한 내용이 있을지 낱말들을 중심으로 찾아봐야지.

➡ 필요한 정보가 글에 있는지 찾을 때에는 글 전체의 내용을 훑어 읽으면서 필요한 정보가 있는지 확인합니다.

지완

외국에서 온 친구는 고려청자를 잘 모를 거야. 고려청자를 자세히 알려 주고 싶어. 고려청자의 뛰어난 점이 무엇인지 자세히 살펴보고 내가 아는 내용과 비교해 읽어 봐야지.

➡ 필요한 정보가 글에 있다는 것을 이미 알고 있을 때에는 내용을 이해하기 위해 자세히 살펴보며 읽습니다.

개념 확인 문제

1 글의 종류에 따른 읽기 방법

다음은 주장하는 글을 읽는 방법입니다. 괄호 안에 들어갈 알맞은 말을 찾아 ○표 하시오.

⑴ 글쓴이의 (감상, 주장)을 파악한다.

⑵ 주장을 뒷받침하는 (근거, 시간)을/를 찾는다.

⑶ 자신의 생각과 비교해 (비판, 비난)하는 태도로 읽는다.

2 필요한 글을 찾아 정리하기

다음에서 소연이는 어떤 방법으로 글을 찾아 읽어야 할지 알맞은 것에 ○표 하시오.

> 소연: 나에게 필요한 정보가 글에 있는지 찾아봐야겠어.

⑴ 훑어 읽기 (   )
⑵ 자세히 읽기 (   )

3 필요한 글을 찾아 정리하기

다음 중 글을 '자세히 읽기'의 방법으로 읽은 친구의 이름을 쓰시오.

> 태준: 중요한 내용이나 그것을 뒷받침하는 내용에 밑줄을 그으며 읽었어.
> 희은: 글 전체를 다 읽지 않고 중요한 낱말을 읽으면서 필요한 내용이 있는지 찾아보았어.

(   )

9 여러 가지 방법으로 읽어요

● 정답 및 풀이 24쪽

어휘

1. 핵심 개념 어휘: 종류, 목적, 읽기 방법

종류 ＋ 목적 → 읽기 방법

種 씨 종
類 무리 류
뜻 사물의 부문을 나누
는 갈래.

目 눈 목
的 과녁 적
뜻 실현하려고 하는 일
이나 나아가는 방향.

뜻 글을 바르게 읽고 이
해하기 위해서 취하는
수단이나 방식.

➡ 글의 종류와 읽는 목적에 따라 읽기 방법이 다릅니다.

2. 작품 속 어휘

낱말	뜻	예시
대응하다	어떤 일이나 사태에 맞추어 태도나 행동을 취하다.	소방관 아저씨들은 불이 나자 신속하게 대응했습니다.
패기(覇氣) 覇 으뜸 패 氣 기운 기	어떤 어려운 일이라도 해내려는 굳센 기상이나 정신.	은수는 패기에 찬 얼굴로 달리기를 준비했습니다.
비색(翡色) 翡 물총새 비 色 빛 색	밝고 은은한 푸른색에 가까운 빛깔.	고려청자의 푸른색은 비취옥과 색깔이 닮았다고 하여 비색이라고 합니다.
실용성	실제적인 쓸모가 있는 성질이나 특성.	한지는 실용성이 뛰어나서 많은 곳에서 사용되고 있습니다.
유려하다	글이나 말, 곡선 따위가 거침없이 미끈하고 아름답다.	이 도자기는 유려한 모양과 아름다운 색을 가지고 있습니다.

문법   사잇소리 현상

◆ 낱말과 낱말을 합해서 새로운 낱말을 만들 때, 원래 없던 소리가 나는 경우가 있습니다. 이러한 현상을 '사잇소리 현상'이라고 합니다. 그리고 사잇소리 현상이 나타났을 때 쓰는 'ㅅ'을 '사이시옷'이라고 부릅니다.

초＋불 → 촛불[초뿔]

나무＋잎 → 나뭇잎[나문닙]

사이시옷은 뒷말의 첫소리가 된소리로 나는 경우(예 바닷가[바닫까]), 뒷말의 첫소리 'ㄴ', 'ㅁ' 앞에서 'ㄴ' 소리가 덧나는 경우(예 빗물[빈물]), 뒷말의 첫소리 모음 앞에서 'ㄴㄴ' 소리가 덧나는 경우(예 나뭇잎[나문닙])에 적어 준답니다.

---

1 핵심 개념 어휘

다음 중 '목적'의 뜻으로 알맞은 것을 찾아 기호를 쓰시오.

> ㉮ 사물의 부분을 나누는 갈래.
> ㉯ 실현하고자 하는 일이나 나아가는 방향.
> ㉰ 글을 바르게 읽고 이해하기 위해서 취하는 수단이나 방식.

( )

2 작품 속 어휘

다음 밑줄 친 낱말과 바꾸어 쓸 수 있는 말에 ○표 하시오.

> 그는 식량을 구하기 위해 패기 있게 집을 떠났습니다.

(1) 조리 ( )
(2) 인기 ( )
(3) 용기 ( )

3 작품 속 어휘

다음 빈칸에 알맞은 낱말을 보기 에서 찾아 쓰시오.

보기
대응한, 실용성, 유려한

(1) 이 옷의 색은 예쁘지만 ( ) 이 떨어져 입기 불편했다.
(2) 그의 ( ) 말솜씨에 설득을 당할 수밖에 없었다.
(3) 갑작스런 물난리에 빠르게 ( ) 사람들 덕분에 큰 피해를 막을 수 있었다.

4 문법

다음 중 사잇소리 현상이 일어난 낱말로 알맞은 것에 모두 ○표 하시오.

바닷가	옷맵시
밥그릇	아랫니

9 단원

점과 선으로 만든 암호

❶ 최근 출판하는 책이나 광고, 알림판 따위에서 네모 모양의 표식을 자주 볼 수 있다. 네모 모양 안에 검은 선과 점을 배열했는데, 이것을 정보 무늬[QR 코드]라고 한다. 큐아르(QR)는 '빠른 응답'이라는 영어의 줄임 말이다.

중심 내용 | 네모 모양 안에 검은 선과 점을 배열한 것을 정보 무늬[QR 코드]라고 합니다.

❷ 정보 무늬는 여러 가지 정보를 확인할 수 있는 표식이다. 정보 무늬를 쓰기 전에는 막대 표시를 주로 썼다. 막대 표시는 숫자 20개를 저장할 수 있는 무늬로서 물건을 살 때 쉽게 계산할 수 있다. 그러나 정보 무늬는 숫자 7089개, 한글 1700자 정도를 저장할 수 있다. 또 정보 무늬는 일부를 지워도 사용할 수 있다. <u>정보 무늬의 세 귀퉁이에 위치를 지정하는 문양이 있기 때문이다.</u> 이 _{일부를 지워도 사용할 수 있는 까닭} 문양이 있어 정보 무늬를 어느 각도에서 찍어도 내용을 확인할 수 있다.

중심 내용 | 정보 무늬는 여러 가지 정보를 확인할 수 있는 표식입니다.

❸ 정보 무늬는 스마트폰으로 사용할 수 있다. 스마트폰 응용 프로그램으로 정보 무늬를 찍으면 관련 내용이 있는 누리집으로 이동하거나, 관련 사진이나 동영상을

볼 수 있다. 또 정보 무늬에 색깔이나 신기한 그림을 넣어 만들기도 한다.

중심 내용 | 정보 무늬는 스마트폰으로 사용할 수 있습니다.

❹ 정보 무늬는 여러 분야에서 활용한다. 백화점이나 할인점에서는 정보 무늬로 할인 정보를 제공한다. 신문 광고에 있는 정보 무늬를 찍으면 3차원으로 움직이는 광고가 나오기도 하고, 책에 있는 정보 무늬를 찍으면 등장인물이 튀어나와 책의 정보와 줄거리를 알려 주기도 한다. 박물관이나 미술관에서는 자료나 작품을 더 알아볼 수 있도록 정보 무늬에 설명을 담아 제공하기도 한다.

중심 내용 | 정보 무늬는 여러 분야에서 활용합니다.

- **글의 종류** 설명하는 글
- **글의 특징** 정보 무늬의 뜻과 모양, 사용 방법, 특징 따위에 대하여 설명하는 글입니다.
- **글의 구조** 빈칸에 알맞은 말을 넣어 정보 무늬에 대해 정리하기

뜻	여러 가지 ❶( )을/를 확인할 수 있는 표식
모양	❷( ) 모양 안에 검은 선과 점이 있음.
사용 방법	스마트폰 응용 프로그램으로 정보 무늬를 찍음.

---

1 큐아르(QR)는 무슨 뜻입니까? ( )

① 빠른 응답
② 많은 정보
③ 짧은 거리
④ 쉬운 사용
⑤ 정확한 응답

중요 독해

2 이 글에서 설명하는 내용이 <u>아닌</u> 것은 무엇입니까?

( )

① 정보 무늬의 뜻
② 정보 무늬의 특징
③ 정보 무늬의 모양
④ 정보 무늬의 부족한 점
⑤ 정보 무늬의 사용 방법

서술형

3 글쓴이의 설명 가운데에서 내용이 정확한지 알아보고 싶은 것과 그 까닭을 쓰시오.

_____

_____

4 이 글과 같은 설명하는 글을 읽는 방법으로 알맞은 것을 모두 고르시오. ( )

① 대상에 대해 새롭게 안 것을 찾는다.
② 설명하려는 대상이 무엇인지 생각한다.
③ 대상에 대해 이미 알던 내용만 골라 읽는다.
④ 대상의 무엇을 자세히 설명하는지 생각한다.
⑤ 설명하는 대상이 잘 알려진 것인지 살펴본다.

미래 사회의 변화에 대처하는 자세

❶ 가까운 미래에는 제4차 산업 혁명이 일어나 많은 것이 달라진다고 합니다. 인공 지능이 발달하고 새로운 기술을 개발해서 지금까지 살던 모습과는 다를 것입니다.

그렇다면 미래 사회에 필요한 사람은 어떤 사람일까요?

중심 내용 | 미래 사회에 필요한 사람은 어떤 사람일까요?

❷ 첫째, 정해진 답을 찾기보다 새로운 방식으로 문제를 해결하는 사람입니다. 정해진 문제는 사람보다 인공 지능이 더 잘 해결할 수도 있습니다. 그러나 새로운 방식을 생각하는 것은 인공 지능보다 사람이 더 잘할 수 있습니다.

중심 내용 | 정해진 답을 찾기보다 새로운 방식으로 문제를 해결하는 사람입니다.

❸ 둘째, 새로운 변화에 ⑦대응하는 사람입니다. 미래 연구자들은 다가올 미래에는 여러 가지 사회·환경 문제처럼 예전에 없던 새로운 변화를 맞을 것이라고 합니다. 그러므로 미래 사회에서는 막힌 생각보다 변화에 부드럽게 대처하려는 생각을 해야 합니다.

중심 내용 | 새로운 변화에 대응하는 사람입니다.

❹ 셋째, 서로 돕고 존중하는 사람입니다. 인공 지능과 새로운 기술이 삶을 빠르게 바꿀 수 있습니다. 이럴 때 함께 마음을 모아 서로 돕고 존중해야 사회를 따뜻하게 만들 수 있습니다.

중심 내용 | 서로 돕고 존중하는 사람입니다.

❺ 앞으로 우리는 거대한 미래의 충격과 변화 앞에서도 흔들리지 않는 열정과 패기로 서로를 존중해야 합니다.

중심 내용 | 미래의 충격과 변화 앞에서도 흔들리지 않는 열정과 패기로 서로를 존중해야 합니다.

- **글의 종류** 주장하는 글
- **글의 특징** 미래 사회에 필요한 사람은 어떤 사람일지에 대한 글쓴이의 주장이 나타난 글입니다.
- **글의 구조** 빈칸에 알맞은 말을 넣어 주장과 근거 정리하기

주장	❶( ) 사회에 필요한 사람이 되자.
근거	미래 사회에 필요한 ❷( )이/가 갖추어야 할 것

혁명 이전의 관습이나 제도, 방식 따위를 단번에 깨뜨리고 질적으로 새로운 것을 급격하게 세우는 일.
패기 어떤 어려운 일이라도 해내려는 굳센 기상이나 정신.

5 글쓴이의 주장은 무엇인지 빈칸에 들어갈 알맞은 말을 쓰시오.

[ ]에 필요한 사람이 되자.

( )

6 이 글에서 말한 미래 사회에 필요한 사람을 모두 고르시오. ( )

① 서로 돕고 존중하는 사람
② 새로운 변화에 대응하는 사람
③ 혼자서 모든 문제를 해결하는 사람
④ 포기하지 않고 끝까지 답을 찾는 사람
⑤ 새로운 방식으로 문제를 해결하는 사람

어휘

7 ⑦의 뜻으로 알맞은 것의 기호를 쓰시오.

㉮ 받아야 할 것을 필요에 의하여 달라고 청하는.
㉯ 어떤 일이나 사태에 맞추어 태도나 행동을 취하는.

( )

8 유나가 이 글을 읽은 방법을 찾아 밑줄을 그으시오.

유나: 미래 사회는 지금 모습과는 다를 것이니까 지금과 다른 사람이 필요하다는 근거는 알맞아.

(1) 글쓴이의 주장을 파악한다.
(2) 주장을 뒷받침하는 알맞은 근거인지 생각한다.
(3) 자신의 생각과 비교해 비판하는 태도로 읽는다.

기본 · 필요한 글을 찾아 정리하기

아름다운 비색을 지닌 고려청자
류재만

❶ 고려청자는 청자의 빛깔, 독특한 장식 기법과 아름다운 형태로 유명하다. 고려청자를 만든 시기에는 중국과 우리나라에서만 질 높은 청자를 만들 수 있었다. 우리나라보다 중국이 먼저 청자를 만들고 세상에 알렸지만, 고려는 청자를 만드는 우수한 기술력과 아름다움을 인정받아 다른 나라 사람들에게 사랑을 받았다.

중심 내용 | 고려청자는 청자의 빛깔, 독특한 장식 기법과 아름다운 형태로 유명합니다.

❷ 고려청자는 무엇보다 아름다운 빛깔로 더욱 주목받았다. 청자의 빛깔은 맑고 은은한 푸른 녹색이다. 이는 유약 안에 아주 작은 기포가 많아 빛이 반사되면서 은은
<small>청자의 빛깔이 맑고 은은한 푸른 녹색인 까닭</small>
하고 투명하게 비쳐 보이기 때문이다. 청자의 색이 짙고 푸른색 윤이 나는 구슬인 비취옥과 색깔이 닮았기 때문에 '비색'이라 불렀는데, 중국 송나라의 태평 노인이 『수중금』이라는 책에서 고려청자의 빛깔을 비색이라 부르며 천하제일이라고 칭찬했다.

중심 내용 | 고려청자는 아름다운 빛깔로 더욱 주목받았습니다.

❸ 청자의 상감 기법은 어느 나라에서도 찾아볼 수 없는 우리 고유의 독창적인 도자기 장식 기법이다. 상감 기법은 그릇을 빚고 굳었을 때 그릇 바깥쪽에 조각칼로 무늬를 새긴 다음, 검은색이나 흰색의 흙을 메운 뒤 무늬가 드러나도록 바깥쪽을 매끄럽게 다듬는 기법이다. 이 기법은 금속 공예나 나전 칠기에 장식 기법으로 쓰고 있었지만, 고려 도공들이 도자기를 만들 때 장식에 처음으로 응용했다. 상감 기법으로 만든 고려청자는 구름과 학 무늬를 새긴 '청자 상감 운학문 매병'이 대표적이다.

중심 내용 | 청자의 상감 기법은 우리 고유의 독창적인 도자기 장식 기법입니다.

비색(翡 물총새 비, 色 빛 색) 밝고 은은한 푸른색에 가까운 빛깔. 고려청자의 신비로운 색깔을 말함.
독창적 다른 것을 모방함이 없이 새로운 것을 처음으로 만들어 내거나 생각해 내는. 또는 그런 것.
예 세종 대왕은 백성들을 위해 한글을 독창적으로 만들었습니다.

---

9 고려청자의 빛깔은 어떠합니까? (　　　)

① 지나치게 검다.
② 깨끗한 순백색이다.
③ 검은색을 띠면서 푸르다.
④ 맑고 은은한 푸른 녹색이다.
⑤ 다소 탁하고 흐릿하게 희다.

중요 독해

10 상감 기법으로 청자를 만드는 차례에 알맞게 기호를 쓰시오.

> ㉮ 그릇을 빚고 굳힌다.
> ㉯ 무늬에 검은색이나 흰색의 흙을 메운다.
> ㉰ 그릇 바깥쪽에 조각칼로 무늬를 새긴다.
> ㉱ 무늬가 드러나도록 바깥쪽을 매끄럽게 다듬는다.

(　　　) → (　　　) → (　　　) → (　　　)

서술형

11 고려청자의 색을 '비색'이라고 부르는 까닭을 쓰시오.

_____

_____

12 규빈이가 이 글을 어떤 방법으로 읽으면 좋을지 알맞은 것에 ○표 하시오.

규빈: 제목에 나온 비색은 어떤 색깔을 말하는 것일까? 이 글에는 사진도 같이 있구나. 발표할 만한 내용이 있을지 낱말들을 중심으로 찾아봐야지.

(1) 글을 처음부터 끝까지 자세하고 꼼꼼하게 읽는다.
(　　　)

(2) 글 전체를 다 읽지 않고 중요한 낱말을 읽으면서 필요한 내용이 있는지 찾는다.
(　　　)

아름다운 비색을 지닌 고려청자

❹ 이러한 청자의 형태는 기존의 단순한 그릇 모양의 형태에서 여러 형태의 청자로 발전했다. 그 당시 고려인들은 대접과 접시, 잔, 항아리, 병, 찻잔, 상자 따위를 비롯해 심지어 베개와 기와까지도 청자로 만들었다. 특히 죽순, 표주박, 복숭아, 원앙, 사자, 용, 거북과 같이 여러 동식물의 모양을 본떠 만든 향로, 주전자, 꽃병, 연적 따위가 오늘날까지 내려오고 있다. 이처럼 그릇의 실용성을 넘어 예술적 아름다움을 지닌 청자는 고려인의 생활 속에서 널리 쓰였다

중심 내용 | 청자의 형태는 기존의 단순한 그릇 모양의 형태에서 여러 형태의 청자로 발전했습니다.

❺ 고려청자는 맑고 은은한 비색으로 유려한 곡선을 강조하며 상감 기법으로 회화적인 아름다운 무늬를 표현한 것이 특색이다. 우리는 이러한 고려청자로 고려인들의 독창성과 뛰어난 기술력을 엿볼 수 있다. 이는 중국의 청자를 받아들이면서 그저 모방에 그치는 것이 아니라, 아름다운 비색과 독특한 상감 기법으로 발전했다는 점이다. 따라서 고려청자는 여러 가지 모양과 형태의 아

름다움을 일궈 낸 고려인들의 노력과 열정을 그대로 담고 있다.

중심 내용 | 고려청자는 고려인들의 노력과 열정을 그대로 담고 있습니다.

- **글의 종류** 설명하는 글
- **글의 특징** 고려청자의 특징을 자세히 설명하는 글입니다.
- **글의 구조** 빈칸에 알맞은 말을 넣어 고려청자에 대해 정리하기

빛깔	맑고 은은한 푸른 녹색, 비취옥 색을 닮아 '❶( )'(이)라고 함.
상감 기법	그릇 바깥쪽에 조각칼로 ❷( )을/를 새긴 다음, 검은색이나 흰색의 흙을 매운 뒤 무늬가 드러나도록 바깥쪽을 매끄럽게 다듬는 기법
우수성	유려한 곡선, 아름다운 무늬, 고려인들의 ❸( )와/과 뛰어난 기술력
사용	대접, 접시, 잔, 항아리, 병, 찻잔, 상자, 베개, 기와 따위

실용성 실제적인 쓸모가 있는 성질이나 특성.
유려한 글이나 말, 곡선 따위가 거침없이 미끄럽고 아름다운.

서술형

13 글 ❺에서 알 수 있는 고려청자의 특색은 무엇인지 쓰시오.

_____

_____

14 우리가 고려청자를 통해 알 수 있는 점을 두 가지 고르시오. ( )

① 고려인들의 식성
② 고려인들의 독창성
③ 고려인들의 경제력
④ 고려인들의 기술력
⑤ 고려인과 현대인의 공통점

어휘

15 다음 뜻에 알맞은 낱말을 글에서 찾아 쓰시오.

실제적인 쓸모가 있는 성질이나 특성.

( )

16 다음 친구가 이 글을 읽을 방법으로 알맞지 않은 것에 ×표 하시오.

외국에서 온 친구는 고려청자를 잘 모를 거야. 고려청자를 자세히 알려 주고 싶어. 고려청자의 뛰어난 점이 무엇인지 자세히 살펴보고 내가 아는 내용과 비교해 읽어 봐야지.

(1) 필요한 내용을 찾으며 꼼꼼히 읽는다. ( )

(2) 중요한 내용에 밑줄을 그으며 읽는다. ( )

(3) 관심 있는 내용이 있는지 찾으며 훑어 읽는다.

( )

9
단원

[1~2] 다음 글을 읽고, 물음에 답하시오.

가 정보 무늬는 여러 가지 정보를 확인할 수 있는 표식이다. 정보 무늬를 쓰기 전에는 막대 표시를 주로 썼다. 막대 표시는 숫자 20개를 저장할 수 있는 무늬로서 물건을 살 때 쉽게 계산할 수 있다. 그러나 정보 무늬는 숫자 7089개, 한글 1700자 정도를 저장할 수 있다. 또 정보 무늬는 일부를 지워도 사용할 수 있다. 정보 무늬의 세 귀퉁이에 위치를 지정하는 문양이 있기 때문이다. 이 문양이 있어 정보 무늬를 어느 각도에서 찍어도 내용을 확인할 수 있다.

나 정보 무늬는 여러 분야에서 활용한다. 백화점이나 할인점에서는 정보 무늬로 할인 정보를 제공한다. 신문 광고에 있는 정보 무늬를 찍으면 3차원으로 움직이는 광고가 나오기도 하고, 책에 있는 정보 무늬를 찍으면 등장인물이 튀어나와 책의 정보와 줄거리를 알려주기도 한다. 박물관이나 미술관에서는 자료나 작품을 더 알아볼 수 있도록 정보 무늬에 설명을 담아 제공하기도 한다.

1 이 글에서 알 수 있는 정보 무늬에 대한 설명으로 알맞지 <u>않은</u> 것은 무엇입니까? (　　　)

① 여러 분야에서 활용된다.
② 숫자 20개만 저장할 수 있다.
③ 스마트폰으로 사용할 수 있다.
④ 일부를 지워도 사용할 수 있다.
⑤ 여러 가지 정보를 확인할 수 있는 표식이다.

2 다음 친구가 이 글을 읽은 방법으로 알맞은 것을 찾아 기호를 쓰시오.

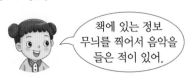
책에 있는 정보 무늬를 찍어서 음악을 들은 적이 있어.

㉮ 대상에 대해 새롭게 안 것을 찾는다.
㉯ 대상을 보고 이미 아는 것을 떠올린다.
㉰ 대상의 무엇을 자세히 설명하는지 생각한다.

（　　　　　　　　）

[3~5] 다음 글을 읽고, 물음에 답하시오.

　가까운 미래에는 제4차 산업 혁명이 일어나 많은 것이 달라진다고 합니다. 인공 지능이 발달하고 새로운 기술을 개발해서 지금까지 살던 모습과는 다를 것입니다.

　그렇다면 미래 사회에 필요한 사람은 어떤 사람일까요?

　첫째, 정해진 답을 찾기보다 새로운 방식으로 문제를 해결하는 사람입니다. 정해진 문제는 사람보다 인공 지능이 더 잘 해결할 수도 있습니다. 그러나 새로운 방식을 생각하는 것은 인공 지능보다 사람이 더 잘할 수 있습니다.

　둘째, 새로운 변화에 대응하는 사람입니다. 미래 연구자들은 다가올 미래에는 여러 가지 사회 · 환경 문제처럼 예전에 없던 새로운 변화를 맞을 것이라고 합니다. 그러므로 미래 사회에서는 막힌 생각보다 변화에 부드럽게 대처하려는 생각을 해야 합니다.

3 이 글의 종류는 무엇입니까? (　　　)

① 일기
② 신문 기사
③ 독서 감상문
④ 설명하는 글
⑤ 주장하는 글

4 글쓴이가 인공 지능보다 사람이 더 잘할 수 있다고 한 것은 무엇입니까? (　　　)

① 환경을 보호하는 것
② 문제를 만들어 내는 것
③ 함께 마음을 모으는 것
④ 정해진 문제를 해결하는 것
⑤ 새로운 방식을 생각하는 것

5 이 글을 읽는 방법은 무엇인지 빈칸에 알맞은 말에 ○표 하시오.

자신의 생각과 비교해 [　　　] 태도로 읽는다.

| 찬성하는 | 비판하는 | 이해하는 |

[6~8] 다음 글을 읽고, 물음에 답하시오.

가 제목에 나온 비색은 어떤 색깔을 말하는 것일까? 이 글에는 사진도 같이 있구나. 발표할 만한 내용이 있을지 낱말들을 중심으로 찾아봐야지.

규빈

나 청자의 형태는 기존의 단순한 그릇 모양의 형태에서 여러 형태의 청자로 발전했다. 그 당시 고려인들은 대접과 접시, 잔, 항아리, 병, 찻잔, 상자 따위를 비롯해 심지어 베개와 기와까지도 청자로 만들었다. 특히 죽순, 표주박, 복숭아, 원앙, 사자, 용, 거북과 같이 여러 동식물의 모양을 본떠 만든 향로, 주전자, 꽃병, 연적 따위가 오늘날까지 내려오고 있다. 이처럼 그릇의 실용성을 넘어 예술적 아름다움을 지닌 청자는 고려인의 생활 속에서 널리 쓰였다.

다 고려청자는 맑고 은은한 비색으로 유려한 곡선을 강조하며 상감 기법으로 회화적인 아름다운 무늬를 표현한 것이 특색이다. 우리는 이러한 고려청자로 고려인들의 독창성과 뛰어난 기술력을 엿볼 수 있다. 이는 중국의 청자를 받아들이면서 그저 모방에 그치는 것이 아니라, 아름다운 비색과 독특한 상감 기법으로 발전했다는 점이다. 따라서 고려청자는 여러 가지 모양과 형태의 아름다움을 일궈 낸 고려인들의 노력과 열정을 그대로 담고 있다.

6 가의 규빈이가 글을 읽으려는 까닭은 무엇입니까?
( )

① 독서 감상문을 쓰기 위해서
② 고려청자를 조사해 발표하기 위해서
③ 고려청자에 대해 꼼꼼하게 알아보려고
④ 고려청자의 특징에 대해 상상해 보려고
⑤ 외국인 친구에게 고려청자를 자세히 알려 주려고

7 글 나와 다를 통해 알 수 있는 고려청자에 대한 설명으로 알맞은 것에 ○표 하시오.

(1) 고려인들의 독창성과 기술력을 엿볼 수 있다.
( )

(2) 예술적 아름다움만 갖춰 생활 속에서 실용적으로 쓸 수 없었다. ( )

8 가의 규빈이가 글 나와 다를 읽는 방법으로 알맞은 것의 기호를 쓰시오.

㉮ 중요한 내용이나 그것을 뒷받침하는 내용에 밑줄을 그으면서 꼼꼼히 읽는다.
㉯ 자신에게 필요한 내용인지 알기 위해 관심 있는 내용이 있는지 훑어 읽는다.
㉰ 글의 내용을 자세히 살펴보며 설명하는 내용에서 틀린 부분은 없는지 생각하며 읽는다.

( )

문법
9 다음 중 사잇소리 현상이 일어난 낱말을 모두 고르시오. ( )

① 새우젓
② 나룻배
③ 옷차림
④ 윗잇몸
⑤ 고깃배

문법
10 다음 사잇소리 현상이 일어난 낱말 중 표기와 발음이 모두 알맞은 것을 찾아 ○표 하시오.

(1) 코+등 → 콧등[콘뚱]
( )

(2) 바다+가 → 바닷가[바닫까]
( )

(3) 뒤+이야기 → 뒷이야기[뒤이야기]
( )

1 다음 친구가 필요한 글을 찾는 방법으로 알맞은 것을 모두 고르시오. (   )

미술 시간에 교통질서 지키기 광고를 그리기로 했어.

① 교통질서를 잘 지킨 친구를 칭찬한다.
② 책에서 교통안전을 다룬 내용을 찾아본다.
③ 신문에서 교통사고를 다룬 기사를 찾아본다.
④ 인터넷에서 교통질서 지키기 광고지를 검색해 본다.
⑤ 미술 시간과 교통질서 지키기의 관계를 생각해 본다.

[2~5] 다음 글을 읽고, 물음에 답하시오.

가 최근 출판하는 책이나 광고, 알림판 따위에서 네모 모양의 표식을 자주 볼 수 있다. 네모 모양 안에 검은 선과 점을 배열했는데, 이것을 정보 무늬[QR 코드]라고 한다. 큐아르(QR)는 '빠른 응답'이라는 영어의 줄임말이다.

정보 무늬는 여러 가지 정보를 확인할 수 있는 표식이다. 정보 무늬를 쓰기 전에는 막대 표시를 주로 썼다.

나 정보 무늬는 스마트폰으로 사용할 수 있다. 스마트폰 응용 프로그램으로 정보 무늬를 찍으면 관련 내용이 있는 누리집으로 이동하거나, 관련 사진이나 동영상을 볼 수 있다. 또 정보 무늬에 색깔이나 신기한 그림을 넣어 만들기도 한다.

정보 무늬는 여러 분야에서 활용한다. 백화점이나 할인점에서는 정보 무늬로 할인 정보를 제공한다. 신문 광고에 있는 정보 무늬를 찍으면 3차원으로 움직이는 광고가 나오기도 하고, 책에 있는 정보 무늬를 찍으면 등장인물이 튀어나와 책의 정보와 줄거리를 알려 주기도 한다.

다 정보 무늬는 누구나 만들 수 있다. 예를 들어 개인 정보를 담은 명함을 만들 수도 있다. 명함에 있는 정보 무늬로 자신의 사진이나 동영상을 보여 주거나 이름이나 연락처를 자동으로 저장할 수 있다.

2 이 글의 종류는 무엇입니까? (   )

① 신문 기사
② 독서 감상문
③ 제안하는 글
④ 주장하는 글
⑤ 설명하는 글

3 정보 무늬의 모양으로 알맞은 것에 ○표 하시오.

(1)

(   )

(2)

(   )

서술형

4 이 글에서 정보 무늬에 대해 설명한 내용을 항목별로 나누어 쓰시오.

뜻	(1)
사용 방법	(2)
특징	(3)

5 다음과 같은 방법으로 이 글을 읽은 친구를 찾아 ○표 하시오.

> 대상을 보고 이미 아는 것을 떠올린다.

(1) 창민: 나도 박물관 안내 책자에서 정보 무늬를 본 적이 있어.   (   )

(2) 정아: 이 글은 정보 무늬의 뜻, 모양, 사용 방법, 특징 따위를 설명하고 있어.   (   )

(3) 민호: 정보 무늬는 누구나 만들 수 있다는데 그 내용이 정확한지 알아보고 싶어.   (   )

[6~10] 다음 글을 읽고, 물음에 답하시오.

❶ 가까운 미래에는 제4차 산업 혁명이 일어나 많은 것이 달라진다고 합니다. 인공 지능이 발달하고 새로운 기술을 개발해서 지금까지 살던 모습과는 다를 것입니다.

　그렇다면 미래 사회에 필요한 사람은 어떤 사람일까요?

❷ 첫째, 정해진 답을 찾기보다 새로운 방식으로 문제를 해결하는 사람입니다. 정해진 문제는 사람보다 인공 지능이 더 잘 해결할 수도 있습니다. 그러나 새로운 방식을 생각하는 것은 인공 지능보다 사람이 더 잘할 수 있습니다.

❸ 둘째, 새로운 변화에 대응하는 사람입니다. 미래 연구자들은 다가올 미래에는 여러 가지 사회·환경 문제처럼 예전에 없던 새로운 변화를 맞을 것이라고 합니다. 그러므로 미래 사회에서는 막힌 생각보다 변화에 부드럽게 대처하려는 생각을 해야 합니다.

❹ 셋째, ⟨　⟩ 사람입니다. 인공 지능과 새로운 기술이 삶을 빠르게 바꿀 수 있습니다. 이럴 때 함께 마음을 모아 서로 돕고 존중해야 사회를 따뜻하게 만들 수 있습니다.

❺ 앞으로 우리는 거대한 미래의 충격과 변화 앞에서도 흔들리지 않는 열정과 패기로 서로를 존중해야 합니다.

6 글 ❶~❺를 다음과 같은 짜임에 맞게 나누어 번호를 쓰시오.

처음	가운데	끝
(1)	(2)	(3)

7 글쓴이의 주장은 무엇입니까? (　　)

① 인공 지능을 더 발달시키자.
② 미래 사회의 변화를 즐기자.
③ 과거를 잊지 않는 사람이 되자.
④ 미래 사회에 필요한 사람이 되자.
⑤ 전통문화를 미래 사회에 맞게 변화시키자.

8 ⟨⟩에 들어갈 말로 알맞은 것은 무엇입니까?
(　　)

① 서로 돕고 존중하는
② 인공 지능보다 뛰어난
③ 다른 사람보다 훌륭한
④ 스스로 문제를 해결하는
⑤ 새로운 기술을 잘 활용하는

서술형
9 미래 사회에 필요한 사람은 어떤 사람인지에 대한 자신의 생각을 그 까닭과 함께 쓰시오.

_____

_____

_____

10 이와 같은 주장하는 글을 알맞은 방법으로 읽은 친구의 이름을 모두 찾아 쓰시오.

동연: 내 생각과 비교해 비판하는 태도로 읽었어.
지홍: 글쓴이가 내세운 주장이 모두 몇 개인지 세어 보았어.
혜정: 글쓴이와 같은 주장을 제시한 사람은 누구인지 찾아보았어.
은영: 글쓴이가 내세운 근거가 주장을 뒷받침하는 알맞은 근거인지 생각해 보았어.

(　　　　　)

9 단원

[11~14] 다음 글을 읽고, 물음에 답하시오.

가 외국에서 온 친구는 고려청자를 잘 모를 거야. 고려청자를 자세히 알려 주고 싶어. 고려청자의 뛰어난 점이 무엇인지 자세히 살펴보고 내가 아는 내용과 비교해 읽어 봐야지.

나 고려청자는 청자의 빛깔, 독특한 장식 기법과 아름다운 형태로 유명하다. 고려청자를 만든 시기에는 중국과 우리나라에서만 질 높은 청자를 만들 수 있었다. 우리나라보다 중국이 먼저 청자를 만들고 세상에 알렸지만, 고려는 청자를 만드는 우수한 기술력과 아름다움을 인정받아 다른 나라 사람들에게 사랑을 받았다.

고려청자는 무엇보다 아름다운 빛깔로 더욱 주목받았다. 청자의 빛깔은 맑고 은은한 푸른 녹색이다. 이는 유약 안에 아주 작은 기포가 많아 빛이 반사되면서 은은하고 투명하게 비쳐 보이기 때문이다. 청자의 색이 짙고 푸른색 윤이 나는 구슬인 비취옥과 색깔이 닮았기 때문에 '비색'이라 불렸는데, 중국 송나라의 태평 노인이 『수중금』이라는 책에서 고려청자의 빛깔을 비색이라 부르며 천하제일이라고 칭찬했다.

11 지완이가 글 나를 읽으려는 까닭은 무엇입니까?

(   )

① 고려청자를 사기 위해서
② 외국에서 온 친구와 친해지기 위해서
③ 고려청자를 자세히 알려 주기 위해서
④ 고려청자를 보존하자고 주장하기 위해서
⑤ 고려청자를 보았던 경험을 오래 기억하기 위해서

12 글 나에서 설명하는 대상의 모습으로 알맞은 것에 ○표 하시오.

(1)

(   )

(2)

(   )

(3)

(   )

13 다음은 지완이가 글 나를 읽은 방법입니다. 빈칸에 들어갈 말을 보기 에서 찾아 각각 쓰시오.

보기
삭제,   밑줄,   비교,   내용

(1) 필요한 (   )을/를 찾으며 자세히 읽는다.

(2) 자신이 아는 내용과 새롭게 안 내용을 (   ) 하며 자세히 읽는다.

(3) 중요한 내용이나 그것을 뒷받침하는 내용에 (   )을/를 그으며 읽는다.

서술형
14 자신이 지완이라면 외국에서 온 친구에게 고려청자의 어떤 점을 알려 주고 싶은지 쓰시오.

_____

_____

15 다음은 어떤 읽기 방법의 좋은 점을 말한 것입니까?

(   )

읽어야 하는 글이 많을 때 필요한 부분만 빠르게 읽을 수 있다.

① 훑어 읽기
② 자세히 읽기
③ 메모하며 읽기
④ 상상하며 읽기
⑤ 한 문장을 두 번씩 읽기

9. 여러 가지 방법으로 읽어요

● 정답 및 풀이 26쪽

평가 주제	자신만의 읽기 방법 소개하기
평가 목표	자신만의 읽기 방법의 좋은 점을 찾아 정리할 수 있다.

독서가들의 읽기 방법

가 세종 대왕은 같은 책을 백 번 읽고 백 번 쓰면 책 내용을 잊지 않는다고 했다.

나 헬렌 켈러는 듣지도, 보지도, 말하지도 못해 책을 읽는 데 어려움이 있었다. 하지만 헬렌 켈러는 손끝으로 책을 읽을 수 있게 되었다. 헬렌 켈러는 평소 느끼지 못했던 대상과 감정을 상상하며 책을 읽었다.

다 어린이날을 만든 아동 문학가 방정환은 어린이가 글을 읽은 다음에는 반드시 관련한 곳에 직접 가 봐야 한다고 했다. 글 내용을 오랫동안 기억하려면 직접 겪어 보라고 했다.

---

1 헬렌 켈러는 어떤 방법으로 책을 읽었는지 정리하여 쓰시오.

---

2 세종 대왕과 방정환의 읽기 방법과 그 읽기 방법의 좋은 점을 생각하여 각각 쓰시오.

세종 대왕	읽기 방법	(1)
	좋은 점	(2)
방정환	읽기 방법	(3)
	좋은 점	(4)

3 자신만의 읽기 방법을 소개하는 글을 조건 에 맞게 쓰시오.

> **조건**
> 1. 어떻게 읽는 것인지, 그렇게 읽으면 좋은 점은 무엇인지 포함하여 쓸 것
> 2. 어떤 글에 적용할 수 있는지 쓸 것

다른 그림을 찾아보세요.

● 정답 및 풀이 26쪽

다른 곳이 15군데 있어요.

10 주인공이 되어

▶ 학습을 완료하면 V표를 하면서 학습 진도를 체크해요.

10 주인공이 되어

● 정답 및 풀이 27쪽

1 일상생활의 경험이 잘 드러난 글 읽기

- 일기와는 다르게 읽는 사람을 생각하면서 쓴 부분을 찾아봅니다.
- 억지로 꾸며 쓰지 않고 겪은 일을 그대로 풀어서 자신의 생각과 함께 솔직하게 쓴 부분을 찾아봅니다.
- 일기나 생활문에 비해 긴 기간에 걸친 사건을 어떻게 해결했는지 잘 나타낸 부분을 찾아봅니다.

> ⓐ 「잘못 뽑은 반장」에서 주인공의 경험을 어떻게 나타냈는지 살펴보기
>
> | 읽는 사람을 생각하면서 쓴 부분 | 명찬이 반장을 설명해 주는 부분 |
> |---|---|
> | 억지로 꾸며 쓰지 않고 겪은 일을 그대로 풀어서 쓴 부분 | 제하가 학교에 오기를 기다리는 마음을 나타낸 부분 |
> | 긴 기간에 걸친 사건을 어떻게 해결했는지 쓴 부분 | 방학을 앞두고 한 해 동안 로운이와 친구들이 변화한 모습을 나타낸 부분 |

2 경험을 이야기로 표현하는 방법

겪을 일을 이야기로 만들 때 생각할 점	• 읽는 사람이 관심을 보일 수 있는 경험을 써야 합니다. • 글을 읽는 사람이 이해할 수 있게 써야 합니다. • 자신이 말하고자 하는 주제가 잘 드러나도록 이야기 흐름에 맞게 써야 합니다. • 사건을 어떻게 전개하고 어떻게 해결했는지가 나타나야 합니다. • 사람들이 흥미를 보이며 읽을 수 있어야 합니다.

> ⓐ 「대화가 필요해」를 읽고 진주가 실제로 겪은 일과 꾸며 쓴 이야기 비교하기
>
> | 실제로 겪은 일 | 이야기에 나오는 일 |
> |---|---|
> | 체육 시간에 대해 설명함. → 진주와 성훈이가 다툼. → 진주와 성훈이가 선생님과 함께 이야기함. | 인국이와 비에 대해 이야기 나눔. → 체육 시간에 대해 알려 줌. → 상은이와 인국이가 다툼. → 상은이와 인국이가 선생님과 함께 이야기함. |

3 겪은 일을 이야기로 만들기

- 이야기로 쓰고 싶은 경험을 떠올려 주제와 제목을 정합니다.
- 등장인물을 떠올려 그 인물의 특징을 생각합니다.
- 이야기의 흐름에 따라 사건과 배경을 정리합니다.
- 정리한 내용을 바탕으로 이야기를 쓰고 친구들과 함께 읽으며 고쳐 봅니다.

> ⓐ 이야기를 잘 썼는지 확인할 때 생각할 점
> – 자신의 경험을 주제가 잘 드러나게 썼나요?
> – 글에 어울리는 제목을 붙였나요?
> – 읽는 사람이 이해할 수 있게 때와 장소의 변화를 잘 나타냈나요?
> – 답하고자 하는 생각과 경험을 글에 잘 나타냈나요?

개념 확인 문제

1 일상생활의 경험이 잘 드러난 글 읽기

일상생활의 경험이 잘 드러난 글을 읽을 때에 찾아보아야 할 부분이 아닌 것의 기호를 쓰시오.

> ㉠ 읽는 사람을 생각하면서 쓴 부분
> ㉡ 겪은 일을 읽는 이가 알지 못하게 감추어서 쓴 부분
> ㉢ 긴 기간에 걸친 사건을 어떻게 해결했는지 잘 나타낸 부분

( )

2 경험을 이야기로 표현하는 방법

경험을 이야기로 표현하는 방법에 맞게 ( ) 안의 알맞은 말에 ○표 하시오.

⑴ 읽는 사람이 (관심, 주장)을 보일 수 있는 경험을 써야 한다.

⑵ 사건을 어떻게 전개하고 어떻게 (해결, 생략)했는지가 나타나야 한다.

⑶ 자신이 말하고자 하는 주제가 잘 드러나도록 이야기 (길이, 흐름)에 맞게 쓴다.

3 겪은 일을 이야기로 만들기

겪은 일을 이야기로 만들 때 가장 먼저 해야 할 일에 ○표 하시오.

⑴ 이야기의 흐름에 따라 사건과 배경 정리하기 ( )

⑵ 등장인물을 떠올려 그 인물의 특징 생각하기 ( )

⑶ 이야기로 쓰고 싶은 경험을 떠올려 주제와 제목 정하기 ( )

10 주인공이 되어

어휘

1. 핵심 개념 어휘: 기억, 경험

記 기록할 기
憶 생각할 억
뜻 이전의 인상이나 경험을 의식 속에 간직하거나 도로 생각해 냄.

經 지날 경
驗 시험 험
뜻 자신이 실제로 해 보거나 겪어 봄. 또는 거기서 얻은 지식이나 기능.

➡ 기억에 남는 경험을 떠올려 이야기로 쓸 수 있습니다.

2. 작품 속 어휘

낱말	뜻	예시
설치다	필요한 정도에 미치지 못한 채로 그만두다.	모기 때문에 밤잠을 설쳤습니다.
자존심(自尊心) 自 스스로 자 尊 높을 존 心 마음 심	남에게 굽히지 아니하고 자신의 품위를 스스로 지키는 마음	은수는 자존심이 세서 친구에게 먼저 사과하는 일이 없습니다.
느물느물	행동이나 말을 자꾸 능글맞게 하는 모양.	동생은 느물느물 웃으며 나에게 다가왔습니다.
화음(和音) 和 화목할 화 音 소리 음	높이가 다른 둘 이상의 음이 함께 울릴 때 어울리는 소리.	언니는 피아노로 멋진 화음을 들려주었습니다.
도맡다	혼자서 책임을 지고 몰아서 모든 것을 돌보거나 해내다.	내가 화분에 물주는 일을 도맡게 되었습니다.

문법 알맞은 시간 표현

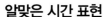

성환아, 너 내일 뭐 하니?

나는 내일 친구들과 축구를 했어.

축구를 했다고? 나는 내일 뭐 할지를 물어본 건데……

◆ 시간 표현은 어떤 사건이나 사실이 일어난 때를 나타내는 표현입니다. 따라서 성환이는 '나는 내일 축구를 할 거야.'와 같이 말해야 합니다. 과거를 나타내려면 낱말에 '-았-/-었-', '-더-' 따위를 붙이고, '어제', '옛날' 같은 말을 함께 사용하기도 합니다. 현재를 나타내기 위해서는 낱말에 '-(으)ㄴ-/-는-' 따위를 붙이거나 낱말의 기본형을 그대로 사용합니다. 미래를 나타낼 때에는 낱말에 '-겠-', '-(으)리-', '-(으)ㄹ 것' 따위를 붙이고, '내일', '모레' 같은 말을 함께 사용합니다.

---

1 핵심 개념 어휘

다음 뜻에 알맞은 낱말을 쓰시오.

> 자신이 실제로 해 보거나 겪어 봄. 또는 거기서 얻은 지식이나 기능.

(   )

2 작품 속 어휘

다음 중 '도맡다'의 뜻으로 알맞은 것에 ◯표 하시오.

⑴ 경험이나 생활 따위를 얼마 동안 더불어 하다. (   )

⑵ 남이 하는 일이 잘되도록 거들거나 힘을 보태다. (   )

⑶ 혼자서 책임을 지고 몰아서 모든 것을 돌보거나 해내다. (   )

3 작품 속 어휘

다음 보기 에서 빈칸에 들어갈 알맞은 낱말을 찾아 쓰시오.

> 보기
> 자존심, 느물느물, 화음

⑴ 나는 수학 시험 점수가 낮아서 (   )이/가 상했다.

⑵ 합창부는 목소리만으로 아름다운 (   )을/를 이루었다.

⑶ 지원이는 자꾸 거짓말을 하며 (   ) 넘어가려고 했다.

4 문법

다음 문장에 나타난 시간 표현에 알맞은 말을 ( ) 안에서 찾아 ◯표 하시오.

⑴ 우리는 지금 집에 (갔다, 간다, 가겠다).

⑵ 나는 내일 글을 (썼다, 쓴다, 쓸 것이다)

10단원

잘못 뽑은 반장

이은재

1 다음 날 아침, 나는 일찌감치 학교로 갔다. 밤새 잠을 설쳐서 그런지 눈두덩이 뻐근했다. 나는 자리에 앉아서 출입문 쪽만 뚫어져라 살폈다. 복도에서 발소리가 날 때마다 가슴을 졸이며 기다렸지만 제하는 나타나지 않았다. 가슴이 바짝바짝 마르는 것 같았다.

주인공(이로운)

'이 자식이 정말 전학 갈 생각인가!'

나는 불안한 마음으로 뻑뻑한 눈을 비비며 기다렸다. 어느새 수업 시작 시간이 다 되어 갔다. 시간이 갈수록 짜증이 밀려왔다.

'치사한 놈, 내가 자존심 다 접고 먼저 사과했는데……. 만나기만 해 봐라!'

중심 내용 | '나'(로운)는 일찌감치 학교에 가서 제하가 오기를 기다렸습니다.

2 나는 주먹을 꽉 움켜쥐고 부르르 떨었다. 바로 그때 교실 뒷문으로 익숙한 얼굴 하나가 불쑥 나타났다. 제하였다. 눈을 비비고 봐도 틀림없이 황제하였다. 야호! 나는 조금 전까지 주먹을 떨면서 벼르던 것도 잊고, 하마터면 함성을 지를 뻔했다. 제하를 발견한 정규가 달려가서 반갑게 인사를 건넸다.

"제하야, 아픈 데는 괜찮아진 거야?"

"응, 다 나았어."

제하는 아무렇지 않게 대답했다. 싱글싱글 웃는 걸 보니 정말 괜찮은 것 같았다. 전학 가는 건 포기한 걸까! 궁금해서 죽을 지경이었지만 먼저 다가가서 물어볼 용기가 나지 않았다. 그런데 제하가 나를 보고 복도로 나오라는 눈짓을 보냈다. 나는 기다렸다는 듯이 튕겨 나갔다. 제하는 앞장서서 가더니 화장실 옆 계단 구석에서 멈췄다.

'내'가 제하에게 궁금한 점

"너, 전학 안 가기로 한 거냐?"

내 말에 녀석은 잠깐 ㉠뜸을 들이다가 천천히 고개를 끄덕였다. / 오, 신이시여! 황제하가 이렇게 멋져 보이는 순간이 다 있다니!

"잘 생각했다. 당연히 그래야지. 반장 도우미가 반장 허락도 없이 전학 간다는 게 말이 되냐?"

나는 농담처럼 말하면서 느물느물 웃었다.

중심 내용 | 학교에 나온 제하는 '나'를 불러 전학을 안 가기로 했다고 하였습니다.

설쳐서 필요한 정도에 미치지 못한 채로 그만두어서.
자존심 남에게 굽히지 아니하고 자신의 품위를 스스로 지키는 마음.
느물느물 행동이나 말을 자꾸 능글맞게 하는 모양.

---

1 이 글에서 사건이 일어난 때는 언제입니까?
(   )

① 아침   ② 점심   ③ 저녁
④ 이른 새벽   ⑤ 해 질 무렵

2 글 **1**에서는 주인공인 '나'의 경험을 어떻게 나타냈습니까? (   )

① 일어나지 않은 일을 억지로 꾸며 썼다.
② 경험에 대한 다른 사람의 생각만 썼다.
③ 일어난 일만 쓰고 자신의 생각은 쓰지 않았다.
④ 긴 시간에 걸친 사건을 어떻게 해결했는지 썼다.
⑤ 겪은 일을 그대로 풀어서 자신의 생각과 함께 솔직하게 썼다.

어휘

3 다음은 ㉠의 뜻입니다. 괄호 안에 들어갈 알맞은 말을 찾아 ○표 하시오.

> 일이나 말을 할 때에, 쉬거나 여유를 갖기 위해 서둘지 않고 한동안 (분주히, 가만히, 다급히) 있는 경우를 비유적으로 이르는 말.

서술형

4 글 **1**과 **2**에서 '나'의 마음은 어떻게 바뀌었는지 쓰시오.

_____

_____

잘못 뽑은 반장

❸ "생각해 봤는데, 네 말이 맞는 것 같아. 나도 비겁한 놈은 되기 싫거든. 사실은 네 덕분에 내가 잘못 생각한 게 많다는 걸 알았어. 전에는 뭐든지 무조건 잘하기만 하면 다들 나를 깔보지 못할 거라고 생각했거든. 아빠가 없어도……."

아빠가 없다는 말에 나는 깜짝 놀랐다.

"우리 아빠와 엄마, 오래전에 이혼했어. 난 엄마랑 외할머니랑 같이 살아."

내 마음을 읽었는지 제하가 묻지도 않은 말을 했다. 나는 아무 대꾸도 하지 못하고 우두커니 서 있었다. 녀석이 그런 말까지 하리라고는 짐작도 하지 못했다. 완벽하게만 보이던 녀석에게 그런 아픔이 있었다니 뜻밖이었다.

부모님이 이혼하시고 엄마, 외할머니와 사는 것

"힘들겠구나. 난 아빠랑 잠깐 떨어져 있는 것도 싫어서 투덜거리는데."

나도 모르게 목소리가 기어들어 갔다. 제하가 나지막이 웃었다.

"그래도 넌 나처럼 잘 못하는 걸 잘하는 척하지는 않잖아. 난 항상 내 생각만 했어. 그런데 네가 그게 부

끄러운 일이라는 걸 알려 줬어. 이제 나도 너처럼 못하는 건 못한다고 솔직하게 말할 거야. 그게 진짜 당당해지는 방법이라는 걸 알았어."

"난 진짜 잘하는 게 하나도 없고, 못하니까 못한다고 한 건데……."

나는 또다시 뒷머리를 긁적였다.

"우리 이제부터 한번 잘 지내 보자."

제하가 내 어깨를 툭 치더니 한쪽 손을 쑥 내밀었다. 제하의 말투가 너무 다정해서 귀가 간질거렸다. 나는 망설이지 않고 녀석의 손을 덥석 잡았다. 제하의 손은 따뜻하고 보드라웠다.

우리가 다정하게 교실로 들어오는 걸 보고 대광이가 고개를 갸우뚱했다. 등을 꼿꼿이 펴고 자리로 걸어가는 제하는 황제처럼 당당해 보였다. 가만 보니 꽤 괜찮은 녀석 같다. 아무리 생각해도 제하네 집에 찾아간 건 잘한 일이다. 사람은 가끔 용기를 낼 필요가 있다. 그럼 나처럼 생각지도 못한 수확을 거둘 수 있으니까. 이제 합창 연습도 문제가 없다고 생각하니 가만히 있어도 벙긋벙긋 웃음이 나왔다.

중심 내용 | 제하는 '나'에게 자신의 마음을 솔직하게 말해 주었고, '나'와 제하는 화해했습니다.

---

5 제하가 뭐든지 잘하려고 노력했던 까닭으로 알맞은 것에 ○표 하시오.

(1) 선생님께 칭찬을 받기 위해서 ( )

(2) 다른 친구들을 무시하기 위해서 ( )

(3) 다들 자신을 깔보지 못할 것 같아서 ( )

6 이 글의 제하에 대한 설명으로 알맞은 것을 찾아 기호를 쓰시오.

> ㉮ 엄마, 외할머니와 같이 산다.
> ㉯ 잘하는 걸 못하는 척하기도 했다.

( )

7 이 글에서 주인공인 '나'와 함께 이야기의 흐름에서 꼭 있어야 할 등장인물은 누구입니까? ( )

① 대광 ② 제하
③ 선생님 ④ '나'의 아빠
⑤ 다른 반 반장

중요 독해

8 이 글에서 일어난 중요한 사건으로 알맞은 것을 찾아 기호를 쓰시오.

> ㉮ 제하와 '내'가 화해했다.
> ㉯ '내'가 뒷머리를 긁적였다.
> ㉰ 대광이가 고개를 갸우뚱했다.

( )

10 단원

● 국어 305~306쪽 / 정답 및 풀이 27쪽

잘못 뽑은 반장

❹ 제하가 합창 연습을 맡으면서부터 우리 반 노래 실력은 몰라보게 달라졌다.

"역시 제하는 다르다니까." / 화음을 나눠서 멋지게 지휘하고, 한 사람씩 일일이 노래를 지도해 주는 제하를 보며 아이들은 저절로 고개를 끄덕였다. 이제 제하를 보고 빈정거리는 아이는 거의 없었다. 나는 다시 예전의 모습을 찾아 가는 제하를 볼 때마다 흐뭇했다.

다른 반은 다 반장이 연습을 시키는데 우리 반만 반장 도우미가 한다며 한심하게 쳐다보는 아이들도 있었지만, 나는 예전처럼 사납게 으르렁대지 않았다.

'나'의 변화

"그럼 제하 대신 내가 다시 지휘할까? 원한다면 얼마든지 할 수 있는데."

"됐다, 됐어. 뭐라고 안 할 테니까 제발 그것만은 참아 줘." / 합창 연습 때마다 나를 아래위로 훑어보며 혀를 차던 금주가 제일 큰 목소리로 말했다. 그때부터는 다른 아이들도 더 이상 불만을 품지 않았다. 그 대신 나는 연습을 시작하기 전에 아이들이 마실 물을 떠다 놓고, 연습이 끝난 뒤에는 교실 정리도 도맡아서 했다. 반장이니까 그렇게 해서라도 책임을 다하고

싶었다. 대광이가 도와주어서 힘든 일도 아니었다.

"와, 선생님은 우리 반이 요즘처럼 평화로울 수 있다는 게 믿어지지가 않는구나. 이게 꿈이니, 생시니?"

선생님은 수업 중에도 이따금 아이들을 둘러보면서 큰 소리로 웃곤 했다.

중심 내용 | 제하가 합창 연습을 맡으면서 '나'의 반의 노래 실력은 몰라보게 달라졌습니다.

- **글의 종류** 이야기
- **글의 특징** 주인공인 로운이가 반장이 되면서 겪은 일이 재미있게 나타난 이야기입니다.
- **작품 정리** 빈칸에 알맞은 말을 넣어 등장인물의 특징 정리하기

이로운	황제하와 같은 반 친구
	해로운이라는 별명이 있지만 ❶(　　　　)를 생각하는 마음은 따뜻하다.
황제하	이로운의 친구
	❷(　　　　)와 좋지 않은 관계였으나 서로 이해하고 인정한다.

화음 높이가 다른 둘 이상의 음이 함께 울릴 때 어울리는 소리.
도맡아서 혼자서 책임을 지고 몰아서 모든 것을 돌보거나 해내어.
생시 살아 있는 동안.

중요 독해

9 합창 연습 때 제하가 한 일을 두 가지 고르시오.
(　　　)

① 멋지게 악기를 연주했다.
② 화음을 나눠서 지휘를 했다.
③ 혼자서 노래를 크게 불렀다.
④ 한 사람씩 일일이 노래를 지도해 주었다.
⑤ 한 사람씩 돌아가면서 지휘를 하도록 시켰다.

어휘

10 다음 밑줄 그은 말 대신에 쓸 수 있는 낱말은 무엇입니까? (　　　)

> 연습이 끝난 뒤에는 교실 정리도 도맡아서 했다.

① 깔끔하게　② 미루어서　③ 거들어서
④ 떠넘겨서　⑤ 담당해서

서술형

11 '나'는 합창 연습 때마다 반장으로 책임을 다하고 싶어서 어떤 일을 했는지 쓰시오.

_____

_____

12 이와 같은 이야기가 일기나 생활문과 다른 점을 알맞게 말한 친구의 이름을 쓰시오.

> 현주: 이야기는 일기나 생활문보다 자세하며 읽는 사람의 흥미를 끌 수 있지.
> 준성: 일기나 생활문과는 달리 이야기는 글을 쓴 자신의 생각만 알 수 있어.

(　　　　　　　)

대화가 필요해

❶ "상은아, 오늘도 비 온다. 체육은 할 수 있을까?"

인국이가 교실에 들어서며 나를 보고 말을 걸었다.

"그러게, 지긋지긋한 여름 장마다. 그렇지?"

"응, 그래도 난 이 비 덕분에 너랑 친해져서 좋기도 해." / "자식, 또 그때 얘기야?"

인국이는 4학년이 끝나 갈 즈음 우리 반에 전학 온 친구다. 전학 온 첫날부터 친구들 주변을 돌아다니며 소란스럽게 말을 걸고, <u>우리가 대화를 하거나 게임을 할 때 끼어들어서 나는 물론 친구들은 인국이를 그렇게 좋아하지 않았다.</u> 그러던 인국이와 5학년이 되어 이렇게 친해진 건 며칠째 봄비가 내리던 날 체육 시간 때문이었다.

<u>상은이와 친구들이 인국이를 좋아하지 않았던 까닭</u>

중심 내용 | 장마에 내리는 비를 보며 인국이와 이야기를 나누던 상은이는 인국이가 전학을 왔을 때의 기억을 떠올렸습니다.

❷ 그날 우리 반 친구들은 비 때문에 못 할 줄 알았던 체육을 체육관에서 할 수 있어 기분이 좋았다. 하지만 난 평소에 못마땅하게 여겼던 인국이랑 같은 편을 하고, 체육을 잘하는 민영이와 다른 편을 하여 기분이 별로였다.

뻥! / 역시나 상대편에서 민영이에게 공을 넘겨주었다. 난 민영이를 쫓아갔다.

"야! 막아!" / 골키퍼 인국이가 소리쳤다.

'쳇, 또 먼저 나서네. 자기는 얼마나 잘한다고……'

다행히 내가 공을 뺏어 옆으로 보냈는데 그게 하필 상대편 정훈이 발에 맞은 것이다. '아차!' 하는 순간 내 눈에 보인 건 골대를 향해 가는 공을 뒤에서 쫓아가는 우리 편 골키퍼 인국이였다.

"야! 너 뭐 하는 거야! 그것도 하나 못 막냐?"

내가 마음속에 억눌렀던 말을 꺼내며 인국이에게 달려들었다.

"너도 똑바로 못 막았잖아! 왜 자꾸 나한테만 화내는 건데?"

중심 내용 | 체육 시간에 상은이는 평소에 못마땅하게 여겼던 인국이와 같은 편이 되어 기분이 좋지 않았고, 결국 두 사람은 다투었습니다.

- **글의 종류** 이야기

- **글의 특징** 경험을 바탕으로 하여 꾸며 쓴 이야기로 이야기의 흐름이 잘 나타나 있습니다.

- **작품 정리** 빈칸에 알맞은 말을 넣어 글의 내용 정리하기

> 인국이와 ❶( )에 대해 이야기 나눔. → 비가 와서 체육을 ❷( )에서 하게 됨. → 상은이와 인국이가 다툼. → 상은이와 인국이가 선생님과 함께 이야기함.

---

13 이 글은 다음 그림의 진주가 자신의 경험을 바탕으로 하여 꾸며 쓴 이야기입니다. 진주가 글을 쓰기 위해 하였을 생각으로 알맞은 것에 ○표 하시오.

야! 민영이 막아!

자기는 얼마나 잘한다고……

그것도 못 막냐?

너도 잘 못 막으면서 왜 나한테 그래?

(1) 이야기를 읽는 사람들이 잘 이해할 수 있도록 인국이를 자세히 설명해야겠어. ( )

(2) 나의 경험을 사람들이 잘 기억하도록 일어난 일의 차례를 꼭 지켜서 써야겠어. ( )

서술형

14 이 글의 제목을 「대화가 필요해」라고 지은 까닭은 무엇일지 짐작하여 쓰시오.

---

15 다음 부분이 이야기의 어떤 단계에 해당하는지 각각 기호를 쓰시오.

> ㉮ 사건이 일어나기 시작하는 단계
> ㉯ 등장인물의 갈등이 꼭대기에 이르는 단계
> ㉰ 이야기를 시작하고 배경과 인물을 설명하는 단계

(1) 인국이와 비에 대해 이야기를 나눔. ( )

(2) 체육 시간에 대해 알려 줌. ( )

(3) 상은이와 인국이가 싸움. ( )

10
단원

1 이야기로 만들기에 좋은 기억으로 알맞은 것을 모두 찾아 기호를 쓰시오.

> ㉮ 매일 똑같이 반복되는 이야기
> ㉯ 자신이 잘 알지 못하는 이야기
> ㉰ 친구들이 흥미를 보이는 이야기
> ㉱ 시간 흐름이 나타날 수 있는 이야기

( )

[2~5] 다음 글을 읽고, 물음에 답하시오.

정신없이 분주한 열흘이 지나가고 마침내 한마당 잔치가 열리는 날이 되었다.

엄마는 미리 얘기했던 대로 누나와 명찬이 반장을 데려왔다. 명찬이 반장은 얼굴이 하얗고, 손이 작고 고운 아이였다. 다운 증후군이 있는 명찬이 반장은 운동장에서 나를 보자마자 생글생글 웃으면서 인사를 건넸다.

"형아, 안녕!"

어눌한 말투였지만 경쾌한 목소리였다. 옆에 선 누나가 수줍게 웃었다. 보기만 해도 좋은 모양이다. 누나가 좋아하는 명찬이 반장이 다운 증후군이 있다니 좀 의외였다. 하지만 내가 멀뚱멀뚱 쳐다보는데도 한결같이 해맑게 웃고 있는 그 아이의 눈을 한참 보고 있으려니 내 입가에도 어느새 웃음이 번졌다. 누나가 명찬이 반장을 좋아하는 이유를 알 것 같았다.

"명찬이 반장, 나 형아 아니야. 너랑 똑같은 열한 살이니까 앞으로는 그냥 이름 불러."

"응, 로운이 반장."

그렇게 대답하고 나서 명찬이 반장은 뭐가 부끄러운지 얼굴을 가리고 큭큭 웃었다.

주위에 있던 어른들이 우리를 힐끔힐끔 돌아보았지만 신경 쓰지 않았다. 아이들이 지나가면서 수군거릴 때는 주먹으로 을러대며 입 모양으로 "뭘 봐."하고 겁을 줘서 쫓아 버렸다. 그때마다 누나가 존경스러운 눈빛으로 나를 쳐다봐서 기분이 좋았다.

2 한마당 잔치가 열리는 날, 엄마께서 데리고 온 사람을 두 명 고르시오. ( )

① 형 ② 누나 ③ 아빠
④ 선생님 ⑤ 명찬이

3 명찬이 반장에 대한 설명으로 알맞지 <u>않은</u> 것은 무엇입니까? ( )

① 얼굴이 하얗다.
② 손이 작고 곱다.
③ 다운 증후군이 있다.
④ '나'보다 나이가 많다.
⑤ '나'의 누나가 좋아하는 친구이다.

4 누나에 대한 '나'의 마음으로 알맞은 것은 무엇입니까? ( )

① 누나가 싫음.
② 누나를 이해함.
③ 누나가 부끄러움.
④ 누나가 안타까움.
⑤ 누나 때문에 속상함.

5 이 이야기는 명찬이 반장을 설명해 주는 부분입니다. 이 이야기와 일기의 다른 점은 무엇인지 알맞은 것의 기호를 쓰시오.

> ㉮ 겪은 일을 솔직하게 나타낸 점
> ㉯ 읽는 사람을 생각하면서 쓴 점
> ㉰ 실제로 일어난 일을 자세히 쓴 점

( )

[6~8] 다음 글을 읽고, 물음에 답하시오.

가 뻥!

역시나 상대편에서 민영이에게 공을 넘겨주었다. 난 민영이를 쫓아갔다.

"야! 막아!" / 골키퍼 인국이가 소리쳤다.

'쳇, 또 먼저 나서네. 자기는 얼마나 잘한다고…….'

다행히 내가 공을 뺏어 옆으로 보냈는데 그게 하필 상대편 정훈이 발에 맞은 것이다. '아차!' 하는 순간 내 눈에 보인 건 골대를 향해 가는 공을 뒤에서 쫓아가는 우리 편 골키퍼 인국이였다.

"야! 너 뭐 하는 거야! 그것도 하나 못 막냐?"

내가 마음속에 억눌렀던 말을 꺼내며 인국이에게 달려들었다. / "너도 똑바로 못 막았잖아! 왜 자꾸 나한테만 화내는 건데?"

나 체육 시간이 끝나고 선생님께서 나와 인국이를 부르셨다.

"오늘 일도 그렇고, 너희가 지내는 모습을 보니 서로 대화를 하는 게 좋을 것 같아서 말이야. 인국이, 상은이, 서로에게 하고 싶은 말 없니?"

나는 눈치를 보며 우물쭈물했다. 인국이가 먼저 말을 꺼냈다.

"저는 상은이랑 친하게 지내고 싶은데 상은이는 자꾸 저한테만 더 화를 내는 느낌이에요."

"그랬구나. 상은이도 알았니?"

"아, 아니요. 전 그냥 인국이가 자꾸 말하는 데 끼어들어서 좋지 않게 생각했어요. 인국아, 그 점 미안하게 생각해."

"그래, 서로 마음을 잘 몰랐던 것 같구나. 시간을 줄 테니 좀 더 이야기하고 교실로 들어오렴."

6 이 글의 내용으로 알맞지 <u>않은</u> 것은 무엇입니까?

( )

① '나'는 인국이와 체육 시간에 다퉜다.

② 선생님께서 '나'와 인국이를 부르셨다.

③ 인국이는 선생님께 '나'와 친하게 지내고 싶지 않다고 했다.

④ '나'는 인국이가 말하는 데 끼어들어서 좋지 않게 생각했었다.

⑤ 선생님께서는 '나'와 인국이가 대화를 하는 것이 좋겠다고 하셨다.

7 글 **가**와 **나**는 이야기의 흐름에서 어디에 해당되는지 찾아 기호를 쓰시오.

> ㉠ 이야기를 시작하고 배경과 인물을 설명하는 단계
> ㉡ 사건이 일어나기 시작하는 단계
> ㉢ 등장인물의 갈등이 꼭대기에 이르는 단계
> ㉣ 사건을 해결하고 마무리하는 단계

⑴ 글 **가**: ( )　　⑵ 글 **나**: ( )

8 글 **가**와 **나**는 다음과 같이 진주가 경험한 일을 글로 쓴 것입니다. 글 **가**와 **나**에 대한 설명으로 알맞은 것에 ○표 하시오.

⑴ 장소가 달라졌다. ( )

⑵ 시간이 달라졌다. ( )

⑶ 인물의 이름이 변했다. ( )

문법

9 다음 문장에 빈칸에 들어갈 말을 주어진 낱말을 활용하여 쓰시오.

> 나는 어제 집에서 숙제를 [ ].

• 하다 → ( )

문법

10 다음 문장 중 시간 표현을 알맞게 사용하지 <u>못한</u> 문장은 무엇입니까? ( )

① 어제 영화를 봤다.

② 나는 내일 미술관에 갔다.

③ 지금 누나가 줄넘기를 한다.

④ 유나는 그저께 줄넘기를 했다.

⑤ 우리는 한 달 뒤에 여행을 갈 것이다.

1 다음 그림과 비슷한 자신의 경험을 기억에 남는 일로 말한 친구를 찾아 ○표 하시오.

(1) 은서: 4학년 때 공원에서 보물찾기를 즐겁게 했던 적이 있어. (　　　)

(2) 하율: 5학년 때 친구들과 학교 발야구 대회를 함께 한 적이 있어. (　　　)

[2~5] 다음 글을 읽고, 물음에 답하시오.

㉮ "우리 이제부터 한번 잘 지내 보자."

제하가 내 어깨를 툭 치더니 한쪽 손을 쑥 내밀었다. 제하의 말투가 너무 다정해서 귀가 간질거렸다. 나는 망설이지 않고 녀석의 손을 덥석 잡았다. 제하의 손은 따뜻하고 보드라웠다.

우리가 다정하게 교실로 들어오는 걸 보고 대광이가 고개를 갸우뚱했다. 등을 꼿꼿이 펴고 자리로 걸어가는 제하는 황제처럼 당당해 보였다. 가만 보니 꽤 괜찮은 녀석 같다. 아무리 생각해도 제하네 집에 찾아간 건 잘한 일이다. 사람은 가끔 용기를 낼 필요가 있다. 그럼 나처럼 생각지도 못한 수확을 거둘 수 있으니까. 이제 합창 연습도 문제가 없다고 생각하니 가만히 있어도 벙긋벙긋 웃음이 나왔다.

㉯ 제하가 합창 연습을 맡으면서부터 우리 반 노래 실력은 몰라보게 달라졌다.

"역시 제하는 다르다니까."

화음을 나눠서 멋지게 지휘하고, 한 사람씩 일일이 노래를 지도해 주는 제하를 보며 아이들은 저절로 고개를 끄덕였다. 이제 제하를 보고 빈정거리는 아이는 거의 없었다. 나는 다시 예전의 모습을 찾아 가는 제하를 볼 때마다 흐뭇했다.

다른 반은 다 반장이 연습을 시키는데 우리 반만 반장 도우미가 한다며 한심하게 쳐다보는 아이들도 있었지만, 나는 예전처럼 사납게 으르렁대지 않았다.

"그럼 제하 대신 내가 다시 지휘할까? 원한다면 얼마든지 할 수 있는데."

"됐다, 됐어. 뭐라고 안 할 테니까 제발 그것만은 참아 줘."

2 글 ㉮와 ㉯에서 일어난 일은 무엇인지 찾아 기호를 쓰시오.

㉮ '나'와 제하가 화해함.
㉯ '내'가 제하네 집을 찾아감.
㉰ 반장 선거를 하여 '내'가 반장이 됨.
㉱ 반 아이들이 제하와 합창 연습을 함.
㉲ 한마당 잔치에서 우리 반이 합창을 함.

(1) 글 ㉮: (　　　)　　　(2) 글 ㉯: (　　　)

3 제하가 합창 연습을 맡으면서 생긴 일을 두 가지 고르시오. (　　　)

① 우리 반 노래 실력이 좋아졌다.
② 제하는 다시 예전의 모습을 찾아 갔다.
③ 제하는 '나'에게 지휘하는 역할을 맡겼다.
④ 제하를 보고 빈정거리는 아이들이 많아졌다.
⑤ '나'는 반장을 한심하게 쳐다보는 아이들을 혼내 줬다.

4 글 ㉯에서 제하를 보는 '나'의 마음은 어떠합니까?
(　　　)

① 미안하다. 　　　② 흐뭇하다.
③ 억울하다. 　　　④ 서운하다.
⑤ 안타깝다.

서술형

5 자신의 경험을 이와 같은 이야기로 나타내면 어떤 점이 좋을지 쓰시오.

_____

_____

[6~10] 다음 글을 읽고, 물음에 답하시오.

어느새 찬 바람이 씽씽 불고, 겨울 방학이 코앞으로 다가왔다. 그새 나는 키가 오 센티미터나 자랐다. 아이들의 우유를 널름널름 받아 마셔서 그런 것 같았다. 초콜릿을 전보다 덜 먹어서 그런지 몸무게는 오히려 약간 줄었다. 내 키가 훌쩍 자란 걸 확인한 뒤로 백희는 속이 울렁거려도 꾹 참고 우유를 마시기 시작했다. 우유가 먹기 싫어서 꾀를 피우던 다른 아이들도 그랬다. 우유가 더 먹고 싶을 땐 좀 아쉽기도 했지만 잘된 일이다. ㉠반장은 자신보다 반 아이들을 먼저 생각해야 한다는 걸 알게 됐기 때문이다. 우유를 먹고 내 마음의 키도 한 뼘쯤 더 자란 모양이었다.

재미있는 일이 한 가지 더 있었다. 다음에 반장 선거에 나가겠다는 아이들이 부쩍 늘어난 것이다. 대광이뿐만 아니라 ㉡샌님 민호, 겁쟁이 동배, 하마 금주까지 꽤 여럿이 벌써부터 모이기만 하면 내년에 있을 반장 선거 얘기로 열을 올렸다.

"㉢로운이도 하는데 우리라고 못하겠어!"

그 아이들이 한결같이 입을 모아 하는 말이다. 맞는 말이니까 난 그냥 웃는다. 요즘은 나를 ㉣'잘못 뽑은 반장'이니, ㉤'해로운'이니 하면서 놀려 대는 아이들이 거의 없어서 하루하루가 신나고 즐겁다.

6 겨울 방학이 다가왔을 때쯤 '내'가 알게 된 것을 찾아 ㉮와 ㉯에 들어갈 말을 각각 쓰시오.

| 반장은 | ㉮ | 보다 | ㉯ | 을/를 먼저 생각해야 한다는 것 |

(1) ㉮: ( )

(2) ㉯: ( )

7 ㉠~㉤ 중 '나'를 가리키는 말이 아닌 것은 무엇입니까? ( )

① ㉠ ② ㉡
③ ㉢ ④ ㉣
⑤ ㉤

8 '나'의 하루하루가 신나고 즐거운 까닭은 무엇입니까? ( )

① 키가 오 센티미터나 자라서
② 겨울 방학이 코앞으로 다가와서
③ 자신을 놀려 대는 아이들이 거의 없어서
④ 반장 선거에 나가겠다는 아이들이 늘어나서
⑤ 친구들이 자신의 키가 크다고 인정해 주어서

서술형

9 '내'가 겪은 일과 비슷한 일을 경험하였던 때를 떠올려 쓰고, 그때 어떤 마음이 들었는지 쓰시오.

_____

_____

10 이 글에서 주인공의 경험을 나타낸 방법으로 알맞은 것의 기호를 쓰시오.

| ㉮ 일어난 일의 차례를 바꾸어 썼다. |
| ㉯ 긴 기간에 걸친 사건을 어떻게 해결했는지 나타냈다. |
| ㉰ 겪은 일에 자신의 상상을 더하여 앞으로 일어날 일을 꾸며 썼다. |

( )

11 겪은 일을 이야기로 만드는 과정을 생각하며 차례대로 기호를 쓰시오.

| ㉮ 이야기로 쓰고 싶은 경험을 떠올려 주제와 제목 정하기 |
| ㉯ 정리한 내용을 바탕으로 이야기를 쓰고 친구들과 함께 읽으며 고쳐 쓰기 |
| ㉰ 등장인물을 떠올려 그 인물의 특징을 생각하고 이야기의 흐름에 따라 사건과 배경 정리하기 |

( ) → ( ) → ( )

[12~15] 다음 글을 읽고, 물음에 답하시오.

㉯ 그날 우리 반 친구들은 비 때문에 못 할 줄 알았던 체육을 체육관에서 할 수 있어 기분이 좋았다. 하지만 난 평소에 못마땅하게 여겼던 인국이랑 같은 편을 하고, 체육을 잘하는 민영이와 다른 편을 하여 기분이 별로였다.

빵! / 역시나 상대편에서 민영이에게 공을 넘겨주었다. 난 민영이를 쫓아갔다.

"야! 막아!" / 골키퍼 인국이가 소리쳤다.

'쳇, 또 먼저 나서네. 자기는 얼마나 잘한다고…….'

다행히 내가 공을 뺏어 옆으로 보냈는데 그게 하필 상대편 정훈이 발에 맞은 것이다. '아차!' 하는 순간 내 눈에 보인 건 골대를 향해 가는 공을 뒤에서 쫓아가는 우리 편 골키퍼 인국이였다.

"야! 너 뭐 하는 거야! 그것도 하나 못 막냐?"

내가 마음속에 억눌렀던 말을 꺼내며 인국이에게 달려들었다.

"너도 똑바로 못 막았잖아! 왜 자꾸 나한테만 화내는 건데?"

12 그림 ㉮에서 일어난 일에 ◯표 하시오.

(1) 체육 시간에 축구를 하다가 진주와 성훈이가 다투었다. ( )

(2) 체육 시간에 비가 와서 축구를 하지 못해 진주가 화를 냈다. ( )

(3) 체육 시간에 성훈이가 골을 넣어 친구들이 축하해 주었다. ( )

13 글 ㉯는 그림 ㉮의 진주가 자신의 경험을 바탕으로 하여 꾸며 쓴 이야기입니다. 등장인물의 이름이 어떻게 바뀌었는지 쓰시오.

진주의 경험	꾸며 쓴 이야기
성훈 →	

14 그림 ㉮의 진주가 경험을 이야기로 만들 때 생각하였을 점이 <u>아닌</u> 것의 기호를 쓰시오.

> ㉮ 읽는 사람이 관심을 보일 수 있는 경험을 쓴다.
> ㉯ 등장인물은 어떤 상황에서도 갈등을 일으키지 않도록 쓴다.
> ㉰ 말하고자 하는 주제가 잘 드러나도록 이야기 흐름에 맞게 쓴다.

( )

서술형

15 만약 글 ㉯의 사건을 해결하지 않은 채 이야기가 끝나면 어떻게 될지 쓰시오.

_____

_____

10. 주인공이 되어

● 정답 및 풀이 29쪽

평가 주제	이야기로 나타내고 싶은 기억 떠올리기
평가 목표	이야기로 나타내기에 좋은 기억과 그 까닭을 찾을 수 있다.

1 그림 가~라는 기억에 남는 일을 떠올린 것입니다. 어떤 기억을 떠올린 것인지 쓰시오.

그림 가	(1)
그림 나	(2)
그림 다	(3)
그림 라	(4)

2 그림 가~라에서 어떤 기분이 들었을지 쓰시오.

그림 가	(1)
그림 나	(2)
그림 다	(3)
그림 라	(4)

3 자신이 떠올린 기억 가운데에서 이야기로 자세히 나타내고 싶은 기억은 무엇인지 조건 에 맞게 쓰시오.

> 조건
> 1. 기억에 대해 어떤 기분이 들었는지 쓸 것
> 2. 이야기로 나타내고 싶은 까닭을 함께 쓸 것

10
단원

미로를 따라 길을 찾아보세요.

● 정답 및 풀이 29쪽

동아출판
초등 무료
스마트러닝

동아출판 초등 **무료 스마트러닝**으로
초등 전 과목 · 전 영역을 쉽고 재미있게!

백점수학 5-1 동영상 학습

개념 강의, 문제풀이 전략 강의

과목별 · 영역별 특화 강의

전 과목 개념 강의

국어 독해 지문 분석 강의

구구단 송

그림으로 이해하는 비주얼씽킹 강의

과학 실험 동영상 강의

과목별 문제 풀이 강의

서비스 제공 교재 동아전과 | 백점 시리즈 | 큐브 | 빠작 초등 국어 | 초능력 | 초고필 | 하이탑 초등 과학

강의가 더해진, **교과서 맞춤 학습**

백점

국어 5·1

평가북

● 학교 시험 대비 **단원 평가**
● 수시평가에 대비한 **수행 평가**

동아출판

평가북 구성과 특징

1 단원 평가가 있습니다.
• 학교에서 실시하는 **단원 평가**에 완벽하게 대비할 수 있습니다.

2 수행 평가가 있습니다.
• **실전 수행 평가**를 통해 수시로 이루어지는 학교 수행 평가에 확실하게 대비할 수 있습니다.

3 1학기 총정리가 있습니다.
• 한 학기의 학습을 마무리할 수 있도록 **총정리**를 제공합니다.

백점

BOOK 2 평가북

● 차례

국어 5·1

[1~3] 다음 그림을 보고, 물음에 답하시오.

서술형

3 태일이는 소희가 한 이야기를 듣고 어떻게 반응했는지 쓰시오.

_____

_____

4 대화의 특성을 <u>잘못</u> 말한 친구의 이름을 쓰시오.

> 우혁: 상대의 말은 듣지 않아도 돼.
> 정은: 상대를 직접 보면서 말을 주고받아.
> 서현: 대화를 할 때에는 상대의 마음을 살피며 말해야 해.
> 소민: 표정, 몸짓, 말투에 따라 기분이나 생각을 짐작할 수 있어.

(   )

1 태일이가 ㉠과 같이 물어본 까닭을 쓰시오.

(   )

5 다음 상황에서 말을 할 때 어울리는 표정과 말투는 무엇입니까? (   )

> 우리 모둠이 역할극을 잘해서 친구들에게 칭찬을 받았을 때

① 찡그린 표정과 빠른 목소리
② 화나는 표정과 조용한 목소리
③ 후회되는 표정과 떨리는 목소리
④ 답답한 표정과 억울해하는 목소리
⑤ 기쁘게 웃는 표정과 기분 좋은 목소리

2 어제 소희에게 있었던 일을 두 가지 고르시오.

(   )

① 태일이와 함께 공원에 갔다.
② 약속 시간보다 늦게 나온 은주를 걱정했다.
③ 태일이에게 자신이 화가 났던 일을 설명했다.
④ 은주가 약속 시간을 지키지 않은 것을 사과했다.
⑤ 부모님 심부름을 하느라 은주와의 약속에 늦었다.

[6~8] 다음 글을 읽고, 물음에 답하시오.

㉮ 우리는 칭찬을 들으면 기분이 좋아질 뿐만 아니라 일을 더욱 잘하려고 노력하기도 해요. 이게 바로 칭찬의 힘이랍니다. 칭찬 한마디는 누군가에게 용기를 주고 자신을 긍정적으로 바라보게 해요. 또 올바른 습관을 기르고 능력을 키우는 데도 도움이 돼요. 그리고 다른 사람의 긍정적인 모습을 칭찬하는 것은 그 사람과 맺는 관계를 좋아지게 만들어요. 이렇게 칭찬은 힘이 셉니다.

㉯ 어떻게 해야 칭찬이 힘을 발휘할 수 있을까요?

먼저, ㉠분명하고 자세하게 칭찬해야 해요. 누군가를 칭찬할 때 두루뭉술하게 칭찬하지 말고 칭찬하는 내용이 무엇인지를 자세하게 말하는 것이 좋아요.

㉰ 둘째, 결과보다 과정을 칭찬해야 해요. 누군가를 칭찬할 때 일의 결과가 아닌 과정을 칭찬하는 것이 좋아요.

㉱ 셋째, 평가하지 말고 설명하는 칭찬을 해야 해요. 누군가를 칭찬할 때에는 평가하기보다 잘한 일이나 행동을 설명하듯이 칭찬하는 것이 좋아요.

6 칭찬이 힘이 센 까닭으로 알맞지 <u>않은</u> 것은 무엇입니까? (　　　)

① 누군가에게 용기를 준다.
② 올바른 습관을 기르게 한다.
③ 능력을 키우는 데 도움이 된다.
④ 자신을 긍정적으로 바라보게 한다.
⑤ 다른 사람과 자신을 비교하게 한다.

서술형

7 이 글에 나온 칭찬하는 방법을 모두 쓰시오.

_____

_____

8 ㉠과 같은 방법으로 칭찬한 말에 ○표 하시오.

(1) "정말 대단해!" (　　　)

(2) "우아, 멋지다!" (　　　)

(3) "다른 사람을 생각해서 양보하는 모습이 정말 멋지구나!" (　　　)

9 다음 중 칭찬거리가 될 수 <u>없는</u> 것은 무엇입니까? (　　　)

① 친구의 장점
② 친구의 나쁜 버릇
③ 친구가 잘하는 것
④ 친구에게 고마운 것
⑤ 친구가 노력하는 것

[10~11] 다음 글을 읽고, 물음에 답하시오.

동욱: (궁금해하며) 그러지 말고 말해 봐. 무슨 일인데? 다른 사람한테 절대로 말하지 않을게.

정인: (조심스럽게) 음, 사실은 체육 시간에 뒤 구르기가 잘 안돼. 그래서 모둠끼리 여러 가지 동작을 꾸밀 때 방해가 되는 것 같아.

동욱: (큰 소리로) 뭐, 네가 뒤 구르기를 못한다고? 그럼 선생님이나 친구들에게 도와 달라고 하면 되지, 뭘 그렇게 걱정해.

정인: (당황하며) 어떻게 그러니?

동욱: 그럼 내가 말해 줄까?

정인: (황급히 큰 소리로) 아냐, 그러지 마! 내가 알아서 할게. 넌 그냥 못 들은 걸로 해.

동욱: 네가 말을 못 하면 내가 말해 줄게.

정인: (화를 내며) 아냐. 내가 알아서 한다고.

동욱: (멋쩍어하며) 도와준다는데 왜 화를 내고 그러니?

10 정인이가 체육 시간에 잘 안되는 것은 무엇인지 쓰시오.

(　　　　　　　　　　　)

11 정인이가 동욱이에게 화를 낸 까닭은 무엇입니까? (　　　)

① 동욱이가 정인이를 놀려서
② 동욱이가 정인이에게 화를 내서
③ 동욱이가 정인이에게 거친 말을 해서
④ 동욱이가 정인이의 고민을 친구들에게 알려서
⑤ 동욱이가 정인이의 고민을 마음대로 해결하려고 해서

[12~13] 다음 그림을 보고, 물음에 답하시오.

12 모모의 고민을 듣고 마술사가 한 조언은 무엇입니까? ( )

① 항상 예의 바르게 행동해라.
② 친구에게 본받을 점을 떠올려라.
③ 부모님과 대화를 많이 나누어라.
④ 선생님과 친구들에게 도움을 받아라.
⑤ 남들을 의식하지 말고 자신을 좋아하고 사랑해라.

서술형

13 마술사가 모모가 기분이 좋아진 다음에 말을 한 까닭은 무엇일지 쓰시오.

_____

_____

[14~15] 다음 그림을 보고, 물음에 답하시오.

14 남자아이는 여자아이의 고민을 어떻게 들어 주었습니까? ( )

① 고민을 말하도록 강요했다.
② 고민을 들 때 집중하지 않았다.
③ 쓸데없는 고민을 하고 있다며 비난했다.
④ 자신의 이야기처럼 관심을 가지고 공감했다.
⑤ 자신에게 좋은 해결 방법이 있다고 자랑했다.

15 여자아이의 고민을 듣고 알맞게 조언한 친구의 이름을 쓰시오.

> 상현: 나는 친구와 항상 사이가 좋아. 너한테 문제가 있는 것 같아.
> 은태: 원래 친구와는 다투면서 더 친해지는 거야. 고민할 필요가 없어.
> 주연: 나처럼 친구에게 화해하고 싶은 마음을 편지에 정성스럽게 적어서 보내는 건 어떨까?

( )

16 상대를 배려하며 조언하는 방법으로 알맞지 않은 것은 무엇입니까? (　　)

① 상대에게 장난치듯이 말한다.
② 상대에게 도움이 되는 내용을 말한다.
③ 상대에게 진심이 전해지도록 노력한다.
④ 상대에게 고민을 말하도록 강요하지 않는다.
⑤ 상대가 고민을 편안하게 말할 수 있도록 잘 듣는다.

18 ㉠에 담긴 민재의 마음으로 알맞은 것은 무엇입니까? (　　)

① 귀찮은 마음
② 짜증 난 마음
③ 공감하는 마음
④ 부끄러운 마음
⑤ 후회하는 마음

[19~20] 다음 그림을 보고, 물음에 답하시오.

[17~18] 다음 글을 읽고, 물음에 답하시오.

> 주민: 우리 아빠께서는 길에서 애들끼리 싸우는 것을 보면 꼭 가서 말리셔야 하고, 누구든 도움이 필요한 사람이 있으면 꼭 도와주셔야 해. 무관심은 나쁜 것이라고 하시면서 말이야.
> 민재: (감탄하며) 우아, 너희 아빠 참 대단하시다.
> 주민: 대단하다고? 글쎄, 처음에 난 모든 사람이 그런 줄 알았어. 나중에 우리 아빠께서 좀 심하시다는 것을 알게 됐지.
> 민재: (궁금하다는 듯이) 그게 싫었니?
> 주민: 응, 솔직히 우리 아빠께서 나한테만 관심을 보여 주셨으면 하는 마음이 컸어. 남을 돕는다고 뛰어다니시다가 정작 나랑 할 일을 하시지 못한 적이 꽤 많았으니까.
> 민재: ㉠그래, 그럴 수도 있겠다.

19 상을 받은 친구는 누구인지 쓰시오.

(　　　　　　　　　　　　)

서술형

20 정우와 시현이의 감정이나 생각을 살펴보고 빈칸에 알맞은 말을 쓰시오.

> 정우: 시현아, 글쓰기 대회에서 상 받았지? 정말 축하해.
> 시현: 정우야, 정말 고맙다. 너도 같이 상을 받았으면 좋았을 텐데……
>
> 정우: _____
>
> _____

17 민재는 왜 주민이 아버지가 대단하시다고 생각했습니까? (　　)

① 유명한 사람이기 때문에
② 집안일을 잘하시기 때문에
③ 민재를 자주 도와주시기 때문에
④ 남을 돕는 모습에 감탄했기 때문에
⑤ 주민이 친구들을 잘 챙겨 주시기 때문에

학습 주제	상대를 배려하며 조언하기
학습 목표	상대를 배려하며 조언하는 말을 할 수 있다.

동욱: (빈정거리는 말투로) 에이, 얼굴 표정을 보니 고민거리가 있는 것 같은데?

정인: (약간 성가신 듯이) 고민은 무슨 고민? 아무 일 없다니까.

동욱: (궁금해하며) 그러지 말고 말해 봐. 무슨 일인데? 다른 사람한테 절대로 말하지 않을게.

정인: (조심스럽게) 음, 사실은 체육 시간에 뒤 구르기가 잘 안돼. 그래서 모둠끼리 여러 가지 동작을 꾸밀 때 방해가 되는 것 같아.

동욱: ㉠(큰 소리로) 뭐, 네가 뒤 구르기를 못한다고? 그럼 선생님이나 친구들에게 도와 달라고 하면 되지, 뭘 그렇게 걱정해.

정인: (당황하며) 어떻게 그러니?

동욱: 그럼 내가 말해 줄까?

정인: (황급히 큰 소리로) 아냐, 그러지 마! 내가 알아서 할게. 넌 그냥 못 들은 걸로 해.

동욱: 네가 말을 못 하면 내가 말해 줄게.

정인: (화를 내며) 아냐. 내가 알아서 한다고.

동욱: (멋쩍어하며) 도와준다는데 왜 화를 내고 그러니?

1 정인이의 고민은 무엇인지 쓰시오.

2 이 대화에서 동욱이가 잘못한 점을 쓰시오.

3 정인이를 배려하여 ㉠ 부분을 바르게 고쳐 쓰시오.

조건

정인이에게 도움이 되는 내용을 쓴다.

● 정답 및 풀이 31쪽

[1~4] 다음 글을 읽고, 물음에 답하시오.

㉮ 어느 날, 아버지께서는 유관순에게 평소 마음에 둔 이야기를 들려주셨다.

"우리나라가 일본의 침략을 받고 시달리는 것은 나라의 힘이 약한 까닭이다. 나라의 힘을 기르려면 서양 문물을 받아들이고 신학문을 배워야 한다."

아버지께서는 엄숙한 표정으로 말씀을 이으셨다.

"여자들도 집안일만 할 것이 아니라 더 배워서 나라의 일꾼이 되어야 한다."

아버지께서는 젊은이들을 잘 가르쳐야 빼앗긴 나라를 되찾을 수 있다고 생각해 유관순을 서울로 보내어 신학문을 배우게 하셨다.

㉯ 1919년 3월 10일, 일본은 학교를 강제로 닫았다. 그래서 기숙사에 있던 학생들은 뿔뿔이 흩어졌고 유관순도 고향으로 돌아왔다.

고향으로 돌아온 유관순은 독립 만세를 부를 준비를 했다. 유관순은 사촌 언니와 함께 동지들을 모으고, 독립 만세를 부를 계획을 치밀하게 세웠다. 날마다 이 마을 저 마을을 찾아다니며 독립 만세를 부르는 일에 함께 참여할 것을 부탁했다. 하루 종일 돌아다니다가 집에 돌아오면 몸은 말할 수 없이 피곤했다. 그렇지만 잠시 찬물에 발을 담그고, 곧바로 가족과 함께 밤새워 태극기를 만들었다. 보통 사람들로서는 생각할 수 없을 만큼 놀라운 지혜와 용기로 일을 추진했다.

㉰ 아우내 장터에 아침이 밝았다. 새벽부터 장터에 모여든 사람들은 여느 때보다 몇 곱절이나 되었다. 독립 만세를 부르려고 모인 사람이 대부분이었다.

오후 1시, 유관순은 많은 사람 앞에서 외쳤다.

"여러분, 반만년의 역사를 지닌 우리 겨레가 불행하게도 일본에 나라를 빼앗겼습니다. 이제 나라를 되찾아야 합니다. 지금 전국 방방곡곡에서 모두 일어나 독립을 외치고 있습니다. 여러분, 만세를 부릅시다. 대한 독립 만세!"

순식간에 독립 만세 소리가 온 천지를 뒤흔들었다. 깜짝 놀라 달려온 일본 헌병들은 총과 칼을 휘두르면서 평화롭게 독립 만세를 부르며 나아가는 사람들을 막았다. 많은 사람이 죽거나 다쳤다. / 유관순도 일본 헌병들에게 붙잡혀 끌려가고 말았다.

㉱ 1920년 9월 28일, 나라를 구하려고 죽음을 무릅쓰고 독립 만세를 부르던 유관순은 열아홉 나이에 감옥에서 숨을 거두고 말았다.

1 아버지께서 유관순에게 신학문을 배우라고 말씀하신 까닭을 두 가지 고르시오. ( )

① 나라의 힘을 기르기 위해서
② 신학문을 배우는 사람이 많아서
③ 신학문을 배워야 외국에 유학을 갈 수 있어서
④ 아버지도 젊었을 때 신학문을 배운 적이 있어서
⑤ 젊은이들을 잘 가르쳐야 빼앗긴 나라를 되찾을 수 있다고 생각해서

서술형

2 글 ㉯에서 고향으로 돌아온 유관순이 한 일을 쓰시오.

_____

_____

_____

3 우리나라 사람들이 아우내 장터에서 한 일로 알맞은 것에 ○표 하시오.

(1) 평화롭게 독립 만세를 불렀다. ( )

(2) 일본 헌병들에게 총과 칼을 휘둘렀다. ( )

4 이 글을 읽을 때 떠오른 자신의 경험을 <u>잘못</u> 이야기한 친구의 이름을 쓰시오.

진수: 예전에 일제 강점기를 다룬 글을 읽은 것이 생각났어.
주연: 가족과 서대문형무소역사관에 다녀온 것이 생각났어.
다희: 일제 강점기에 벌어진 일을 다룬 영화를 본 것이 기억났어.
호영: 유관순에 대한 전기문을 찾아 읽고 독서 감상문을 쓸 거야.

( )

[5~6] 다음 글을 읽고, 물음에 답하시오.

> 유관순도 일본 헌병들에게 붙잡혀 끌려가고 말았다. 그리고 일본 헌병대에서 온갖 고문을 당한 뒤에 재판을 받았다. ㉠유관순은 재판을 받을 때 조금도 굽히지 않고 당당했다. 유관순은 3년 형을 받고 감옥에 갇혔지만 우리나라가 독립을 해야 한다는 유관순의 신념은 누구도 꺾을 수 없었다.
>
> 1920년 9월 28일, 나라를 구하려고 죽음을 무릅쓰고 독립 만세를 부르던 유관순은 열아홉 나이에 감옥에서 숨을 거두고 말았다. 그러나 유관순이 나라를 사랑했던 마음은 지금도 우리 겨레의 가슴속에 남아 나라의 소중함을 일깨워 준다.

5 유관순이 ㉠과 같이 행동한 까닭으로 알맞은 것을 모두 고르시오. (   )

① 감옥에서 금방 풀려났기 때문에
② 나라를 지키려는 마음이 강했기 때문에
③ 자신이 옳은 일을 했다고 굳게 믿었기 때문에
④ 감옥에서 지내는 것이 불편하지 않았기 때문에
⑤ 자신의 뜻을 굽히지 않는 의지가 있었기 때문에

서술형

6 이 글을 읽고 든 생각이나 느낌을 쓰시오.

_____

_____

7 경험을 떠올리며 글을 읽으면 좋은 점이 <u>아닌</u> 것은 무엇입니까? (   )

① 내용을 더 쉽게 이해할 수 있다.
② 내용을 더 생생하게 느낄 수 있다.
③ 인물의 마음을 더 잘 이해할 수 있다.
④ 알맞은 목소리와 빠르기로 읽을 수 있다.
⑤ 책이나 영상에서 본 것을 떠올리면 더욱 실감 나게 읽을 수 있다.

[8~10] 다음 시를 읽고, 물음에 답하시오.

> **출렁출렁**
>
> 이러다 지각하겠다 싶을 때, 있는 힘껏 길을 잡아당기면 출렁출렁, 학교가 우리 앞으로 온다
>
> 춥고 배고파 죽겠다 싶을 때, 있는 힘껏 길을 잡아당기면 출렁출렁, 저녁을 차린 우리 집이 버스 정류장 앞으로 온다
>
> 갑자기 니가 보고 싶을 때, 있는 힘껏 길을 잡아당기면 출렁출렁, 그리운 니가 내게 안겨 온다

8 1연에서 말하는 이가 있는 힘껏 길을 잡아당기는 까닭은 무엇입니까? (   )

① 학교에 빨리 가고 싶기 때문에
② 버스를 빨리 타고 싶기 때문에
③ 집에 빨리 돌아가고 싶기 때문에
④ 친구를 빨리 만나고 싶기 때문에
⑤ 다리를 다쳐서 걷기 불편하기 때문에

9 3연에서 말하는 이의 마음은 어떠한지 쓰시오.

(   )

10 이 시를 읽고 떠오르는 장면으로 알맞지 <u>않은</u> 것의 기호를 쓰시오.

> ㉮ 길을 잡아당기는 모습
> ㉯ 춥고 배고파서 동동거리는 모습
> ㉰ 지각할까 봐 안절부절못하는 모습
> ㉱ 체육 시간에 줄다리기를 하는 모습

(   )

[11~16] 다음 시를 읽고, 물음에 답하시오.

허리 밟기

할머니 아픈 허리는 왜 밟아야 시원할까요?

아이쿠! 아이쿠! 하면서도 ㉠"꼭꼭 밟아라." 하십니다

그래도 나는 겁이 나 자근자근 밟습니다.

11 '나'는 무엇을 하고 있는지 쓰시오.

( )

12 할머니께서 ㉠과 같이 말씀하신 까닭은 무엇이겠습니까? ( )

① '내'가 다른 곳을 밟아서

② '내'가 할머니를 싫어해서

③ '내'가 허리를 너무 세게 밟아서

④ 꼭꼭 밟아야 아프신 허리가 시원해서

⑤ '나'의 다리가 아플까 봐 걱정이 되어서

13 '내'가 겁이 난 까닭을 두 가지 고르시오. ( )

① 할머니를 걱정하기 때문에

② '나'도 허리가 아프기 때문에

③ 할머니께서 활짝 웃으셨기 때문에

④ 할머니께서 다리도 아프다고 하셨기 때문에

⑤ 할머니께서 "아이쿠! 아이쿠!"라는 소리를 내셨기 때문에

14 이 시에서 알 수 있는 '나'의 마음으로 알맞은 것을 두 가지 고르시오. ( )

① 앞으로는 무조건 세게 밟아 드려야겠다.

② 할머니의 아프신 허리가 나았으면 좋겠다.

③ 말을 못 알아들으시는 할머니가 답답하다.

④ 할머니의 허리를 밟아 드리는 일이 힘들다.

⑤ 너무 세게 밟으면 할머니께서 아프실까 봐 걱정된다.

15 이 시를 낭송할 때 말하는 이의 마음에 어울리는 목소리는 무엇이겠습니까? ( )

① 화가 난 목소리

② 깜짝 놀란 목소리

③ 조심조심하는 목소리

④ 지치고 귀찮아하는 목소리

⑤ 짜증나고 속상해하는 목소리

16 이 시를 읽고 떠오른 경험을 <u>잘못</u> 말한 친구의 이름을 쓰시오.

( )

[17~20] 다음 글을 읽고, 물음에 답하시오.

㉮ "이게 뭐야. 에이, 방학 동안 학원에만 왔다 갔다 했어!"

컴퓨터를 끄자마자 맥이 탁 풀리며 짜증부터 났다. 달력을 보니 방학이 일주일도 안 남아 있다. 오늘이 8월 25일이니까 정확하게 6일 남았다.

"엄마 때문이야. 우리 엄마 시키는 대로 다 하려면 내가 둘은 있어야 해."

수일이는 걸상 옆에 앉아 있는 덕실이가 엄마라도 되는 듯이, 덕실이를 곁눈질로 흘겨보며 말했다. 그러고는 영어 학원 가방을 집어서 퍽 소리가 나도록 방바닥에 떨어뜨렸다.

"으으, 진짜 내가 하나 더 있었으면 좋겠어! 그래야 하나는 학원에 가고 하나는 마음껏 놀 수가 있지."

"정말 네가 둘이었으면 좋겠니?"

㉠"둘이었으면 좋겠어."

"참말이야?"

"그래, 참말이야! 혼자서는 너무 힘들어. 어, 그런데 네가 말을 했니?"

수일이는 눈을 커다랗게 뜨고 덕실이를 보았다.

"말이야 벌써부터 했지. 지금껏 네가 못 알아들었을 뿐이야. 나는 말하면 안 되니?"

덕실이가 꼬리를 흔들며 말했다.

㉯ "정말 네가 둘이었으면 좋겠어?"

"그래!"

"그럼 너를 하나 더 만들면 되지."

"하나 더? 어떻게?"

"말해 주면 나한테도 가끔 공을 물어뜯을 수 있도록 해 주는 거지?"

"그래. 못 쓰는 공 너 하나 줄게."

"어떻게 하느냐 하면, 네 손톱을 깎아서 쥐한테 먹이는 거야."

"뭐어?"

"그러면 그 쥐가 너하고 똑같은 모습으로 바뀔지도 몰라."

"그건 옛날이야기일 뿐이야."

17 수일이가 ㉠처럼 말한 까닭을 쓰시오.

• 방학 동안 ( )에만 왔다 갔다 하는 것이 싫고, ( ) 싶었기 때문입니다.

18 덕실이는 수일이를 하나 더 만들 수 있는 방법이 무엇이라고 했습니까? ( )

① 못 쓰는 공을 쥐에게 주는 것
② 수일이의 머리카락을 뽑는 것
③ 옛날이야기에 나오는 쥐를 찾는 것
④ 엄마의 손톱을 깎아서 땅에 묻는 것
⑤ 수일이의 손톱을 깎아서 쥐한테 먹이는 것

19 다음은 이 글을 읽고 자신의 경험과 비슷한 부분에 대해 이야기한 것입니다. 알맞지 <u>않은</u> 것의 기호를 쓰시오.

> ㉮ 나도 손톱 먹는 쥐가 나오는 옛날이야기를 들어 봤어.
> ㉯ 나도 방학 때 가족들과 함께 지리산 여행을 가서 멋있는 산의 모습을 실컷 보고 왔어.
> ㉰ 나도 수일이처럼 나와 똑같이 생긴 누군가가 내 일을 대신 해 줬으면 좋겠다고 생각했어.
> ㉱ 나도 정말 하고 싶지 않은 일이 있었을 때 나와 똑같이 생긴 누군가가 있으면 좋겠다고 생각한 적이 있어.

( )

서술형

20 이 글의 작품 속 세계와 우리가 사는 현실 세계가 어떻게 다른지 생각하여 보기 와 같이 쓰시오.

> **보기**
> 작품 속 세계에서는 강아지가 말을 할 수 있지만 현실 세계에서는 강아지와 대화할 수 없습니다.

_____

_____

학습 주제	경험을 떠올리며 작품 감상하기
학습 목표	자신의 경험을 떠올려 시를 바꾸어 쓸 수 있다.

꽃

꽃이 얼굴을 내밀었다

내가 먼저 본 줄 알았지만
봄이 쫓아가던 길목에서
내가 보아 주기를 날마다 기다리고 있었다

내가 먼저 말 건 줄 알았지만
바람과 인사하고 햇살과 인사하며
날마다 내게 말을 걸고 있었다

내가 먼저 웃어 준 줄 알았지만
떨어질 꽃잎도 지켜 내며
나를 향해 더 많이 활짝 웃고 있었다

㉠내가 더 나중에 보아서 미안하다.

---

1 말하는 이가 ㉠과 같이 말한 까닭을 쓰시오.

2 이 시를 읽고 떠오른 자신의 경험을 쓰시오.

3 문제 2번에서 떠올린 경험을 바탕으로 하여 이 시의 일부분을 바꾸어 쓰시오.

> **조건**
> 1. 시로 표현하고 싶은 자신의 경험이 잘 드러나도록 쓴다.
> 2. 주어진 시와 같은 형식으로 쓰되, 내용을 바꾸어 쓴다.

꽃이 얼굴을 내밀었다

내가 먼저 본 줄 알았지만   ▶
봄이 쫓아가던 길목에서
내가 보아 주기를 날마다 기다리고 있었다

1 다음 중 설명하는 글이 <u>아닌</u> 것은 무엇입니까?

(   )

① 장난감을 조립하는 설명서
② 놀이 방법을 알려 주는 설명서
③ 플라스틱 사용을 줄이자고 주장하는 글
④ 약을 먹을 때 주의할 점을 알려 주는 글
⑤ 요리사들의 요리 방법을 설명해 주는 글

[2~3] 다음 글을 읽고, 물음에 답하시오.

❶ 씨앗을 미지근한 물에 담가 놓는다.
❷ 준비한 그릇에 부드러운 헝겊을 깔고, 불린 씨앗을 서로 겹치지 않게 촘촘히 깔아 준다.
❸ 종이로 덮어 햇빛을 가리고 물기가 마르지 않게 물뿌리개로 물을 뿌려 준다.
❹ 싹이 나오면 종이를 벗겨 그늘에 두고, 수분이 마르지 않도록 물을 준다.
❺ 5~6일이 지나면 새싹 채소를 얻을 수 있다.

2 무엇을 설명하는 글입니까? (   )

① 씨앗을 땅에 심는 방법
② 새싹 채소를 씻는 방법
③ 채소를 맛있게 먹는 방법
④ 새싹 채소를 가꾸는 방법
⑤ 새싹 채소를 먹으면 좋은 점

3 이 글에서 설명이 더 필요한 부분을 바르게 말한 것을 두 가지 고르시오. (   )

① ❶: 씨앗을 미지근한 물에 얼마나 담가 놓아야 할까?
② ❷: 부드러운 헝겊의 가격이 얼마일까?
③ ❸: 물뿌리개로 얼마나 자주 물을 뿌려 주어야 할까?
④ ❹: 싹이 나오면 왜 햇빛에 말려야 할까?
⑤ ❺: 새싹 채소를 어떻게 팔아야 할까?

[4~5] 다음 글을 읽고, 물음에 답하시오.

국립중앙박물관 이용 안내

▶ 국립중앙박물관은 1월 1일, 설날(당일), 추석(당일)에는 쉽니다.
▶ 6세 이하 어린이는 보호자와 함께해야 합니다.

■ 관람 시간
• 월·화·목·금요일 10:00~18:00
• 수·토요일 10:00~21:00
• 일요일·공휴일 10:00~19:00
■ 관람료: 무료(상설 전시관, 어린이 박물관, 무료 특별 전시)

4 이 글을 읽고 알 수 있는 내용이 <u>아닌</u> 것은 무엇입니까? (   )

① 국립중앙박물관의 관람료
② 국립중앙박물관이 쉬는 날
③ 국립중앙박물관의 관람 시간
④ 국립중앙박물관이 생긴 까닭
⑤ 국립중앙박물관을 관람하는 방법

5 국립중앙박물관 이용 방법으로 알맞은 것은 무엇입니까? (   )

① 상설 전시관은 매주 월요일에 쉰다.
② 어린이 박물관의 관람료는 무료이다.
③ 설날과 추석에는 오후 늦게 문을 연다.
④ 8세 이하 어린이는 보호자와 함께해야 한다.
⑤ 토요일 및 공휴일은 오후 9시까지 관람할 수 있다.

[6~7] 다음 글을 읽고, 물음에 답하시오.

과일 카드 놀이 방법

❶ 책상 가운데에 종을 놓고 과일 카드를 똑같이 나누어 가진다.

❷ 차례에 맞게 각자 카드를 한 장씩 펼쳐 내려놓는다.

❸ 펼친 카드 가운데에서 같은 과일이 다섯 개가 되면 재빨리 종을 친다.

❹ 먼저 종을 친 사람이 바닥에 모인 카드를 모두 가져간다.

❺ ❷~❹를 되풀이해서 마지막까지 카드를 가지고 있는 사람이 이긴다.

서술형

6 카드를 얻으려면 어떻게 해야 하는지 쓰시오.

_____

_____

7 카드 놀이에서 이긴 사람은 누구입니까? (   )

① 처음에 종을 친 사람

② 마지막에 카드가 한 장도 없는 사람

③ 마지막까지 카드를 가지고 있는 사람

④ 처음에 바닥에 모인 카드를 전부 가져간 사람

⑤ 마지막에 가장 다양한 종류의 과일 카드를 가진 사람

8 설명하는 글을 읽고 새롭게 안 점을 알맞게 말하지 <u>못한</u> 친구의 이름을 쓰시오.

윤호: 필요한 정보를 얻을 수 있어.

희수: 일의 방법과 규칙을 알 수 있어.

주민: 어떤 일을 할 때 그 일의 차례를 알 수 있어.

용진: 자신의 생각이나 주장을 조리 있고 짜임새 있게 쓸 수 있어.

(   )

[9~10] 다음 글을 읽고, 물음에 답하시오.

㉮ 우리나라에는 화강암을 쪼아 만든 석탑이 많습니다. 그 가운데에서 가장 유명한 탑은 다보탑과 석가탑입니다. 다보탑과 석가탑에는 공통점과 차이점이 있습니다.

㉯ 다보탑과 석가탑은 공통점이 있습니다. 두 탑은 모두 통일 신라 시대에 만든 탑으로서 불국사 대웅전 앞뜰에 나란히 서 있습니다. 또 두 탑은 그 가치를 인정받아 국보로 지정되었습니다.

㉰ 두 탑의 모습은 매우 다릅니다. 다보탑은 장식이 많고 화려합니다. 십자 모양의 반침 주변에 돌계단을 만들고 그 위에 사각·팔각·원 모양의 돌을 쌓아 올렸습니다. 반면 석가탑은 단순하면서도 세련된 멋이 있습니다. 사각 평면 받침 위에 돌을 삼 층으로 쌓아 올려 매우 균형 있는 모습을 자랑합니다.

㉱ 다보탑과 석가탑은 서로 다른 모습으로 각각 아름답습니다. 두 탑은 우리 조상의 뛰어난 솜씨와 예술성을 보여 줍니다. 그래서 많은 사람에게 관심과 사랑을 받습니다.

9 문단 ㉯의 중심 문장을 찾아 쓰시오.

_____

_____

10 이 글은 다보탑과 석가탑을 어떻게 설명했습니까?

(   )

① 설명하려는 대상의 특징을 나열하여 설명했다.

② 전체를 여러 부분으로 나누어 부분별로 설명했다.

③ 일정한 기준에 따라 같은 것끼리 묶어서 설명했다.

④ 두 탑과 관련한 속담과 옛이야기를 인용하여 설명했다.

⑤ 두 가지 이상의 대상에서 공통점과 차이점을 찾아 설명했다.

[11~14] 다음 글을 읽고, 물음에 답하시오.

> ㉠세계 여러 도시에 있는 유명한 탑을 알아봅시다.
>
> ㉡이탈리아 토스카나주에는 피사의 사탑이 있습니다. 피사의 사탑은 종교 목적으로 만들어졌습니다. 55미터 높이로 세운 이 탑은 완성한 뒤 조금씩 한쪽으로 기울기 시작해 현재 모습이 되었습니다. 그 아슬아슬한 모습은 눈길을 많이 끕니다.
>
> ㉢프랑스 파리에는 에펠 탑이 있습니다. 에펠 탑은 1889년에 프랑스 혁명 100주년을 기념해 세웠습니다. 에펠 탑의 높이는 324미터이고, 해마다 세계 여러 나라에서 수백만 관광객이 찾을 만큼 유명합니다. 현재는 파리뿐만 아니라 프랑스 전체를 상징하는 건축물이기도 합니다.
>
> ㉣중국 상하이에는 높이가 468미터인 동방명주 탑이 있습니다. 이 탑은 1994년에 방송을 송신하려고 세웠습니다. 동방명주 탑은 높은 기둥을 중심축으로 하여 구슬 세 개를 꿰어 놓은 것 같은 독특한 외형 때문에 '동양의 진주'라고 불립니다.

11 다음에서 설명하는 탑은 무엇인지 쓰시오.

> • 프랑스 전체를 상징하는 건축물임.
> • 1889년에 프랑스 혁명 100주년을 기념해 세웠음.

(   )

12 ㉠~㉣에 알맞은 설명을 모두 찾아 선으로 이으시오.

(1) ㉠ •

(2) ㉡ •   • ㉮   설명하려는 대상

(3) ㉢ •   • ㉯   설명하려는 대상의 예

(4) ㉣ •

13 이 글에서 대상을 설명하기 위해 사용한 설명 방법은 무엇입니까? (   )

① 분석   ② 열거

③ 인용   ④ 원인과 결과

⑤ 주장과 근거

14 이 글의 내용을 정리하기에 알맞은 틀을 찾아 ○표 하시오.

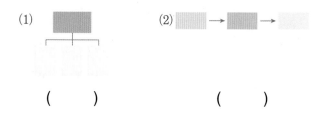

(   )   (   )

[15~16] 다음 글을 읽고, 물음에 답하시오.

> 어류는 아가미가 있는 척추동물입니다. 어류는 물속 환경에 적응할 수 있도록 다양한 기관이 발달했습니다.
>
> 어류 피부는 대부분 비늘로 덮여 있습니다. 비늘은 어류 몸을 보호합니다. 비늘은 짠 바닷물이 몸속으로 들어오지 못하게 막아 줍니다. 또 저마다 비늘 무늬가 달라 몸을 쉽게 숨길 수 있게 합니다.
>
> 어류는 아가미로 물속에 녹아 있는 산소를 흡수합니다. 입으로 물을 삼키고 아가미로 다시 내뱉는 과정에서 산소를 얻습니다.
>
> 어류는 몸통에 옆줄이 있습니다. 어류는 옆줄로 물 흐름이나 떨림 같은 환경 변화를 알아냅니다.

15 어류의 다양한 기관 중에서 물속에 녹아 있는 산소를 흡수하는 기관을 쓰시오.

(   )

16 다음은 이 글을 읽고 요약한 것입니다. 빈칸에 알맞은 내용을 쓰시오.

> 어류 피부는 비늘로 덮여 있어 몸을 보호해 주고, 아가미는 물속에 녹아 있는 산소를 흡수한다.
>
> 또 어류는 _____
>
> _____

18 다음 중 옷 색깔이 다른 직업을 찾아 쓰시오.

> 약사, 의사, 법관, 간호사, 요리사, 위생사

(   )

3
단원

[17~19] 다음 글을 읽고, 물음에 답하시오.

> ㉮ 사람은 직업에 따라 고유한 색깔 옷을 입기도 한다. 직업의 특성에 따라 특정 색깔의 옷이 일을 하는 데 도움이 되기 때문이다.
>
> ㉯ 의사나 간호사는 보통 흰색 옷을 입는다. 감염에 민감한 환자들이 있는 병원에서는 위생이 매우 중요한 문제이기 때문이다. 흰색 옷은 옷이 더러워졌을 때 이를 쉽게 알아차릴 수 있게 해 준다. 약사나 위생사, 요리사와 같이 청결을 유지해야 하는 일을 하는 사람들도 마찬가지로 흰색 옷을 입는다.
>
> ㉰ 법관은 검은색 옷을 입는다. 예전 서양에서는 신분에 따라 입을 수 있는 옷 색깔이 정해져 있었지만, 검은색 옷은 누구나 입을 수 있었다. 법관의 검은색 옷은 법 앞에서 모든 사람이 평등하다는 뜻을 나타내며, 다른 것에 물들지 않고 공정하게 재판해야 한다는 의미를 담고 있다.

19 이 글에 대한 설명으로 알맞지 <u>않은</u> 것에 ✕표 하시오.

(1) 문단 ㉮는 중심 문장이 없다.   (   )

(2) 문단 ㉯와 ㉰의 중심 문장은 문단의 맨 앞에 있다.

(   )

(3) 여러 가지 특징을 나열해 직업과 옷 색깔의 관계를 설명했다.   (   )

17 직업에 따라 옷 색깔을 특별히 정해서 입는 까닭은 무엇입니까? (   )

① 일할 때 도움이 되기 때문에

② 자주 갈아입는 것이 귀찮기 때문에

③ 개인의 자유를 인정하지 않기 때문에

④ 자신의 직업을 자랑하고 싶기 때문에

⑤ 신분에 따라 입을 수 있는 옷 색깔이 정해져 있기 때문에

20 글을 요약하는 방법으로 알맞지 <u>않은</u> 것은 무엇입니까? (   )

① 각 문단의 중심 내용을 찾는다.

② 중요하지 않은 내용도 자세하게 정리한다.

③ 대상을 설명하는 방법이 무엇인지 확인한다.

④ 글의 구조에 알맞게 틀을 그려 내용을 정리한다.

⑤ 세부 내용은 대표적인 말로 바꾸어 중심 내용을 정리한다.

학습 주제	여러 가지 설명 방법과 글의 구조 알기
학습 목표	대상을 설명하는 방법에 따라 내용을 정리할 수 있다.

우리나라에는 화강암을 쪼아 만든 석탑이 많습니다. 그 가운데에서 가장 유명한 탑은 다보탑과 석가탑입니다. 다보탑과 석가탑에는 공통점과 차이점이 있습니다.

다보탑과 석가탑은 공통점이 있습니다. 두 탑은 모두 통일 신라 시대에 만든 탑으로서 불국사 대웅전 앞뜰에 나란히 서 있습니다. 또 두 탑은 그 가치를 인정받아 국보로 지정되었습니다.

두 탑의 모습은 매우 다릅니다. 다보탑은 장식이 많고 화려합니다. 십자 모양의 받침 주변에 돌계단을 만들고 그 위에 사각·팔각·원 모양의 돌을 쌓아 올렸습니다. 반면 석가탑은 단순하면서도 세련된 멋이 있습니다. 사각 평면 받침 위에 돌을 삼 층으로 쌓아 올려 매우 균형 있는 모습을 자랑합니다.

1 다음 문단의 중심 문장을 찾아 쓰시오.

두 번째 문단	(1)
세 번째 문단	(2)

2 이 글이 대상을 어떻게 설명했는지 쓰시오.

3 이 글의 내용을 다음 틀에 정리하여 쓰시오.

다보탑   공통점   석가탑

(1)   (2)

- 화강암을 쪼아 만든 석탑이다.
- 통일 신라 시대에 만들었다.
- 불국사 대웅전 앞뜰에 서 있다.
- 우리나라 국보이다.

1 다음에서 설명하는 문장 성분은 무엇인지 쓰시오.

> 문장에서 주어의 움직임, 상태, 성질 따위를 풀이하는 말

( )

2 다음 문장이 어색한 까닭으로 알맞은 것에 ○표 하시오.

> 선수가 잡았습니다.

(1) 누가 잡았는지 설명하지 않아서 ( )

(2) 선수가 무엇을 잡았는지 설명하지 않아서
( )

(3) 선수가 공으로 무엇을 했는지 설명하지 않아서
( )

3 다음 그림에 어울리는 문장이 되게 빈칸에 알맞은 말을 써넣으시오.

(1) _____ 공을 던집니다.

(2) 나는 _____ 먹었습니다.

(3) 새가 _____
_____

4 다음 문장에서 반드시 있어야 하는 부분과 그렇지 않은 부분을 구분해 쓰시오.

> 매콤한 떡볶이가 익은 고추처럼 빨갛다.

(1) 반드시 있어야 하는 부분:
( )

(2) 그렇지 않은 부분:
( )

5 주어, 서술어, 목적어가 모두 들어간 문장을 찾아 기호를 쓰시오.

> ㉮ 동생은 개구쟁이이다.
> ㉯ 무지개가 참 아름답다.
> ㉰ 예쁜 꽃이 들판에 피었다.
> ㉱ 잽싸고 빠른 경찰이 검정 옷을 입은 도둑을 잡았다.

( )

6 다음 그림에서 민재는 누가 읽을지 예상하고 글을 쓰려고 하는지 쓰시오.

우리 반 친구들이 읽을 글이니 친구들이 재미있어할 내용으로 써야겠어.

민재

( )

[7~10] 다음은 민재가 글로 쓸 내용을 떠올린 것입니다. 떠올린 내용을 잘 보고, 물음에 답하시오.

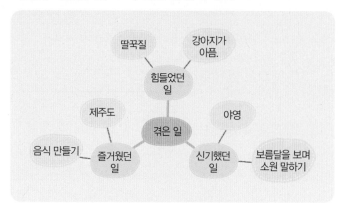

7 민재가 글로 쓸 내용은 무엇입니까? ( )

① 겪은 일   ② 상상한 일
③ 잘하는 일   ④ 싫어하는 일
⑤ 좋아하는 일

8 민재가 '즐거웠던 일'로 떠올린 것을 두 가지 고르시오. ( )

① 야영   ② 딸꾹질
③ 제주도   ④ 음식 만들기
⑤ 보름달을 보며 소원 말하기

9 민재가 글로 쓸 내용을 떠올린 방법으로 알맞은 것에 ○표 하시오.

(1) 쓰고 싶은 내용을 자유롭게 떠올렸다. ( )

(2) 쓸 내용을 몇 가지로 나누어 떠올렸다. ( )

10 문제 9번의 방법으로 글로 쓸 내용을 떠올릴 때 주의할 점은 무엇입니까? ( )

① 시간과 장소를 자세히 쓴다.
② 일이 일어난 차례대로 쓴다.
③ 원인과 결과에 따라 사건을 나열한다.
④ 떠오른 생각을 비슷한 주제별로 묶는다.
⑤ 자신이 가장 하고 싶은 일을 제일 먼저 쓴다.

11 다음 그림에서 민재가 겪은 일로 알맞지 <u>않은</u> 것을 찾아 기호를 쓰시오.

㉮ 달걀말이를 맛있게 먹었다.
㉯ 달걀말이를 만들고 칭찬을 받았다.
㉰ 달걀말이를 만드는 방법을 들었다.
㉱ 동생에게 맛있는 볶음밥을 만들어 주었다.

( )

[12~14] 다음 글을 읽고, 물음에 답하시오.

> 나는 달걀말이를 정말 좋아한다. 날마다 달걀말이를 반찬으로 먹어도 투정하지 않을 자신이 있다. 지난 주말에 삼촌 댁에 갔더니 삼촌께서 내가 좋아하는 달걀말이를 해 주셨다. 삼촌은 요리를 정말 잘하시는 것 같다. 달걀말이가 너무 맛있어서 삼촌께 달걀말이를 만드는 방법을 배워 왔다.
>
> 먼저 재료로 달걀 여섯 알, 다진 파 한 줌, 소금, 식용유를 준비한다. 그런 다음 달걀을 큰 그릇에 깨뜨려 넣고 다진 파 한 줌과 소금 적당량을 넣어서 골고루 잘 저어 준다. 삼촌께서 이때 달걀을 젓가락으로 싹둑싹둑 잘라 주어야 좋다고 하셨다. 덩어리진 것을 가위로 자르듯 끊어 주면 된다고 하셨다. 그런 다음 약한 불에 준비한 지짐 판을 얹고 식용유를 골고루 두른 뒤 달걀물을 넓게 붓는다. 그리고 조금씩 익으면 끝에서부터 뒤집개로 살살 말아 준다.

12 글쓴이에게 달걀말이를 만드는 방법을 가르쳐 준 사람은 누구인지 쓰시오.

( )

13 달걀말이를 만드는 차례대로 기호를 쓰시오.

> ㉮ 달걀 여섯 알, 다진 파 한 줌, 소금, 식용유를 준비한다.
> ㉯ 약한 불에 얹은 지짐 판에 식용유를 두르고 달걀물을 붓는다.
> ㉰ 달걀이 조금씩 익으면 끝에서부터 뒤집개로 살살 말아 준다.
> ㉱ 달걀을 큰 그릇에 깨뜨려 넣고 파와 소금을 넣어서 잘 저어 준다.

( ) → ( ) → ( ) → ( )

서술형

14 이 글에 알맞은 제목을 쓰고, 그러한 제목을 붙인 까닭을 쓰시오.

(1) 제목: _____

(2) 제목을 붙인 까닭: _____

_____

15 다음 글에서 일어난 일과 그에 어울리는 생각이나 느낌을 알맞게 짝 지은 것은 무엇입니까? ( )

> 아빠께서는 물통을 들고 뚜벅뚜벅 걸어가셨다. 아빠 발걸음이 어찌나 빠른지 나는 그 뒤를 따라 뛰어야 했다. 뒷산 시민 공원에 도착하니 벌써 운동하는 사람이 많아 깜짝 놀랐다.
> "준비 운동부터 하자."
> 나는 아빠를 따라 맨손 체조를 했다. 체조를 하고 나니 정말 추위가 달아나는 것 같았다. 철봉에서 턱걸이를 다섯 번이나 해서 아빠께 칭찬을 들었다. 아침 일찍 일어나기는 힘들었지만 아빠께 칭찬을 들으니 기분이 좋았다.

	일어난 일	생각이나 느낌
①	집까지 걸어감.	힘들어서 쉬고 싶음.
②	학교까지 달려감.	늦을까 봐 걱정됨.
③	아빠를 앞서 달림.	기분이 참 상쾌함.
④	이웃 어른들을 만남.	반가움.
⑤	턱걸이를 다섯 개나 성공함.	아빠께 칭찬을 들어 기분이 좋음.

4 단원

● 정답 및 풀이 33쪽

[16~18] 다음 글을 읽고, 물음에 답하시오.

학교 공부가 끝나고 집으로 갔다. 오늘은 어려운 내용을 배워 머리가 아팠다. 그런데 집에 오니 할머니께서 계셨다. 늘 내 편이 되어 주시는 할머니께서 계시니 갑자기 기분이 좋아졌다.

할머니께서 공부하느라 고생했다며 맛있는 떡볶이를 해 주셨다. 동생과 함께 먹다 보니 어느새 떡볶이를 다 먹었다. 정말 맛있었다. 짝과 함께 수학 공부를 하기로 해서 할머니께 인사드리고 친구 집으로 갔다. 할머니께 공부를 열심히 한다고 칭찬을 들었지만 할머니와 함께 있지 못해 아쉬운 마음이 들었다. 수학 공부를 하는 동안 할머니께서 일찍 가시지 않았으면 좋겠다고 생각했다. 공부를 마치자마자 집으로 왔다. 다행히 할머니께서 아직 집에 계셨다. 할머니와 함께 만화 영화도 보고, 과일과 피자도 먹었다.

16 일어난 일을 모두 고르시오. (   )

① 할머니께서 병원에 입원하셨다.
② 동생과 함께 떡볶이를 다 먹었다.
③ 수학 공부를 하러 친구 집으로 갔다.
④ 학교에서 운동을 하다 다리를 다쳤다.
⑤ 할머니께서 오셔서 떡볶이를 해 주셨다.

17 일어난 일에 대한 생각이나 느낌이 <u>아닌</u> 것은 무엇입니까? (   )

① 과일과 피자를 먹었다.
② 할머니께서 오셔서 기분이 좋아졌다.
③ 할머니께서 해 주신 떡볶이는 정말 맛있었다.
④ 수학 공부를 하는 동안 할머니께서 일찍 가시지 않았으면 좋겠다고 생각했다.
⑤ 할머니께 공부를 열심히 한다고 칭찬을 들었지만 할머니와 함께 있지 못해 아쉬웠다.

서술형

18 다음은 이 글을 쓰려고 정리한 다발 짓기입니다. 이 글에서 다발 짓기에 없는 내용을 어떻게 썼는지 쓰시오.

일어난 일		생각이나 느낌
할머니께서 오심.	처음	기분이 좋아짐.
할머니께서 떡볶이를 해 주심.	가운데	맛있게 먹음.
친구 집에 수학 공부를 하러 감.		할머니와 함께 있지 못해 아쉬움.
할머니께서 여전히 계심.		할머니께서 아직 집에 계신 것을 다행이라고 생각함.

_____

_____

19 다음 문장에 쓰인 호응 관계의 종류로 알맞은 것에 ○표 하시오.

나는 어제 재미있는 동화책을 읽었다.

(1) 동작을 당하는 주어와 서술어의 호응 (   )
(2) 시간을 나타내는 말과 서술어의 호응 (   )
(3) 높임의 대상을 나타내는 말과 서술어의 호응
(   )

20 주어와 서술어가 호응하도록 다음 문장을 바르게 고쳐 쓰시오.

나는 동생보다 키와 몸무게가 더 무겁다.

(   )

학습 주제	떠올린 내용을 조직하기
학습 목표	일어난 일과 생각이나 느낌을 다발 짓기로 정리할 수 있다.

1 자신이 겪은 일을 글로 써서 학급 신문에 실으려고 합니다. 글 쓰는 상황이나 목적, 읽을 사람, 주제를 정해 쓰시오.

글 쓰는 상황이나 목적	(1)
읽을 사람	(2)
주제	(3)

2 문제 **1**번에서 정한 주제로 글로 쓸 내용을 떠올려 보기 와 같이 쓰시오.

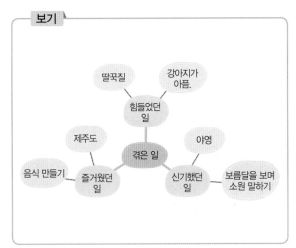

보기

딸꾹질 · 강아지가 아픔.
힘들었던 일
제주도 · 야영
음식 만들기 · 즐거웠던 일 · 겪은 일 · 신기했던 일 · 보름달을 보며 소원 말하기

3 문제 **2**번에서 떠올린 내용 중 한 가지를 정해 글에 쓸 내용을 다발 짓기로 정리하여 쓰시오.

일어난 일		생각이나 느낌
(1)	처음	(2)
(3)	가운데	(4)
(5)	끝	(6)

[1~2] 다음 그림을 보고, 물음에 답하시오.

1 그림 ❷에서 남자아이가 걱정하는 표정을 지은 까닭은 무엇입니까? (   )

① 자신의 안경다리도 망가져서
② 누군가 다리를 다쳤다고 생각해서
③ 부모님께서 다리가 아프다고 말씀하셔서
④ 안경다리가 부러진 태빈이가 안쓰러워서
⑤ 지금 서 있는 다리가 무너질까 봐 걱정되어서

2 ㉠과 ㉡의 뜻에 해당하는 그림을 보기 에서 찾아 기호를 쓰시오.

(1) 태빈이가 말한 ㉠: (   )

(2) 남자아이가 말한 ㉡: (   )

3 다음 설명하는 내용이 동형어이면 '동'을, 다의어이면 '다'를 쓰시오.

(1) 형태는 같지만 뜻이 서로 다른 낱말   (   )

(2) 한 낱말이 여러 가지 뜻을 가진 경우   (   )

(3) 국어사전에서 한 낱말에 여러 가지 뜻을 제시함.

(   )

(4) 사람의 '다리'와 물을 건너다닐 수 있도록 만든 '다리'   (   )

[4~7] 다음 글을 읽고, 물음에 답하시오.

㉮ 어린이 보행 중 교통사고를 줄이는 방법은 무엇일까? 운전자에게 어린이 보행 안전 교육을 철저히 해야 한다. 전체 교통사고 가운데에서 보행 중에 발생한 사고의 나이대별 분포를 살펴보면, 초등학생이 다른 나이대보다 상대적으로 높게 나타나는 것을 알 수 있다. 이는 초등학생들이 바깥 활동이 잦은 데다 위험 상황을 판단하고 그에 대처하는 능력이 부족하기 때문이다. 그러므로 운전자에게 어린이 보행자를 보호할 수 있는 안전 교육을 실시해 어린이 보행 중 교통사고가 ㉠일어나지 않도록 해야 한다.

❹ 어린이를 고려한 보행 안전시설도 더 필요하다. 학교 앞길에는 과속 차량을 단속하는 장치를 마련해야 한다. 그리고 학교 근처의 어린이 보호 구역을 현재 반지름 300미터보다 더 넓게 하여 어린이들이 안전하게 다닐 수 있게 해야 한다. 그뿐만 아니라 어린이가 많이 다니는 길에는 과속 방지 턱을 만들어 차량 속도를 낮추도록 해야 한다. 이와 같은 안전시설은 어린이 교통사고를 줄이는 데 많은 도움이 될 것이다.

4 어린이 보행 중 교통사고를 줄이는 방법으로 알맞지 않은 것은 무엇입니까? (　　　)

① 어린이를 고려한 보행 안전시설을 늘린다.
② 어린이가 많이 다니는 길에 과속 방지 턱을 만든다.
③ 학교 근처의 어린이 보호 구역을 더 넓게 설정한다.
④ 교실 안에 과속 차량을 단속하는 장치를 마련한다.
⑤ 운전자에게 어린이 보행자를 보호할 수 있는 안전 교육을 실시한다.

5 글쓴이의 주장으로 알맞은 것에 ○표 하시오.

(1) 어린이 보행 중 교통사고를 줄이자.　　(　　　)
(2) 어린이를 고려한 놀이 시설을 늘리자.　(　　　)
(3) 교통사고를 일으킨 운전자를 강하게 처벌하자.
　　　　　　　　　　　　　　　　(　　　)

6 보기 에서 ㉠'일어나지'의 뜻을 찾아 기호를 쓰시오

보기
㉮ 잠에서 깨어나지.
㉯ 어떤 일이 생기지.
㉰ 누웠다가 앉거나 앉았다가 서지.

(　　　　　　　　)

7 다음 중 동형어가 아닌 것은 무엇입니까? (　　　)

① 길　　　　　　② 턱
③ 안전　　　　　④ 사고
⑤ 다니다

[8~9] 다음 글을 읽고, 물음에 답하시오.

　어린이 스스로도 보행 중 교통사고를 당하지 않도록 노력해야 한다. 도로에서 발생하는 수많은 비극은 교통 법규를 무시하고 조금 빨리 가려다가 발생한다. 운전자와 보행자 모두 도로에서 시간적 여유를 가지는 마음이 필요하다. 보행 신호가 초록색으로 바뀌지도 않았는데 보행자가 무리하게 길을 건너면 사고를 당할 수 있다. 그리고 신호가 바뀌자마자 좌우를 살피지 않고 출발하다가 사고를 당하기도 한다. 또 신호가 바뀐 뒤에도 신호 위반을 하는 차가 있을 수 있기 때문에 늘 조심해야 한다. 따라서 운전자와 보행자 모두 도로에서 조급하게 서두르지 말고 교통 법규와 안전 수칙을 지키며 생활해야 한다.
　이제부터라도 어린이 보행 중 교통사고를 줄이는 일에 모두 힘써야 한다. 어린이 보행 안전은 남에게 미룰 수도 없고, 남이 대신해 줄 수도 없다. 우리 모두 노력해 어린이 보행 중 교통사고가 일어나지 않도록 하자.

서술형
8 어린이가 스스로 지켜야 하는 안전 수칙을 쓰시오.

_____

_____

9 다음 낱말 그물의 빈칸에 들어갈 낱말을 이 글에서 찾아 쓰시오.

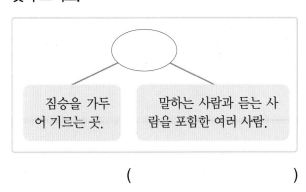

짐승을 가두어 기르는 곳.　　　말하는 사람과 듣는 사람을 포함한 여러 사람.

(　　　　　　　　)

5
단원

10 상황에 따라 여러 가지로 해석되는 낱말의 뜻을 확인하는 방법을 알맞게 말한 친구의 이름을 모두 쓰시오.

> 성훈: 속담 사전에서 뜻을 찾아 확인했어.
> 희수: 대신 쓸 수 있는 낱말을 생각해 확인했어.
> 지유: 글자 수가 비슷한 낱말을 찾아서 뜻을 비교했어.
> 민호: 낱말의 앞뒤 내용을 살펴보고 관련 있는 뜻을 찾았어.

(   )

[11~14] 다음 글을 읽고, 물음에 답하시오.

㉮ 인공 지능 기술의 개발 속도는 우리가 예상할 수 없을 만큼 빨라지고 있습니다. 많은 사람이 다음 세기에는 인공 지능이 인간을 뛰어넘을 것이라고 말합니다. 앞으로 인공 지능은 우리의 삶 곳곳에 영향을 미칠 것입니다. 그런 미래는 편리함이라는 빛만큼이나 위험하고 어두운 그림자 또한 있을 것이라고 생각합니다. 그러므로 인공 지능이 일으킬 위험을 막을 방법도 생각해야 합니다.

첫째, 인공 지능을 가졌느냐 아니냐에 따라 부자는 더 부자가 되고 가난한 사람은 더욱 가난해질 것입니다. 이로써 사회적·경제적 불평등은 더욱 심해질 것입니다.

㉯ 사람이 하기 어렵거나 위험한 일을 인공 지능이 대신할 수 있습니다. 사람 몸에 해로운 물질을 다루는 일이나 높은 빌딩에 페인트를 칠하는 일같이 위험한 일을 인공 지능 로봇이 대신한다면 어쩌다가 일어날 수 있는 사고나 피해를 줄일 수 있습니다.

인공 지능 개발을 연구하는 학자들은 인공 지능으로 세상을 더 살기 좋게 만들 수 있도록 다양한 분야에서 노력할 것이라고 말했습니다. 앞으로 인공 지능은 인간의 생활을 이롭게 하는 생활 속 기술로 자리 잡을 것입니다. 인간에게 나쁜 영향을 줄 수 있는 인공 지능은 철저히 통제하고, 인간을 보호하고 도울 수 있는 인공 지능을 활용하면 인공 지능은 인류의 미래를 희망으로 가득하게 만들어 줄 것입니다.

11 글 ㉮에서 인공 지능이 불평등한 사회를 만든다고 한 까닭을 쓰시오.

_____

_____

12 글 ㉯에서 말한 인공 지능의 좋은 점으로 알맞은 것에 ○표 하시오.

(1) 인공 지능 개발을 연구하는 학자들이 늘고 있다.

(   )

(2) 힘 있는 사람들의 지배력이 더욱 강해질 수 있다.

(   )

(3) 사람이 하기 어렵거나 위험한 일을 대신할 수 있다.

(   )

13 글 ㉮와 ㉯ 중에서 다음 제목이 어울리는 글의 기호를 쓰시오.

> 인공 지능은 미래의 희망이다

글 (   )

14 인공 지능에 대한 글쓴이의 주장을 각각 쓰시오.

글 ㉮	(1)
글 ㉯	(2)

15 글쓴이의 주장을 파악하는 방법으로 알맞지 <u>않은</u> 것을 두 가지 고르시오. (　　　　)

① 글쓴이가 누구인지 조사한다.
② 뒷받침 문장의 개수를 파악한다.
③ 각 문단의 중심 내용을 확인한다.
④ 글쓴이의 의견과 제시한 근거를 살펴본다.
⑤ 글쓴이가 여러 번 강조해 사용한 낱말을 확인한다.

[16~19] 다음 글을 읽고, 물음에 답하시오.

⑦ 글을 쓸 때 남의 글을 베껴 자신이 쓴 글인 양 속이는 사람이 있다. 그리고 진실이 아닌 내용을 진실인 것처럼 거짓으로 꾸며 글을 쓰는 사람도 있다. 또 읽는 사람이 크게 상처를 받을 수 있는 내용의 글을 함부로 쓰는 사람도 있다. 이것은 모두 ㉠글쓰기 과정에서 지켜야 할 규범과 예의를 지키지 않은 경우이다. 이처럼 글을 쓰는 과정에서 지켜야 하는 여러 가지 규범을 쓰기 윤리라고 한다. 글을 쓸 때 흔히 글만 잘 쓰면 된다고 생각하기 쉽지만 아무리 잘 쓴 글이라고 하더라도 쓰기 윤리에 벗어난 글이라면 아무 소용이 없다. 쓰기 윤리를 지켜야 하는 까닭을 살펴보자.

⑭ 쓰기 윤리를 지키지 않으면 다른 사람에게 물질이나 정신 피해를 줄 수 있다. 글을 쓰려고 어떤 자료를 이용하는 경우, 자신이 직접 쓴 부분과 자료에서 인용한 부분을 명확하게 구분하지 않으면 표절이 될 수 있다. 너무도 뚜렷하게 의도가 있는 표절이면 저작권자에게 피해를 준다. 예를 들어 어떤 작가가 오랜 시간 힘들여 쓴 이야기책이 유명해졌는데, 어떤 사람이 비슷한 내용으로 다른 책을 만들어서 판다면 어떻게 될까? 이야기책의 원래 작가는 그만큼 돈을 못 벌게 되고, 또 마음에 큰 상처를 받게 될 것이다.

16 글을 쓰는 과정에서 지켜야 하는 여러 가지 규범을 무엇이라고 하는지 쓰시오.

(　　　　　　　　　　　)

17 ㉠의 예로 알맞은 것에 모두 ○표 하시오.

⑴ 남의 글을 베껴 자신이 쓴 글인 양 속인다.
(　　　)

⑵ 진실이 아닌 내용을 진실인 것처럼 거짓으로 꾸며 쓰지 않는다.
(　　　)

⑶ 읽는 사람이 크게 상처를 받을 수 있는 내용의 글을 함부로 쓴다.
(　　　)

서술형

18 문단 ⑭의 중심 내용을 쓰시오.

_____

_____

19 글쓴이의 주장을 쓰시오.

(　　　　　　　　　　　　　　)

20 주장을 뒷받침하는 근거가 적절한지 파악하는 방법을 모두 고르시오. (　　　　)

① 문장의 길이가 얼마나 긴지 알아본다.
② 근거에 알맞은 낱말을 썼는지 알아본다.
③ 주장과 관련이 있는 근거인지 살펴본다.
④ 근거에 선생님 말씀을 인용했는지 살펴본다.
⑤ 주장을 더욱 설득력 있게 하는 근거인지 알아본다.

학습 주제	주장에 대한 찬반 의견 나누기
학습 목표	글에서 주장과 근거를 찾고 자신의 의견을 글로 쓸 수 있다.

스마트폰을 지나치게 쓰는 것이 문제라는 사실에는 공감하지만, 초등학생들이 학교 안에서 스마트폰을 아예 쓰지 못하도록 법으로 막는 것을 두고 찬성과 반대 입장이 팽팽히 맞섭니다. 여러분은 어떻게 생각하나요?

학교 안 스마트폰 사용을 법으로 금지해야 한다고 주장하는 사람들은 다음과 같은 근거를 듭니다.

"학교 안에서 스마트폰을 사용하면 학생들이 수업에 집중하지 못해 학업에 방해가 됩니다. 만약 학교 안에서 스마트폰을 사용하는 것을 법으로 금지한다면 학생들이 스마트폰에 정신을 빼앗기지 않아 좀 더 수업에 집중할 수 있을 것입니다. 아무리 학교에서 사용하지 않겠다고 다짐해도 스마트폰이 자신에게 있으면 손이 가기 마련입니다. 또 학교에서까지 스마트폰을 사용하면 난청, 시각 장애, 거북목 증후군 같은 여러 가지 병에 걸릴 수 있습니다. 따라서 학생이 스마트폰을 학교에서 사용하는 것을 막는 장치가 있어야 합니다."

1 이 글에서 학교 안 스마트폰 사용에 대한 주장과 근거를 찾아 쓰시오.

주장	(1)
근거	(2)

2 학교 안 스마트폰 사용에 대한 자신의 주장을 쓰고, 근거를 두 가지 이상 정리하여 쓰시오.

나의 주장	(1)
근거	(2)

3 문제 2번에서 정리한 내용을 바탕으로 자신의 의견을 글로 쓰시오.

[1~3] 다음 그림을 보고, 물음에 답하시오.

1 그림 ❶의 친구들은 어떤 문제를 주제로 의견을 나누었는지 쓰시오.

• ( )을/를 안전하게 쓰는 방법

2 그림 ❷와 ❶에서 문제를 해결하는 과정을 보기 에서 찾아 기호를 쓰시오.

보기
㉠ 알림 글로 결정된 내용을 전달했다.
㉡ 학생들이 모여 운동장을 안전하게 쓰는 방법을 의논했다.

(1) 그림 ❷: ( )

(2) 그림 ❶: ( )

서술형
3 다음 친구들은 그림 ❶처럼 문제 해결 과정에 여러 사람이 참여하면 좋은 점을 말하고 있습니다. ㉠에 들어갈 알맞은 말을 쓰시오.

_____

_____

4 토의에 대한 설명으로 알맞은 것은 무엇입니까?
( )

① 어떤 대상을 알기 쉽게 설명하는 방법이다.
② 어떤 사건이 일어난 까닭을 찾는 과정이다.
③ 어떤 대상에 대한 자신의 느낌을 말하는 것이다.
④ 어떤 원인에 의하여 일어난 결과를 파악하는 것이다.
⑤ 어떤 문제를 여러 사람이 협력해 해결하는 방법이다.

5 일상생활에서 토의를 해야 할 때로 알맞은 것을 모두 찾아 기호를 쓰시오.

㉮ 친구에게 편지를 쓸 때
㉯ 가족 여행 장소를 정할 때
㉰ 모둠 과제의 역할을 정할 때
㉱ 무거운 짐을 들고 가는 동생을 도울 때

( )

[6~8] 다음 그림을 보고, 물음에 답하시오.

[9~10] 다음 그림을 보고, 물음에 답하시오.

6 이 그림에서 선생님 말씀을 통해 알 수 있는 문제 상황은 무엇입니까? (　　)

① 개교기념일을 새로 정하는 것
② 개교기념일 행사를 취소하는 것
③ 개교기념일을 부모님께 알리는 것
④ 개교기념일에 학교에 나오지 않는 것
⑤ 개교기념일 행사를 학생들의 의견을 모아 진행하는 것

9 그림 ❶에서 마루가 잘못한 점은 무엇입니까?
　　　　　　　　　　　　　　　　　(　　)

① 친구의 의견을 무시했다.
② 너무 많은 의견을 말했다.
③ 친구의 의견을 끝까지 듣지 않았다.
④ 자신의 의견을 제시하는 까닭을 설명하지 않았다.
⑤ 의견에 대한 까닭만 말하고 어떤 의견인지는 밝히지 않았다.

7 문제 **6**번의 문제 상황을 해결하기 위해 토의를 하려고 합니다. 토의 절차에 맞게 기호를 쓰시오.

> ㉮ 의견 모으기　　㉯ 의견 마련하기
> ㉰ 의견 결정하기　　㉱ 토의 주제 정하기

(　　)→(　　)→(　　)→(　　)

8 다음은 선생님의 말씀을 듣고 토의하고 싶은 주제를 말한 것입니다. 토의 주제로 알맞은지 판단하여 쓰시오.

> 개교기념일을 뜻깊게 보내는 방법

_____

_____

10 그림 ❷의 마루에게 충고하는 말을 알맞게 한 친구의 이름을 쓰시오.

> 은서: 자신의 의견을 말할 때에는 자신감 있는 태도로 말해야 해.
> 지한: 토의에서 의견을 모을 때에는 주제와 관련이 없는 의견을 말해도 돼.
> 현진: 토의에서 의견을 모을 때에는 다른 사람의 의견을 존중하며 들어야 해.

(　　　　　　)

11 다음 보기 의 토의 방법에 알맞은 토의 절차를 찾아 ○표 하시오.

> 보기
> • 친구들과 의견 주고받기
> • 각 의견의 장단점 찾기
> • 의견이 알맞은지 판단할 기준 세우기
> • 기준에 따라 의견이 알맞은지 판단하기

> 의견 마련하기, 의견 모으기, 토의 주제 정하기

12 토의에서 의견을 결정하는 방법으로 알맞은 것을 모두 고르시오. (   )

① 가장 먼저 말한 의견을 결정한다.
② 실천할 수 있는 의견을 결정한다.
③ 토의 주제에 맞는 의견을 결정한다.
④ 예전에 들어 본 적 있는 의견을 결정한다.
⑤ 알맞은 주장과 근거를 든 의견을 결정한다.

[13~15] 다음 그림을 보고, 물음에 답하시오.

다음 주 가운데 하루를 학급의 날로 잡아서 그날을 여러분이 계획한 대로 보내려고 합니다.

무엇을 하면 좋을까?

13 다음은 선생님께서 제안하신 내용입니다. 빈칸에 들어갈 말을 바르게 짝 지은 것은 무엇입니까?

(   )

> 다음 주 가운데 하루를 [   ]로 잡아서 학생들이 [   ]한 대로 보내자.

① 스승의 날 – 축하   ② 학교의 날 – 기록
③ 학교의 날 – 계획   ④ 학급의 날 – 실천
⑤ 학급의 날 – 계획

14 그림 속 친구들이 보기 의 주제로 토의를 할 때, 토의 주제에 알맞은 주장과 근거를 들어 의견을 말한 친구의 이름을 쓰시오.

> 보기
> 학급의 날을 어떻게 보내면 좋을까요?

> 혜주: 각자의 휴대 전화로 게임을 하면 좋겠습니다. 게임을 할 시간이 별로 없기 때문입니다.
> 호연: 우리 반 운동회를 했으면 좋겠습니다. 다른 학교 학생들을 좀 더 잘 알 수 있기 때문입니다.
> 희진: 우리 반 장기 자랑을 했으면 좋겠습니다. 장기 자랑으로 친구들과 좀 더 친해질 수 있고 무엇보다 모두 함께 즐거운 시간을 보낼 수 있기 때문입니다.

(   )

서술형

15 학급의 날을 어떻게 보내면 좋을지에 대한 자신의 의견과 그 의견의 장점을 쓰시오.

(1) 자신의 의견: _____

_____

(2) 그 의견의 장점: _____

_____

6
단원

[16~18] 다음 글을 읽고, 물음에 답하시오.

> 어린이 보호 구역에서 유치원생이 목숨을 잃은 사고가 있은 뒤, 초등학생들이 직접 교통사고 대책 마련에 나서 화제가 됐다. 과거에도 같은 곳에서 비슷한 사고가 있었기에 학생들은 학교 앞 어린이 보호 구역이 자신들의 안전을 지켜 주지 못한다는 것을 알았다.
>
> 이에 따라 전교 학생회에서 '안전한 학교 만들기' 안건을 마련했다. 이날 회의에서는 '구청장님께 편지 쓰기'라는 실천 방안까지 나왔다.
>
> 학생회는 학교 친구들이 직접 학교 앞 어린이 보호 구역 환경 개선을 요구하고 뚜렷한 개선 방안을 낼 것을 계획했다. 학생회는 학교 곳곳에 알림 글을 붙여 전교생이 편지를 쓰자고 했다. 그 결과, 편지가 2주 만에 200여 통이나 쌓였다.
>
> 학교 앞 어린이 보호 구역에 폐회로 텔레비전[CCTV]과 신호등을 설치하고, 불법 주정차 단속을 제대로 해야 한다는 내용이 대부분이었다. 이 가운데 가장 눈에 띄는 제안은 어린이 보호 구역 표지판을 개선하자는 것이었다. 어린이 보호 구역 표지판이 너무 작아 가로수에 가려 잘 보이지도 않는 데다 밤에는 어린이 보호 구역을 알아보기조차 힘들다는 의견이었다.

16 이 글의 학생들에게 생긴 문제는 무엇입니까?
( )

① 학교 앞에 어린이 보호 구역이 없다.
② 학교 앞 어린이 보호 구역이 너무 넓다.
③ 유치원생이 어린이 보호 구역을 잘 모른다.
④ 학교 앞 어린이 보호 구역에서 중학생이 놀다가 다쳤다.
⑤ 학교 앞 어린이 보호 구역에서 유치원생이 교통사고로 목숨을 잃었다.

17 이 문제를 해결하기 위해 전교 학생회에서 마련한 안건은 무엇인지 쓰시오.
( )

18 이 글의 학생들이 구청장님께 쓴 편지의 내용으로 알맞은 것을 모두 고르시오. ( )

① 어린이 보호 구역 표지판을 개선해 주세요.
② 어린이 보호 구역을 더 좁게 만들어 주세요.
③ 어린이 보호 구역에 차가 다니지 않게 해 주세요.
④ 어린이 보호 구역에서 불법 주정차 단속을 제대로 해 주세요.
⑤ 어린이 보호 구역에 폐회로 텔레비전과 신호등을 설치해 주세요.

19 다음 주장에 가장 알맞은 근거는 무엇입니까?
( )

> 토의 주제: 모두에게 안전한 학교를 만드는 방법
> 주장: 우리 학교 안전 지도를 만들면 좋겠다.

① 지도 보는 방법을 배울 수 있기 때문이다.
② 우리 학교를 널리 홍보할 수 있기 때문이다.
③ 학교에 가는 시간을 줄일 수 있기 때문이다.
④ 학교에서 가 보지 않은 곳을 모두 찾아갈 수 있기 때문이다.
⑤ 학교 곳곳에 있는 안전하지 않은 곳을 널리 알려 사고를 예방할 수 있기 때문이다.

서술형

20 다음 그림에 나타난 문제 상황과 이러한 상황에서 토의하고 싶은 주제를 쓰시오.

문제 상황	(1)
토의하고 싶은 주제	(2)

학습 주제	토의 절차와 방법 알기
학습 목표	토의에서 의견을 모으는 방법을 알 수 있다.

1 그림 ❶~❸에서 마루가 잘못한 점을 쓰시오.

그림 ❶	(1)
그림 ❷	(2)
그림 ❸	(3)

2 의견 ㉠의 장점과 단점을 각각 쓰시오.

장점	(1)
단점	(2)

3 이 토의의 주제에 대한 자신의 의견을 조건 에 맞게 쓰시오.

조건
1. 알맞은 주장과 근거를 든다.
2. 실천할 수 있는 내용으로 쓴다.

1 다음 그림에 나타나 있는 여행 경험은 무엇인지 알맞은 것을 찾아 ○표 하시오.

(1) 지난 여름 방학, 불국사에서 할아버지, 동생과 함께 ( )

(2) 올해 5월 17일, 갯벌 체험 우리 반 친구들과 함께 ( )

[2~5] 다음 그림을 보고, 물음에 답하시오.

2 그림 ㉮와 ㉯에서 서윤이와 현석이는 무엇에 대해 이야기를 나누고 있습니까? ( )

① 책을 읽은 경험
② 여행을 다녀온 경험
③ 친구를 도와준 경험
④ 사진을 찍어 본 경험
⑤ 선생님께 칭찬을 받은 경험

3 그림 ㉯에서 서윤이가 제주도를 여행하면서 다녀온 곳을 모두 쓰시오.

( )

4 그림 ㉯에서 서윤이가 지난해에 갔다 온 여행을 잘 기억할 수 있었던 까닭으로 알맞은 것의 기호를 쓰시오.

㉠ 여행을 여러 번 다녀왔기 때문에
㉡ 여행했던 기억을 날마다 떠올려 보았기 때문에
㉢ 현석이보다 더 오랫동안 여행을 하였기 때문에
㉣ 여행하면서 본 것을 사진과 함께 글로 남겨 두었기 때문에

( )

서술형
5 그림 ㉮의 현석이에게 해 주고 싶은 말을 조건 에 맞게 쓰시오.

조건
여행하면서 보고 듣고 느낀 점을 글로 쓰면 좋은 점을 바탕으로 하여 쓴다.

_____

_____

[6~10] 다음 글을 읽고, 물음에 답하시오.

㉮ 제주행 비행기를 탈 때면 나는 창가 쪽 자리를 선호한다. 하늘에서 보는 제주도의 풍광을 만끽하기 위해서다.

"저희 비행기는 잠시 후 제주 국제공항에 착륙하겠습니다. 안전벨트를 다시 매어 주십시오."

기내 방송이 나오면 나는 창가에 바짝 붙어 제주도가 나타나기를 기다린다. 비행기 왼쪽 좌석이면 한라산이 먼저 나타나고 오른쪽이면 쪽빛 바다와 맞닿아 둥글게 돌아가는 해안선이 시야에 펼쳐진다.

이윽고 비행기가 제주도 상공으로 들어오면 왼쪽 창밖으로는 오름의 산비탈에 수놓듯이 줄지어 있는 산담이 아름답고, 오른쪽 창밖으로는 삼나무 방풍림 속에 짙은 초록빛으로 자란 밭작물들이 싱그러워 보인다.

㉯ 제주의 동북쪽 구좌읍 세화리 송당리 일대는 크고 작은 무수한 오름이 저마다의 맵시를 자랑하며 드넓은 들판과 황무지에 오뚝하여 오름의 섬 제주에서도 오름이 가장 많고 아름다운 '오름의 왕국'이라고 했다. 그중에서도 다랑쉬오름은 '오름의 여왕'이라고 불린다.

다랑쉬라는 이름의 유래에는 여러 설이 있으나 다랑쉬오름 남쪽에 있던 마을에서 보면 북사면을 차지하고 앉아 된바람을 막아 주는 오름의 분화구가 마치 달처럼 둥글어 보인다 하여 붙여졌다는 설이 가장 정겹다.

오름 아래 자락에는 삼나무와 편백나무 조림지가 있어 제법 무성하다 싶지만 숲길을 벗어나면 이내 천연의 풀밭이 나오면서 시야가 갑자기 탁 트이고 사방이 멀리 조망된다. ㉠경사면을 따라 불어오는 그 유명한 제주의 바람이 흐르는 땀을 씻어 주어 한여름이라도 더운 줄 모른다. 발길을 옮길 때마다, 한 굽이를 돌 때마다 시야는 점점 넓어지면서 가슴까지 시원하게 열린다.

6 이 글의 종류는 무엇인지 다음 빈칸에 알맞은 말을 써넣으시오.

• 제주도를 다녀와서 쓴 (   )입니다.

7 글쓴이가 제주행 비행기를 탈 때 창가 쪽 자리를 좋아하는 까닭을 쓰시오.

(   )

8 다랑쉬오름에 대해 알맞게 말하지 <u>못한</u> 친구의 이름을 쓰시오.

지수: 주변에 크고 작은 건물들이 많이 세워져서 다랑쉬오름에 사는 사람들이 많아졌어.

'오름의 왕국'이라 불리는 구좌읍 세화리 송당리 일대에서도 다랑쉬오름은 '오름의 여왕'이라고 불려. 현호

슬기: 다랑쉬라는 이름은 오름 남쪽에 있던 마을에서 보면 오름의 분화구가 달처럼 둥글어 보인다 해서 붙여졌다는 설이 있어.

(   )

9 ㉠에 대한 설명으로 알맞은 것은 무엇입니까?
(   )

① 앞으로 있을 계획을 말한 것이다.
② 여행한 뒤에 한 반성이 나타나 있다.
③ 여행하면서 생각하거나 느낀 것이다.
④ 여행하면서 불편했던 점이 드러나 있다.
⑤ 여행을 떠나기 전의 설렘이 나타나 있다.

서술형
10 이 글과 같이 자신이 여행한 경험을 떠올려 보고, 여행하면서 다닌 곳과 보고 들은 것을 정리하여 쓰시오.

여행하면서 다닌 곳	(1)
여행하면서 보고 들은 것	(2)

[11~15] 다음 글을 읽고, 물음에 답하시오.

> ㉮ 성산 일출봉은 제주 답사의 기본 경로라 할 만큼 잘 알려져 있고, 영주 십경의 제1경이 '성산에 뜨는 해'인 성산 일출이며, 제주 올레 제1경로가 시작되는 곳일 만큼 제주의 중요한 상징이기도 하다.
>
> ㉠제주도와 연결된 서쪽을 제외한 성산 일출봉의 동·남·북쪽 외벽은 깎아 내린 듯한 절벽으로 바다와 맞닿아 있다. 일출봉의 서쪽은 고운 잔디 능선 위에 돌기둥과 수백 개의 기암이 우뚝우뚝 솟아 있는데 그 사이에 계단으로 만든 등산로가 나 있다. 전설에 따르면 설문대 할망은 일출봉 분화구를 빨래 바구니로 삼고 우도를 빨랫돌로 하여 옷을 매일 세탁했다고 한다.
>
> ㉯ ㉡우리는 어리목에서 출발하여 만세 동산을 지나 1700 고지인 윗세오름까지 올라 그곳 산장 휴게소에서 준비해 간 도시락을 먹고 영실로 하산하면서 한라산의 아름다움을 만끽했다. 영실에 들어서면 이내 솔밭 사이로 시원한 계곡물이 흐른다. 본래 실이라는 이름이 붙은 곳은 계곡을 말하는 것으로 옛 기록에는 영곡으로 나오기도 한다. 언제 어느 때 가도 계곡물 소리와 바람 소리, 거기에 계곡을 끼고 도는 안개가 신령스러워 영실이라는 이름에 값한다. 무더운 여름날 소나기라도 한차례 지나간 뒤라면 이 계곡을 두른 절벽 사이로 100여 미터의 폭포가 생겨 더욱 장관을 이룬다.
>
> 숲길을 지나노라면 아래로는 제주조릿대가 떼를 이루면서 낮은 포복으로 기어가며 온통 푸르게 물들여 놓고, 위로는 하늘을 가린 울창한 나무들이 크면 큰 대로 작으면 작은 대로 아름답고 기이하다.
>
> 숲길을 빠져나와 머리핀처럼 돌아가는 가파른 능선 허리춤에 올라서면 홀연히 눈앞에 수백 개의 뾰족한 기암괴석이 호를 그리며 병풍처럼 펼쳐진다. ㉢오르면 오를수록 이 수직의 기암들이 점점 더 하늘로 치솟아 올라 신비스럽고도 웅장한 모습에 절로 감탄이 나온다.
>
> 언제 올라도 한라산 영실은 아름답다.

11 ㉠~㉢을 여정, 견문, 감상으로 구분해 쓰시오.

(1) ㉠: (   )

(2) ㉡: (   )

(3) ㉢: (   )

12 다음에서 설명하는 장소는 어디인지 쓰시오.

> • 제주 올레 제1경로가 시작되는 곳이다.
> • 동·남·북쪽 외벽은 절벽으로 바다와 맞닿아 있고, 서쪽은 잔디 능선 위에 돌기둥과 수백 개의 기암이 솟아 있다.

(   )

13 글 ㉮의 내용을 잘못 말한 친구의 이름을 쓰시오.

> 주연: 성산 일출봉은 제주 답사의 기본 경로라 할 만큼 잘 알려져 있어.
> 성호: 일출봉의 서쪽은 능선 위에 돌기둥과 수백 개의 기암이 솟아 있어서 그 사이에 등산로를 만들지 못했어.
> 현아: 설문대 할망이 일출봉 분화구를 빨래 바구니로 삼고 우도를 빨랫돌로 하여 옷을 매일 세탁했다는 전설이 있어.

(   )

14 영실에 대한 설명으로 알맞지 않은 것을 두 가지 고르시오. (   )

① 한라산에서 멀리 떨어져 있다.

② 제주도에서 가장 유명한 바닷가이다.

③ 옛 기록에는 영곡으로 나오기도 한다.

④ 영실에 들어서면 솔밭 사이로 시원한 계곡물이 흐른다.

⑤ 언제 어느 때 가도 계곡물 소리와 바람 소리, 계곡을 끼고 도는 안개가 신령스럽다.

15 글 ㉯에서 글쓴이가 본 것이 아닌 것은 무엇입니까? (   )

① 머리핀   ② 제주조릿대

③ 울창한 나무들   ④ 뾰족한 기암괴석

⑤ 솔밭 사이로 흐르는 계곡물

16 여정, 견문, 감상을 드러내는 표현의 특징에 알맞게 선으로 이으시오.

(1) 여정 •

(2) 견문 •

(3) 감상 •

• ㉮ 여행하며 든 생각이나 느낌을 표현함.

• ㉯ 주로 시간과 장소를 나타내는 표현이 쓰임.

• ㉰ 어떤 장소를 방문해 본 것과 들은 것을 나타냄.

17 보기 에서 여정, 견문, 감상을 드러내는 표현을 찾아 각각 기호를 쓰시오.

보기
㉮ 우리는 버스를 타고 담양으로 갔다.
㉯ 순천만 습지에서 농게와 짱뚱어를 보았다.
㉰ 다음 날 저녁에 들른 곳은 고창 고인돌박물관이다.
㉱ 창덕궁이 유네스코 세계 문화유산이 되었다고 한다.
㉲ 현대 기술 수준을 앞선 우리 선조의 지혜가 자랑스럽게 느껴졌다.
㉳ 유리 벽 사이로라도 석굴암을 볼 수 있어 천만다행이라고 생각했다.

(1) 여정: (   )

(2) 견문: (   )

(3) 감상: (   )

서술형

18 자신이 가 본 곳 중에서 가장 기억에 남는 곳을 떠올려 기행문을 쓸 준비를 하려고 합니다. 다음 표에 들어갈 내용을 알맞게 쓰시오.

가장 기억에 남는 곳	(1)
기행문을 쓰는 목적	(2)
그 장소를 고른 까닭	(3)

19 기행문의 처음 부분에 쓸 내용이 <u>아닌</u> 것은 무엇입니까? (   )

① 여행한 목적
② 여행한 뒤에 한 다짐
③ 떠날 때 날씨와 교통편
④ 도착할 때까지 걸린 시간
⑤ 여행을 떠나기 전의 기대와 설렘

20 기행문을 쓰는 방법으로 알맞지 <u>않은</u> 것의 기호를 쓰시오.

㉮ 시간이 잘 드러나게 쓴다.
㉯ 생각이나 느낌도 함께 쓴다.
㉰ 장소는 기억에 남는 한 곳만 쓴다.
㉱ 보고 들은 내용을 생생하고 자세히 풀어 쓴다.

(   )

학습 주제	기행문의 특성 파악하기
학습 목표	기행문의 여정, 견문, 감상을 구분할 수 있다.

우리는 어리목에서 출발하여 만세 동산을 지나 1700 고지인 윗세오름까지 올라 그곳 산장 휴게소에서 준비해 간 도시락을 먹고 영실로 하산하면서 한라산의 아름다움을 만끽했다. 영실에 들어서면 이내 솔밭 사이로 시원한 계곡물이 흐른다. 본래 실이라는 이름이 붙은 곳은 계곡을 말하는 것으로 옛 기록에는 영곡으로 나오기도 한다. 언제 어느 때 가도 계곡물 소리와 바람 소리, 거기에 계곡을 끼고 도는 안개가 신령스러워 영실이라는 이름에 값한다. 무더운 여름날 소나기라도 한차례 지나간 뒤라면 이 계곡을 두른 절벽 사이로 100여 미터의 폭포가 생겨 더욱 장관을 이룬다.

숲길을 지나노라면 아래로는 제주조릿대가 떼를 이루면서 낮은 포복으로 기어가며 온통 푸르게 물들여 놓고, 위로는 하늘을 가린 울창한 나무들이 크면 큰 대로 작으면 작은 대로 아름답고 기이하다.

숲길을 빠져나와 머리핀처럼 돌아가는 가파른 능선 허리춤에 올라서면 홀연히 눈앞에 수백 개의 뾰족한 기암괴석이 호를 그리며 병풍처럼 펼쳐진다. 오르면 오를수록 이 수직의 기암들이 점점 더 하늘로 치솟아 올라 신비스럽고도 웅장한 모습에 절로 감탄이 나온다.

1 이 글을 읽고, 자신의 생각을 말해야 하는 질문을 만들어 쓰시오.

2 이와 같은 기행문에 들어가야 할 내용이 무엇인지 정리하여 쓰시오.

3 이 글과 같이 자신이 여행한 경험을 기행문의 짜임을 생각하며 여정, 견문, 감상으로 나누어 정리하시오.

여정	(1)
견문	(2)
감상	(3)

[1~2] 다음 그림을 보고, 물음에 답하시오.

1 예원이가 '바늘방석'의 뜻을 짐작한 방법은 무엇입니까? (   )

① '바늘방석'을 관찰하여 뜻을 짐작했다.
② '바늘'과 '방석'으로 나누어 뜻을 짐작했다.
③ '바늘'의 뜻을 국어사전에서 찾아서 짐작했다.
④ '바늘'과 '방석'의 공통점을 떠올려 뜻을 짐작했다.
⑤ 선생님께 '바늘'의 사용 방법을 여쭈어 뜻을 짐작했다.

2 ㉠에 들어갈 '바늘방석'의 뜻으로 알맞은 것은 무엇입니까? (   )

① 앉을 때 밑에 까는 작은 깔개
② 매우 많은 돈을 벌 수 있는 자리
③ 앉아 있기에 몹시 불안스러운 자리
④ 바늘을 쓰지 않을 때 꽂아 두는 물건
⑤ 옷을 꿰매는 데 쓰는, 가늘고 끝이 뾰족한 쇠로 된 물건

3 다음 그림의 낱말들을 합하면 어떤 낱말이 되는지 쓰시오.

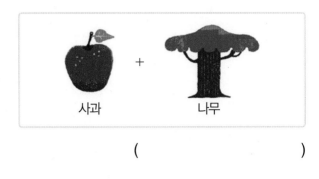

사과   +   나무

(   )

서술형

4 보기 의 낱말을 뜻을 더해 주는 말과 뜻이 있는 낱말로 나누고, 뜻을 더해 주는 말이 어떤 뜻인지 쓰시오.

보기
햇밤

뜻을 더해 주는 말	뜻이 있는 낱말
(1)	(2)

뜻을 더해 주는 말의 뜻	(3)

5 다음 빈칸에 들어갈 알맞은 말은 무엇입니까?
(   )

'바늘'처럼 '바'와 '늘'로 나누면 본디의 뜻이 없어져 더는 나눌 수 없는 낱말을 [   ]라고 한다.

① 한자어   ② 고유어   ③ 단일어
④ 복합어   ⑤ 외국어

6 보기 의 낱말들을 단일어와 복합어로 구분해 쓰시오.

> **보기**
>
> 복숭아, 사과, 산딸기, 자두,
> 오이, 방울토마토, 애호박, 수박

단일어	(1)
복합어	(2)

7 다음 빈칸에 공통으로 들어갈 말은 무엇입니까?
( )

□수건   □수레

① 산   ② 손   ③ 발
④ 애   ⑤ 눈

서술형

8 서준이가 한 생각을 보고 빈칸에 들어갈 '구름다리'의 뜻을 짐작하여 쓰시오.

'구름'은 공중에 높이 떠 있는 것이고, '다리'는 한편에서 다른 편으로 건너다닐 수 있도록 만든 것이야.

'구름'과 '다리'를 합해서 만들었네.

아, 그럼 구름다리는

서준

_____

_____

9 주어진 낱말을 짜임에 맞게 쪼개지 못한 것에 ×표 하시오.

(1) 김밥 = 김 + 밥
( )

(2) 새우잠 = 새 + 우잠
( )

(3) 쓰레기통 = 쓰레기 + 통
( )

10 파란색으로 쓰인 '풋–'의 뜻으로 알맞은 것은 무엇입니까? ( )

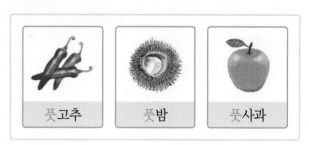

풋고추   풋밤   풋사과

① 덜 익은.   ② 쓸데없는.
③ 색이 어두운.   ④ 품질이 좋은.
⑤ 완전히 무르익은.

11 다음을 보고 낱말의 뜻을 알맞게 짐작한 친구에게 ○ 표 하시오.

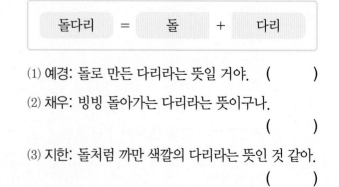

돌다리 = 돌 + 다리

(1) 예경: 돌로 만든 다리라는 뜻일 거야. ( )

(2) 채우: 빙빙 돌아가는 다리라는 뜻이구나.
( )

(3) 지한: 돌처럼 까만 색깔의 다리라는 뜻인 것 같아.
( )

12 다음 중 복합어끼리만 짝 지은 것은 무엇입니까?

( )

① 그릇, 쌀밥, 수건
② 골목, 꽃길, 동무
③ 꽃비, 구름, 보리밥
④ 강물, 겨울비, 햇곡식
⑤ 여름, 햇사과, 장난꾸러기

[13~15] 다음 글을 읽고, 물음에 답하시오.

> ㉮ 명주실은 우리 악기를 만드는 데 가장 많이 쓰이는 재료 가운데 하나입니다. 명주실은 누에고치에서 뽑아낸 비단실이에요. 이 비단실로 천도 짜고, 소리 고운 악기도 만들지요. 명주실은 잘 끊어지지 않고 탄력이 있어서 가야금, 거문고, 아쟁, 해금 같은 악기의 줄로 쓰입니다. 가야금은 오동나무로 만든 울림통에 명주실을 열두 줄로 꼬아 얹어 만들어요. 웅장하고 깊은 소리를 내는 거문고의 줄도 명주실로 만들지요. 해금은 낮은음에서 높은음까지 다양한 소리를 내고, 아쟁은 가야금과 비슷하지만 가야금보다 몸통이 크고 줄이 굵습니다.
>
> ㉯ 초가지붕 위에 주렁주렁 앉아 자라던 박은 물을 푸는 물박, 간장을 퍼내는 장 박, 밥을 담는 주발 박 같은 바가지나 그릇을 만드는 데 많이 쓰였어요. 우리 악기 가운데 생황은 박으로 만든 악기입니다. 생황은 박으로 만든 공명통(소리를 울리게 하는 통)에 서로 길이가 다른 여러 개의 대나무 관이 꽂혀 있는 악기예요.
>
> 쇠는 아무나 함부로 다룰 수 없는 귀한 재료였어요. 쇠를 다루는 사람들이 불로 쇠를 녹여 여러 가지 도구를 만들어 쓰기도 하고, 무기를 만들기도 하였지요. 그 때문에 쇠로 만든 악기에도 특별한 힘이 있을 거라고 여겼어요. 사람들은 쇠를 녹여 사방을 깨우는 듯한 소리가 나는 악기를 만들어 특별한 신호를 보내거나, 놀이판의 흥을 높였어요. 쇠를 녹여 만든 우리 악기에는 징, 꽹과리, 편종, 특종, 나발 등이 있어요.

13 다음 악기의 이름을 글에서 찾아 쓰시오.

( )

14 쇠를 녹여 만든 악기가 <u>아닌</u> 것은 무엇입니까?

( )

① 징   ② 나발   ③ 편종
④ 해금   ⑤ 꽹과리

15 본 일을 떠올리며 이 글을 읽은 친구의 이름을 쓰시오.

> 수진: 학교에서 사물놀이를 배운 적이 있어. 신나게 꽹과리를 칠 때 어깨춤을 덩실덩실 출 정도로 흥겨웠지.
> 현아: 예술제에서 가야금 공연을 보았어. 아름다운 가야금 선율을 들으며 가야금이 어떤 악기인지 궁금했어.
> 태현: 옛날에는 농사일을 할 때나 힘든 일을 할 때 노래를 부르며 풍물을 연주했다는 이야기를 할머니께 들은 적이 있어.

( )

서술형

16 자신이 겪은 일을 떠올리며 글을 읽으면 좋은 점은 무엇인지 쓰시오.

_____

_____

[17~18] 다음 글을 읽고, 물음에 답하시오.

㉮ 우리나라에도 이렇게 멸종되어 가는 동물이 많이 있습니다. 그럼 지금부터 우리나라에서 사라질 위기에 처한 동물을 만나 보겠습니다.

㉯ 나는 점박이물범일세. 잘 사냐고? 음, 할 말이 없군. 지금 우리 가족은 겨우 500마리 남짓 남았을 뿐이거든. 물론 30년 전보다야 낫지만 말이야. 그때만 해도 사람들이 우리를 마구 잡아서 모피와 약을 만들었지만, 지금은 보호 구역도 정해 주더라고. 우리는 주로 백령도 근처에 머무는데 사람이 별로 없어서 지내기가 좋아. 그리고 추운 겨울이 되면 서해 위쪽으로 올라가 지낸다네.

㉰ 내가 염소게, 산양이게? 히히, 염소랑 비슷하게 생겼어도 난 엄연히 산양이야. 자세히 보면 수염도 없고 갈색, 검은색, 회색 털이 뒤섞여 있어. 그리고 내 뿔은 송곳 모양으로, 나이를 먹을 때마다 고리 모양으로 변해. 나는 워낙 험한 ㉠바위산에 살기 때문에 지금까지 살아남았어. 이런 내가 설마 인간 때문에 멸종 위기에 처할 줄은 정말 몰랐어.

17 이 글에 어울리는 제목을 찾아 기호를 쓰시오.

㉮ 우리나라 섬에서 사는 동물
㉯ 우리나라의 멸종 위기 동물
㉰ 사람들과 가깝게 지내는 동물
㉱ 외국에서 좋아하는 우리나라 동물

( )

18 낱말의 짜임을 바탕으로 하여 ㉠의 뜻을 알맞게 짐작한 친구의 이름을 쓰시오.

미현: '바위'와 '산'을 합해 만든 낱말이니까 '바위가 없고 나무도 없는 산'이라는 뜻일 거야.
태호: '바위'와 '산'을 합해 만든 낱말이니까 '바위로 뒤덮여 나무가 자라지 못하는 산'이라는 뜻이겠군.

( )

[19~20] 다음 글을 읽고, 물음에 답하시오.

멸종 위기에 처한 우리나라의 동물들을 구하려면 어떻게 해야 할까요? 1993년 국제 연합 환경 계획에서 '생물 다양성 국가 연구에 대한 지침'을 발표했습니다. 이를 시작으로 하여 사람들은 단순히 멸종 위기의 동물을 보호하는 데에만 그치는 것이 아니라 생태계 전체를 건강하게 만드는 데 힘을 쏟기 시작했습니다. 멸종 위기 동물을 천연기념물로 지정해 보호하고 우리나라 고유의 생물들을 보존하는 방법을 찾기로 했습니다. 그렇게 해서 생겨난 것이 바로 깃대종과 지표종이랍니다.

깃대종은 그 지역을 대표하는 생물들이기 때문에 깃대종이 잘 보존된다면 그 지역의 생태계가 잘 유지된다는 증거로 볼 수 있습니다. 우리나라의 대표적인 깃대종으로는 설악산의 산양, 내장산의 비단벌레, 속리산의 하늘다람쥐, 지리산의 반달가슴곰이 있습니다.

지표종은 그 지역의 환경이 얼마나 깨끗한지 측정할 수 있는 종을 말합니다. 예를 들어 오래전 탄광에서 일하던 광부들은 카나리아를 이용해 몸에 해로운 유독 가스를 측정했습니다. 공기가 좋은 곳에서 사는 카나리아는 산소가 부족하면 숨을 쉬기가 힘들어 노래를 멈춘답니다.

19 이 글의 내용으로 알맞지 <u>않은</u> 것은 무엇입니까?
( )

① 깃대종은 그 지역을 대표하는 생물들이다.
② 카나리아를 통해 몸에 해로운 물을 찾을 수 있다.
③ 설악산의 산양, 내장산의 비단벌레는 우리나라의 깃대종이다.
④ 지표종은 그 지역의 환경이 얼마나 깨끗한지 측정할 수 있는 종이다.
⑤ 1993년 국제 연합 환경 계획에서 '생물 다양성 국가 연구에 대한 지침'을 발표했다.

서술형
20 이 글을 읽고 새롭게 알거나 자세히 안 점을 쓰시오.

_____

_____

학습 주제	낱말을 만드는 방법과 배경 지식을 활용해 글을 읽으면 좋은 점 알기
학습 목표	낱말의 짜임을 알고 배경 지식을 활용해 글을 읽을 수 있다.

지표종은 그 지역의 환경이 얼마나 깨끗한지 측정할 수 있는 종을 말합니다. 예를 들어 오래전 탄광에서 일하던 광부들은 카나리아를 이용해 몸에 해로운 유독 가스를 측정했습니다. 공기가 좋은 곳에서 사는 카나리아는 산소가 부족하면 숨을 쉬기가 힘들어 노래를 멈춘답니다. 그래서 광부들은 카나리아가 노래를 부르는 동안에는 안심하고 일을 할 수 있었습니다.

또한 바로 떠서 먹을 수 있을 정도로 깨끗한 1급수에는 어름치, 열목어 등이 살고, 약간의 처리 과정을 거치면 마실 수 있는 2급수에는 은어, 피라미가 삽니다. 물이 흐리고 마실 수 없어 공업용수로 주로 사용하는 3급수에는 물벼룩, 짚신벌레 등이 살며, 4급수에는 물곰팡이, ㉠실지렁이 등이 살 수 있습니다. 이렇게 지표종으로 물의 등급을 알 수 있답니다.

오늘날에는 동물이 멸종하는 것을 막고자 세계 여러 나라에서 많은 노력을 하고 있습니다. 각 나라는 점점 줄어드는 동물을 '멸종 위기종'으로 지정해 보호하기도 합니다. 그렇다면 멸종 위기의 동물을 보호하는 가장 좋은 방법은 무엇일까요? 그것은 바로 우리가 동물에게 관심을 기울이고 동물을 보살피며, 환경을 함부로 파괴하지 않고 깨끗하게 유지하는 것입니다.

1 ㉠'실지렁이'의 낱말 짜임을 쓰고, 실지렁이의 생김새를 짐작해 쓰시오.

(1)

실지렁이	=	①	+	②

(2) 생김새: _____

_____

2 다음 친구와 같이 멸종 위기 동물에 대해 자신이 아는 지식을 떠올려 쓰시오.

지구 온난화 때문에 북극곰이 살 곳이 줄어든다는 이야기를 들었습니다.

3 문제 2번의 친구와 같이 자신이 아는 지식을 떠올려 글을 읽으면 좋은 점을 조건 에 알맞게 쓰시오.

> 조건
> 두 가지 이상 쓴다.

8
단원

1 다음 그림에서 지윤이가 글을 찾아 읽는 때는 언제인지 살펴보고 빈칸에 알맞은 말을 쓰시오.

( )을/를 보고 관심이 생겼을 때이다.

서술형

2 자신은 어떤 경우에 글을 읽는지 생각하여 읽은 책의 제목과 그 책을 읽은 까닭을 쓰시오.

책 제목	(1)
그 책을 읽은 까닭	(2)

3 여러 가지 글을 찾아 읽고 도움을 받았던 경험을 알맞게 말하지 <u>못한</u> 친구의 이름을 쓰시오.

( )

4 다음 친구가 필요한 글을 어떻게 찾으면 좋을지 알맞게 말한 것에 모두 ○표 하시오.

미술 시간에 교통질서 지키기 광고를 그리기로 했어.

⑴ 책에서 교통안전을 다룬 내용을 찾아봐.

( )

⑵ 신문에서 교통사고를 다룬 기사를 찾아보면 좋겠어.

( )

⑶ 인터넷에서 교통질서 지키기 광고지를 검색해 보자.

( )

⑷ 미술관을 방문해서 도로의 풍경을 그린 그림을 감상해 봐.

( )

5 글을 목적에 맞게 찾아 읽으면 좋은 점으로 알맞은 것은 무엇입니까? ( )

① 친구와 더 친해질 수 있다.

② 규칙적으로 생활할 수 있다.

③ 큰 목소리로 발표를 할 수 있다.

④ 다른 사람이 자신의 의견을 따르게 할 수 있다.

⑤ 찾고 싶은 정보를 정확하고 자세하게 알 수 있다.

[6~10] 다음 글을 읽고, 물음에 답하시오.

> **가** 최근 출판하는 책이나 광고, 알림판 따위에서 네모 모양의 표식을 자주 볼 수 있다. 네모 모양 안에 검은 선과 점을 배열했는데, 이것을 정보 무늬[QR 코드]라고 한다. 큐아르(QR)는 '빠른 응답'이라는 영어의 줄임 말이다.
>
> **나** 정보 무늬는 스마트폰으로 사용할 수 있다. 스마트폰 응용 프로그램으로 정보 무늬를 찍으면 관련 내용이 있는 누리집으로 이동하거나, 관련 사진이나 동영상을 볼 수 있다. 또 정보 무늬에 색깔이나 신기한 그림을 넣어 만들기도 한다.
>
> **다** 정보 무늬는 여러 분야에서 활용한다. 백화점이나 할인점에서는 정보 무늬로 할인 정보를 제공한다. 신문 광고에 있는 정보 무늬를 찍으면 3차원으로 움직이는 광고가 나오기도 하고, 책에 있는 정보 무늬를 찍으면 등장인물이 튀어나와 책의 정보와 줄거리를 알려 주기도 한다.
>
> **라** 정보 무늬는 누구나 만들 수 있다. 예를 들어 개인 정보를 담은 명함을 만들 수도 있다. 명함에 있는 정보 무늬로 자신의 사진이나 동영상을 보여 주거나 이름이나 연락처를 자동으로 저장할 수 있다.

6 이 글에 대한 설명으로 알맞은 것은 무엇입니까?
( )

① 정보 무늬를 설명하는 글이다.
② 정보 무늬의 문제점을 알리는 글이다.
③ 최근 출판하는 책을 광고하는 글이다.
④ 정보 무늬를 활용하자고 주장하는 글이다.
⑤ 정보 무늬와 큐아르 코드의 차이점을 설명하는 글이다.

7 정보 무늬의 특징으로 알맞은 것을 두 가지 고르시오.
( )

① 원 모양이다.
② 누구나 만들 수 있다.
③ 여러 분야에서 활용한다.
④ 개인 정보를 담을 수 없다.
⑤ 컴퓨터로만 사용할 수 있다.

8 이 글을 읽고 내용이 정확한지 알아보고 싶은 부분을 알맞게 말한 친구의 이름을 쓰시오.

> 수빈: 나도 책에 있는 정보 무늬를 스마트폰으로 찍어 본 적이 있어.
>
> 진호: 정보 무늬를 누구나 만들 수 있다는데 정말 그런지 자료를 더 찾아보고 싶어.
>
> 현우: 정보 무늬에 색깔이나 신기한 그림을 넣어 만들 수도 있다는 것을 새롭게 알았어.

( )

서술형

9 자신이 정보 무늬를 만든다면 어떻게 활용하고 싶은지 쓰시오.

_____

_____

10 이와 같은 설명하는 글을 읽는 방법으로 알맞지 **않은** 것은 무엇입니까? ( )

① 대상에 대해 새롭게 안 것을 찾는다.
② 대상을 보고 이미 아는 것을 떠올린다.
③ 설명하려는 대상이 무엇인지 생각한다.
④ 대상의 무엇을 자세히 설명하는지 생각한다.
⑤ 글쓴이의 주장을 뒷받침하는 근거를 찾는다.

9
단원

[11~15] 다음 글을 읽고, 물음에 답하시오.

가까운 미래에는 제4차 산업 혁명이 일어나 많은 것이 달라진다고 합니다. 인공 지능이 발달하고 새로운 기술을 개발해서 지금까지 살던 모습과는 다를 것입니다.

그렇다면 미래 사회에 필요한 사람은 어떤 사람일까요?

첫째, 정해진 답을 찾기보다 새로운 방식으로 문제를 해결하는 사람입니다. 정해진 문제는 사람보다 인공 지능이 더 잘 해결할 수도 있습니다. 그러나 새로운 방식을 생각하는 것은 인공 지능보다 사람이 더 잘할 수 있습니다.

둘째, 새로운 변화에 대응하는 사람입니다. 미래 연구자들은 다가올 미래에는 여러 가지 사회·환경 문제처럼 예전에 없던 새로운 변화를 맞을 것이라고 합니다. 그러므로 미래 사회에서는 막힌 생각보다 변화에 부드럽게 대처하려는 생각을 해야 합니다.

셋째, 서로 돕고 존중하는 사람입니다. 인공 지능과 새로운 기술이 삶을 빠르게 바꿀 수 있습니다. 이럴 때 함께 마음을 모아 서로 돕고 존중해야 사회를 따뜻하게 만들 수 있습니다.

앞으로 우리는 거대한 미래의 충격과 변화 앞에서도 흔들리지 않는 열정과 패기로 서로를 존중해야 합니다.

11 이 글에서 말한 미래 사회의 모습으로 알맞은 것을 두 가지 고르시오. (   )

① 인공 지능이 발달한다.
② 사회·환경 문제가 사라진다.
③ 제4차 산업 혁명이 일어난다.
④ 사람이 손으로 하는 일이 많아진다.
⑤ 새로운 기술이 더 이상 개발되지 않는다.

12 글쓴이의 주장을 파악하여 빈칸에 들어갈 알맞은 말을 쓰시오.

> [   ]에 필요한 사람이 되자.

(   )

13 글쓴이가 말한, 미래 사회에 어울리는 생각을 찾아 기호를 쓰시오.

> ㉮ 정해진 문제만 해결하려는 생각
> ㉯ 변화에 부드럽게 대처하려는 생각
> ㉰ 새로운 사회·환경 문제를 만들려는 생각
> ㉱ 변화를 인정하기보다는 기존의 방식을 유지하려는 생각

(   )

14 이 글을 읽는 방법으로 알맞지 <u>않은</u> 것은 무엇입니까? (   )

① 글쓴이의 주장을 파악한다.
② 주장을 뒷받침하는 근거를 찾는다.
③ 글을 읽고 감동한 부분을 자세히 쓴다.
④ 주장을 뒷받침하는 알맞은 근거인지 생각한다.
⑤ 자신의 생각과 비교해 비판하는 태도로 읽는다.

서술형

15 글쓴이의 생각과 자신의 생각을 비교해 같은 점과 다른 점을 쓰시오.

같은 점	(1)
다른 점	(2)

[16~19] 다음을 읽고, 물음에 답하시오.

가 제목에 나온 비색은 어떤 색깔을 말하는 것일까? 이 글에는 사진도 같이 있구나. 발표할 만한 내용이 있을지 낱말들을 중심으로 찾아봐야지.

규빈

나 외국에서 온 친구는 고려청자를 잘 모를 거야. 고려청자를 자세히 알려 주고 싶어. 고려청자의 뛰어난 점이 무엇인지 자세히 살펴보고 내가 아는 내용과 비교해 읽어 봐야지.

지완

다　　아름다운 비색을 지닌 고려청자

고려청자는 청자의 빛깔, 독특한 장식 기법과 아름다운 형태로 유명하다. 고려청자를 만든 시기에는 중국과 우리나라에서만 질 높은 청자를 만들 수 있었다. 우리나라보다 중국이 먼저 청자를 만들고 세상에 알렸지만, 고려는 청자를 만드는 우수한 기술력과 아름다움을 인정받아 다른 나라 사람들에게 사랑을 받았다.

고려청자는 무엇보다 아름다운 빛깔로 더욱 주목받았다. 청자의 빛깔은 맑고 은은한 푸른 녹색이다. 이는 유약 안에 아주 작은 기포가 많아 빛이 반사되면서 은은하고 투명하게 비쳐 보이기 때문이다. 청자의 색이 짙고 푸른색 윤이 나는 구슬인 비취옥과 색깔이 닮았기 때문에 '비색'이라 불렸는데, 중국 송나라의 태평노인이 『수중금』이라는 책에서 고려청자의 빛깔을 비색이라 부르며 천하제일이라고 칭찬했다.

16 규빈이와 지완이가 글 **다**를 읽으려는 까닭을 찾아 선으로 이으시오.

(1) 규빈 •　　• ㉠ 외국에서 온 친구에게 고려청자를 자세히 알려 주려고

(2) 지완 •　　• ㉡ 고려청자에 대해 발표할 만한 내용이 있을지 찾으려고

17 글 **다**에서 설명하는 대상은 무엇인지 쓰시오.

(　　　　　　　)

18 규빈이와 지완이 중에서 다음과 같은 읽기 방법이 어울리는 친구의 이름을 쓰시오.

　• 제목을 가장 먼저 읽고 필요한 내용이 있는지 생각한다.
　• 글 전체를 다 읽지 않고 중요한 낱말을 읽으면서 필요한 내용이 있는지 찾아본다.

(　　　　　　　)

19 지완이는 글 **다**를 읽고 외국에서 온 친구에게 다음과 같이 알려 주었습니다. 내용이 바르지 <u>않은</u> 것의 기호를 쓰시오.

　㉠고려청자는 청자의 빛깔, 독특한 장식 기법과 아름다운 형태로 유명해. ㉡고려청자를 만든 시기에는 우리나라만이 질 높은 청자를 만들 수 있었다고 해. ㉢고려청자는 맑고 은은한 푸른 녹색이란다. ㉣이러한 고려청자의 색은 짙고 푸른색 윤이 나는 구슬인 비취옥과 색깔이 닮았기 때문에 '비색'이라고 불렀어.

(　　　　　　　)

20 다음은 어떤 읽기 방법의 좋은 점인지 알맞은 것에 ○표 하시오.

　글 내용을 꼼꼼하게 읽을 수 있다.

(1) 훑어 읽기　　　　　　　　　　(　　　)
(2) 메모하며 읽기　　　　　　　　(　　　)

9 단원

학습 주제	글의 종류에 따른 읽기 방법 알기
학습 목표	주장하는 글을 읽는 방법을 알고 주장에 대한 자신의 생각을 쓸 수 있다.

가까운 미래에는 제4차 산업 혁명이 일어나 많은 것이 달라진다고 합니다. 인공 지능이 발달하고 새로운 기술을 개발해서 지금까지 살던 모습과는 다를 것입니다.

그렇다면 미래 사회에 필요한 사람은 어떤 사람일까요?

첫째, 정해진 답을 찾기보다 새로운 방식으로 문제를 해결하는 사람입니다. 정해진 문제는 사람보다 인공 지능이 더 잘 해결할 수도 있습니다. 그러나 새로운 방식을 생각하는 것은 인공 지능보다 사람이 더 잘할 수 있습니다.

둘째, 새로운 변화에 대응하는 사람입니다. 미래 연구자들은 다가올 미래에는 여러 가지 사회 · 환경 문제처럼 예전에 없던 새로운 변화를 맞을 것이라고 합니다. 그러므로 미래 사회에서는 막힌 생각보다 변화에 부드럽게 대처하려는 생각을 해야 합니다.

1 이 글의 종류가 무엇인지 알맞은 것에 ○표 하시오.

일기,	안내문,	편지글,	주장하는 글,	설명하는 글

2 이 글과 같은 종류의 글을 읽는 방법을 떠올려 두 가지만 쓰시오.

-
-

3 이 글을 읽고, 글쓴이의 주장에 대한 자신의 생각을 조건 에 알맞게 쓰시오.

조건
자신의 생각을 뒷받침하는 근거를 함께 쓴다.

[1~2] 다음은 기억에 남는 일을 그림으로 나타낸 것입니다. 그림을 보고, 물음에 답하시오.

1 그림 **㉮**~**㉣**에 나타난 기억에 남는 일을 알맞게 선으로 이으시오.

(1) 그림 **㉮**	•	• ㉠ 여덟 살 때 처음으로 한 운동회
(2) 그림 **㉯**	•	• ㉡ 세 살 때 밀가루로 장난한 일
(3) 그림 **㉰**	•	• ㉢ 일곱 살 때 부모님께 꾸중을 들은 일
(4) 그림 **㉱**	•	• ㉣ 5학년 때 친구들과 함께한 학교 발야구 대회

서술형

2 그림 **㉮**~**㉣**와 같이 자신의 기억에 남는 일을 떠올려 쓰시오.

_____

_____

[3~4] 다음 글을 읽고, 물음에 답하시오.

〈기억 카드 만드는 방법〉

❶ 기억에 남는 일 가운데에서 여섯 가지를 떠올린다.
❷ 앞면에는 카드 번호, 기억에 남는 일, 이름을 쓴다.
❸ 뒷면에는 기억과 관련한 자신의 느낌을 다양하게 나타낸다.

❶
지난봄 운동회에서
친구들과 재미있게
경기한 일
윤주찬

〈앞면〉

㉠
행복함.

〈뒷면〉

3 기억에 남는 일은 기억 카드의 앞면과 뒷면 중 어디에 써야 하는지 쓰시오.

( )

4 ㉠은 무엇을 나타낸 것입니까? ( )

① 기억 카드를 만든 소감
② 기억과 관련한 자신의 느낌
③ 기억 카드를 본 친구들의 느낌
④ 기억을 전하고 싶은 친구의 얼굴
⑤ 지금 친구의 머릿속에 떠오른 생각

5 이야기로 만들기에 좋은 기억 카드의 기준을 모두 찾아 ○표 하시오.

(1) 자신이 잘 아는 이야기여야 한다. ( )

(2) 친구들이 흥미를 보이는 이야기여야 한다.
( )

(3) 시간의 흐름을 알 수 없는 이야기여야 한다.
( )

10
단원

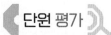
[6~10] 다음 글을 읽고, 물음에 답하시오.

> ㉮ 다음 날 아침, 나는 일찌감치 학교로 갔다. 밤새 잠을 설쳐서 그런지 눈두덩이 뻐근했다. 나는 자리에 앉아서 출입문 쪽만 뚫어져라 살폈다. 복도에서 발소리가 날 때마다 가슴을 졸이며 기다렸지만 제하는 나타나지 않았다. 가슴이 바짝바짝 마르는 것 같았다.
>
> '이 자식이 정말 전학 갈 생각인가!'
>
> 나는 불안한 마음으로 뻑뻑한 눈을 비비며 기다렸다. 어느새 수업 시작 시간이 다 되어 갔다. 시간이 갈수록 짜증이 밀려왔다.
>
> ㉯ 제하가 나를 보고 복도로 나오라는 눈짓을 보냈다. 나는 기다렸다는 듯이 튕겨 나갔다. 제하는 앞장서서 가더니 화장실 옆 계단 구석에서 멈췄다.
>
> "너, 전학 안 가기로 한 거냐?"
>
> 내 말에 녀석은 잠깐 뜸을 들이다가 천천히 고개를 끄덕였다.
>
> 오, 신이시여! 황제하가 이렇게 멋져 보이는 순간이 다 있다니!
>
> ㉰ "우리 이제부터 한번 잘 지내보자."
>
> 제하가 내 어깨를 툭 치더니 한쪽 손을 쑥 내밀었다. 제하의 말투가 너무 다정해서 귀가 간질거렸다. 나는 망설이지 않고 녀석의 손을 덥석 잡았다. 제하의 손은 따뜻하고 보드라웠다.
>
> 우리가 다정하게 교실로 들어오는 걸 보고 대광이가 고개를 갸우뚱했다. 등을 꼿꼿이 펴고 자리로 걸어가는 제하는 황제처럼 당당해 보였다. 가만 보니 꽤 괜찮은 녀석 같다.

6 '나'는 학교에서 누구를 기다렸는지 쓰시오.

( )

7 글 ㉮에서 '나'의 마음은 어떠한지 알맞은 것을 두 가지 고르시오. ( )

① 든든하다.　　　② 불안하다.
③ 상쾌하다.　　　④ 자랑스럽다.
⑤ 짜증이 난다.

8 이 글에서 일어난 일로 알맞은 것은 무엇입니까?

( )

① '나'와 제하가 화해했다.
② '나'와 제하가 선생님께 혼났다.
③ '나'는 운동장에서 제하와 크게 싸웠다.
④ '나'는 제하에게 전학을 가라고 충고했다.
⑤ '나'는 대광이와 함께 제하네 집에 찾아갔다.

9 글 ㉮에서 '나'의 경험을 어떻게 나타냈는지 알맞은 것을 찾아 기호를 쓰시오.

> ㉠ 긴 기간에 걸친 사건을 어떻게 해결했는지 나타냈다.
> ㉡ '내'가 어떤 생각을 하는지 드러내지 않은 채 읽는 사람이 궁금해하도록 썼다.
> ㉢ 억지로 꾸며 쓰지 않고 겪은 일을 그대로 풀어서 자신의 생각과 함께 솔직하게 썼다.

( )

10 이 글에서 '내'가 겪은 일과 비슷한 경험을 말한 친구에 ○표 하시오.

⑴ 진주: 달리기를 잘하고 싶어서 아침마다 열심히 연습한 적이 있어. ( )

⑵ 성호: 나도 지각을 자주 하다 선생님께 혼이 나서 부끄러웠던 적이 있어. ( )

⑶ 연희: 말다툼했던 친구와 문자 메시지로 솔직한 마음을 전하며 화해한 적이 있어. ( )

[11~15] 다음 그림을 보고, 물음에 답하시오.

11 체육 수업을 체육관에서 한 까닭은 무엇인지 쓰시오.

( )

12 그림 ❶에서 알 수 있는 진주의 마음으로 알맞은 것을 두 가지 고르시오. ( )

① 성훈이가 축구를 잘했으면 좋겠다.
② 비가 더 이상 오지 않았으면 좋겠다.
③ 성훈이와 같은 편을 하고 싶지 않다.
④ 체육관에서 체육 수업을 하고 싶지 않다.
⑤ 체육관에서 체육 수업을 할 수 있어 다행이다.

13 사건이 일어난 차례에 맞게 기호를 쓰시오.

> ㉮ 상담실에서 선생님과 진주와 성훈이가 이야기를 나누었다.
> ㉯ 체육 시간에 같이 축구를 하다가 진주와 성훈이가 다투었다.
> ㉰ 민영이가 3교시 체육 수업을 체육관에서 한다고 알려 주었다.

( ) → ( ) → ( )

서술형
14 진주와 비슷한 경험을 떠올려 쓰시오.

_____

_____

15 이 그림의 내용을 이야기로 어떻게 만들면 좋을지 알맞게 말하지 <u>못한</u> 친구의 이름을 쓰시오.

> 대영: 진주의 마음이 잘 나타나도록 써야 해.
> 은아: 진주와 성훈이가 사이가 안 좋은 까닭을 이해하도록 써야지.
> 지수: 진주와 성훈이가 어떻게 화해했는지는 드러나지 않게 써야 해.

( )

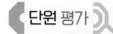
[16~19] 다음 글을 읽고, 물음에 답하시오.

㉮ "상은아, 오늘도 비 온다. 체육은 할 수 있을까?"

인국이가 교실에 들어서며 나를 보고 말을 걸었다.

"그러게, 지긋지긋한 여름 장마다. 그렇지?"

"응, 그래도 난 이 비 덕분에 너랑 친해져서 좋기도 해."

"자식, 또 그때 얘기야?"

인국이는 4학년이 끝나 갈 즈음 우리 반에 전학 온 친구다. 전학 온 첫날부터 친구들 주변을 돌아다니며 소란스럽게 말을 걸고, 우리가 대화를 하거나 게임을 할 때 끼어들어서 나는 물론 친구들은 인국이를 그렇게 좋아하지 않았다. 그러던 인국이와 5학년이 되어 이렇게 친해진 건 며칠째 봄비가 내리던 날 체육 시간 때문이었다.

㉯ 그날 우리 반 친구들은 비 때문에 못 할 줄 알았던 체육을 체육관에서 할 수 있어 기분이 좋았다. 하지만 난 평소에 못마땅하게 여겼던 인국이랑 같은 편을 하고, 체육을 잘하는 민영이와 다른 편을 하여 기분이 별로였다.

㉰ '아차!' 하는 순간 내 눈에 보인 건 골대를 향해 가는 공을 뒤에서 쫓아가는 우리 편 골키퍼 인국이였다.

"야! 너 뭐 하는 거야! 그것도 하나 못 막냐?"

내가 마음속에 억눌렀던 말을 꺼내며 인국이에게 달려들었다.

"너도 똑바로 못 막았잖아! 왜 자꾸 나한테만 화내는 건데?"

그 순간 '나한테만'이라는 인국이 말에 난 뜨끔했지만 선생님께서 우릴 말리실 때까지 말싸움을 계속 이어 갔다.

㉱

16 이 글에 대한 설명으로 알맞은 것을 모두 고르시오.
( )

① 대화 글을 많이 썼다.

② 인국이가 쓴 일기이다.

③ 일이 일어난 차례대로 썼다.

④ 우리 주변에서 쉽게 겪을 수 있는 일을 썼다.

⑤ 읽는 사람들이 잘 이해할 수 있게 하려고 인국이를 자세히 설명했다.

17 글 ㉮~㉰ 중 다음 단계에 해당하는 부분의 기호를 쓰시오.

사건이 일어나기 시작하는 단계	(1)
등장인물의 갈등이 꼭대기에 이르는 단계	(2)
이야기를 시작하고 배경과 인물을 설명하는 단계	(3)

18 이 글의 마지막 부분인 글 ㉱를 어떻게 쓸지 가장 알맞게 말한 친구의 이름을 쓰시오.

광호: 인국이가 전학을 오게 된 까닭이 자세히 나타나면 좋겠어.

민기: 상은이가 민영이에게 자신의 불만을 말하는 내용으로 써야 할 것 같아.

경선: 상은이가 인국이랑 대화하면서 사이가 좋아진 내용이 잘 나타나면 좋겠어.

( )

서술형

19 이 글의 내용과 문제 18번에서 답한 친구의 생각을 바탕으로 하여 이 글에 어울리는 제목을 쓰시오.

( )

20 겪은 일을 이야기로 만들 때 생각해야 할 점으로 알맞지 않은 것은 무엇입니까? ( )

① 글을 읽는 사람이 이해할 수 있게 쓴다.

② 이야기의 흐름을 복잡하고 어렵게 한다.

③ 사람들이 흥미를 보이며 읽을 수 있도록 쓴다.

④ 사건을 어떻게 해결했는지가 나타나도록 쓴다.

⑤ 읽는 사람이 관심을 보일 수 있는 경험을 쓴다.

학습 주제	겪은 일을 이야기로 만들기
학습 목표	겪은 일을 이야기로 만들고 평가할 수 있다.

⑦ "상은아, 오늘도 비 온다. 체육은 할 수 있을까?" / 인국이가 교실에 들어서며 나를 보고 말을 걸었다.
"그러게, 지긋지긋한 여름 장마다. 그렇지?"
"응, 그래도 난 이 비 덕분에 너랑 친해져서 좋기도 해." / "자식, 또 그때 얘기야?"
인국이는 4학년이 끝나 갈 즈음 우리 반에 전학 온 친구다. 전학 온 첫날부터 친구들 주변을 돌아다니며 소란스럽게 말을 걸고, 우리가 대화를 하거나 게임을 할 때 끼어들어서 나는 물론 친구들은 인국이를 그렇게 좋아하지 않았다. 그러던 인국이와 5학년이 되어 이렇게 친해진 건 며칠째 봄비가 내리던 날 체육 시간 때문이었다. / 그날 우리 반 친구들은 비 때문에 못 할 줄 알았던 체육을 체육관에서 할 수 있어 기분이 좋았다. 하지만 난 평소에 못마땅하게 여겼던 인국이랑 같은 편을 하고, 체육을 잘하는 민영이와 다른 편을 하여 기분이 별로였다.
④ "야! 너 뭐 하는 거야! 그것도 하나 못 막냐?"
내가 마음속에 억눌렀던 말을 꺼내며 인국이에게 달려들었다
"너도 똑바로 못 막았잖아! 왜 자꾸 나한테만 화내는 건데?" / 그 순간 '나한테만'이라는 인국이 말에 난 뜨끔했지만 선생님께서 우릴 말리실 때까지 말싸움을 계속 이어 갔다.

1 이 글은 진주가 다음과 같이 경험한 일을 글로 쓴 것입니다. 진주가 경험을 이야기로 쓰며 일어난 일의 차례를 바꾼 까닭은 무엇일지 짐작하여 쓰시오.

2 이 글에 이어질 마지막 부분에는 어떤 내용을 쓰고 싶은지 쓰시오.

3 문제 2번과 같이 겪은 일을 이야기로 쓰고, 잘 썼는지 확인할 때 생각할 점을 두 가지 쓰시오.

-
-

[1~2] 다음 글을 읽고, 물음에 답하시오.

> 민재: (조심스럽게) 주민아, 너희 아빠께서는 소방관이
> 시니까 덩치도 크고 운동도 잘하시겠다.
> 주민: (밝게 웃으며) 우리 아빠? 키는 크신데 운동은 잘
> 안 하셔. 요즘에 119 구조대로 부서를 옮기시고는
> 친절왕이 되셨지. 아빠의 친절왕 정신 때문에 우리
> 는 어딘가 놀러 갈 때 제시간에 도착하지 못하기도
> 해. 얼마 전에는 영화관에 너무 늦게 들어가서 영화
> 뒷부분만 본 적도 있어.
> 민재: (크게 웃으며) 왜?
> 주민: 길을 잃고 헤매는 할머니를 가시는 곳까지 모셔
> 다드리느라 그랬지. 우리 아빠께서는 길에서 애들
> 끼리 싸우는 것을 보면 꼭 가서 말리셔야 하고, 누
> 구든 도움이 필요한 사람이 있으면 꼭 도와주셔야
> 해. 무관심은 나쁜 것이라고 하시면서 말이야.

1. 대화와 공감

1 주민이 아버지의 성격을 잘 보여 주는, 세 글자로 된
말을 찾아 쓰시오.

(   )

1. 대화와 공감

2 민재와 주민이가 즐겁게 대화한 까닭은 무엇입니까?

(   )

① 주민이가 민재의 처지를 이해해서
② 서로의 말에 반응을 보이지 않아서
③ 민재가 속상한 마음을 자세히 설명해서
④ 다른 사람의 의견에 그렇다고 느끼지 못해서
⑤ 서로의 감정이나 생각을 받아 주며 이야기해서

<mark>서술형</mark>

2. 작품을 감상해요

3 다음 글을 읽고 떠오른 경험을 쓰시오.

> 할머니 아픈 허리는 왜 밟아야 시원할까요?
> 아이쿠! 아이쿠! 하면서도 "꼭꼭 밟아라." 하십
> 니다
> 그래도 나는 겁이 나 자근자근 밟습니다.

_____

_____

[4~5] 다음 글을 읽고, 물음에 답하시오.

> ㉮ 사람은 직업에 따라 고유한 색깔 옷을 입기도 한
> 다. 직업의 특성에 따라 특정 색깔의 옷이 일을 하는
> 데 도움이 되기 때문이다.
> ㉯ 의사나 간호사는 보통 흰색 옷을 입는다. 감염에
> 민감한 환자들이 있는 병원에서는 위생이 매우 중요한
> 문제이기 때문이다. 흰색 옷은 옷이 더러워졌을 때 이
> 를 쉽게 알아차릴 수 있게 해 준다.
> ㉰ 법관은 검은색 옷을 입는다. 예전 서양에서는 신분
> 에 따라 입을 수 있는 옷 색깔이 정해져 있었지만, 검
> 은색 옷은 누구나 입을 수 있었다. 법관의 검은색 옷
> 은 법 앞에서 모든 사람이 평등하다는 뜻을 나타내며,
> 다른 것에 물들지 않고 공정하게 재판해야 한다는 의
> 미를 담고 있다.
> ㉱ 군인은 주변 환경과 상황에 따라 옷 색깔을 달리하
> 여 입는다. 전투를 벌일 때 적군 눈에 쉽게 띄면 안 되
> 기 때문이다. 예전의 화약 무기는 한번 사용하면 연기
> 가 자욱하여 적군과 아군을 구분하기가 힘들었다. 따
> 라서 당시에는 강한 원색의 군복을 입었다.
> ㉲ 사람들은 직업에 따라 입는 옷 색깔이 다양하다.
> 옷 색깔이 무엇을 뜻하는지 안다면 그 직업을 더 잘
> 알 수 있다.

3. 글을 요약해요

4 이 글에서 대상을 설명한 방법은 무엇입니까?

(   )

① 옷을 여러 부분으로 나누어 부분별로 설명했다.
② 시대의 순서에 따른 옷 색깔의 변화를 설명했다.
③ 두 가지 이상의 직업에서 공통점과 차이점을 찾
아 설명했다.
④ 여러 가지 특징을 나열해 직업과 옷 색깔의 관계
를 설명했다.
⑤ 직업마다 다른 옷을 만드는 재료를 그림을 그리
듯이 설명했다.

3. 글을 요약해요

5 이 글의 내용을 '처음 – 가운데 – 끝'으로 나누어 각
각 해당하는 문단 기호를 쓰시오.

처음	가운데	끝
(1)	(2)	(3)

4. 글쓰기의 과정

6 다음 문장의 밑줄 친 부분에 나타난 호응 관계의 종류를 보기 에서 찾아 기호를 쓰시오.

> **보기**
> ㉮ 동작을 당하는 주어와 서술어의 호응
> ㉯ 시간을 나타내는 말과 서술어의 호응
> ㉰ 높임의 대상을 나타내는 말과 서술어의 호응

(1) 동생이 누나에게 업혔다. ( )

(2) 할머니께서 맛있는 떡을 주셨다. ( )

(3) 나는 어제 재미있는 동화책을 읽었다. ( )

[7~8] 다음 글을 읽고, 물음에 답하시오.

㉮ 미래는 편리함이라는 빛만큼이나 위험하고 어두운 그림자 또한 있을 것이라고 생각합니다. 그러므로 인공 지능이 일으킬 위험을 막을 방법도 생각해야 합니다.
㉯ 첫째, 인공 지능을 가졌느냐 아니냐에 따라 부자는 더 부자가 되고 가난한 사람은 더욱 가난해질 것입니다. 이로써 사회적·경제적 불평등은 더욱 심해질 것입니다.
㉰ 둘째, 힘이 강한 나라나 집단이 힘이 약한 나라나 사람들을 지배할 수도 있습니다. 인공 지능이 발달하면 힘 있는 사람들의 지배력이 지금과 비교가 안 될 정도로 강해질 것입니다. 즉 나라 사이에 새로운 지배 관계가 생길 위험이 매우 크다고 생각합니다.
㉱ 셋째, 지금보다 더 발달한 인공 지능이 등장하면 인간은 인공 지능에게 지배를 받게 될지도 모릅니다. 인공 지능은 인간보다 뛰어난 지적 능력이 있으면서 인간에게 있는 문제점은 없습니다. 인공 지능에 독립성이 생긴다면 인공 지능은 인간의 통제에서 벗어나고 끝내 인간 사회는 비극을 맞게 될 것입니다.

서술형

5. 글쓴이의 주장

7 다음 문단의 중심 내용을 정리하여 쓰시오.

문단	중심 내용
㉯	(1)
㉰	(2)
㉱	(3)

5. 글쓴이의 주장

8 이 글의 제목으로 알맞은 것은 무엇입니까? ( )

① 인공 지능의 좋은 점
② 인공 지능의 긍정적 활용
③ 인공 지능 개발에 드는 비용
④ 인공 지능 개발에 따른 위험
⑤ 인공 지능은 미래의 희망이다

8. 아는 것과 새롭게 안 것

9 다음 보기 에서 단일어와 복합어를 찾아 쓰세요.

> **보기**
> 구름, 비옷, 바다, 하늘, 덧신,
> 딸기, 포도, 눈사람

(1) 단일어: ( )

(2) 복합어: ( )

9. 여러 가지 방법으로 읽어요

10 다음 글을 읽는 방법으로 알맞지 <u>않은</u> 것은 무엇입니까? ( )

> 최근 출판하는 책이나 광고, 알림판 따위에서 네모 모양의 표식을 자주 볼 수 있다. 네모 모양 안에 검은 선과 점을 배열했는데, 이것을 정보 무늬[QR 코드]라고 한다. 큐아르(QR)는 '빠른 응답'이라는 영어의 줄임 말이다.
> 정보 무늬는 여러 가지 정보를 확인할 수 있는 표식이다. 정보 무늬를 쓰기 전에는 막대 표시를 주로 썼다. 막대 표시는 숫자 20개를 저장할 수 있는 무늬로서 물건을 살 때 쉽게 계산할 수 있다. 그러나 정보 무늬는 숫자 7089개, 한글 1700자 정도를 저장할 수 있다.

① 대상에 대해 새롭게 안 것을 찾는다.
② 대상을 보고 이미 아는 것을 떠올린다.
③ 설명하려는 대상이 무엇인지 생각한다.
④ 대상의 무엇을 자세히 설명하는지 생각한다.
⑤ 자신의 생각과 비교해 비판하는 태도로 읽는다.

총정리

[1~2] 다음 글을 읽고, 물음에 답하시오.

> 동욱: 정인아, 무슨 걱정이 있니?
>
> 정인: (다소 힘없는 듯한 목소리로) 아니, 아무 일도 없는데.
>
> 동욱: (빈정거리는 말투로) 에이, 얼굴 표정을 보니 고민거리가 있는 것 같은데?
>
> 정인: (약간 성가신 듯이) 고민은 무슨 고민? 아무 일 없다니까.
>
> 동욱: (궁금해하며) 그러지 말고 말해 봐. 무슨 일인데? 다른 사람한테 절대로 말하지 않을게.
>
> 정인: (조심스럽게) 음, 사실은 체육 시간에 뒤 구르기가 잘 안돼. 그래서 모둠끼리 여러 가지 동작을 꾸밀 때 방해가 되는 것 같아.
>
> 동욱: (큰 소리로) 뭐, 네가 뒤 구르기를 못한다고? 그럼 선생님이나 친구들에게 도와 달라고 하면 되지, 뭘 그렇게 걱정해.
>
> 정인: (당황하며) 어떻게 그러니?
>
> 동욱: 그럼 내가 말해 줄까?
>
> 정인: (황급히 큰 소리로) 아냐, 그러지 마! 내가 알아서 할게. 넌 그냥 못 들은 걸로 해.
>
> 동욱: 네가 말을 못 하면 내가 말해 줄게.
>
> 정인: (화를 내며) 아냐. 내가 알아서 한다고.

1. 대화와 공감

1 이 대화에서 알 수 있는 동욱이의 성격은 어떠합니까? ( )

① 소심하다.   ② 걱정이 많다.

③ 조심성이 있다.   ④ 배려심이 없다.

⑤ 괴팍하고 무섭다.

서술형

1. 대화와 공감

2 이 대화에서 동욱이가 고쳐야 할 점은 무엇인지 **조건** 을 만족하여 쓰시오.

> **조건**
>
> 상대를 배려하며 조언하는 방법을 생각하여 고쳐야 할 점 말하기

_____

_____

[3~5] 다음 시를 읽고, 물음에 답하시오.

> **출렁출렁**
>
> 이러다 지각하겠다 싶을 때, 있는 힘껏 길을 잡아당기면 출렁출렁, 학교가 우리 앞으로 온다
>
> 춥고 배고파 죽겠다 싶을 때, 있는 힘껏 길을 잡아당기면 출렁출렁, 저녁을 차린 우리 집이 버스 정류장 앞으로 온다
>
> 갑자기 니가 보고 싶을 때, 있는 힘껏 길을 잡아당기면 출렁출렁, 그리운 니가 내게 안겨 온다

2. 작품을 감상해요

3 이 시에서 말하는 이가 겪은 일로 알맞은 것을 찾아 ○표 하시오.

(1) 춥고 배고플 때 길을 잡아당겨 집이 버스 정류장 앞으로 온다고 상상한 것 ( )

(2) 교실에서 축구를 하고 싶어서 길을 잡아당겨 운동장이 교실 앞으로 온다고 상상한 것 ( )

2. 작품을 감상해요

4 말하는 이가 있는 힘껏 길을 잡아당기는 까닭으로 알맞은 것을 두 가지 고르시오. ( )

① 재미있는 일이 생겨서

② 그리운 사람을 보고 싶어서

③ 학교와 집에 빨리 가고 싶어서

④ 힘껏 잡아당기면 길이 실제로 짧아져서

⑤ 친구들에게 힘이 세다고 자랑하기 위해서

2. 작품을 감상해요

5 이 시에서 느껴지는 말하는 이의 마음으로 알맞지 않은 것은 어느 것입니까? ( )

① 지각하는 것이 정말 싫은 마음

② 지각하면 혼날까 봐 걱정하는 마음

③ 춥고 배고파서 집에 빨리 가고 싶은 마음

④ 수업을 마치고 집에 가는 것이 싫은 마음

⑤ 누군가를 많이 보고 싶어 하고 그리워하는 마음

[6~8] 다음 글을 읽고, 물음에 답하시오.

우리나라에는 화강암을 쪼아 만든 석탑이 많습니다. 그 가운데에서 가장 유명한 탑은 다보탑과 석가탑입니다. 다보탑과 석가탑에는 공통점과 차이점이 있습니다.

다보탑과 석가탑은 공통점이 있습니다. 두 탑은 모두 통일 신라 시대에 만든 탑으로서 불국사 대웅전 앞뜰에 나란히 서 있습니다. 또 두 탑은 그 가치를 인정받아 국보로 지정되었습니다.

두 탑의 모습은 매우 다릅니다. 다보탑은 장식이 많고 화려합니다. 십자 모양의 받침 주변에 돌계단을 만들고 그 위에 사각·팔각·원 모양의 돌을 쌓아 올렸습니다. 반면 석가탑은 단순하면서도 세련된 멋이 있습니다. 사각 평면 받침 위에 돌을 삼 층으로 쌓아 올려 매우 균형 있는 모습을 자랑합니다.

3. 글을 요약해요

6 이 글에서 설명하는 것은 무엇입니까? ( )

① 석가탑의 크기
② 다보탑과 석가탑
③ 다보탑을 만든 사람
④ 우리나라 탑의 종류
⑤ 우리 조상의 뛰어난 솜씨와 예술성

3. 글을 요약해요

7 다음 중 다보탑과 석가탑의 공통점으로 알맞은 것을 찾아 기호를 쓰시오.

㉮ 장식이 많고 화려하다.
㉯ 통일 신라 시대에 만든 탑이다.
㉰ 단순하면서도 세련된 멋이 있다.

( )

3. 글을 요약해요

8 이 글에서 대상을 설명한 방법으로 알맞은 것을 찾아 ○표 하시오.

(1) 대상을 상상하여 설명했다. ( )

(2) 일이 일어난 차례대로 정리하여 설명했다. ( )

(3) 두 가지 이상의 대상에서 공통점과 차이점을 찾아 설명했다. ( )

9 다음 제시된 낱말 카드로 생각을 표현할 때, 없어도 되는 부분을 모두 고르시오. ( )

매콤한	떡볶이가	익은

고추처럼	빨갛다

① 익은
② 매콤한
③ 빨갛다
④ 떡볶이가
⑤ 고추처럼

5. 글쓴이의 주장

10 다음 중 동형어와 다의어가 만들어진 까닭을 바르게 말하지 못한 친구의 이름을 쓰시오.

나연: 동형어나 다의어가 없다면 낱말이 너무 많아서 힘들 것 같아.
정아: 낱말 하나를 비슷한 상황에서 사용하다 보니 다의어가 된 것 같아.
도현: 동형어는 본디 뜻과 관련 있는 부분이 조금씩 바뀌면서 만들어진 것 같아.

( )

서술형

6. 토의하여 해결해요

11 우리 주변에서 일어나는 문제 상황을 떠올려 토의하고 싶은 주제와 그 주제를 고른 까닭을 쓰시오.

토의하고 싶은 주제	(1)
그 주제를 고른 까닭	(2)

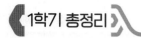
[12~13] 다음 글을 읽고, 물음에 답하시오.

제주행 비행기를 탈 때면 나는 창가 쪽 자리를 선호한다. 하늘에서 보는 제주도의 풍광을 만끽하기 위해서다.

"저희 비행기는 잠시 후 제주 국제공항에 착륙하겠습니다. 안전 벨트를 다시 매어 주십시오."

기내 방송이 나오면 나는 창가에 바짝 붙어 제주도가 나타나기를 기다린다. 비행기 왼쪽 좌석이면 한라산이 먼저 나타나고 오른쪽이면 쪽빛 바다와 맞닿아 둥글게 돌아가는 해안선이 시야에 펼쳐진다.

이윽고 비행기가 제주도 상공으로 들어오면 왼쪽 창밖으로는 오름의 산비탈에 수놓듯이 줄지어 있는 산담이 아름답고, 오른쪽 창밖으로는 삼나무 방풍림 속에 짙은 초록빛으로 자란 밭작물들이 싱그러워 보인다. 비행기가 선회하여 활주로로 들어설 때는 오른쪽과 왼쪽의 풍광이 교체되면서 제주의 들과 산이 섞바뀌어 모두 볼 수 있게 된다. 올 때마다 보는 제주의 전형적인 풍광이지만 그것이 철 따라 다르고 날씨 따라 다르기 때문에 언제나 신천지에 오는 것 같은 설렘을 느끼게 된다.

7. 기행문을 써요

12 이 글에 대한 설명으로 알맞은 것은 무엇입니까?

( )

① 기행문의 끝부분에 해당한다.
② 기행문의 처음 부분에 해당한다.
③ 여행 일정을 자세하게 소개했다.
④ 글쓴이가 여행지에서 다닌 곳이 드러나 있다.
⑤ 여행하고 난 뒤 전체적인 감상이 드러나 있다.

서술형

7. 기행문을 써요

13 글쓴이는 제주도를 여행하러 오면서 어떤 느낌이 들었는지 쓰시오.

_____

_____

_____

[14~15] 다음 글을 읽고, 물음에 답하시오.

가까운 미래에는 제4차 산업 혁명이 일어나 많은 것이 달라진다고 합니다. 인공 지능이 발달하고 새로운 기술을 개발해서 지금까지 살던 모습과는 다를 것입니다.

그렇다면 미래 사회에 필요한 사람은 어떤 사람일까요?

첫째, 정해진 답을 찾기보다 새로운 방식으로 문제를 해결하는 사람입니다. 정해진 문제는 사람보다 인공 지능이 더 잘 해결할 수도 있습니다. 그러나 새로운 방식을 생각하는 것은 인공 지능보다 사람이 더 잘할 수 있습니다.

둘째, 새로운 변화에 대응하는 사람입니다. 미래 연구자들은 다가올 미래에는 여러 가지 사회·환경 문제처럼 예전에 없던 새로운 변화를 맞을 것이라고 합니다. 그러므로 미래 사회에서는 막힌 생각보다 변화에 부드럽게 대처하려는 생각을 해야 합니다.

셋째, 서로 돕고 존중하는 사람입니다. 인공 지능과 새로운 기술이 삶을 빠르게 바꿀 수 있습니다. 이럴 때 함께 마음을 모아 서로 돕고 존중해야 사회를 따뜻하게 만들 수 있습니다.

9. 여러 가지 방법으로 읽어요

14 글쓴이는 미래 사회에 어떤 사람이 필요하다고 했는지 알맞은 것을 모두 고르시오. ( )

① 서로 돕고 존중하는 사람
② 새로운 변화에 대응하는 사람
③ 인공 지능에 대해 잘 알고 있는 사람
④ 여러 가지 사회·환경 문제에 민감하지 않은 사람
⑤ 정해진 답을 찾기보다 새로운 방식으로 문제를 해결하는 사람

9. 여러 가지 방법으로 읽어요

15 글쓴이의 주장에 따른 근거가 알맞은지 판단할 때 알맞게 말하지 못한 친구의 이름을 쓰시오.

도경: 반드시 새로운 방식으로 문제를 해결해야만 할까?
원효: 제1차, 2차, 3차 산업 혁명이 일어났을 때에는 사회의 모습이 어떻게 달라졌을까?

( )

초등 고학년을 위한 중학교 필수 영역 초고필

국어

비문학 독해 1·2 / 문학 독해 1·2 / 국어 어휘 / 국어 문법

수학

유리수의 사칙연산 / 방정식 / 도형의 각도

한국사

한국사 1권 / 한국사 2권

평가북

초등학교   학년   반   번   이름

차례

백점 국어 빠른 정답

QR코드를 찍으면 **정답**을
쉽고 빠르게 확인할 수 있습니다.

1. 대화와 공감

8쪽 **개념 확인 문제**

1 지안 **2** (1) ○ **3** ㉯, ㉰

1 말은 다시 들을 수 없으니 대화에 집중해야 합니다. 또한 대화할 때 표정, 몸짓, 말투에 따라 기분이나 생각을 짐작할 수 있습니다.

2 칭찬을 할 때에는 분명하고 자세하게 하고, 결과보다는 과정을 칭찬하는 것이 좋습니다.

3 상대를 배려하며 조언할 때에는 상대에게 고민을 말하도록 강요하지 않아야 합니다. 또한, 상대에게 도움이 되는 내용을 말해야 합니다.

9쪽 **어휘·문법 확인 문제**

1 (1) 조언 (2) 공감 **2** (1) 발휘하셨다 (2) 빈정거려
3 (2) ○ **4** 감탄문

1 '말로 거들거나 깨우쳐 주어서 도움. 또는 그 말.'은 '조언', '남의 감정, 의견, 주장 따위에 대하여 자기도 그렇다고 느낌.'은 '공감'의 뜻입니다.

2 (1)은 '재능, 능력 따위를 떨치어 나타내었다.'라는 뜻의 '발휘하셨다', (2)는 '남을 은근히 비웃는 태도로 자꾸 놀려.'라는 뜻의 '빈정거려'가 어울립니다.

3 '성가시다'는 '자꾸 들볶거나 번거롭게 굴어 괴롭고 귀찮다.'라는 뜻이므로 '귀찮게'와 뜻이 비슷한 낱말입니다.

4 말하는 이가 자기의 느낌을 표현한 문장이므로 감탄문입니다.

10~17쪽 **교과서 독해**

태일이와 소희의 대화 10쪽 **활동 정리 ❶** 심부름 **❷** 소희

1 ② **2** (2) ○ **3 예** 태일이는 소희의 마음을 이해해 주었습니다. **4** ④

칭찬의 힘 11~12쪽 **글의 구조 ❶** 자세하게 **❷** 과정 **❸** 가능성

5 ⑤ **6** ㉡, ㉣ **7** 노력 **8** ④ **9** ⑤ **10** (3) ○
11 ③ **12 예** 마음을 담아서 진심 어린 칭찬을 합니다.

정인이의 고민 13쪽 **활동 정리 ❶** 뒤 구르기 **❷** 선생님

13 ③, ④ **14** 성가시게 **15** ②, ⑤ **16 예** 정인아, 내가 뒤 구르기를 잘할 수 있도록 도와줄게. 쉬는 시간에 같이 연습해 보자.

모모의 고민 14~15쪽 **활동 정리 ❶** 기분 **❷** 고민 **❸** 자신 **❹** 사랑

17 ㉰ **18** ⑤ **19** ④ **20** ②, ⑤ **21** 자기 자신을 사랑하는 것 **22** ⑤ **23** 도은 **24 예** 무슨 일로 다퉜어? 나도 그런 적이 있어. 그때 나는 친구에게 내 진심을 담은 쪽지를 써서 주었어. 너도 용기 있게 너의 진심을 표현해 봐.

우리 반 친절왕 16~17쪽 **활동 정리 ❶** 생각 **❷** 공감

25 예 길을 잃고 헤매는 할머니를 가시는 곳까지 모셔다드리다가 늦었습니다. **26** ④ **27** ① **28** (1) 정작 (2) 무관심 (3) 덩치 **29** ① **30 예** 서로의 감정이나 생각을 받아 주며 대화하였기 때문입니다. **31** ㉰

1 태일이는 "어, 잠깐 딴생각하느라 잘 못 들었어."라고 하였습니다.

2 은주는 부모님 심부름을 하고 오느라 소희와의 약속 시간에 늦었고, 소희에게 미안하다고 사과했습니다.

3 태일이는 화도 나고 걱정도 한 소희의 마음을 공감해 주고 이해해 주었습니다.

> 채점 **tip** 소희의 마음을 공감하고 이해해 주었다는 내용으로 썼으면 정답으로 합니다.

이런 답도 가능해!
• 소희의 이야기에 공감하였습니다.

4 대화를 주고받을 때에는 대화에 집중해야 하므로 대화의 특성으로 ④는 알맞지 않습니다.

5 칭찬은 용기를 주고 긍정적으로 자신을 바라보게 하며, 올바른 습관을 기르고 능력을 키우는 데도 도움이 된다고 하였습니다. 또한 다른 사람과의 관계를 좋아지게 만든다고 하였습니다.

6 칭찬을 할 때에는 분명하고 자세하게 하고, 결과보다는 과정을 칭찬하는 것이 좋다고 하였습니다.

7 일의 결과가 아닌 과정을 칭찬하면 상대가 노력의 의미를 깨달을 수 있습니다.

8 '두루뭉술하게'는 '말이나 행동 따위가 철저하거나 분명하지 아니하게.'라는 뜻입니다.

9 행동의 가치를 이해할 수 있도록 ⑤와 같이 설명하는 칭찬을 하는 것이 좋다고 하였습니다.

10 상대의 가능성을 보고 칭찬을 하면 상대가 자신의 재능을 발견하고 꿈을 실현하는 데 도움을 줄 수 있다고 하였습니다.

11 칭찬이 힘을 발휘하려면 분명하고 자세하게 칭찬해야 하며 결과보다 과정을 칭찬해야 합니다. 그리고 평가하지 말고 설명하는 칭찬을 하고, 가능성을 키워 주는 칭찬을 해야 합니다.

12 진심 어린 칭찬이야말로 힘을 발휘할 수 있는 최고의 칭찬이라고 하였습니다.

채점 tip '마음이 담긴', '진심 어린'과 같은 말을 넣어 썼으면 정답으로 합니다.

13 정인이는 고민을 말하고 싶어 하지 않았지만, 동욱이는 정인이에게 고민을 말하라고 재촉하였습니다.

14 동생이 말을 걸어 괴롭고 귀찮아서 화가 났다는 뜻이므로 '성가시게'가 들어가는 것이 알맞습니다.

15 동욱이는 정인이에게 고민을 말해 보라고 계속 재촉했고, 정인이의 고민을 들은 다음에 정인이가 원하지 않는 방법으로 말해 주겠다고 나섰습니다.

16 정인이에게 도움이 될 수 있는 해결 방법을 생각하여 씁니다.

17 모모는 모든 일에 자신이 없고 소심하며 망설이게 되는 것이 고민이라고 하였습니다.

18 "역시 제 고민은 너무 하찮아서 이야깃거리도 되지 못하는군요."를 통해 모모의 기분을 알 수 있습니다.

19 마술사는 모모의 기분이 좋아진 다음에 말하기 위해서 모모에게 웃어 보라고 한 것입니다.

20 '하찮다'는 '대수롭지 않다.'는 뜻이므로, '중요하다', '소중하다'와 뜻이 반대인 낱말입니다.

21 마술사는 남을 이해하며 사랑하고 받아들이려면 먼저 자기 자신을 사랑해야 한다고 모모에게 말했습니다.

22 조언을 할 때에는 상대의 고민을 귀 기울여 듣고 진심으로 도움이 되는 말을 해야 합니다. 자신의 고민을 말하는 것은 조언하는 방법이 아닙니다.

23 모모에게 도움이 되는 말을 한 친구는 도은입니다.

24 친구의 고민을 이해하고, 진심이 느껴지도록 표현합니다. 실제로 도움이 되는 말을 해 주어야 합니다.

25 주민이 아버지께서는 길을 잃으신 할머니를 모셔다 드리다가 늦었습니다.

26 주민이는 아버지께서 키는 크시지만 운동은 잘 안 하신다고 하였습니다.

27 다른 사람의 감정, 의견, 주장 따위에 대해 자신도 그렇다고 느끼는 것을 공감이라고 합니다.

28 ⑴은 '정작', ⑵는 '무관심', ⑶은 '덩치'가 들어가는 것이 알맞습니다.

29 민재는 주민이에게 주민이가 아빠와 비슷한 친절왕이라고 하였습니다.

30 민재와 주민이는 서로의 말에 적극적으로 반응하면서 대화를 하였습니다.

31 공감하는 마음이 드러나도록 말하는 것이 좋습니다.

18~19쪽 | **단원 평가 ❶회**

1 ⑤　2 ⑴ ○ ⑵ × ⑶ ○　3 유나　4 자신　5 ⑤　6 ③　7 ㉰　8 ②　9 ①　10 창문이 열려 있습니까?(있어요?)

---

1 대화는 상대를 직접 보면서 말을 주고받고, 표정, 몸짓, 말투에 따라 기분이나 생각을 짐작할 수 있는 특성을 가지고 있습니다.

2 칭찬은 자신을 긍정적으로 바라보게 하며 올바른 습관을 기르고 능력을 키우는 데 도움이 됩니다. 칭찬은 다른 사람을 평가하기 위해 하는 것이 아닙니다.

3 상대가 행동의 가치를 이해하기 위해 할 수 있는 칭찬을 말한 친구는 유나입니다.

4 마술사는 모든 일에 자신이 없는 모모에게 자신을 좋아하고 사랑하라고 했습니다.

5 마술사는 모모의 기분이 좋아지도록 웃고 난 뒤 잘 받아들일 수 있도록 조언을 해 주었습니다.

6 민재의 입장에서 주민이의 마음에 자신도 그렇다고 느끼는 공감하는 마음을 표현한 것은 ③입니다.

7 주민이는 민재가 자신과 아버지가 비슷한 것 같다고 말해서 놀랐습니다.

8 친구의 감정이나 생각에 공감하며 대화해야 합니다.

9 ①은 명령문, ②는 평서문, ③은 감탄문, ④는 의문문, ⑤는 청유문입니다.

10 대답을 요구하는 의문문으로 바꾸어 씁니다.

문법 문제 tip 문장 부호인 물음표(?)를 사용하여 문장의 끝맺음을 바꾸어 씁니다.

20~22쪽 **단원 평가 2회**

1 ③ 2 ① 3 ⑤ 4 기쁜 표정, 손뼉을 치는 몸짓, 밝은 목소리 5 예 상대가 무엇을 잘했는지 알고 칭찬을 받으려고 더 노력하게 되기 때문입니다. 6 ⑤ 7 진심 8 (1) 예 체육 시간에 뒤 구르기가 잘 안되어서 모둠끼리 여러 가지 동작을 꾸밀 때 방해가 되는 것 (2) 예 모든 일에 자신이 없고 소심하며 망설이게 되는 것 9 ③ 10 ⑤ 11 ④ 12 ① 13 ①, ③ 14 예 그렇구나. 색칠하는 데 시간이 부족할 텐데 내가 도와줄게. 15 (4) ×

1 은주에게 무슨 일이 생겼을까 봐 걱정했습니다.

2 은주는 소희의 마음을 살피면서 말하고 있습니다.

3 표정만으로는 정확하게 전달하기 힘듭니다.

4 친구를 칭찬할 때에는 활짝 웃으며 엄지손가락을 든 몸짓, 밝고 신나는 목소리 등을 하는 것이 어울립니다.

5 분명하고 자세하게 칭찬을 해야 상대가 무엇을 잘했는지 알고 칭찬을 받으려고 더 노력하게 됩니다.

6 분명하고 자세한 칭찬이 힘을 발휘할 수 있으므로 ⑤가 알맞습니다.

7 진심 어린 칭찬이야말로 힘을 발휘할 수 있는 최고의 칭찬이라고 하였습니다.

8 정인이는 체육 시간에 뒤 구르기가 안 되는 고민을 말했고, 모모는 모든 일에 자신이 없고 소심하고 망설이는 고민을 말했습니다.

9 동욱이는 정인이의 기분을 고려하지 않았고, 정인이에게 도움이 되지 않는 해결 방법을 강요하였습니다.

10 고민을 편안하게 말할 수 있도록 잘 들어야 합니다.

11 민재와 주민이는 주민이의 아버지에 대하여 이야기를 나누고 있습니다.

12 민재와 주민이는 서로의 감정에 공감하고 반응하면서 대화를 나누고 있습니다.

13 미술 시간에 유라가 그림을 늦게 그리자 정아는 유라를 도와줄까 망설이고 있고, 유라는 정아에게 도와 달라고 할까 망설이고 있습니다.

14 그림을 늦게 그려서 걱정하는 유라의 마음을 생각하면서 도와주고 싶은 마음이 잘 드러나게 써 봅니다.

15 자신의 고민을 쓸 때에는 솔직하게 쓰는 것이 좋으므로 (4)가 알맞지 않습니다.

23쪽 **수행 평가**

1 예 늦잠 자는 것이 고쳐지지 않아서 고민입니다. 2 예 일찍 자면 일찍 일어날 수 있으므로 자는 시간을 정해 놓고 규칙적으로 잠을 자라고 했습니다. 3 예 친구에게 / 친구야, 나도 늦잠을 잔 적이 있었어. 그래서 나는 아침에 일어나야 하는 시간에 큰 알람 소리가 나는 시계를 준비해 놓았어. 시계의 알람 소리가 너무 시끄러워서 잠이 깰 수밖에 없거든. 이제는 알람 소리가 울리는 시간이면 저절로 눈이 떠지기도 해. 시계를 꼭 옆에 두고 알람 소리에 맞춰 일어나는 습관을 들이도록 해 봐. / ○○이가

1 늦잠 자는 것이 잘 고쳐지지 않는다고 하였습니다.

2 일찍 자면 일찍 일어날 수 있을 것이라고 했습니다.

3 늦잠 자는 습관을 고칠 수 있는 방법을 씁니다.

채점 기준	잘함	친구가 말한 고민에 어울리는 해결 방법을 엽서 형식에 맞추어 자세히 썼습니다.
	노력 요함	제시된 고민과 어울리지 않는 해결 방법을 포함하여 썼습니다.

[채점 키워드] '늦은 시간까지 텔레비전 보지 않기', '저녁 9시 30분에 무조건 잠자리에 들기' 등 늦잠 자는 것이 고쳐지지 않아서 고민하는 친구가 일상생활에서 실천할 수 있는 내용으로 쓰기

24쪽 **쉬어가기**

2. 작품을 감상해요

개념 확인 문제

1 (1) ○ (2) ○ 2 아인 3 경험

1 경험을 떠올리며 글을 읽으면 글의 내용을 더 쉽게 이해할 수 있고 인물의 마음을 더 잘 이해할 수 있습니다.

2 자신의 경험을 함께 말한 친구는 아인입니다.

3 읽는 사람의 지식, 경험 등에 따라 상상한 이야기가 비슷하거나 다를 수 있습니다.

27쪽 **어휘·문법 확인 문제**

1 경험 2 (1) 자근자근 (2) 치밀하고 3 (1) ○ 4 (1) 먹다, 달리다 (2) 작다, 기쁘다

1 '자신이 실제로 해 보거나 겪어 봄. 또는 거기서 얻은 지식이나 기능.'을 '경험'이라고 합니다.

2 (1)에는 '가볍게 누르거나 밟는 모양.'을 나타내는 '자근자근', (2)에는 '자세하고 꼼꼼하고.'를 뜻하는 '치밀하고'가 어울립니다.

3 '얼'은 '정신의 가장 중요한 부분.'을 뜻합니다. '예의에 관한 모든 절차와 질서.'는 '예절'의 뜻입니다.

4 사람이나 사물의 동작을 나타내는 낱말은 '먹다', '달리다', 사물의 성질이나 상태를 나타내는 낱말은 '작다', '기쁘다'입니다.

28~35쪽 **교과서 독해**

유관순 28~30쪽 **작품 정리 ❶ 우리글 ❷ 독립**

1 ①, ② 2 ② 3 **예** 우리글에는 우리 민족의 얼이 담겼다고 생각했기 때문입니다. 4 ④ 5 ②, ③ 6 나래 7 **예** 일제 강점기에 벌어진 일을 다룬 영화를 본 것이 기억났습니다. 8 (1) ㉯ (2) ㉰ (3) ㉮ 9 (3) ○ 10 ③ 11 ② 12 **예** 글의 내용을 더 쉽게 이해할 수 있고 유관순의 마음을 더 잘 이해할 수 있습니다.

출렁출렁 / 허리 밟기 31쪽 **작품 정리 ❶ 길 ❷ 할머니**

13 ⑤ 14 정우 15 ⑤ 16 ⑤

덕실이가 말을 해요 32~34쪽 **작품 정리 ❶ 학원 ❷ 덕실 ❸ 쥐**

17 ⑤ 18 **예** 자신이 하나 더 있으면 하나는 학원에 가고 하나는 마음껏 놀 수 있기 때문입니다. 19 ① 20 ①, ⑤ 21 ① 22 ② 23 **예** 수일이는 자신이 하고 싶은 일을 하지 못하기 때문에 불쌍하다고 생각합니다. 24 유진 25 ⑤ 26 ② 27 나직하게 28 (2) ○

꽃 35쪽 **작품 정리 ❶ 말 ❷ 꽃**

29 ②, ③ 30 ① 31 ①, ② 32 **예** 내가 먼저 본 줄 알았지만 / 봄이 쫓아가던 길목에서 / 내가 보아 주기를 날마다 기다리고 있었다 → 나만 화해하고 싶은 줄 알았는데 / 마음이 갈라지는 길목에서 / 먼저 손을 내어 주기를 날마다 기다리고 있었다

1 유관순은 1902년 천안에서 태어나 형편은 넉넉하지 못했지만 화목한 가정에서 자랐습니다.

2 아버지께서는 "나라의 힘을 기르려면 서양 문물을 받아들이고 신학문을 배워야 한다."라고 했습니다.

3 일본은 우리글에 우리 민족의 얼이 담겼다고 생각해서 우리글을 배우는 것을 싫어했습니다.

4 ④의 내용은 이 글에서 알 수 없습니다.

5 유관순은 동지들을 모으고 독립 만세를 부를 계획을 세웠고, 가족과 함께 밤새워 태극기를 만들었습니다.

6 나래는 나라를 지키려고 독립 만세 운동을 준비한 유관순의 노력에 대해 알맞게 말했습니다.

7 이 밖에도 독립 운동과 관련한 자료를 보거나 장소를 방문한 경험 등을 쓸 수 있습니다.

8 ㉮는 '치밀하다', ㉯는 '뿔뿔이', ㉰는 '동지'의 뜻입니다.

9 유관순은 나라를 지키려는 마음이 강하고 옳은 일을 했다고 굳게 믿어서 재판을 받을 때 당당했습니다.

10 '방방곡곡'은 '한 군데도 빠짐이 없는 모든 곳.'이라는 뜻입니다.

11 나라를 지키기 위해 독립 운동을 한 유관순은 나라를 사랑하는 마음을 우리에게 일깨워 줍니다.

12 경험을 떠올리며 글을 읽으면 내용을 더 쉽게 이해할 수 있고, 생생하게 느낄 수 있으며 인물의 마음을 더 잘 이해할 수 있습니다.

13 말하는 이는 1연에서는 학교에 빨리 가려고, 2연에서는 집에 빨리 가고 싶어서, 3연에서는 너를 보고

싶어서 길을 힘껏 잡아당겼습니다.

14 정우는 시 <kbd>가</kbd>처럼 누군가를 보고 싶었던 경험을 이야기하였습니다.

15 꼭꼭 밟아야 아픈 허리가 시원하기 때문에 할머니께서 "꼭꼭 밟아라."라고 하셨습니다.

16 할머니가 아플까 봐 조심하는 목소리가 어울립니다.

17 게임 속 세상은 수일이가 주인이어서 모든 일을 수일이가 정하지만, 컴퓨터 바깥의 세상은 수일이 마음대로 할 수 없는 세상입니다.

18 수일이는 자신을 하나 더 만들어서 하나는 학원에 가고 하나는 마음껏 놀 수 있기를 바랐습니다.

채점 tip 하나는 학원에 가고 하나는 마음껏 놀 수 있다는 내용이 들어가게 썼으면 정답으로 합니다.

19 수일이는 덕실이의 말을 듣고 깜짝 놀랐으므로 깜짝 놀란 목소리로 말하는 것이 어울립니다.

20 '참말'은 '정말', '사실'과 바꾸어 쓸 수 있습니다.

21 엄마는 개인 덕실이가 말을 하는 것이 있을 수 없는 일이라고 생각해서 수일이의 말을 믿지 않았습니다.

22 수일이는 자신의 말을 믿어 주지 않는 엄마와 더 이상 이야기를 하고 싶지 않았다고 했습니다.

23 자신이 하나 더 있으면 좋겠다고 생각하는 수일이에 대한 자신의 생각을 씁니다.

24 유진이는 자신의 경험을 이야기한 것이 아니라 인물의 마음을 짐작하여 말했습니다.

25 덕실이는 수일이에게 손톱을 깎아서 쥐한테 먹이라고 하였습니다.

26 수일이는 덕실이가 가르쳐 준 방법이 옛날에 있었던 일이 아니라 옛날이야기일 뿐이라고 하였습니다.

27 '나직하다'는 '소리가 꽤 낮다.'라는 뜻이고, '엿듣다'는 '남의 말을 몰래 가만히 듣다.'라는 뜻입니다.

28 작품 속 세계에서는 강아지와 대화할 수 있지만 현실 세계에서는 그럴 수 없습니다.

29 꽃을 보고 있는 아이의 모습, 봄날에 예쁘게 핀 꽃들의 모습이 떠오르는 시입니다.

30 꽃에게 무관심했던 자신이 부끄러웠고 미안한 마음이 들었습니다.

31 이 시에는 말하는 이(아이), 꽃들이 등장합니다.

32 바꾸어 쓰고 싶은 부분을 찾아서 자신의 경험을 떠올리며 시를 바꾸어 씁니다.

36~37쪽 **단원 평가 ❶회**

1 ⑤	**2** 시후	**3** ③	**4** ⑤	**5** ③	**6** ②, ④	**7** ④, ⑤
8 은희	**9** ④	**10** (1) ㉮ (2) ㉯ (3) ㉯ (4) ㉮				

1 유관순과 사람들은 총과 칼을 휘두르지 않고 평화롭게 독립 만세를 부르며 나아갔습니다.

2 혜영과 지훈이는 이 글을 읽은 생각이나 느낌을 말했고, 시후는 자신의 경험을 떠올려 말했습니다.

3 3연에서 말하는 이는 그리운 사람이 보고 싶어서 힘껏 길을 잡아당겼습니다.

4 있는 힘껏 길을 잡아당겼다고 하였으므로, 먼 길이 줄어드는 모습이 떠오릅니다.

5 '출렁출렁'이라는 표현에서 길을 잡아당겨서 원하는 것이 이루어졌으면 하는 간절한 마음이 느껴집니다.

6 '나'는 할머니의 아프신 허리가 빨리 나았으면 좋겠다고 생각하면서도, 자신이 할머니를 또 아프게 할까 봐 조심하며 자근자근 밟았습니다.

7 수일이는 자신이 둘이었으면 좋겠다고 생각하고, 가짜 수일이를 만들 방법에 대해 듣게 됩니다.

8 은희는 수일이에게 어떤 일이 일어날지 말했습니다.

9 '지우개'는 상태나 동작을 나타내는 말이 아닌 사물의 이름을 나타내는 명사입니다.

문법 문제 tip 동사와 형용사는 형태가 변하는 낱말이어서 기본형이 있다는 공통점이 있습니다.

10 사람이나 사물의 동작을 나타내는 낱말인 '심다'와 '떨어지다'는 동사이고, 사람이나 사물의 성질, 상태를 나타내는 낱말인 '크다'와 '슬프다'는 형용사입니다.

38~40쪽 **단원 평가 ❷회**

1 ④ **2** 예 우리나라 독립을 위해 더 열심히 노력했을 것입니다. **3** ④ **4** ④ **5** ⑤ **6** ⑤ **7** 예 할머니께서 "아이쿠! 아이쿠!" 소리를 내셨기 때문입니다. **8** 선빈 **9** ⑤ **10** ① **11** ㉰ **12** 예 나도 수일이처럼 내가 한 명 더 있어서 내 일을 대신해 줬으면 좋겠다는 생각을 한 적이 있습니다. **13** ② **14** ㉠ **15** ③, ④

1 일본이 학교 문을 강제로 닫자, 유관순은 고향으로 돌아와 독립 만세를 부를 준비를 하였습니다.

2 일제 강점기에 독립 운동을 위해 노력한 유관순의 모습을 떠올리며 질문에 대한 답을 씁니다.

채점 tip 유관순이 한 일과 관련 있는 내용을 썼으면 정답으로 합니다.

3 경험을 떠올리며 글을 읽는다고 해서 글을 읽지 않고도 내용을 파악할 수 있는 것은 아닙니다.

4 말하는 이는 지각하겠다 싶을 때, 춥고 배고플 때, 그리운 사람이 보고 싶을 때 상상을 하였습니다.

5 3연에서 말하는 이는 누군가를 많이 보고 싶어 하고 그리워하고 있습니다.

6 ㉠은 '내'가 할머니의 허리를 밟아 드리면서 생각한 것입니다.

7 할머니께서 아파하실 것 같아서 '나'는 겁이 나 허리를 자근자근 밟았습니다.

8 선빈이는 할아버지 댁에 놀러가서 즐거웠던 경험을 말했습니다.

9 수일이의 말을 통해 수일이의 불만을 알 수 있습니다.

10 수일이는 강아지인 덕실이가 말을 하는 것을 보고 깜짝 놀랐습니다.

11 이 이야기에서는 강아지인 덕실이가 말을 하지만 현실 세계에서는 강아지가 말을 할 수 없습니다.

12 하루 종일 학원만 다녀서 불만인 수일이와 비슷한 경험을 떠올려 씁니다.

13 말하는 이는 봄날에 활짝 핀 꽃을 보면서 떠오르는 감정을 노래하였습니다.

14 두 아이(꽃)가 얼굴을 내밀고 있습니다.

15 시의 분위기를 생각하며 감정을 살려서 읽습니다.

41쪽 **수행 평가**

1 예 수일이의 손톱을 깎아서 쥐한테 먹이는 것입니다. **2 예** 수일이는 꿈을 꾸고 있는 것이기 때문에 가짜 수일이를 만들 수 없을 것입니다. **3 예** 수일이는 가짜 수일이를 만들기로 결심했습니다. 덕실이가 어딘가에서 쥐를 잡아다 주자 수일이는 쥐에게 손톱을 먹였습니다. 그렇지만 아무 일도 일어나지 않았습니다. 그때 수일이는 번쩍 눈을 떴습니다. 깜빡 잠이 들었나 봅니다. / "덕실아! 꿈이었구나. 아쉽다." / 덕실이는 그저 왈왈 짖으며 꼬리만 흔들 뿐이었습니다.

---

1 덕실이는 수일이의 손톱을 깎아서 쥐한테 먹이면 그 쥐가 수일이와 똑같은 모습으로 바뀔지도 모른다고 했습니다.

2 수일이가 가짜 수일이를 만들었을지, 그러지 않았을지 상상하여 씁니다.

3 수일이가 가짜 수일이를 만들 수 있을지 생각하면서 이어질 이야기를 상상해 봅니다.

채점 기준	잘함	앞 이야기와 자연스럽게 이어지도록 이어질 내용을 상상하여 재미있게 썼습니다.
	보통	앞 이야기와 이어지도록 썼지만 대화문을 포함하지 않았거나 생생하게 쓰지 못했습니다.
	노력 요함	이야기의 내용을 이해하지 못하여 앞 이야기와 이어지는 내용을 쓰지 못했습니다.

이런 답도 가능해!

• 수일이는 그날 밤 바로 손톱을 깎았습니다. 덕실이가 어딘가에서 쥐를 잡아와 쥐에게 수일이의 손톱을 먹였습니다. 다음 날 아침, 갑자기 연기가 자욱해지고 쥐가 점점 커지는가 싶더니 수일이와 똑같은 아이로 바뀌었습니다. 수일이는 너무 신이 나서 가짜 수일이를 얼른 학원에 보내고 늦잠을 자기로 하였습니다.

[채점 키워드] 이어질 이야기 상상하기: 자신의 경험을 떠올려 이어질 이야기를 상상해 쓰기

42쪽 **쉬어가기**

파티에 쓸
그릇을 찾아 줘.

3. 글을 요약해요

44쪽 개념 확인 문제

1 열거 2 (2) × 3 ㉮, ㉯

1 설명하려는 대상의 특징을 나열하여 설명하는 방법(열거)에 알맞은 틀입니다.
2 중요하지 않은 내용은 지우고, 세부 내용은 대표적인 말로 바꿉니다.
3 설명하는 글을 읽는 사람이 이해할 수 있는 말을 사용하고, 추측하는 말이나 주장하는 말은 설명하는 글과 어울리지 않으므로 사용하지 않습니다.

45쪽 어휘·문법 확인 문제

1 차이점 2 (1) 국보 (2) 고유한 3 (2) ○ 4 예 그래서

1 '대조'는 두 가지 이상의 대상에서 차이점을 찾아 설명하는 것입니다.
2 나라에서 보호하고 관리하는 것은 '국보'이고, 우리의 '고유한' 건축 기술이 얼마나 우수했는지 보여 준다는 표현이 알맞습니다.
3 '공정하게'는 '공평하고 올바르게.'라는 뜻이므로 '정당하게'와 바꾸어 쓸 수 있습니다.
4 빈칸의 앞뒤 두 문장은 원인과 결과의 관계이므로, 빈칸에는 '그래서'가 들어가는 것이 알맞습니다.

46~51쪽 교과서 독해

설명하는 글 | 46쪽 **글의 구조** ❶ 새싹 채소 ❷ 시간
1 ㉯, ㉰ 2 ④ 3 예 장난감을 조립하는 방법을 알려 주는 설명서가 있습니다. 4 ④
다보탑과 석가탑 | 47쪽 **글의 구조** ❶ 대조 ❷ 공통점
5 ㉢ 6 예 다보탑과 석가탑은 모두 통일 신라 시대에 만든 탑으로 불국사 대웅전 앞뜰에 있고, 국보로 지정되었습니다. 7 ③ 8 ③
세계의 탑 | 48~49쪽 **글의 구조** ❶ 탑 ❷ 피사의 사탑
9 ① 10 에펠 탑 11 (1) ㉮ (2) ㉯ (3) ㉯ 12 ④ 13 ④ 14 ⑤ 15 (2) ○ 16 예 내가 좋아하는 음식 세 가지 – 닭고기, 떡볶이, 생선구이
직업과 옷 색깔 | 50~51쪽 **글의 구조** ❶ 직업 ❷ 검은색 ❸ 군인
17 사람은 직업에 따라 고유한 색깔 옷을 입기도 한다. 18 ① 19 ②, ④ 20 ④ 21 ㉠ 22 예 전투를 벌일 때 적군 눈에 쉽게 띄면 안 되기 때문입니다. 23 (3) ○ 24 (1) 군인 (2) 직업

1 ㉯, ㉰ 외에 그릇에 부드러운 헝겊을 얼마나 깔아야 하는지에 대한 부분도 설명이 더 필요합니다.
2 국립중앙박물관에 가는 방법은 나와 있지 않습니다.
3 안내문, 설명서 등 일상생활에서 보았던 설명하는 글을 떠올려 씁니다.
채점 tip 설명서, 안내문, 백과사전 등 주변에서 볼 수 있는 설명하는 글을 소개하는 내용으로 썼으면 정답으로 합니다.

이런 답도 가능해!
- 놀이 방법을 알려 주는 설명서가 있습니다.
- 요리사들의 요리 방법을 설명해 주는 글이 있습니다.

4 필요한 정보를 얻을 수 있고, 일의 차례를 알 수 있으며 일의 방법과 규칙을 알 수 있습니다.
5 중심 문장은 문단에서 가장 중요한 문장으로, 주로 문단의 앞부분이나 뒷부분에 있습니다.
6 모두 통일 신라 시대에 만든 것으로, 불국사 대웅전 앞뜰에 나란히 서 있고, 국보로 지정되었습니다.
7 공통점과 차이점을 들며 설명하고 있습니다.
8 '국보'의 뜻은 '나라에서 지정하여 법률로 보호하는 문화재.'입니다.
9 첫 번째 문단에서 '세계 여러 도시에 있는 유명한 탑을 알아봅시다.'라고 설명 대상을 밝혔습니다.
10 프랑스 혁명 100주년을 기념해 세운, 프랑스 전체를 상징하는 건축물은 '에펠 탑'입니다.
11 문단 ❶에서 설명하려는 대상을 말하고, 나머지 문단에서 그에 대한 구체적인 예를 들었습니다.
12 '눈길'은 '주의나 관심을 비유적으로 이르는 말.'로 '관심'과 바꾸어 쓸 수 있습니다.
13 동방명주 탑은 방송을 송신하려고 세웠습니다.
14 이 글은 세계의 탑의 여러 가지 특징을 나열하여 설명했습니다.
15 알맞은 틀을 떠올리면 쉽게 정리할 수 있습니다.

16 열거의 설명 방법을 활용할 수 있는 내용을 씁니다.

채점 tip 여러 가지 특징을 나열하여 설명할 수 있는 내용을 썼으면 정답으로 합니다.

17 문단 ❶의 중심 문장은 문단의 맨 앞에 있습니다.

18 흰색 옷은 옷이 더러워졌을 때 쉽게 알아차릴 수 있게 해 주므로, 주로 청결을 유지해야 하는 일, 위생이 중요한 일을 하는 사람들이 입습니다.

19 법관의 검은색 옷은 법 앞에서 모든 사람이 평등하다는 뜻을 나타내며, 다른 것에 물들지 않고 공정하게 재판해야 한다는 의미를 담고 있다고 하였습니다.

20 '맑고 깨끗함.'을 뜻하는 낱말은 '청결'입니다.

21 첫 번째 문장이 문단의 중심 문장입니다.

22 군인은 적군 눈에 쉽게 띄면 안 되기 때문에 주변 환경과 상황에 따라 옷 색깔을 달리하여 입습니다.

23 여러 가지 특징을 나열해 설명했습니다.

24 중요하지 않은 내용은 지우고, 세부 내용은 대표적인 말로 바꾸어 중심 내용을 정리합니다.

52~53쪽 단원 평가 ❶회

1 민우 **2** ①, ②, ③ **3** ㉠ **4** ①, ④ **5** ④
6 ② **7** ③ **8** (2) ○ **9** ㉯ **10** ④

---

1 펼친 카드 가운데에서 같은 과일이 다섯 개가 되면 종을 치고 카드를 가져옵니다.

2 필요한 정보를 얻어 일의 방법과 규칙, 차례를 알 수 있고, 알고 싶은 것을 자세히 알 수 있습니다.

3 첫 번째 문장이 중심 문장입니다.

4 모두 통일 신라 시대에 만든 것으로, 불국사 대웅전 앞뜰에 나란히 서 있고, 국보로 지정되었습니다.

5 두 가지 이상의 대상에서 공통점을 찾아 설명하는 것은 '비교', 차이점을 찾아 설명하는 것은 '대조'입니다.

6 일할 때 도움이 되기 때문에 직업에 따라 옷 색깔을 특별히 정해서 입습니다.

7 약사나 요리사와 같이 청결을 유지해야 하는 일을 하는 사람들도 흰색 옷을 입습니다.

8 특징을 나열해 설명하는 '열거'를 사용했습니다.

9 '그리고'를 '그러나'로 고치는 것이 알맞습니다.

문법 문제 tip '그리고'는 앞의 문장을 덧붙이는 내용이 이어질 때에 씁니다.

---

10 ①은 '그리고', ②와 ③은 '왜냐하면', ④는 '그래서', ⑤는 '그런데'가 들어가는 것이 알맞습니다.

54~56쪽 단원 평가 ❷회

1 ③ **2** 예 어떤 일을 할 때 일의 차례를 알 수 있습니다. **3** ①, ②, ⑤ **4** (1) 비교·대조 (2) 열거
5 (1) 다 (2) 석 (3) 석 **6** ② **7** ⑤ **8** ④ **9** ⑤
10 (1) 예 의사, 간호사: 흰색 옷 (2) 예 법관: 검은색 옷 (3) 예 군인: 주변 환경과 상황에 따라 다른 옷
11 ③ **12** (1) 예 소라게의 특징 (2) 예 소라게의 특징 중 '껍데기를 옮겨 다니는 점', '아가미가 있는 점', '다리가 열 개인 점' 등을 설명하려고 합니다. **13** 성호 **14** ㉣ **15** ㉲ → ㉯ → ㉳ → ㉮ → ㉰ → ㉱

---

1 남자아이는 박물관에서 본 유물이 어떤 것인지 궁금해서 유물에 대해 설명하는 글을 읽고 있습니다.

2 그림 ❹에서 여자아이는 종이접기 차례를 알려 주는 글을 보며 종이접기를 하고 있습니다.

3 박물관 관람 순서와 예약 방법은 나와 있지 않습니다.

4 글 ㉮는 다보탑과 석가탑의 공통점과 차이점을 비교·대조의 방법, 글 ❹는 세계 여러 도시의 유명한 탑을 열거의 방법으로 설명한 글입니다.

5 다보탑은 장식이 많고 화려하고, 석가탑은 단순하면서도 세련된 멋이 있다고 하였습니다.

6 피사의 사탑은 종교 목적으로 만들어졌습니다.

7 여러 가지 특징을 나열해 직업과 옷 색깔의 관계를 설명하였습니다.

8 이 글에 운전사에 대한 내용은 나오지 않습니다.

9 예전에는 아군과 적군을 구분하기 힘들었으므로 강한 원색의 옷을 입었지만, 오늘날에는 기술이 발달하여 대부분 주변 환경과 구별하기 힘든 색의 옷을 입는다고 하였습니다.

10 중심 문장을 바탕으로 하여 글의 내용을 틀에 맞게 정리합니다.

11 글을 요약할 때 세부적인 내용은 대표적인 말로 바꾸어 중심 내용을 정리합니다.

12 열거의 설명 방법이 어울리는 주제를 생각하여 씁니다.

13 누구나 아는 내용보다는 잘 알려지지 않은 정보를 주는 것이 좋습니다.

14 ㉣는 고양이 기르기와 강아지 기르기의 공통점과 차이점에 대해 조사하기에 적절하지 않습니다.

15 주제를 정하여 자료를 찾고, 설명하고 싶은 내용을 정하여 알맞은 설명 방법을 정하고 내용을 정리하여 글을 씁니다.

57쪽 수행 평가

1 ⓐ 어류 피부, 아가미, 몸통에 있는 옆줄에 대해 설명하였습니다. / 어류의 다양한 기관에 대해 설명하였습니다. 2 ⓐ 물 흐름이나 떨림 같은 환경 변화를 알아냅니다. 3 ⓐ 어류 피부는 비늘로 덮여 있어 몸을 보호해 주고, 아가미는 물속에 녹아 있는 산소를 흡수합니다. 또 어류는 옆줄로 환경 변화를 알아냅니다.

1 이 글에서는 어류의 다양한 기관인 피부, 아가미, 옆줄에 대해 설명하였습니다.

2 어류의 몸통에 있는 옆줄로 물 흐름이나 떨림 같은 환경 변화를 알아냅니다.

3 어류의 여러 기관에 대한 중요한 내용을 찾아 이어 주는 말을 사용하여 요약합니다.

채점 기준	잘함	글에서 중요한 내용을 찾아 이어 주는 말을 사용하여 요약하는 글을 썼습니다.
	보통	글에서 중요한 내용을 찾았지만 이어 주는 말을 사용하지 않았습니다.
	노력 요함	글에서 중요한 내용을 찾지 못해 올바르게 요약하지 못했습니다.

[채점 키워드] 글에서 중요한 내용 찾기: 문단별 중심 문장을 찾아 정리하기

58쪽 쉬어가기

4. 글쓰기의 과정

60쪽 개념 확인 문제

1 사과를 2 ④ 3 (2) ○

1 동작의 대상이 되는 말을 목적어라고 합니다.

2 다발 짓기를 할 때에 글을 읽을 대상, 글 쓰는 상황이나 목적을 생각해야 합니다.

3 높임의 대상을 나타내는 '아버지께'와 '드렸다'라는 서술어가 호응하는 문장입니다.

61쪽 어휘·문법 확인 문제

1 구성 2 (1) 비법 (2) 도전 3 (1) ○ 4 (1) 갈 것이다 (2) 보였다

1 '몇 가지 부분이나 요소들을 모아서 일정한 전체를 짜 이룸.'은 '구성'의 뜻입니다.

2 (1)은 '비법', (2)는 '도전'이 들어가는 것이 알맞습니다.

3 '한 손에 쥘 만한 분량을 세는 단위.'인 '줌'을 대신 쓸 수 있는 낱말은 '움큼'입니다.

4 (1)은 '내일'에 어울리는 '갈 것이다', (2)는 '바다가'에 어울리는 '보였다'가 알맞습니다.

62~67쪽 교과서 독해

문장을 구성하는 성분 62쪽 **활동 정리** ❶ 상태 ❷ 대상
1 (1) ⓐ 토끼가 (2) ⓐ 귀엽습니다 (3) ⓐ 음식을 2 ④ 3 (1) 목적어 (2) ⓐ 문장에서 동작의 대상이 됩니다. 4 ㉣

민재가 글을 쓰는 상황 63쪽 **활동 정리** ❶ 학급 신문 ❷ 지난달
5 ㉣ 6 ①, ④ 7 ⓐ 같은 반 친구들 8 ④

도전! 달걀말이 64쪽 **글의 구조** ❶ 달걀말이 ❷ 친구들
9 달걀말이를 스스로 만들었습니다. 10 ㉣ → ㉢ → ㉠ 11 ⓐ 달걀을 저을 때 젓가락으로 달걀의 덩어리진 것을 자르듯이 끊어 주어야 좋습니다. 12 선희

상쾌한 아침 65쪽 **글의 구조** ❶ 공원 ❷ 아빠
13 ⑤ 14 ㉣ 15 (1) ⓐ 너 사고 싶어서 둘둘서림. (2) ⓐ 공원까지 걸음. / 턱걸이를 다섯 개나 성공함. / 운동으로 땀을 흘린 뒤에 물을 마심.

1 ㉠에는 주어, ㉡에는 서술어, ㉢에는 목적어가 들어가는 것이 알맞습니다.

2 내 친구가 무엇을 좋아하는지 설명하지 않았으므로 '내 친구가 강아지를 좋아합니다.'와 같이 고쳐 써야 합니다.

3 문장에서 동작의 대상이 되는 말을 목적어라고 합니다.
채점 tip 목적어임을 쓰고 동작의 대상이 된다는 목적어의 역할을 썼으면 정답으로 합니다.

4 ㉮는 주어, 서술어, ㉯는 목적어, 서술어로 이루어진 문장입니다.

5 그림 ❶에서 친구가 민재에게 한 말을 통해 민재가 글을 쓰는 상황을 알 수 있고, 그림 ❷에서 민재가 어떤 글을 쓰려고 하는지 알 수 있습니다.

6 '실을'은 '싣다'를 활용한 말로 '글, 그림, 사진 따위를 책이나 신문 따위의 출판물에 내다.'의 뜻입니다. '넣다' 또는 '수록하다'와 바꾸어 쓸 수 있습니다.

7 민재는 '우리 반 친구들이 읽을 글이니 친구들이 재미있어할 내용으로 써야겠어.'라고 생각하였습니다.

8 겪은 일을 힘들었던 일, 즐거웠던 일, 신기했던 일 등 주제를 나누어 떠올린 것입니다.

9 글쓴이는 스스로 달걀말이를 만든 경험을 바탕으로 하여 달걀말이를 만드는 방법을 소개하였습니다.

10 달걀을 깨뜨려 넣고 다진 파, 소금을 넣어 골고루 잘 저어 준 다음, 지짐 판 위에 달걀물을 붓고 조금씩 익으면 뒤집개로 살살 말아 주어야 합니다.

11 삼촌께서는 젓가락으로 달걀에서 덩어리진 것을 가위로 자르듯 끊어 주는 것이 좋다고 하셨습니다.
채점 tip '달걀을 젓가락으로 잘라 준다.', '달걀의 덩어리진 것을 가위로 자르듯 끊어 준다.' 등의 내용이 들어가게 썼으면 정답으로 합니다.

12 글쓴이는 스스로 만든 달걀말이가 맛있어서 즐겁고 신이 났을 것입니다.

13 글쓴이는 아침 일찍 일어나 아빠와 함께 공원으로 운동하러 갔습니다.

14 부지런해야 함을 뜻하는 말은 ⑭입니다.

15 글쓴이에게 일어난 일과 그에 대한 생각이나 느낌을 처음, 가운데, 끝으로 묶어 정리합니다.

16 할머니께서는 저녁을 드시고 나서 댁으로 가셨습니다.

17 글쓴이는 할머니께서 오셔서 기분이 좋아졌습니다.

18 '아쉬운'은 '미련이 남아 서운한.'이라는 뜻의 낱말입니다.

19 다발 짓기에 없는 내용을 글로 쓸 때 일어난 일에 대해 글쓴이의 생각이나 느낌을 더 자세하고 실감 나게 드러냈습니다.

20 시간을 나타내는 말 '어제'에 알맞은 서술어는 '갔다'입니다.

21 각 문장의 밑줄 친 부분의 호응 관계를 살펴봅니다.

22 다람쥐가 뛰어놀고 있고, 새가 지저귀고 있는 그림입니다. 다람쥐에 어울리는 서술어를 넣어 문장을 고쳐 씁니다.

23 (2)는 '어젯밤에 비가 세차게 내리고, 바람이 세차게 불었습니다.'로 고쳐 써야 알맞습니다.

1 '음식을'과 '강아지를'은 문장에서 동작의 대상이 되는 목적어입니다.

2 민재는 학급 신문에 겪은 일을 소개하기 위해서 글을 쓰려고 합니다.

3 민재는 삼촌께서 만들어 주신 달걀말이가 너무 맛있어서 삼촌께 달걀말이를 만드는 방법을 배워 왔습니다.

4 스스로 달걀말이를 만들게 된 민재는 신나고 즐거웠을 것입니다.

5 달걀말이를 스스로 만들어 본 경험이 글의 주요 내용이기 때문에 '도전! 달걀말이'라고 제목을 붙였을 것입니다.

6 시간 흐름과 장소 변화에 따라 일어난 일을 정리할 수 있습니다. 흐름에 맞게 생각이나 느낌을 묶는 것을 다발 짓기라고 합니다.

7 글 ❹의 내용으로 보아, 글쓴이는 아침에 억지로 일어나 툴툴거렸으므로 ③과 같은 내용이 들어가는 것이 알맞습니다.

8 문장에서 앞에 어떤 말이 오고 짝인 말이 뒤따라오는 것을 호응이라고 합니다. 호응이 되지 않으면 문장이 어색해지거나, 전달하려는 뜻이 잘못 전해질 수 있습니다.

9 '할머니께서'에 어울리는 서술어는 '드신다'. '호수가'에 어울리는 서술어는 '보인다', '내일'에 어울리는 서술어는 '놀러갈 것이다', '선생님께'에 어울리는 서술어는 '여쭈어보았다'입니다.

> **문법 문제 tip** 시간을 나타내는 말과 서술어의 호응, 동작을 당하는 주어와 서술어의 호응, 높임의 대상을 나타내는 말과 서술어의 호응을 살펴봅니다.

10 '그림을'에 해당하는 서술어 '그리고'를 넣어 알맞게 고쳐 쓴 문장은 ④입니다.

70~72쪽 **단원 평가 ②회**

> **1** ① **2 예** 여자아이가 밥을 먹습니다. **3** (1) 경찰이, 도둑을, 잡았다 (2) 잽싸고, 빠른, 검정, 옷을, 입은 **4** ① **5** (2) ○ **6 예** 삼촌께 배운 달걀말이를 만든 경험에 대해 소개하였습니다. **7** ③ **8** ② **9** ②, ④, ⑤ **10 예** 할머니께서 떡볶이를 해 주신 일과 친구 집에 수학 공부를 하러 간 일로 나누었습니다. **11** ③ **12** ㉯ **13** ① **14** ② **15** ②

1 문장에 주어, 목적어, 서술어가 다 있어야만 하는 것은 아닙니다.

2 '누가(무엇이) 무엇을 어찌하다'의 형태로 문장을 만들어 쓸 수 있습니다.

> **채점 tip** '누가(무엇이) 무엇을 어찌하다'의 형태로 주어, 목적어, 서술어가 모두 들어가게 썼으면 정답으로 합니다.

> **이런 답도 가능해!**
> • 여자아이가 반찬을 집었습니다.

3 반드시 있지 않아도 되는 부분은 '경찰이'와 '도둑을'을 자세하게 꾸며 주는 말입니다.

4 민재는 지난달에 겪은 일을 소개하는 글을 쓰기로 하였습니다.

> **왜 답이 아닐까?**
> ②, ④ 제안하는 글이나 주장하는 글이 아닌 소개하는 글을 쓰려고 합니다.
> ③ 중요한 정보가 아닌 겪은 일을 소개하려고 합니다.
> ⑤ 겪은 일을 그대로 쓰려는 것이지 이를 바탕으로 하여 상상한 이야기를 쓰려는 것은 아닙니다.

5 민재는 겪은 일을 떠올려 비슷한 주제별로 묶었습니다.

6 글쓴이는 삼촌께 배운 방법으로 직접 달걀말이를 만든 경험에 대해 썼습니다.

7 부엌을 어질러서 혼이 났다는 이야기는 나오지 않았습니다.

8 글쓴이는 공원에 갈 준비가 끝날 때까지 툴툴거리다가 공원에서 운동을 하면서 기분이 좋아졌습니다.

9 이 글을 다발 짓기 할 때 가운데 부분에 정리할 글쓴이의 생각이나 느낌으로 알맞은 것은 ②, ④, ⑤입니다.

10 **채점 tip** 가운데 부분에 쓴 두 가지 일을 모두 썼으면 정답으로 합니다.

11 짝과 함께 수학 공부를 한 일에 대한 생각이나 느낌은 나오지 않았습니다.

12 일어난 일에 대한 글쓴이의 생각을 더 자세하게 드러냈고, 한 일, 들은 일, 본 일도 자세합니다.

13 주어 '우리 반은', 시간을 나타내는 말인 '지난주에'와 호응하는 서술어를 찾습니다.

14 ①, ③, ④, ⑤는 시간을 나타내는 말과 서술어의 호응, ②는 높임의 대상을 나타내는 말과 서술어의 호응입니다.

15 ②는 '내 짝은 그림을 잘 그리고, 글씨를 잘 쓴다.'와 같이 고쳐야 합니다.

73쪽 **수행 평가**

1 예 민재는 학급 신문에 글을 실어야 할 상황으로, 민재의 글을 읽을 사람은 민재네 반 친구들입니다.

2 예

3 (1) **예** 주말에 가족과 등산을 감. (2) **예** 마음이 설레고 좋았음. (3) **예** 산에 올라갈 때 오르막이 많았음. / 산 위에서 도시락을 먹음. / 내려오는 길이 미끄러움. (4) **예** 힘들어도 기분은 상쾌했음. / 산에서 먹는 도시락은 꿀맛이었음. / 아버지께서 손을 잡아 주셔서 마음이 든든했음. (5) **예** 산에서 다 내려옴. (6) **예** 몸이 건강해지는 느낌이 들었음.

1 민재는 학급 신문에 실을 글을 쓰려고 합니다. 글을 읽을 사람은 민재네 반 친구들입니다.

2 쓸 내용을 몇 가지로 나누어 떠올려 봅니다.

3 일어난 일을 차례대로 정리하고, 일어난 일에 대한 생각이나 느낌도 함께 정리합니다.

채점 기준	잘함	일어난 일을 차례대로 정리하여 그때 들었던 생각이나 느낌을 잘 정리하였습니다.
	보통	일어난 일을 차례대로 정리하였지만 생각이나 느낌을 잘 나타내지 못했습니다.
	노력 요함	일어난 일을 정리하지 못하고 생각이나 느낌도 쓰지 못했습니다.

[채점 키워드] 다발 짓기: 시간 흐름과 장소 변화에 따라 일어난 일을 정리하고, 생각이나 느낌을 묶음.

74쪽 쉬어가기

출발 →
도착

5. 글쓴이의 주장

76쪽 개념 확인 문제

1 (1) ○   **2** ①   **3** ㉰

1 형태는 같지만 뜻이 서로 다른 낱말을 형태가 같은 낱말 또는 동형어라고 합니다.

2 글쓴이의 주장이 글의 마지막 문단에만 나타나 있는 것은 아닙니다.

3 근거의 길이는 근거의 적절성을 파악하는 기준으로 알맞지 않습니다.

77쪽 어휘·문법 확인 문제

1 근거   **2** (1) 비극 (2) 보행 (3) 표절   **3** (3) ○   **4** 동형어

1 '어떤 일이나 의논, 의견에 그 근본이 됨. 또는 그런 까닭.'은 '근거'의 뜻입니다.

2 낱말의 뜻을 생각하면서 문장에 알맞은 낱말을 넣어 봅니다.

3 '통제'는 '일정한 방침이나 목적에 따라 행위를 제한하거나 제약함.'을 뜻합니다.

4 형태는 같지만 뜻이 서로 다른 동형어입니다. 앞의 '다리'는 건너다닐 수 있도록 만든 시설물이고, 뒤의 '다리'는 사람의 몸통 아래 붙어 있는 신체의 부분을 말합니다.

78~89쪽 교과서 독해

동형어와 다의어 **78쪽** 활동 정리 ❶ 형태 ❷ 뜻

1 ④   **2** (1) ㉰ (2) ㉮ (3) ㉯   **3** ③   **4** 형주

어린이 보행 안전 **79~80쪽** 글의 구조 ❶ 운전자 ❷ 안전시설

5 보행   **6** (2) ○   **7** **예** 초등학생들이 바깥 활동이 잦은 데다 위험 상황을 판단하고 그에 대처하는 능력이 부족하기 때문입니다.   **8** ③, ④, ⑤   **9** ②, ④

10 우리   **11** ㉯   **12** **예** 우리 모두 노력해 어린이 보행 중 교통사고가 일어나지 않게 하자.

글 ㉮ **81~82쪽** 글의 구조 ❶ 위험 ❷ 불평등 ❸ 지배

13 ②, ⑤   **14** (2) ○   **15** **예** 인공 지능이 발달하

면 힘 있는 사람들의 지배력이 매우 강해질 것이기 때문입니다. **16** ㉲ **17** ④, ⑤ **18** ④ **19** (1) ㉱ (2) ㉴ (3) ㉳ **20 예** 인공 지능이 일으킬 위험을 알고 그를 막을 방법을 연구해야 합니다.

글 ㉴ 83~84쪽 글의 구조 ❶ 인류 미래 ❷ 일자리 ❸ 희망

21 ㉴ **22** ①, ③ **23** 일자리 **24** 혜정, 진욱 **25** ③ **26** (1) ○ **27 예** 인공 지능은 미래의 희망이다 **28** ② **29** ④

글을 쓸 때에도 지켜야 할 윤리가 있다 85~87쪽

글의 구조 ❶ 윤리 ❷ 정신 ❸ 문화

30 ①, ②, ⑤ **31** 쓰기 윤리 **32** ④ **33 예** 쓰기 윤리를 지키지 않는 것은 법을 어기는 일이다. **34** ③ **35** ① **36** ① **37** (1) ○ (2) ○ **38** 호영 **39 예** 쓰기 윤리를 지키자. **40** (1) ○ (3) ○ **41** ㉲

학교 안에서 스마트폰 사용이 필요한가 88~89쪽

글의 구조 ❶ 법 ❷ 병 ❸ 교육

42 ③ **43** ①, ③ **44 예** 수업 시간에 스마트폰 소리가 울리면 다른 친구들이 수업에 집중을 하지 못할 수 있습니다. **45** ㉮ **46** (3) × **47** ① **48** ③ **49** 은아

1 남자아이는 가족 가운데 누가 다리를 다친 줄 알았기 때문에 걱정하는 표정을 지었습니다.

2 ㉠은 안경다리, ㉡은 사람의 다리, ㉢은 물을 건너 다닐 수 있도록 만든 다리를 뜻합니다.

3 '동형어'는 형태는 같지만 뜻이 서로 다른 낱말입니다.

4 본디 뜻과 관련 있는 부분이 조금씩 바뀌면서 만들어진 것은 다의어입니다.

5 어린이가 교통사고로 사망하는 유형을 보면 보행 중에 교통사고로 사망하는 경우의 비율이 매우 높다고 했습니다.

6 '사고'는 '뜻밖에 일어난 불행한 일.'로 쓰였습니다.

7 **채점 tip** 초등학생들의 교통사고 발생 비율이 높은 까닭을 글에서 알맞게 찾아 썼으면 정답으로 합니다.

8 신호등 개수를 줄이는 것과 주차장을 넓게 만드는 것은 보행 안전시설과 관련이 없습니다.

9 도로에서 조급하게 서두르지 말고 교통 법규와 안전 수칙을 지키며 생활해야 합니다.

10 동형어 '우리'의 뜻입니다.

11 '일어나다'는 '어떤 일이 생기다.'로 쓰였습니다.

12 이 글에는 우리 모두 노력해 어린이 보행 중 교통사고가 일어나지 않도록 하자는 주장이 나타나 있습니다.

13 글쓴이는 인공 지능에 대해 부정적으로 생각합니다.

14 글 ❶의 중심 내용은 인공 지능이 일으킬 위험을 막을 방법을 생각해야 한다는 것입니다.

15 **채점 tip** 인공 지능이 발달하면 힘 있는 사람들의 지배력이 매우 강해질 것이기 때문이라고 썼으면 정답으로 합니다.

16 많이 쓰인 낱말은 인공 지능, 위험, 지배입니다.

17 ㉠ 뒤에 이어지는 내용을 잘 정리해 봅니다.

18 인공 지능은 위험하다는 글쓴이의 주장이 잘 드러나는 제목을 찾습니다.

19 각 낱말의 알맞은 뜻을 찾아 기호를 씁니다.

20 **채점 tip** 인공 지능이 일으킬 위험을 알고 막아야 한다는 내용으로 썼으면 정답으로 합니다.

21 글 ❶의 중심 내용은 인공 지능은 인류 미래에 꼭 있어야 할 기술이라는 것입니다.

22 인공 지능을 잘 통제하고 활용하면 인류의 삶이 더욱 편리해지고 풍요로워질 것이라고 하였습니다.

23 글쓴이는 인공 지능과 관련한 일자리가 늘어날 것이라고 생각하였습니다.

24 각 문단의 중심 내용을 확인하고, 글쓴이가 여러 번 강조해 사용한 낱말이 무엇인지 확인합니다.

25 사람이 하기 어렵거나 위험한 일을 인공 지능이 대신할 수 있다고 하였습니다.

26 글쓴이는 인공 지능이 인류의 미래를 희망으로 가득하게 만들어 줄 것이라고 하였습니다.

27 **채점 tip** 인공 지능이 미래의 희망이라는 내용이 담긴 제목으로 썼으면 정답으로 합니다.

28 ㉠에는 '피해'가 들어가는 것이 알맞습니다.

29 인공 지능을 잘 통제하고 활용하면 인류의 미래가 더 좋아질 것이라는 내용이 알맞습니다.

30 글 ❶에서 말한 경우를 예로 찾아봅니다.

31 글을 쓰는 과정에서 지켜야 하는 여러 가지 규범을 '쓰기 윤리'라고 합니다.

32 글쓴이는 쓰기 윤리의 시작은 스스로에게 떳떳하고 진실하게 쓰는 것이라고 하였습니다.

33 **채점 tip** 쓰기 윤리를 지키지 않는 것은 법을 어기는 일이라고 썼으면 정답으로 합니다.

BOOK ❶ 개념북

5 단원

34 글을 쓸 때에 자신이 쓴 부분과 인용한 부분을 명확하게 구분하지 않으면 표절이 될 수 있습니다.

35 조사한 내용을 거짓으로 꾸미거나 허위로 글을 쓰는 사람이 많다면 글의 내용을 믿을 수 없게 됩니다.

36 '허위'는 '진실이 아닌 것을 진실인 것처럼 꾸민 것.'을 뜻하며 '거짓'과 뜻이 비슷합니다.

37 쓰기 윤리를 지키지 않으면 물질이나 정신 피해를 줄 수 있고, 문화 발전을 막는 일이라고 하였습니다.

38 거짓된 내용이 아닌 진실된 내용으로 글을 쓰는 것이 쓰기 윤리를 지키는 방법입니다.

39 쓰기 윤리를 지키자는 주장을 하고 있습니다.

40 적절한 근거가 많아야 글쓴이의 주장이 더욱 설득력 있고, 근거가 적절하지 않으면 주장하는 내용도 믿을 수 없습니다.

41 주장의 내용과 관련 있고 주장의 내용을 뒷받침하는 근거는 ㈐입니다.

42 기사문은 학교 안 스마트폰 사용에 대한 찬성과 반대 의견을 제시하고 있습니다.

43 학교 안에서 스마트폰을 사용하면 학업에 방해가 되고, 여러 가지 병에 걸릴 수 있다고 하였습니다.

44 채점 tip 학교 안 스마트폰 사용을 금지해야 한다는 주장에 알맞은 근거를 썼으면 정답으로 합니다.

45 '쓰다'는 쓰인 문장 안에서 '어떤 일을 하는 데에 재료나 도구, 수단을 이용하다.'의 뜻으로 쓰였습니다.

46 (3)은 학교 안에서 스마트폰 사용을 허락하지 않아야 한다는 주장에 알맞은 근거입니다.

47 대부분의 학생들이 방과 후에 스마트폰을 사용한다고 하였습니다.

48 '어떤 목적을 지닌 행위에 의하여 드러나는 보람이나 좋은 결과.'를 뜻하는 낱말은 '효과'입니다.

49 은아는 찬성하는 근거를 말했고, 하늘이는 반대하는 근거를 말했습니다.

90~91쪽 단원 평가 **1**회

1 (1) ○ **2** ② **3** ①, ②, ④ **4** ㈐ **5** ④ **6** ⑤ **7** 법 **8** 하나 **9** (1) ㈏ (2) ㈑ **10** ⑤

1 남자아이는 다리가 부러졌다는 말을 듣고 누군가가 다리를 다친 줄 알았습니다.

2 형태는 같지만 뜻이 서로 다른 낱말을 '형태가 같은 낱말' 또는 '동형어'라고 합니다.

3 어린이를 고려한 보행 안전시설로 글쓴이가 제시한 것은 과속 차량을 단속하는 장치, 과속 방지 턱, 어린이 보호 구역 확대 등이 있습니다.

4 이 글에 쓰인 '턱'은 '평평한 곳의 어느 한 부분이 갑자기 조금 높이 된 자리.'를 뜻합니다.

5 이 글의 중심 내용은 인공 지능이 인류의 미래를 희망으로 가득하게 만들어 줄 것이라는 것입니다.

6 글쓴이가 여러 번 강조해 사용한 낱말을 확인합니다.

7 쓰기 윤리를 지키지 않는 것은 법을 어기는 것이라고 하였습니다.

8 글 ㈏는 쓰기 윤리를 지켜야 하는 까닭으로, 글쓴이가 왜 주장을 내세우는지를 말하고 있는 부분입니다.

9 동형어인 '배'의 뜻을 구분합니다.

10 빈칸에는 다의어 '머리'가 알맞습니다.

문법 문제 tip 여러 가지 뜻을 가진 한 낱말을 '다의어'라고 합니다. 국어사전에서도 한 낱말에 여러 가지 뜻을 제시하고 있습니다.

92~94쪽 단원 평가 **2**회

1 (1) ㈏ (2) ㈎ **2** ③, ④ **3** (3) ○ **4** ㉢ **5** 예 그해는 우리나라에서 전쟁이 일어난 때입니다. **6** ㈏ **7** ㉡ **8** ③ **9** ② **10** (1) 예 인공 지능이 일으킬 위험을 알고 그를 막을 방법을 연구해야 합니다. (2) 예 인공 지능은 인류 미래에 꼭 있어야 할 기술입니다. **11** ① **12** 쓰기 윤리 **13** 예 조용하고 평화로운 학교 분위기를 만들 수 있기 때문입니다. **14** ⑤ **15** (1) 반 (2) 찬

1 각각 어떤 뜻으로 이야기한 것인지 찾아봅니다.

2 ③의 '병'과 ④의 '배'는 동형어이고, ⑤의 '다리'는 다의어입니다.

3 어린이 보행 중 교통사고를 줄이려면 운전자에게 어린이 보행 안전 교육을 철저히 해야 한다고 하였습니다.

4 ㉢'일어나지'의 뜻을 찾은 것입니다.

5 채점 tip '일어나다'의 뜻 중 한 가지를 골라 그 뜻이 잘 드러나게 문장을 썼으면 정답으로 합니다.

6 인공 지능이 발달하면 힘 있는 사람들의 지배력이

매우 강해질 것이라고 하였습니다.

7 인공 지능이 인류의 삶에 도움이 되는 예이므로 ⓒ에 들어가는 것이 알맞습니다.

8 글 ⑦는 인공 지능의 위험성을 주장하고 있고, 글 ⑭는 인공 지능의 좋은 점을 제시하고 있습니다.

9 글 ⑭는 인공 지능에 대한 긍정적인 견해가 나타나 있으므로 '인공 지능은 미래의 희망이다'와 같은 제목이 알맞습니다.

10 **채점 tip** (1)에는 인공 지능의 위험성을 드러내는 주장을, (2)에는 인공 지능이 주는 희망을 드러내는 주장을 알맞게 썼으면 정답으로 합니다.

11 높임 표현은 글을 읽는 사람에 따라 쓸 수도 있고 쓰지 않을 수도 있습니다.

12 글을 쓸 때 지켜야 하는 규범을 '쓰기 윤리'라고 합니다.

13 교실이나 복도에서 큰 소리로 떠들지 않아야 하는 주장을 뒷받침할 적절한 근거를 씁니다.

14 글 ⑦는 학교 안 스마트폰 사용을 법으로 금지해야 한다고 주장하는 글, 글 ⑭는 학교 안 스마트폰 사용을 법으로 금지하면 안 된다고 주장하는 글입니다.

15 ⑴은 학교 안 스마트폰 사용을 반대하는 주장의 근거이고, ⑵는 학교 안 스마트폰 사용을 찬성하는 주장의 근거입니다.

95쪽 **수행 평가**

1 예 '학생들이 학교 안에서 스마트폰을 사용할 수 있도록 허락해야 한다.'는 주장에 반대합니다. **2 예** • 공부 시간에 다른 친구에게 방해가 됩니다. / • 시력이 나빠지거나 거북목 증후군을 겪을 수 있습니다. **3 예** 스마트폰 사용을 제한해야 한다 / 요즘 많은 학생이 스마트폰을 사용합니다. 스마트폰으로 연락을 하고, 필요한 정보를 찾아보기도 합니다. 하지만 학교에 스마트폰을 가져오면서 여러 가지 문제가 생기고 있으므로 제한할 필요가 있습니다. / 학교에서 스마트폰을 사용하면 공부 시간에 다른 친구에게 방해가 됩니다. 진동 상태로 바꾸어 놓는다고 해도 진동음이나 밝은 화면은 다른 친구들에게 피해를 줍니다. 또 수업 중에 전화가 오거나 몰래 게임을 하는 친구들도 있습니다. 이런 일은 스마트폰을 사용하는 학생이 공부에 집중하지 못하는 문제도 있지만 다른 친구

들에게 방해가 되는 문제가 더 큽니다. / 또 스마트폰을 많이 사용하면 시력이 나빠지거나 거북목 증후군을 겪을 수 있습니다. 학교에서까지 스마트폰을 사용한다면 성장기에 있는 학생들의 건강에 안 좋은 영향을 끼칠 것입니다. / 이런 까닭으로 학교에서는 스마트폰 사용을 제한해야 합니다. 스마트폰 사용을 적절히 제한하면 스마트폰을 더 효율적으로 사용할 수 있을 것입니다.

1 학교 안에서 스마트폰을 사용하는 것에 대해 찬성하거나 반대하는 입장을 정해 자신의 주장을 씁니다.

2 자신의 주장을 뒷받침하는 근거를 떠올려 봅니다.

3 서론, 본론, 결론이 잘 구분되게 주장에 대한 근거를 제시하며 자신의 의견을 씁니다.

채점 기준		
	잘함	글의 내용을 잘 조직하여 자신의 주장을 뒷받침하는 적절한 근거를 썼습니다.
	보통	자신의 주장을 뒷받침하는 적절한 근거를 썼지만 글의 내용을 잘 조직하지 못하고 알맞은 낱말을 쓰지 못했습니다.
	노력 요함	글의 내용을 조직하지 못하고 주장에 대한 적절한 근거도 쓰지 못했습니다.

[채점 키워드] 적절한 근거: 주장과 관련 있고 설득력 있는 근거를 말함.

96쪽 **쉬어가기**

말풍선 안의 화분을 찾아 줘.

6. 토의하여 해결해요

개념 확인 문제

1 (2) ○ **2** 관 **3** 가 → 다 → 라 → 나

1 토의를 하면 적절한 문제 해결 방법을 찾을 수 있고, 문제 상황을 더 잘 이해할 수 있으며 문제 해결에 직접 참여할 수 있습니다. 또한 결정된 내용을 잘 받아들일 수 있습니다.

2 토의하고 싶은 주제를 자유롭게 이야기하고, 토의 주제로 알맞은지 판단하며 토의 주제를 결정하는 것은 토의 절차 중 '토의 주제 정하기'에서 사용하는 방법입니다.

3 글을 읽고 문제 상황을 파악한 뒤, 문제 상황과 관련해 토의 주제를 정하고 자신의 의견을 정리합니다. 그리고 친구들의 의견이 알맞은지 살펴보며 토의하고, 토의에서 결정한 의견을 정리합니다.

어휘·문법 확인 문제

1 순서 **2** (1) 방안 (2) 단속 (3) 사고 **3** (3) ○ **4** (1) 바치 (2) 미다지

1 '절차'는 '일을 치르는 데 거쳐야 하는 순서나 방법.'을 뜻합니다.

2 (1)은 '방안', (2)는 '단속', (3)은 '사고'가 알맞습니다.

3 '화제'는 '이야기할 만한 재료나 소재.'를 뜻하므로 '이야깃거리'로 바꾸어 쓸 수 있습니다.

4 '밭이'는 [바치], '미닫이'는 [미다지]로 발음합니다.

교과서 독해

토의 뜻과 필요성 |100쪽| **활동 정리** ❶ 축구 ❷ 운동장

1 (1) 다 (2) 가 **2** ④ **3** ⑤ **4** 예 가족 여행 장소를 정할 때 토의할 수 있습니다. / 모둠 과제를 하려고 역할을 정할 때 토의할 수 있습니다.

토의 절차와 방법 |101쪽| **활동 정리** ❶ 주제 ❷ 의견

5 (2) × **6** (1) 의견 마련하기 (2) 의견 모으기 (3) 의견 결정하기 **7** 예 전교생이 함께 해외여행을 다녀오는 것은 실천하기 어렵기 때문입니다. **8** ⑤

고사리손으로 교통사고 대책 마련 눈길 |102~103쪽|

글의 구조 ❶ 교통사고 ❷ 학교

9 (2) ○ **10** 다 **11** ② **12** ④ **13** ③ **14** (1) 크게 (2) 반짝이게 **15** 구청장 **16** 예 우리 학교 안전 지도를 만들면 좋겠습니다. 학교 곳곳에 있는 안전하지 않은 곳을 널리 알려 사고를 예방할 수 있기 때문입니다.

1 그림 가에서는 알림 글로 결정된 내용을 전달했고, 그림 나에서는 학생들이 모여 의논하고 있습니다.

2 '안전하게'는 '위험이 생기거나 사고가 날 염려가 없게.'라는 뜻입니다.

3 문제 해결 과정에 여러 사람이 참여하면 다양한 의견을 들을 수 있습니다.

4 일상생활에서도 문제 해결 방법을 찾기 위해 토의를 할 수 있습니다.

5 토의 주제는 해결 방법을 찾을 수 있는 문제를 다루어야 합니다.

6 ㉡은 토의 주제에 따라 자신의 생각을 정리하는 단계이므로 '의견 마련하기'가 알맞고, ㉢은 의견을 모으는 단계입니다. ㉣은 가장 알맞은 의견으로 결정하는 단계이므로 '의견 결정하기'가 알맞습니다.

7 실천할 수 있는 의견인지 생각해야 합니다.

8 질문할 내용이 있을 경우에는 다른 사람의 의견을 끝까지 듣고 질문해야 합니다.

9 학교 앞 어린이 보호 구역에서 유치원생이 교통사고로 목숨을 잃는 일이 있었습니다.

10 전교 학생회에서 '안전한 학교 만들기' 안건을 마련해 토의를 하여 여러 가지 해결 방법을 제안했습니다.

11 전교 학생회 회의에서는 '구청장님께 편지 쓰기'라는 실천 방안이 나왔습니다.

12 '일을 처리하거나 해결하여 나갈 방법이나 계획.'을 뜻하는 낱말은 '방안'입니다.

13 학생들의 제안 중 어린이 보호 구역에 차가 다니지 못하게 막아야 한다는 내용은 없습니다.

14 어린이 보호 구역 표지판의 크기를 키우고 표지판 테두리를 반짝이게 만들자고 하였습니다.

15 학생회는 아이들이 쓴 편지를 전달하고 개선 방안을 제안하기 위해 면담을 신청해 구청장을 만났습니다.

16 채점 tip 토의 주제에 대한 자신의 의견을 조건 에 맞게 썼으면 정답으로 합니다.

104~105쪽 **단원 평가 ①회**

1 기준 **2** 토의 **3** ㉯ → ㉮ → ㉰ → ㉭ **4** ②
5 (1) ○ (3) ○ **6** ④ **7** ② **8** ④ **9** (1) [구지]
(2) [마지] (3) [바치] **10** (1) ㉮ (2) ㉯ (3) ㉯

1 토의는 어떤 문제를 여러 사람이 협력해 해결하는 방법이므로 기준이의 생각은 토의할 내용이 아닙니다.

2 그림에서 친구들은 토의를 하고 있습니다.

3 의견을 모으는 과정에 맞게 기호를 씁니다.

4 토의에서 의견을 결정하는 방법으로 의견의 길이를 따지는 것은 알맞지 않습니다.

5 마루는 자신의 의견을 반말로 이야기하며 자신의 주장만 내세웠고, 친구의 의견을 무시했습니다.

6 학생들은 '안전한 학교 만들기' 안건을 마련하고 토의를 하여 여러 가지 해결 방법을 제안했습니다.

7 가장 눈에 띄는 제안은 어린이 보호 구역 표지판을 개선하자는 것입니다.

8 기사문의 문제 상황과 관련하여 토의 주제로 알맞은 것은 '모두에게 안전한 학교를 만드는 방법'입니다.

9 '굳이'는 [구지], '맏이'는 [마지], '밭이'는 [바치]로 발음됩니다.
문법 문제 tip 음절의 끝소리에 있는 'ㄷ, ㅌ'이 모음 'ㅣ'를 만나면 발음할 때에 각각 [ㅈ]과 [ㅊ]으로 소리 납니다.

10 '해돋이'는 [해도지], '같이'는 [가치], '붙이다'는 [부치다]로 발음됩니다.

106~108쪽 **단원 평가 ②회**

1 (2) ○ **2** ②, ③ **3** (1) ○ **4** 예 개교기념일을 뜻깊게 보내는 방법입니다. **5** ㉮ **6** ③ **7** ④
8 학급의 날 **9** (1) ㉯ (2) ㉮ **10** (1) 예 학급의 날에 학급 친구들과 서로에게 도움을 줄 수 있는 일을 찾아보면 좋겠습니다. (2) 예 누군가를 돕는 것이 힘들 수 있지만 보람되고 뜻깊은 경험이 될 것이기 때문입니다. **11** 예 학교 앞 어린이 보호 구역에서 유치원생이 교통사고로 목숨을 잃은 사고가 생긴 것입니다.
12 ② **13** (1) ○ (2) ○ **14** ㉯ **15** ③, ④, ⑤

1 그림 ㉯에서는 지난번에 1학년 동생이 축구공에 맞아 다친 것과 같은 사고를 막으면서 운동장을 안전하게 쓸 방법을 찾아보자고 하였습니다.

2 그림 ㉮에서는 알림 글로 결정된 내용을 전달했고, 그림 ㉯에서는 학생들이 모여 운동장을 안전하게 쓰는 방법을 의논하고 있습니다.

3 수업 시간에 자신이 발표를 할 것인지를 정할 때에는 토의를 할 필요가 없습니다.

4 친구들은 '개교기념일을 뜻깊게 보내는 방법'을 주제로 토의를 하고 있습니다.

5 은호는 의견에 대한 근거를 제시하지 않았습니다.

6 마루는 자신의 의견을 반말로 이야기하며 친구의 의견을 존중하지 않고 자신의 주장만을 내세웠습니다. 또 알맞은 까닭을 들어 말하지 않았습니다.

7 다른 사람이 의견을 말하는 도중에 끼어들어 말하면 안 됩니다.

8 그림에서 여자아이는 학급의 날에 무엇을 하면 좋을지 고민하고 있으므로 '학급의 날을 어떻게 보내면 좋을까?'와 같은 주제로 토의할 수 있습니다.

9 학급의 날에 운동회를 열면 하루 동안 신나게 운동을 할 수 있다는 장점이 있지만 운동을 좋아하지 않는 친구들은 참여하지 않을 수 있습니다.

10 '학급의 날을 어떻게 보내는 것이 좋을까?'라는 토의 주제에 대한 자신의 의견과 그 의견의 좋은 점을 생각하여 씁니다.
채점 tip 토의 주제에 알맞은 의견과 그 의견의 좋은 점을 모두 알맞게 썼으면 정답으로 합니다.

11 글 ㉮에는 학교 앞 어린이 보호 구역에서 유치원생이 교통사고로 목숨을 잃은 사고가 생겼다는 문제 상황이 나타나 있습니다.

12 전교 학생회에서는 '안전한 학교 만들기' 안건을 마련했습니다.

13 학생회는 구청장에게 아이들이 직접 쓴 편지를 전달하며 불법 주정차 단속을 강화하고 어린이 보호 구역 표지판을 개선해 달라고 부탁했습니다.

14 그림에는 한 친구가 복도에 넘어져 있는 문제 상황이 나타나 있으므로 '복도에서 안전하게 생활하는 방법은 무엇일까?'가 토의 주제로 알맞습니다.

15 '복도에서 안전하게 생활하는 방법은 무엇일까?'라는 주제에 알맞은 의견을 찾습니다.

109쪽 **수행 평가**

1 예 그림 라는 운동장에 나갈 때 친구들이 줄을 빨리 서지 않아 먼저 온 친구들이 매번 기다리는 문제가 있습니다. 2 예 운동장에 나갈 때 빨리 줄을 설 수 있는 방법에 대해 토의하고 싶습니다. 3 예 체육 수업을 하러 운동장에 나가서 줄을 설 때마다 친구들이 늦게 옵니다. 그래서 줄을 빨리 선 친구들은 매번 늦게 오는 친구들을 기다려야 합니다. 줄을 늦게 서서 체육 수업 시간이 줄어든 때도 있습니다. / 친구들이 빨리 줄을 서도록 3분 모래시계 사용을 제안합니다. 가장 먼저 줄을 서는 친구가 모래시계를 뒤집어 놓고 친구들에게 줄 서는 시간임을 알려 줍니다. 이렇게 하면 남은 시간을 확인하기 쉬워서 친구들이 좀 더 빨리 준비할 수 있기 때문입니다.

1 우리 주변에서 일어나는 문제 상황 중 한 가지를 정해 어떤 문제점이 있는지 써 봅니다.

2 문제 상황에 대해 토의하고 싶은 주제를 찾아봅니다.

3 문제 상황을 자세히 쓰고, 그에 대한 자신의 의견과 그 의견이 좋은 까닭을 정리합니다.

채점 기준	잘함	토의 주제에 맞는 실천할 수 있는 주장을 근거와 함께 제시했습니다.
	보통	토의 주제에 맞지만 실천하기 어렵거나 근거를 제시하지 못했습니다.
	노력 요함	토의 주제에 맞지 않은 의견을 제시했습니다.

[채점 키워드] 자신의 의견 마련하기: 토의 주제에 맞고 실천할 수 있으며 알맞은 주장과 근거를 들어야 함.

110쪽 **쉬어가기**

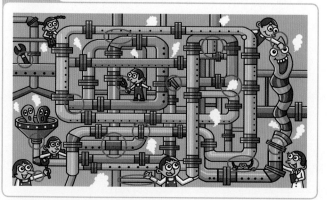

7. 기행문을 써요

112쪽 **개념 확인 문제**

1 (3) × 2 (1) ㉮ (2) ㉯ (3) ㉰ 3 가운데

1 여행하며 보고 듣고 느낀 점을 글로 쓰는 것이므로 (3)은 알맞지 않습니다.

2 '여정'은 여행의 과정이나 일정, '견문'은 여행하며 보거나 들은 것, '감상'은 여행하며 든 생각이나 느낌을 말합니다.

3 여행지에서 다닌 곳, 보고 들은 것, 생각하거나 느낀 점 등은 기행문의 가운데 부분에 씁니다.

113쪽 **어휘·문법 확인 문제**

1 감상 2 (1) ○ 3 (1) 풍광 (2) 쪽빛 4 (1) 피었구나! (2) 씻었다.

1 빈칸에는 '마음속에서 일어나는 느낌이나 생각.'을 뜻하는 '감상'이 들어가는 것이 알맞습니다.

2 '먼 곳을 바라보다.'는 '조망하다'의 뜻입니다.

3 (1)은 '풍광', (2)는 '쪽빛'이 들어가는 것이 알맞습니다.

4 감탄문은 '피었구나!', 평서문은 '씻었다.'가 알맞습니다.

114~117쪽 **교과서 독해**

기행문을 읽거나 쓴 경험 | 114쪽 **활동 정리** ❶ 제주도 ❷ 사진

1 (2) ○ 2 ② 3 ⑤ 4 예 여행하면서 보고 듣고 느낀 것을 글로 나타내면 여행 경험을 생생하게 다른 사람과 나눌 수 있어.

돌하르방 어디 감수광 | 115~117쪽 **작품 정리** ❶ 산천단 ❷ 여왕 ❸ 어리목

5 예 하늘에서 보는 제주도의 풍광을 만끽하기 위해서입니다. 6 ④, ⑤ 7 감상 8 ⑤ 9 ③ 10 ②, ④, ⑤ 11 ㉰ 12 (1) 분화구 (2) 우도 13 ④ 14 ④ 15 (1) 예 경주 (2) 예 가족과 함께 가서 즐거웠고, 신라의 문화에 대해 보고 들을 수 있어서 좋았기 때문입니다.

1 그림 ㉮에서 현석이는 글로 남긴 것이 없어서 제주도 여행 경험을 정확하게 전하지 못해 멋쩍어했습니다.

2 그림 ㉯에서 서윤이는 현석이에게 여행 경험을 자신 있게 전할 수 있어서 뿌듯한 마음이 들었을 것입니다.

3 서윤이는 여행하면서 본 것을 사진을 찍고 글로 남겨 두어서 여행 경험을 자신 있게 전할 수 있었습니다.

4 채점 tip 여행하면서 보고 듣고 느낀 점을 글로 쓰도록 권하는 내용과 그러한 글을 쓰면 좋은 점을 한 가지 넣어 알맞게 썼으면 정답으로 합니다.

5 글쓴이는 하늘에서 보는 제주도의 풍광을 만끽하기 위해서 창가 쪽 자리를 선호한다고 하였습니다.

6 글쓴이는 왼쪽 창밖으로 오름의 산비탈에 수놓듯이 줄지어 있는 산담을 보았고, 오른쪽 창밖으로는 삼나무 방풍림 속에 자란 밭작물들을 보았습니다.

7 비행기에서 제주도의 풍광을 바라보며 생각하거나 느낀 것을 쓴 부분이므로 '감상'에 해당합니다.

8 '경치, 산이나 들, 강, 바다 따위의 자연이나 지역의 모습.'은 '풍광'의 뜻입니다.

9 글쓴이는 답사의 첫 유적지로 한라산 산천단을 갔다고 하였습니다.

10 다랑쉬오름은 제주의 동북쪽에 있으며 주변에 다양한 오름이 있다고 하였습니다.

11 ㉠은 여행하면서 생각하거나 느낀 것을 알 수 있는 부분입니다.

12 성산 일출봉과 관련된 전설에 따라 내용을 정리해 봅니다.

13 글쓴이는 일출봉을 볼 때 풍광 그 자체의 아름다움과 감동이 있다고 하였습니다.

14 영실은 오름이 있는 곳이 아니라 계곡물 소리와 바람 소리가 들리며 안개가 신령스러운 골짜기입니다.

15 채점 tip 기행문을 써 보고 싶은 곳과 그 까닭을 모두 알맞게 썼으면 정답으로 합니다.

118~119쪽　단원 평가 ❶회

1 ①　**2** ②, ④　**3** ④　**4** ④　**5** 다랑쉬오름　**6** ⑤　**7** ㉠　**8** (1) ㉮, ㉰ (2) ㉯, ㉭ (3) ㉱　**9** ①　**10** ①, ②, ⑤

1 현석이와 서윤이는 여행을 다녀온 경험에 대해 이야기를 나누고 있습니다.

2 현석이는 여행을 다녀온 경험을 글로 남기지 않아 다녀온 곳을 기억하지 못하여 여행 경험을 정확하게 전하지 못하였습니다.

3 서윤이는 한라산, 거문오름, 만장굴, 성산 일출봉을 다녀왔다고 하였습니다.

4 여행하며 경험한 것을 시간이 지나서 다시 확인할 수 있고 오래 기억할 수 있습니다.

5 '다랑쉬오름'은 '오름의 여왕'이라고 불립니다.

6 ㉠은 송당리 일대의 오름과 다랑쉬오름에 대해 들은 것입니다.

7 여정을 알 수 있는 부분은 ㉠입니다.

8 ㉮와 ㉱는 여정, ㉯와 ㉭는 견문, ㉰는 감상을 드러내는 표현입니다.

9 주어진 문장은 청유문으로, 청유문에는 '-자', '-ㅂ시다' 등의 끝맺는 말이 쓰입니다.

10 '가자'는 청유문, '씻어라'는 명령문입니다.

문법 문제 tip • 평서문: 아침에 일찍 일어났다.
• 의문문: 아침에 일찍 일어났니? (대답을 요구함)
• 명령문: 아침에 일찍 일어나라. (행동을 요구함)
• 청유문: 아침에 일찍 일어나자. (함께하자고 제안함)
• 감탄문: 아침에 일찍 일어났구나! (느낌을 표현함)

120~122쪽　단원 평가 ❷회

1 예 여행하면서 본 것을 꼼꼼히 써 놓고 사진을 찍어 두어서 여행 경험을 자신 있게 전할 수 있었기 때문입니다.　**2** ③　**3** ②, ③, ④　**4** 재경　**5** (1) ㉭ (2) ㉮ (3) ㉯　**6** ②, ④　**7** 여정　**8** 예 송당리 일대는 오름의 섬 제주에서도 오름이 가장 많고 아름답기 때문입니다.　**9** ㉯　**10** (1) ㉭ (2) ㉯ (3) ㉮　**11** ㉮, ㉰　**12** 견문　**13** ③　**14** 예 한라산 영실에 오르고 싶습니다. 글쓴이가 언제 올라도 아름답다고 한 모습을 보고 싶기 때문입니다.　**15** ①, ④

1 여행 경험을 현석이에게 자신 있게 전할 수 있었기 때문에 뿌듯해하였습니다.

2 서윤이는 사진과 함께 글로 남겨 두었다고 하였으므로 기행문임을 알 수 있습니다.

3 현석이에게 여행한 후 기행문을 써야 하는 까닭과 쓰는 방법을 알려 주는 말을 찾습니다.

4 재경이는 울릉도 여행을 다녀온 후 일기 형식의 기행문을 썼습니다.

BOOK ❶ 개념북

7 단원

5 여정, 견문, 감상의 뜻에 맞게 선을 이어 봅니다.

6 이 글은 제주도를 다녀와서 쓴 기행문으로 여정, 견문, 감상이 모두 나타나 있습니다.

7 제시된 문장은 '여정'에 해당합니다.

8 오름의 섬 제주에서도 오름이 가장 많고 아름답기 때문에 '오름의 왕국'이라고 했습니다.

9 글 🐨 에는 '성산 일출봉'에 대한 설명이 나옵니다.

10 여정은 시간 표현이나 장소 표현을 씁니다. 견문은 '~을/를 보다', '~(이)라고 한다'와 같은 표현을 쓰고, 감상은 '느끼다, 생각하다'라는 낱말을 쓰기도 합니다.

11 폭포 위로 비가 계속 쏟아지는 모습을 보았다는 내용은 나와 있지 않습니다.

12 한라산 영실을 오르며 본 것이 나타나 있습니다.

13 ㉠은 기행문에 들어갈 내용 중 '감상'으로, 여행하면서 생각하거나 느낀 것이 나타나 있는 부분입니다.

14 채점 tip 자신이 제주도에서 가 보고 싶은 곳을 떠올려 그 까닭과 함께 알맞게 썼으면 정답으로 합니다.

15 ①, ④에 여정이 나타나 있습니다.

123쪽 수행 평가

1 예 지난겨울에 강원도 속초 여행을 다녀왔다. **2** (1) 예 가족과 함께 즐거운 시간을 보내기 위해서이다. (2) 예 낙산사 – 속초 해수욕장 – 설악산 (3) 예 • 동해 바다가 한눈에 내려다보이는 낙산사는 신라 문무왕 때 의상대사가 지었다고 한다. / • 해변가에 조성된 다양한 조각 작품을 보고 대관람차를 타며 동해의 멋진 풍광을 보았다. / • 설악산은 남한에서 세 번째로 높은 산이라고 한다. (4) 예 동해의 멋진 풍광을 보며 가슴이 탁 트이는 것을 느꼈고, 설악산의 웅장한 기운을 느낄 수 있었다. (5) 예 가족과 함께한 즐거운 시간을 잊지 못할 것이다. **3** 예 오늘 드디어 강원도 속초로 여행을 떠나는 날이다. 오랜만에 가족 여행을 가는 것이라 무척 설렜다. / 우리 가족이 처음으로 간 곳은 낙산사이다. 낙산사는 신라 문무왕 때 의상대사가 지은 절이라고 한다. 춥지만 예쁜 산길을 따라 올라가니 해수관음상을 볼 수 있었다. 엄마께서는 두 손을 모아 우리 가족의 건강을 기원했다. / 두 번째로 간 곳은 속초 해수욕장이다. 해변가에 조성된 다양한 조각 작품을 보았다. 그리고 대관

람차를 타며 동해의 멋진 풍광을 보았다. 가슴이 탁 트이는 것 같았다. / 다음 날은 설악산에 갔다. 설악산은 남한에서 한라산, 지리산에 이어 세 번째로 높은 산이라고 아빠께서 설명해 주셨다. 우리는 설악산 케이블카를 탔는데 처음에는 줄이 연결되어 높은 곳으로 올라가는 것이 무서웠지만 점점 멋진 풍경이 나타나자 감탄하며 무서움도 잊게 되었다. 설악산의 웅장한 기운을 느낄 수 있었다. / 가족과 함께한 즐거웠던 강원도 속초 여행을 잊지 못할 것 같다.

1 여행하면서 기억에 남는 곳을 떠올려 봅니다.

2 기행문의 짜임을 생각하며 여정, 견문, 감상으로 나누어 정리해 봅니다.

3 글의 전체 짜임을 생각하며 여정, 견문, 감상이 잘 드러나게 기행문을 씁니다.

채점 기준	잘함	기행문의 짜임에 맞춰 여정, 견문, 감상이 잘 드러나게 썼습니다.
	보통	여정, 견문, 감상이 드러나게 썼지만 글의 전체 짜임에 맞게 쓰지 못했습니다.
	노력 요함	여정, 견문, 감상이 드러나지 않고 글의 전체 짜임도 알맞지 않습니다.

[채점 키워드] 기행문 쓰기: 여정, 견문, 감상이 드러나게 기행문의 구성에 맞게 씀.

124쪽 쉬어가기

8. 아는 것과 새롭게 안 것

개념 확인 문제

1 (1) ○ **2** (1) ㉯ (2) ㉮ **3** ①, ②, ③ **4** (글의) 제목

1 나누면 본디의 뜻이 없어져 더는 나눌 수 없는 낱말은 '단일어'입니다.

2 '햇과일'은 뜻을 더해 주는 말에 낱말을 합해 만든 것이고, '책가방'은 낱말에 다른 낱말을 합해 만든 것입니다.

3 겪은 일을 떠올리며 글을 읽을 때에는 본 일, 들은 일, 한 일을 떠올리며 읽습니다.

4 아는 지식을 활용해 글을 읽을 때에는 먼저 글의 제목을 보고 글의 내용을 짐작해 볼 수 있습니다.

어휘·문법 확인 문제

1 지식 **2** (2) ○ **3** (1) 서식지 (2) 탄력 (3) 생존 **4** 나무, 복숭아

1 '어떤 대상에 대하여 배우거나 실천을 통하여 알게 된 명확한 인식이나 이해.'는 '지식'의 뜻입니다.

2 '청아한'은 '속된 티가 없이 맑고 아름다운.'이라는 뜻입니다.

3 (1)은 '서식지', (2)는 '탄력', (3)은 '생존'이 들어가는 것이 알맞습니다.

4 나누면 본디의 뜻이 없어져 더는 나눌 수 없는 낱말은 나무와 복숭아입니다.

교과서 독해

낱말의 짜임 |128쪽| **활동 정리 ❶** 방석 **❷** 빈주먹
1 ⑤ **2** (1) ㉯ (2) ㉮ **3** (1) 사과, 복숭아, 자두, 수박, 오이 (2) 산딸기, 애호박 **4** (1) 산딸기 (2) 애-, 호박

낱말 만들기 |129쪽| **활동 정리 ❶** 다리 **❷** 공중 **❸** 김
5 ②, ③ **6** (1) 김밥 (2) 김 (3) 밥 **7** ②, ③ **8** (1) 예 손, 예 수건, 예 손수건 (2) 예 몸에 지니고 다니며 쓰는 얇고 자그마한 수건.

자연을 닮은 우리 악기 |130~131쪽| **글의 구조 ❶** 자연 **❷** 소리
9 ② **10** (1) ㉮ (2) ㉰ (3) ㉯ (4) ㉲ **11** 명주실
12 예 글의 내용을 더 쉽게 이해할 수 있고, 내가 아는 내용과 비교하며 글을 읽을 수 있습니다. **13** (4) ○ **14** 예 박으로 만든 공명통에 서로 길이가 다른 여러 개의 대나무 관이 꽂혀 있는 악기입니다. **15** (2) ○ **16** 재희

우리나라의 멸종 위기 동물 |132~133쪽| **글의 구조 ❶** 멸종 **❷** 깃대종
17 환경 오염 **18** ②, ⑤ **19** ⑤ **20** (1) 사냥꾼, 사냥꾼 (2) 예 사냥을 직업으로 하는 사람. **21** (1) ㉰ (2) ㉮ (3) ㉯ **22** (1) ○ **23** ② **24** 하은

1 예원이는 '바늘방석'을 '바늘'과 '방석'으로 나누어 낱말의 뜻을 짐작하였습니다.

2 '바늘방석'은 '앉아 있기에 몹시 불안스러운 자리.', '맨주먹'은 '아무것도 없는 빈주먹.'입니다.

3 단일어는 '사과, 복숭아, 자두, 수박, 오이', 복합어는 '산딸기, 애호박'입니다.

4 낱말의 짜임을 생각하며 빈칸에 들어갈 낱말이 무엇인지 생각해 봅니다.

5 ㉠은 복합어로, 뜻이 있는 낱말에 다른 뜻이 있는 낱말을 합해 만든 낱말입니다.

6 그림으로 보아 ㉡에는 '김밥'이 들어가는 것이 알맞고, '김밥'은 '김'과 '밥'을 합한 낱말이므로 ㉢에는 '김', ㉣에는 '밥'이 들어가야 합니다.

7 ㉤'새우잠'은 '새우처럼 등을 구부리고 자는 잠.', '불편하게 모로 누워 자는 잠.'을 뜻합니다.

8 낱말에 다른 낱말을 합하거나 뜻을 더해 주는 말에 낱말을 합해 복합어를 만들고, 그 낱말의 뜻은 무엇일지 써 봅니다.
채점 tip (1)에 한 낱말을 쓰고, 그 낱말과 다른 낱말이나 뜻을 더해 주는 말 그리고 두 말을 합쳐서 만들어진 낱말까지 쓰고, (2)에는 합쳐서 만든 낱말의 뜻을 썼으면 정답으로 합니다.

9 명주실, 대나무, 박, 흙, 가죽, 쇠붙이, 돌, 나무 등 주변에서 흔히 볼 수 있고 구할 수 있는 것들을 사용했습니다.

10 돌의 소리는 '겨울의 웅장함', 명주실의 소리는 '쨍쨍한 여름 햇살', 쇠와 흙의 소리는 '높은 가을 하늘',

대나무와 박의 소리는 '맑은 봄날의 아침'을 느끼게 한다고 하였습니다.

11 잘 끊어지지 않고 탄력이 있어 악기의 줄로 쓰이는 것은 명주실입니다.

12 겪은 일을 떠올리며 글을 읽으면 글의 내용에 더 흥미를 갖게 되고 글의 내용을 더 깊이 있게 이해할 수 있습니다.

> **채점 tip** 글을 읽을 때 겪은 일을 떠올리면 좋은 점을 한 가지 알맞게 썼으면 정답으로 합니다.

13 '여럿이 조화되어 한 덩어리나 한판을 크게 이루게 되다.'라는 뜻을 가진 낱말은 '어우러지다'입니다.

14 생황은 박으로 만든 공명통에 여러 개의 대나무 관이 꽂힌 악기입니다.

> **채점 tip** 박으로 만든 공명통에 여러 개의 대나무 관이 꽂힌 악기라는 내용이 들어가게 썼으면 정답으로 합니다.

15 우리 악기들은 각자의 소리가 한데 어우러지도록 정성을 다해 소리를 만들어 낸다고 하였습니다.

16 재희는 '들은 일', 혜정이는 '본 일'을 말했습니다.

17 지구 온난화와 환경 오염 등으로 동물의 서식지가 줄어들고 있습니다.

18 점박이물범은 지구가 점점 따뜻해지는 바람에 얼음들이 녹고 있고, 사람들이 오염된 물과 쓰레기를 바다에 마구 쏟아 내서 살기가 힘들다고 하였습니다.

19 산양은 험한 바위산에 삽니다.

20 '사냥'과 '-꾼'을 합해 만든 낱말로, '사냥을 직업으로 하는 사람.'을 뜻합니다.

> **채점 tip** (1)에 '사냥'과 '꾼'을 차례대로 쓰고, (2)에는 '사냥꾼'의 뜻을 알맞게 짐작하여 썼으면 정답으로 합니다.

21 이 글에서 자주 쓰이는 낱말의 뜻을 찾아봅니다.

22 깃대종이 잘 보존된다면 그 지역의 생태계가 잘 유지된다는 증거로 볼 수 있다고 하였습니다.

23 탄광의 카나리아는 지표종의 예에 해당합니다.

24 하은이는 이 글의 내용과 관련이 없는 내용을 말하였습니다.

134~135쪽	단원 평가 **1**회

1 ② **2** ① **3** ④ **4** ①, ② **5** ④ **6** (3) ○ **7** ③ **8** ①, ③ **9** 손수건, 민소매 **10** (1) 사과, 나무 (2) 붉다

1 '풋고추'는 '덜 익은 고추.', '풋밤'은 '덜 익은 밤.', '풋사과'는 '덜 익은 사과.'입니다.

2 '뛰다'와 '놀다'를 합해 '이리저리 뛰어다니며 놀다.'라는 낱말을 만들었습니다.

3 빈칸에 '길'을 넣어 '골목길', '꽃길', '눈길'과 같은 낱말을 만들 수 있습니다.

4 나무로 만든 악기에는 박, 어 등이 있습니다. 편경과 특경은 돌로 만든 악기입니다.

5 나무의 딱딱한 소리는 여러 악기를 모아 합주할 때 연주의 처음과 끝을 알리는 역할을 했다고 하였습니다. 편경은 돌로 만든 악기입니다.

6 글의 내용과 관련해 들은 일을 떠올린 것입니다.

7 산업화와 도시화가 되면서 환경이 오염되어 마음 놓고 살 곳이 사라져 버렸다고 하였습니다.

8 우리가 동물에게 관심을 기울이고 동물을 보살피며, 환경을 함부로 파괴하지 않고 깨끗하게 유지하는 것이라고 하였습니다.

9 단일어는 하늘과 구름, 복합어는 손수건과 민소매입니다.

10 '사과나무'는 '사과'와 '나무'의 짜임으로 이루어져 있고, '검붉다'는 '검다'와 '붉다'의 짜임으로 이루어진 낱말입니다.

> **문법 문제 tip** 복합어에는 '손수건'과 같이 뜻이 있는 두 낱말('손'+'수건')을 합한 낱말이 있습니다. 그리고 '민소매'와 같이 뜻을 더해 주는 말과 뜻이 있는 낱말을 합한 낱말('민-'+'소매')도 있습니다.

136~138쪽	단원 평가 **2**회

1 바늘방석 **2** ③, ⑤ **3** ④ **4 예** 새우처럼 등을 구부리고 잠. / 불편하게 모로 누워 자는 잠. **5** ②, ③, ⑤ **6** ③ **7** ③ **8** ③, ④ **9** 북, 장구 **10** 홍준 **11 예** 마을에서 축제가 열렸을 때 어른들이 풍물놀이를 하며 북과 장구를 치시는 모습을 본 적이 있습니다. **12 예** 지구 온난화와 환경 오염 등으로 동물의 서식지가 줄어들고 있기 때문이라고 하였습니다. **13** (1) ㉮ (2) ㉯ **14** (1) 비단, 벌레 (2) 하늘, 다람쥐 (3) 반달가슴, 곰 **15** ④

1 예원이는 책을 읽다가 '바늘방석'이라는 말이 나왔는데 뜻을 잘 모르겠다고 하였습니다.

2 '바늘방석'은 '바늘'과 '방석'을 합한 말로, 앉아 있기에 몹시 불안스러운 자리를 가리키는 말입니다.

3 낱말의 짜임으로 보아 '아무것도 없는 빈주먹.'이라는 뜻임을 알 수 있습니다.

4 새우처럼 등을 구부리고 자는 잠이라고 짐작할 수 있습니다.

> **채점 tip** 새우처럼 등을 구부리고 자는 잠, 불편하게 옆으로 누워 자는 잠 등 새우잠의 뜻을 알맞게 짐작하여 썼으면 정답으로 합니다.

5 '-꾼'은 '어떤 일을 잘하는 사람.', '어떤 일을 전문적으로 하는 사람.' 또는 '어떤 일을 즐겨 하는 사람.'을 뜻합니다. '낚시꾼'은 취미로 낚시를 가지고 고기잡이를 하는 사람을 뜻하고, '소리꾼'은 판소리나 잡가 등을 아주 잘하는 사람을 뜻하며 '나무꾼'은 땔감이 되는 나무를 만드는 사람을 뜻합니다.

6 '책가방'은 '책'과 '가방'을 합한 낱말입니다.

7 빈칸에 공통으로 '물'을 넣어 '강물', '물통', '물수건'과 같은 낱말을 만들 수 있습니다.

8 우리나라 악기들을 만드는 재료는 자연에서 얻을 수 있고, 주변에서 흔히 볼 수 있으며, 쉽게 구할 수 있는 것들입니다.

9 가죽으로 만든 악기에는 북과 장구가 있습니다.

10 글 **다**를 보면 쇠를 녹여 만든 우리 악기에는 징, 꽹과리, 편종, 특종, 나발 등이 있고, 사람들은 쇠로 만든 악기에 특별한 힘이 있을 거라고 여겼습니다. 또한 사람들은 불로 쇠를 녹여 여러 가지 도구를 만들어 쓰기도 하고, 무기를 만들기도 하였습니다.

11 이 글과 관련하여 겪은 일을 떠올려 알맞게 씁니다.

> **채점 tip** 글의 내용과 관련 있는 겪은 일을 떠올려 썼으면 정답으로 합니다.

12 지구 온난화와 환경 오염 등으로 동물의 서식지가 줄어들고 있고, 토종 동물이 다른 나라에서 들어온 동물과 벌이는 생존 경쟁에서 밀려나 사라지는 경우도 있다고 하였습니다.

> **채점 tip** 글에 나타난 멸종되어 가는 동물이 많은 까닭을 찾아 한 가지를 알맞게 썼으면 정답으로 합니다.

13 ㉠는 깃대종, ㉡는 지표종의 뜻입니다.

14 각 단어의 짜임을 생각하며 어떤 낱말들을 합해 만든 것일지 써 봅니다.

15 ④는 글을 읽고 새롭게 안 점을 말하였습니다.

> **1** **예** 솜씨 마당, 생각 나눔터   **2** **예** 자신의 솜씨를 다른 친구들에게 보여 주고 뽐내고 자랑하는 알림판이므로 '솜씨 자랑판'이라고 하고 싶습니다.   **3** (1) **예** 길 도우미   (2) **예** 색깔 막대   (3) **예** 길 + 도우미   (4) **예** 색깔 + 막대   (5) **예** 길을 알려 주는 도우미 노릇을 해 주기 때문입니다.   (6) **예** 여러 색이 있는 막대 모양의 도구이기 때문입니다.

1 여자아이는 솜씨를 뽐낼 수 있는 곳이므로 솜씨 마당, 남자아이는 생각을 나눌 수 있는 곳이므로 생각 나눔터라고 하면 좋겠다고 하였습니다.

2 학급 알림판의 이름을 새말로 지어 봅니다.

3 낱말의 짜임을 생각하면서 주어진 낱말을 새말로 바꾸어 봅니다.

	잘함	낱말에 알맞은 새말로 바꾸고 만든 까닭을 타당하게 잘 썼습니다.
채점 기준	보통	새말로 만들었지만 만든 까닭이 타당하게 쓰지 못했습니다.
	노력 요함	낱말에 알맞은 새말을 만들지 못하고, 만든 까닭도 쓰지 못했습니다.

[채점 키워드] 새말 만들기: 낱말의 짜임을 생각하며 새말로 만들기

140쪽   쉬어가기

---

9. 여러 가지 방법으로 읽어요

142쪽 개념 확인 문제

1 (1) 주장 (2) 근거 (3) 비판 **2** (1) ○ **3** 태준

1 글쓴이의 주장을 파악하고 주장을 뒷받침하는 근거를 찾습니다. 그리고 자신의 생각과 비교해 비판하는 태도로 읽습니다.

2 자신에게 필요한 정보가 글에 있는지 찾아봐야 할 때에는 글 전체의 내용을 훑어 읽으면서 필요한 정보가 있는지 확인해야 합니다.

3 태준이는 글을 자세히 읽었고, 희은이는 글을 훑어 읽었습니다.

143 쪽 어휘·문법 확인 문제

1 ④ **2** (3) ○ **3** (1) 실용성 (2) 유려한 (3) 대응한
4 바닷가, 아랫니

1 '목적'은 실현하려고 하는 일이나 나아가는 방향을 뜻합니다.

2 '패기'는 어떤 어려운 일이라고 해내려는 굳센 기상이나 정신을 뜻합니다. 따라서 '용기'와 바꾸어 쓸 수 있습니다.

3 (1)은 '실용성', (2)는 '유려한', (3)은 '대응한'이 들어가는 것이 알맞습니다.

4 낱말과 낱말이 합해서 새로운 낱말을 만들 때 사이시옷이 들어가는 경우는 '바닷가'와 '아랫니'입니다.

144~147쪽 교과서 독해

점과 선으로 만든 암호 |144쪽 **글의 구조 ❶** 정보 **❷** 네모

1 ① **2** ④ **3 예** 예. 정보 무늬는 일부를 지워도 사용할 수 있다는 내용입니다. 일부를 지웠는데 사용할 수 있다는 것을 믿기 어렵기 때문입니다. **4** ①, ②, ④

미래 사회의 변화에 대처하는 자세 |145쪽 **글의 구조 ❶** 미래 **❷** 사람
5 미래 사회 **6** ①, ②, ⑤ **7** ⓒ **8** (2) 주장을 뒷받침하는 알맞은 근거인지 생각한다.

아름다운 비색을 지닌 고려청자 |146~147쪽
글의 구조 ❶ 비색 **❷** 무늬 **❸** 독창성
9 ④ **10** ㉮ → ㉰ → ㉯ → ㉱ **11 예** 청자의 색이 짙고 푸른색 윤이 나는 구슬인 비취옥과 색깔이 닮았기 때문입니다. **12** (2) ○ **13 예** 맑고 은은한 비색으로 유려한 곡선을 강조하며 상감 기법으로 회화적인 아름다운 무늬를 표현한 것입니다. **14** ②, ④ **15** 실용성 **16** (3) ×

1 큐아르(QR)는 '빠른 응답'이라는 영어의 줄임 말이라고 하였습니다.

2 이 글에 정보 무늬의 부족한 점은 나타나 있지 않습니다.

3 아는 내용이나 경험을 떠올려 설명하는 내용이 믿을 만한지 생각해 봅니다.
채점 tip 글의 나온 내용 중 정확한지 알아보고 싶은 것과 그 까닭을 알맞게 썼으면 정답으로 합니다.

4 설명하는 글을 읽을 때에는 설명하려는 대상이 무엇인지, 대상의 무엇을 자세히 설명하는지 생각합니다. 또 대상을 보고 이미 아는 것을 떠올리고, 대상에 대해 새롭게 안 것을 찾습니다.

5 글쓴이는 미래 사회에 필요한 사람이 되자는 주장을 하고 있습니다.

6 글쓴이는 정해진 답을 찾기보다 새로운 방식으로 문제를 해결하는 사람, 새로운 변화에 대응하는 사람, 서로 돕고 존중하는 사람이 미래 사회에 필요한 사람이라고 하였습니다.

7 '대응하다'는 '어떤 일이나 사태에 맞추어 태도나 행동을 취하다.'는 뜻입니다.

8 수진이는 주장을 뒷받침하는 근거가 알맞은지 생각하였습니다.

9 고려청자의 빛깔은 맑고 은은한 푸른 녹색입니다.

10 상감 기법은 그릇을 빚고 굳었을 때 그릇 바깥쪽에 조각칼로 무늬를 새긴 다음, 검은색이나 흰색의 흙을 메운 뒤 무늬가 드러나도록 바깥쪽을 매끄럽게 다듬는 기법입니다.

11 짙고 푸른색 윤이 나는 구슬인 비취옥과 색깔이 닮아서 '비색'이라고 불렀습니다.
채점 tip 청자의 색이 비취옥의 색깔과 닮았기 때문이라는 내용을 썼으면 정답으로 합니다.

12 발표할 만한 내용이 있을지 찾으려고 글을 읽을 때에는 글 전체를 다 읽지 않고 중요한 낱말을 읽으면서 필요한 내용이 있는지 찾아봅니다.

13 고려청자는 비색으로 유려한 곡선을 강조하며 상감 기법으로 아름다운 무늬를 표현한 것이 특색입니다.

> **채점 tip** 비색과 유려한 곡선, 아름다운 무늬 등을 넣어서 썼으면 정답으로 합니다.

14 고려청자로 고려인들의 독창성과 뛰어난 기술력을 엿볼 수 있다고 하였습니다.

15 '실제적인 쓸모가 있는 성질이나 특성'은 '실용성'의 뜻입니다.

16 자세히 읽기 방법이 아닌 것을 찾습니다.

148~149쪽　**단원 평가 ❶회**

1 ②　**2** ㉯　**3** ⑤　**4** ⑤　**5** 비판하는　**6** ②
7 (1) ○　**8** ㉯　**9** ②, ④, ⑤　**10** (2) ○

---

1 정보 무늬는 숫자 7089개, 한글 1700자 정도를 저장할 수 있다고 하였습니다.

2 정보 무늬를 보거나 써 본 경험을 떠올린 것이므로 대상을 보고 이미 아는 것을 떠올리며 글을 읽은 것입니다.

3 이 글은 글쓴이의 주장이 나타난 글입니다.

4 새로운 방식을 생각하는 것은 인공 지능보다 사람이 더 잘할 수 있다고 하였습니다.

5 글쓴이의 주장과 자신의 생각이 다른 점이 무엇인지 비판하는 태도로 읽어야 합니다.

6 규빈이는 고려청자를 조사해 발표하기 위해서 글을 읽으려고 합니다.

7 그릇의 실용성을 넘어 예술적 아름다움을 지닌 청자는 고려인의 생활 속에서 널리 쓰였습니다.

> **왜 답이 아닐까?**
>
> ⑵ 글 ㉯에서는 고려인들이 대접과 접시, 잔, 항아리, 병 등을 비롯해 베개와 기와까지도 청자로 만들어 썼다고 알려 줍니다. 따라서 청자가 고려인의 생활 속에서 실용적으로 쓰였음을 알 수 있습니다.

8 규빈이는 고려청자를 조사해 발표하기 위해 글을 읽으므로 제목을 보고 내용을 짐작하거나 관심 있는 내용이 있는지 훑어보며 읽어야 합니다.

9 낱말과 낱말을 합해서 새로운 낱말이 만들어져 사잇소리 현상이 나타나는 것은 '나룻배', '윗잇몸', '고깃배'입니다.

10 '콧등'은 뒷말의 첫소리가 된소리로 나는 경우이므로 [코뜽]이라고 발음됩니다. '뒷이야기'는 뒷말의 첫소리 모음 앞에서 'ㄴㄴ'소리가 덧나는 경우이므로 [뒨니야기]로 발음됩니다.

> **문법 문제 tip** 사이시옷은 뒷말의 첫소리가 된소리로 나는 경우(예 바닷가[바닫까]), 뒷말의 첫소리 'ㄴ', 'ㅁ' 앞에서 'ㄴ' 소리가 덧나는 경우(예 빗물[빈물]), 뒷말의 첫소리 모음 앞에서 'ㄴㄴ' 소리가 덧나는 경(예 뒷이야기[뒨니야기])가 있습니다.

150~152쪽　**단원 평가 ❷회**

1 ②, ③, ④　**2** ⑤　**3** (2) ○　**4** ⑴ 예 여러 가지 정보를 확인할 수 있는 표식입니다. ⑵ 예 스마트폰 응용 프로그램으로 정보 무늬를 찍습니다. ⑶ 예 여러 분야에서 활용하고, 누구나 만들 수 있습니다.
5 (1) ○　**6** ⑴ ❶ ⑵ ❷, ❸, ❹ ⑶ ❺　**7** ④　**8** ①　**9** 예 정보를 빠르게 처리하는 사람입니다. 수없이 많은 정보 중에서 필요한 정보를 빠르게 찾아서 사용해야 미래 사회에 잘 적응할 수 있기 때문입니다.　**10** 동연, 은영　**11** ③　**12** ⑴ ○　**13** ⑴ 내용 ⑵ 비교 ⑶ 밑줄　**14** 예 고려청자가 맑고 은은한 푸른 녹색이라서 매우 아름답다는 점을 알려 주고 싶습니다.　**15** ①

---

1 교통질서 지키기 광고를 그리기 위한 자료는 관련된 책이나 기사를 찾아보거나 인터넷에서 검색해 봄으로써 찾을 수 있습니다.

2 이 글은 정보 무늬에 대하여 설명하는 글입니다.

3 정보 무늬는 네모 모양 안에 검은 선과 점이 있는 모양입니다.

4 글에서 정보 무늬의 뜻, 사용 방법, 특징이 설명되어 있는 부분을 찾아봅니다.

> **채점 tip** 글에서 정보 무늬의 뜻, 사용 방법, 특징이 나온 부분을 찾아 알맞게 적었으면 정답으로 합니다.

5 자신이 이미 아는 것을 떠올린 것은 정보 무늬를 보았던 경험을 말한 창민입니다. 정아는 대상의 무엇을 자세히 설명하는지 생각했고, 빈호는 글쓴이의 설명 가운데에서 내용이 정확한지 알아보고 싶은 곳을 말했습니다.

6 주장하는 글은 처음 부분(서론), 가운데 부분(본론), 끝부분(결론)의 짜임으로 이루어져 있습니다.

7 글쓴이는 이 글에서 미래 사회에 필요한 사람이 되자는 주장을 하고 있습니다.

8 함께 마음을 모아 서로 돕고 존중해야 사회를 따뜻하게 만들 수 있다는 내용이 이어지는 것으로 보아 '서로 돕고 존중하는'이 알맞습니다.

9 미래 사회에서 잘 살아가려면 어떤 사람이 되어야 할지 생각해 봅니다.
   채점 tip 미래 사회에 필요한 사람은 어떤 사람인지에 대한 자신의 생각을 정리하여 알맞게 적었으면 정답으로 합니다.

10 주장하는 글을 읽을 때에는 주장을 뒷받침하는 알맞은 근거인지 생각하고, 자신의 생각과 비교해 비판하는 태도로 읽어야 합니다.

11 지완이는 글을 읽고 고려청자를 자세히 알려 주려고 하였습니다.

12 글 ❹는 맑고 은은한 푸른 녹색인 고려청자에 대하여 설명하고 있습니다.

13 필요한 내용을 찾으며 자세히 읽고, 자신이 아는 내용과 새롭게 안 내용을 비교하며 읽습니다. 그리고 중요한 내용이나 그것을 뒷받침하는 내용에 밑줄을 그으며 읽습니다.

14 고려청자에 대해 알게 된 점을 바탕으로 하여 알려 주고 싶은 점을 씁니다.
   채점 tip 글에 나타난 고려청자에 대한 내용 중 친구에게 알려 주고 싶은 점을 알맞게 썼으면 정답으로 합니다.

15 글을 훑어 읽으면 필요한 부분만 빠르게 읽을 수 있습니다.

153쪽 수행 평가

1 **예** 손끝으로 책을 읽으며 평소 느끼지 못했던 대상과 감정을 상상했습니다. 2 (1) **예** 같은 책을 백 번 읽고 백 번 쓰는 것입니다. (2) **예** 책 내용을 잊지 않을 수 있습니다. (3) **예** 책을 읽은 다음 관련한 곳에 직접 가 보는 것입니다. (4) **예** 글 내용을 오랫동안 기억할 수 있습니다. 3 **예** 메모하며 읽기입니다. 메모하며 읽으면 읽은 내용을 정리할 수 있습니다. 중요한 내용이 있는 책, 알고 싶은 정보가 있는 책에 적용할 수 있습니다.

---

1 글 ❹에서 헬렌 켈러는 손끝으로 책을 읽을 수 있게 된 후에 평소 느끼지 못했던 대상과 감정을 상상하며 책을 읽었다고 하였습니다.

2 글 ㉮에 나온 세종 대왕의 읽기 방법은 같은 책을 백 번 읽고 백 번 쓴 것입니다. 이와 같은 방법으로 책을 읽으면 책 내용을 잊지 않을 수 있다는 좋은 점이 있습니다. 또한 글 ㉯에 나온 방정환의 읽기 방법은 글과 관련한 곳에 직접 가 보는 것입니다. 이와 같은 방법으로 책을 읽으면 글 내용을 오랫동안 기억할 수 있습니다.

3 읽는 목적에 따라 읽는 방법이 다를 수 있다는 것을 알고 조건에 맞게 자신만의 읽기 방법을 소개합니다.

채점 기준		
	잘함	조건에서 제시한 내용을 모두 넣어 읽는 목적에 알맞은 자신만의 읽기 방법을 소개했습니다.
	보통	읽기 방법을 소개했지만 그렇게 읽으면 좋은 점이 타당하지 못하거나 빠뜨린 내용이 있습니다.
	노력 요함	자신만의 읽기 방법은 무엇인지 소개하지 못하고 다른 내용을 썼습니다.

[채점 키워드] 읽기 방법: 글의 종류와 읽는 목적을 생각하며 읽기 방법을 소개함.

154쪽 쉬어가기

---

10. 주인공이 되어

156쪽 개념 확인 문제

1 ④ **2** (1) 관심 (2) 해결 (3) 흐름 **3** (3) ○

1 일상생활의 경험이 잘 드러난 글은 억지로 꾸며 쓰지 않고 겪은 일을 그대로 풀어서 자신의 생각과 함께 솔직하게 씁니다.

2 읽는 사람이 관심을 보일 수 있는 경험을 쓰고, 사건을 어떻게 전개하고 어떻게 해결했는지가 나타나야 합니다. 그리고 자신이 말하고자 하는 주제가 잘 드러나도록 이야기 흐름에 맞게 써야 합니다.

3 겪은 일을 이야기로 만들 때에는 가장 먼저 이야기로 쓰고 싶은 경험을 떠올려 주제와 제목을 정해야 합니다.

157쪽 어휘·문법 확인 문제

1 경험 **2** (3) ○ **3** (1) 자존심 (2) 화음 (3) 느물느물 **4** (1) 간다 (2) 쓸 것이다

1 '자신이 실제로 해 보거나 겪어 봄. 또는 거기서 얻은 지식이나 기능.'은 '경험'의 뜻입니다.

2 '도맡다'는 '혼자서 책임을 지고 몰아서 모든 것을 돌보거나 해내다.'는 뜻입니다.

3 (1)은 자존심, (2)는 '화음', (3)은 '느물느물'이 들어가는 것이 알맞습니다.

4 (1)은 '지금'에 알맞은 '간다', (2)는 '내일'에 알맞은 '쓸 것이다'를 써야 합니다.

158~161쪽 교과서 독해

잘못 뽑은 반장 | 158~160쪽 | 작품 정리 ❶ 친구 ❷ 로운이

1 ① **2** ⑤ **3** 가만히 **4** ⓓ 글 ❶에서는 제하가 학교에 오지 않을까 봐 불안해하다가 글 ❷에서는 학교에 나온 제하를 보고 기뻐했습니다. **5** (3) ○ **6** ㉮ **7** ② **8** ㉮ **9** ②, ④ **10** ⑤ **11** ⓓ 연습을 시작하기 전에 아이들이 마실 물을 떠다놓고 연습이 끝난 뒤에는 교실 정리를 했습니다. **12** 현주

대화가 필요해 | 161쪽 | 작품 정리 ❶ 비 ❷ 체육관

13 (1) ○ **14** ⓓ 대화로 서로 오해를 풀었으면 하는 생각을 담기 위해서입니다. **15** (1) ⓓ (2) ㉮ (3) ⓝ

1 글 ❶에 '다음 날 아침'이라는 시간적 배경이 나타나 있습니다.

2 글 ❶은 억지로 꾸며 쓰지 않고 겪은 일을 그대로 풀어서 자신의 생각과 함께 솔직하게 쓴 부분입니다.

> **왜 답이 아닐까?**
> ① '나'가 겪은 일을 쓴 것입니다.
> ② 경험에 대한 자신의 생각만 나타나 있습니다.
> ③ 일어난 일과 자신의 생각을 함께 썼습니다.
> ④ 긴 시간에 걸친 사건에 대한 해결이 나타나 있지는 않습니다.

3 '뜸을 들이다'는 '일이나 말을 할 때에 쉬거나 여유를 갖기 위해 서둘지 않고 한동안 가만히 있는 경우를 비유적으로 이르는 말입니다.

4 글 ❶에서 제하가 학교에 오지 않을까 봐 걱정스럽고 불안했던 '나'는 글 ❷에서 학교에 온 제하를 보고 기뻐했습니다.

> **채점 tip** 제하가 학교에 오지 않을까 봐 걱정스럽고 불안했던 마음이었다가 학교에 나온 제하를 본 뒤 기쁜 마음으로 바뀌었다는 내용이 들어가게 썼으면 정답으로 합니다.

5 제하는 전에는 뭐든지 무조건 잘하기만 하면 다들 자신을 깔보지 못할 것이라고 생각했다고 하였습니다.

6 "그래도 넌 나처럼 잘 못하는 걸 잘하는 척하지는 않잖아."라는 제하의 말에서 제하는 잘 못하는 걸 잘하는 척하기도 했다는 것을 알 수 있습니다.

7 제하와 '내'가 갈등을 겪으면서 서로 성장했기 때문에 제하는 이야기의 흐름에서 꼭 있어야 할 등장인물이라고 할 수 있습니다.

8 제하와 '내'가 서로 이해하고 인정하며 화해한 것이 이 글의 중요한 사건입니다.

9 제하는 합창 연습을 맡으면서 화음을 나눠서 멋지게 지휘하고, 한 사람씩 일일이 노래 지도를 해 주었습니다.

10 '도밑아서'는 '혼자서 책임을 지고 몰아서 모든 것을 돌보거나 해내어.'라는 뜻이므로 '담당해서'와 바꾸어 쓸 수 있습니다.

11 '나'는 반장으로서 책임을 다하기 위해 물을 떠다 놓고 연습이 끝난 뒤에는 교실 정리를 했습니다.

채점 tip 합창 연습을 시작하기 전에 아이들이 마실 물을 떠다 놓고, 연습이 끝난 뒤에는 교실 정리도 도맡아서 했다는 내용을 썼으면 정답으로 합니다.

12 이야기는 일기나 생활문보다 자세하며 읽는 사람의 흥미를 끌 수 있습니다. 또 일기는 일기를 쓴 자신의 생각만 알 수 있지만 이야기는 다른 사람의 생각도 알 수 있습니다.

13 진주는 글의 시작을 재미있게 하기 위해서 글 ❶과 ❷에서 일어난 일의 차례를 바꾸어 썼습니다.

14 글쓴이가 제목을 통하여 어떠한 생각을 드러내고 싶었을지 짐작해 봅니다.

채점 tip 대화를 해서 서로 오해를 풀었으면 하는 생각을 담았다는 내용으로 썼으면 정답으로 합니다.

15 (1)은 이야기를 시작하고 배경과 인물을 설명하는 단계, (2)는 사건이 일어나기 시작하는 단계, (3)은 등장인물의 갈등이 꼭대기에 이르는 단계에 해당합니다.

162~163쪽 **단원 평가 ❶회**

1 ㉰, ㉣ **2** ②, ⑤ **3** ④ **4** ② **5** ㉯ **6** ③
7 (1) ㉯ (2) ㉣ **8** (3) ○ **9** 했다 **10** ②

1 이야기로 만들기에 좋은 기억은 친구들이 흥미를 보이고, 자신이 잘 알며, 시간 흐름이 나타날 수 있는 이야기여야 합니다.

2 엄마는 미리 얘기했던 대로 누나와 명찬이 반장을 데려왔습니다.

3 명찬이 반장은 '나'와 똑같은 열한 살이므로 ④는 알맞지 않습니다.

4 '나'는 누나가 명찬이 반장을 좋아하는 이유를 알 것 같다고 하며 누나를 이해하게 되었습니다.

5 이 이야기에서 명찬이 반장을 설명해 주는 부분은 읽는 사람을 생각하면서 쓴 것입니다.

6 인국이는 '나'와 친하게 지내고 싶은데 자꾸 자신에게만 더 화를 내는 느낌이라고 말했습니다.

7 글 ㉮는 상은이와 인국이가 싸우는 부분으로 등장인물의 갈등이 꼭대기에 이르는 단계입니다. 글 ㉯는 선생님과 함께 이야기하는 부분으로 사건을 해결하고 마무리하는 단계입니다.

8 진주는 상은으로, 성훈은 인국으로 인물의 이름이 변했습니다.

9 '어제'는 과거를 나타내므로 '했다'라고 써야 합니다.

10 '내일'은 미래를 나타내는 말이므로 '갈 것이다', '가겠다'와 같은 표현을 사용해야 합니다.

문법 문제 tip 사건이 일어나는 때가 사건에 대해 말하는 때보다 앞서면 과거, 같으면 현재, 나중이면 미래에 해당합니다.

164~166쪽 **단원 평가 ❷회**

1 (2) ○ **2** (1) ㉮ (2) ㉣ **3** ①, ② **4** ② **5** ⓔ 자신의 이야기를 다른 사람의 이야기를 쓰듯이 쓸 수 있으므로 좀 더 솔직하게 쓸 수 있습니다. **6** (1) 자신 (2) 반 아이들 **7** ② **8** ③ **9** ⓔ 방학 동안에 줄넘기를 열심히 하였더니 방학이 끝날 무렵 키가 훌쩍 커서 뿌듯한 마음이 들었습니다. **10** ㉯ **11** ㉮ → ㉰ → ㉯ **12** (1) ○ **13** 인국 **14** ㉯ **15** ⓔ 읽는 사람이 이해할 수 없습니다. / 나타내고자 하는 생각을 잘 표현할 수 없습니다.

1 발야구를 하는 모습이 나타난 그림을 보고 자신의 경험 중에서 그와 비슷한 경험을 떠올린 것은 하율입니다.

2 글 ㉮에서 '나'와 제하는 화해를 하였고, 글 ㉯에서 반 아이들이 제하와 합창 연습을 하였습니다.

3 제하가 합창 연습을 맡으면서부터 우리 반 노래 실력은 몰라보게 달라졌고 제하도 다시 예전의 모습을 찾아 갔습니다.

왜 답이 아닐까?
③ 제하가 직접 지휘하였습니다.
④ 제하를 보고 빈정거리는 아이는 거의 없었다고 하였습니다.
⑤ '나'는 반장을 한심하게 쳐다보는 아이들에게 사납게 으르렁대지 않았다고 하였습니다.

4 '나'는 예전의 모습을 찾아 가는 제하를 볼 때마다 흐뭇했습니다.

5 자신의 경험을 이야기로 나타내면 다른 사람의 이야기를 쓰듯이 쓸 수 있으므로 좀 더 솔직하게 쓸 수 있고, 실제로 일어나지 않았더라도 일어났으면 하는 일을 사건으로 나타낼 수 있습니다.

채점 tip 다른 사람의 이야기를 쓰듯이 쓸 수 있으므로 좀 더 솔직하게 쓸 수 있다거나 실제로 일어나지 않았더라도 일어났으면 하는 일을 사건으로 나타낼 수 있다는 등의 답을 알맞게 썼으면 정답으로 합니다.

6 반장은 자신보다 반 아이들을 먼저 생각해야 한다는 걸 알게 됐다고 했습니다.

7 ㉠, ㉢, ㉣, ㉤은 모두 '나'를 가리키고, ㉡'샌님'은 민호를 가리킵니다.

9 '나'는 요즘 '나'를 놀려 대는 아이들이 거의 없어서 하루하루가 신나고 즐겁다고 했습니다.

9 '내'가 겪은 일과 비슷한 일을 경험한 적이 있다면 언제였는지 생각해 보고, 그때의 마음이 어떠했는지 씁니다.

채점 tip '나'가 겪은 일과 비슷한 경험을 떠올려 알맞게 썼으면 정답으로 합니다.

10 주어진 글에는 방학을 앞두고 한 해 동안 '나'와 친구들이 변화한 모습이 나타나 있습니다.

11 자신이 겪은 일을 이야기로 만들 때에는 어떤 순서로 써야 하는지 생각해 봅니다.

12 체육 시간에 체육관에서 축구를 하던 진주와 성훈이가 다툰 일이 나타나 있습니다.

13 진주는 자신과 성훈이가 다투었던 일을 이야기로 꾸며 쓰면서 성훈이의 이름을 '인국'으로 바꾸었습니다.

14 이야기의 흐름 상 등장인물의 갈등이 꼭대기에 이르는 단계가 나타나야 하므로 ㉯는 알맞지 않습니다.

15 이야기의 사건을 해결하지 않은 채 이야기가 끝나면 읽는 사람이 이해할 수 없고, 나타내고자 하는 생각을 잘 표현할 수 없습니다.

채점 tip 읽는 사람이 이해할 수 없다거나 글쓴이가 나타내고자 하는 생각을 잘 표현할 수 없다는 내용으로 썼으면 정답으로 합니다.

167쪽 **수행 평가**

1 (1) 예 밀가루로 장난친 일을 떠올린 것입니다. (2) 예 여동생과 싸우고 부모님께 꾸중을 들은 일을 떠올린 것입니다. (3) 예 운동회에서 달리기를 한 일을 떠올린 것입니다. (4) 예 친구들과 발야구를 한 일을 떠올린 것입니다. **2** (1) 예 재미있었을 것입니다. (2) 예 화가 났을 것입니다. (3) 예 떨렸을 것입니다. (4) 예 즐거웠을 것입니다. **3** 예 지난봄, 운동회에서

친구들과 재미있게 경기를 한 일을 이야기로 쓰고 싶습니다. 발야구 경기를 하기 위해 미리 반 친구들과 연습을 하였고, 우리 반이 발야구에서 우승을 하여 무척 기뻤습니다. 이 기억을 이야기로 쓰면 연습을 하고 우승한 과정을 재미있게 이야기로 나타낼 수 있을 것 같습니다.

1 그림 ㉮~㉰에서 떠올린 기억은 무엇인지 그림을 보고 내용을 간단히 씁니다.

2 그림 ㉮~㉰의 기억에 남는 일에 대해 어떤 기분이 들었을지 생각하여 씁니다.

3 이야기로 만들기에 좋은 기억은 친구들이 흥미를 보이는 이야기나 자신이 잘 아는 이야기, 시간 흐름이 나타날 수 있는 이야기인 것이 좋습니다.

채점 기준		
	잘함	기억에 대해 자세히 쓰고 그 까닭을 타당하게 나타내었습니다.
	보통	기억에 대해 자세히 썼지만 그 까닭을 쓰지 못했거나 타당하게 나타내지 못했습니다.
	노력 요함	이야기로 나타내고 싶은 기억과 그 까닭을 쓰지 못했습니다.

[채점 키워드] 이야기로 만들기에 좋은 기억: 흥미롭고 시간 흐름이 나타낼 수 있는 이야기여야 함.

168쪽 **쉬어가기**

1. 대화와 공감

2~5쪽 단원 평가

1 예 잠깐 딴생각하느라 소희가 한 말을 듣지 못했기 때문에   **2** ②, ④   **3** 예 소희의 마음을 이해해 주었습니다.   **4** 우혁   **5** ⑤   **6** ⑤   **7** 예 분명하고 자세하게 칭찬하고 결과보다 과정을 칭찬하며 평가하지 말고 설명하는 칭찬을 합니다.   **8** (3) ○   **9** ②   **10** 뒤 구르기   **11** ⑤   **12** ⑤   **13** 예 기분이 나쁜 상태에서는 다른 사람의 말을 잘 받아들이지 않기 때문입니다.   **14** ④   **15** 주연   **16** ①   **17** ④   **18** ③   **19** 시현   **20** 예 괜찮아. 다음에 또 도전하면 되지. 어떻게 하면 글을 잘 쓸 수 있는지 더 배워야겠어.

1 태일이는 "어, 잠깐 딴생각하느라 잘 못 들었어."라고 했습니다.

2 은주는 부모님 심부름을 하고 오느라 소희와의 약속 시간에 늦었습니다.

3 화가 났던 소희의 마음을 이해해 주었습니다.

> 채점 tip 소희의 마음을 이해해 주었다거나 공감해 주었다고 썼으면 정답으로 합니다.

4 대화를 할 때 상대의 말을 잘 들어야 하며, 잘 듣지 못했으면 다시 물어봐야 합니다.

5 모둠이 역할극을 잘해서 친구들에게 칭찬을 받았을 때에는 기쁘게 웃는 표정과 기분 좋은 목소리로 말을 합니다.

6 칭찬은 누군가에게 용기를 주고 올바른 습관을 기르게 하며 다른 사람의 긍정적인 모습을 칭찬하는 것은 그 사람과 맺는 관계를 좋아지게 만듭니다.

7 글 ❹~❷에 나타나 있는 내용을 간추려 씁니다.

8 (1), (2)는 두루뭉술하게 칭찬하는 말입니다.

9 ②는 친구에게 조언을 해야 하는 경우입니다.

10 정인이는 체육 시간에 뒤 구르기가 잘 안돼서 모둠끼리 여러 가지 동작을 꾸밀 때 방해가 되는 것 같다고 했습니다.

11 정인이는 원하지 않는데 동욱이가 정인이의 고민을 마음대로 해결하려고 했기 때문입니다.

12 마술사는 모모에게 남들을 의식하지 말고 자기 자신을 좋아하고 사랑해 보라고 했습니다.

13 기분이 나쁠 때에는 다른 사람의 말을 잘 받아들이지 않을 수 있기 때문에 마술사는 모모가 기분이 좋아진 다음에 말을 했습니다.

14 남자아이는 여자아이의 고민에 대해 자신의 이야기처럼 관심을 가지고 공감하는 태도를 보였습니다.

15 주연이가 자신의 경험을 바탕으로 하여 진심이 담긴 해결 방법을 제시했습니다.

16 상대를 배려하며 조언할 때에는 상대가 고민을 편안하게 말할 수 있도록 잘 듣고, 상대에게 도움이 될 수 있는 내용을 진심이 전해지도록 말합니다.

17 민재는 누구든 도움이 필요한 사람을 도와주시는 주민이 아버지가 대단하시다고 생각했습니다.

18 민재는 주민이의 말에 공감했습니다.

19 그림에서 시현이는 자신이 상을 받아서 기쁘다고 생각했습니다.

20 정우의 입장에서 시현이의 감정이나 생각을 살펴보고 공감하는 대화를 완성합니다.

6쪽 수행 평가 실전

1 예 체육 시간에 뒤 구르기 동작이 잘 안되어서 모둠끼리 여러 가지 동작을 꾸밀 때 방해가 되는 것 같아 걱정합니다.   **2** 예 정인이의 고민을 제대로 듣지도 않고 해결 방법을 말했습니다.   **3** 예 (다정한 목소리로) 그렇구나. 나도 지난주에 뒤 구르기가 잘 안돼서 매일 집에서 부모님과 함께 연습했어. 내가 쉽게 하는 방법을 알려 줄까?

1 동욱이가 한 질문에 정인이가 조심스럽게 답하며 말한 고민을 찾아 씁니다.

2 동욱이는 정인이의 고민을 듣고, 정인이에게 선생님이나 친구들에게 도와 달라고 하라고 큰 소리로 말해 정인이를 당황시켰습니다.

3 정인이의 고민을 제대로 들은 다음, 정인이에게 도움이 되는 말을 진심이 느껴지도록 조언해야 합니다.

채점 기준	잘함	고민의 내용에 어울리는 조언을 상대를 배려하여 알맞게 썼습니다.
	노력 요함	고민의 내용에 어울리는 조언을 썼지만, 상대를 배려하지 못하는 말을 썼습니다.

[채점 키워드] 조언: 상대에게 도움이 되는 말이나 상대가 몰랐던 것을 깨우쳐 주는 말

2. 작품을 감상해요

7~10쪽 단원 평가

1 ①, ⑤ **2** 예 동지들을 모아 독립 만세를 부를 준비를 했습니다. / 여러 마을을 찾아가 독립 만세 운동에 참여할 것을 부탁했고, 밤새워 태극기를 만들었습니다. **3** (1) ○ **4** 호영 **5** ②, ③, ⑤ **6** 예 나라를 사랑하는 마음이 대단하다고 느꼈습니다. **7** ④ **8** ① **9** 예 누군가를 많이 보고 싶어 하는 마음 / 친구를 그리워하는 마음 **10** ㉣ **11** 예 할머니의 아픈 허리를 밟아 드리고 있습니다. **12** ④ **13** ①, ⑤ **14** ②, ⑤ **15** ③ **16** 소라 **17** 학원, 놀고 **18** ⑤ **19** ㉯ **20** 예 현실 세계에서는 일어날 수 없지만 작품 속 세계에서는 손톱을 쥐에게 먹여 가짜 수일이를 만들 수 있습니다.

1 글 ㉮에서 아버지께서는 나라의 힘을 기르려면 신학문을 배워야 한다고 말씀하셨고, 젊은이들을 잘 가르쳐야 빼앗긴 나라를 되찾을 수 있다고 하셨습니다.

2 일본이 학교를 강제로 닫자 고향으로 돌아온 유관순은 독립 만세를 부를 준비를 했습니다.
채점 tip 글 ㉯에 나타나 있는 유관순이 한 일을 썼으면 정답으로 합니다.

3 일본 헌병들은 총과 칼을 휘두르면서 평화롭게 독립 만세를 부르는 사람들을 막았고, 많은 사람이 죽거나 다쳤습니다.

4 책이나 영상 자료에서 얻은 지식을 떠올리거나 관련 장소를 다녀온 경험 등을 떠올립니다.

5 유관순은 나라를 지키려는 마음이 강했고, 자신이 옳은 일을 했다고 굳게 믿었기에 당당했습니다.

6 시대 상황과 인물이 한 일 등을 바탕으로 하여 자신의 생각이나 느낌을 씁니다.

7 경험을 떠올리며 글을 읽으면 인물의 마음을 더 잘 이해할 수 있고, 더 쉽고 생생하게 읽을 수 있습니다.

8 말하는 이는 학교에 지각하겠다 싶을 때 있는 힘껏 길을 잡아당겨서 학교에 빨리 가고 싶다고 했습니다.

9 3연에는 말하는 이가 그리운 사람을 보고 싶어 하는 마음이 잘 드러나 있습니다.

11 '나'는 할머니의 아픈 허리를 자근자근 밟고 있습니다.

12 할머니께서는 꼭꼭 밟아야 아픈 허리가 시원하기 때문에 "꼭꼭 밟아라."라고 말씀하십니다.

13 '나'는 할머니의 허리를 밟아 드릴 때 할머니께서 아프실까 봐 걱정이 되어서 겁이 났습니다.

14 '나'는 할머니 허리를 너무 세게 밟으면 할머니께서 아프실 것 같아 자근자근 밟는다고 했습니다.

15 너무 세게 밟으면 할머니께서 아프실까 봐 걱정이 되기 때문에 조심조심하는 목소리가 어울립니다.

16 어른들을 안마해 드린 경험이나 친구나 동생이 아팠을 때 주물러 주었던 경험 등을 떠올립니다.

17 수일이는 방학 동안 학원에만 왔다 갔다 하는 것이 싫고, 놀고 싶었기 때문에 자신이 하나 더 있었으면 좋겠다고 했습니다.

18 글 ㉯에 수일이를 하나 더 만드는 방법이 나타나 있습니다. 수일이를 하나 더 만드는 방법은 수일이의 손톱을 깎아서 쥐한테 먹이는 것입니다.

19 이 글에서 수일이가 겪은 일이나 생각한 것과 비슷하지 않은 경험을 말한 것을 찾아 기호를 씁니다.

20 현실 세계에서는 불가능하지만 작품 속 세계에서 일어날 수 있는 일을 상상해 봅니다.

11쪽 수행 평가 실전

1 예 꽃에게 무관심했던 자신이 부끄러웠기 때문입니다. / 예쁜 꽃이 피어도 보아 주지 않아 미안한 마음이 들었기 때문입니다. **2** 예 얼마 전에 친구와 싸운 적이 있습니다. 저는 그날 바로 친구와 화해하고 싶었지만, 친구에게 먼저 사과할 용기가 나지 않았습니다. 그런데 친구가 먼저 저에게 말을 걸어 주었습니다. **3** 예 친구가 손을 내밀었다 / 나만 화해하고 싶은 줄 알았는데 / 마음이 갈라지는 길목에서 / 먼저 손을 내어 주기를 날마다 기다리고 있었다

2 이 시에서 말하는 이가 놓인 상황과 느낀 기분을 자신의 경험과 견주어 보고 간단히 씁니다.

3 시로 표현하고 싶은 자신의 경험이 잘 드러나도록 씁니다.

채점 기준		
	잘함	자신의 경험을 담아 주어진 시의 형식에 맞게 내용을 알맞게 바꾸어 썼습니다.
	보통	자신의 경험을 썼지만, 주어진 시의 형식에 맞지 않게 바꾸어 썼습니다.
	노력 요함	자신의 경험이 잘 드러나지 않고, 주어진 시의 형식에 맞지 않게 바꾸어 썼습니다.

[채점 키워드] 시의 형식: 총 2연 4행의 짜임

3. 글을 요약해요

> 1 ③   2 ④   3 ①, ③   4 ④   5 ②   6 예 같은
> 과일 카드 다섯 개가 바닥에 펼쳐지면 가장 먼저 종
> 을 쳐서 카드를 가져옵니다.   7 ③   8 용진   9 두
> 탑의 모습은 매우 다릅니다.   10 ⑤   11 에펠 탑
> 12 (1) ㉮ (2) ㉯ (3) ㉯ (4) ㉯   13 ②   14 (1) ○
> 15 아가미   16 예 옆줄로 환경 변화를 알아낸다.
> 17 ①   18 법관   19 (1) ×   20 ②

1 설명하는 글은 어떤 지식이나 정보를 읽는 이가 이해할 수 있도록 쉽게 풀어서 쓴 객관적인 글을 말합니다. ③은 주장하는 글입니다.

2 이 글은 새싹 채소를 가꾸는 방법을 차례대로 설명한 글입니다.

3 씨앗을 미지근한 물에 얼마나 담가 놓아야 하는지, 물뿌리개로 얼마나 자주 물을 뿌려 주어야 하는지 등의 설명이 더 필요합니다. ②와 ⑤는 새싹 채소를 가꾸는 방법과 관련이 없고, ④는 설명이 틀렸습니다.

4 이 글은 국립중앙박물관을 관람하는 방법, 관람 시간, 관람료, 쉬는 날 등을 알려 주고 있습니다.

5 상설 전시관과 어린이 박물관, 무료 특별 전시의 관람료는 무료입니다.

6 ❸, ❹를 읽고 카드를 얻는 방법을 정리해 씁니다.

7 과일 카드 놀이는 마지막까지 카드를 가지고 있는 사람이 이깁니다.

8 설명하는 글을 읽으면 필요한 정보를 얻을 수 있고, 어떤 일을 할 때 그 일의 차례를 알 수 있으며 일의 방법과 규칙을 알 수 있습니다.

9 문단에서 가장 중요하다고 생각하는 문장을 찾습니다.
채점 tip 문단 ❺의 첫 문장을 바르게 썼으면 정답으로 합니다.

10 이 글은 다보탑과 석가탑을 두 탑의 공통점과 차이점을 중심으로 설명했습니다.

11 프랑스 파리에 있는 에펠 탑에 대한 설명입니다.

12 ㉠에서는 글에서 설명하려는 대상을 소개하였고, ㉡~㉣은 그에 대한 구체적인 예입니다.

13 설명하려는 대상의 특징을 나열해 설명하는 방법을 열거라고 합니다. 이 글은 열거의 방법으로 세계의 탑을 설명했습니다.

14 열거의 설명 방법에 알맞은 틀은 (1)입니다. (2)는 일의 차례를 정리하기에 알맞습니다.

15 어류는 아가미로 물속에 녹아 있는 산소를 흡수한다고 했습니다.

16 이어서 들어갈 내용은 어류 옆줄에 대한 내용으로, 중요한 내용을 알기 쉽게 정리합니다.

17 문단 ㉮에서 직업의 특성에 따라 특정 색깔의 옷이 일을 하는 데 도움이 된다고 했습니다.

18 위생과 청결이 중요한 직업은 보통 흰색 옷을 입고, 법관은 검은색 옷을 입는다고 했습니다.

19 문단 ㉮의 중심 문장은 "사람은 직업에 따라 고유한 색깔 옷을 입기도 한다."입니다.

20 글을 요약할 때 중요하지 않은 내용은 지우고, 세부 내용은 대표적인 말로 바꾸어 중심 내용을 정리합니다.

> 1 (1) 다보탑과 석가탑은 공통점이 있습니다.   (2) 두
> 탑의 모습은 매우 다릅니다.   2 예 두 가지 이상의
> 대상에서 공통점과 차이점을 찾아 설명했습니다.
> 3 (1) • 장식이 많고 화려하다. / • 십자 모양의 받침
> 주변에 돌계단을 만들고 그 위에 사각·팔각·원 모양
> 의 돌을 쌓아 올렸다.   (2) • 단순하면서도 세련된 멋
> 이 있다. / • 사각 평면 받침 위에 돌을 삼 층으로 쌓
> 아 올려 매우 균형 있는 모습이다.

1 문단의 중심 문장은 문단에서 가장 중요하다고 생각하는 문장을 말합니다.

2 비교·대조의 설명 방법이 무엇인지에 대해 씁니다.

3 세 번째 문단에서 다보탑과 석가탑의 차이점을 각각 찾아 씁니다.

채점 기준	잘함	다보탑과 석가탑의 특징을 나타낸 세 번째 문단의 뒷받침 문장을 모두 알맞게 찾아 썼습니다.
	보통	다보탑과 석가탑의 특징을 나타낸 세 번째 문단의 뒷받침 문장을 일부만 찾아 썼습니다.
	노력 요함	다보탑과 석가탑 중 한 가지 탑의 특징만 찾아 썼습니다.

[채점 키워드] 뒷받침 문장: 다보탑과 석가탑의 다른 모습을 찾아 쓰기

4. 글쓰기의 과정

1 서술어   **2** (2) ◯   **3** (1) 예 아이가   (2) 예 음식을 (3) 예 나뭇가지에 앉았습니다.   **4** (1) 떡볶이가, 빨갛다 (2) 매콤한, 익은, 고추처럼   **5** 라   **6** 예 같은 반 친구들   **7** ①   **8** ③, ④   **9** (2) ◯   **10** ④ **11** 라   **12** 삼촌   **13** 가, 라, 나, 다   **14** (1) 예 도 전! 달걀말이 (2) 예 달걀말이를 스스로 만들어 본 경험이 글의 주요 내용이기 때문입니다.   **15** ⑤   **16** ②, ③, ⑤   **17** ①   **18** 예 일어난 일에 대해 글쓴이의 생각을 더 자세하게 드러냈습니다. / 한 일, 들은 일, 본 일을 더 자세하게 나타냈습니다.   **19** (2) ◯   **20** 예 나는 동생보다 키가 더 크고, 몸무게가 더 무겁다.

1 '던진다'와 같이 움직임을 나타내거나 '크다'와 같이 상태 따위를 풀이해 주는 말을 서술어라고 합니다.

2 '선수가 공을 잡았습니다.'가 바른 문장입니다.

4 '매콤한', '익은', '고추처럼'은 '떡볶이'와 '빨갛다'를 자세하게 꾸며 주는 역할을 하기 때문에 문장에 반드시 있어야 하는 부분은 아닙니다.

7 민재는 겪은 일을 글로 쓰려고 합니다.

8 '즐거웠던 일'로 떠올린 것은 '제주도'와 '음식 만들기' 입니다.

9 쓸 내용을 몇 가지로 나누어 겪은 일을 떠올렸습니다.

10 쓸 내용을 몇 가지로 나누어 떠올릴 때에는 떠오른 생각을 비슷한 주제별로 묶어야 합니다.

11 그림에서 민재는 삼촌께 달걀말이를 만드는 방법을 듣고 스스로 달걀말이를 만들었습니다.

12 지난 주말에 삼촌 댁에 갔을 때 삼촌께서 해 주신 달걀말이가 너무 맛있어서 삼촌께 만드는 방법을 배워 왔다고 했습니다.

16 집에 오니 할머니께서 계셨고 할머니께서 맛있는 떡볶이를 해 주셨습니다. 동생과 함께 떡볶이를 다 먹고, 수학 공부를 하러 친구 집으로 갔습니다. 공부를 마치고 집에 와서 할머니와 함께 만화 영화도 보고 과일과 피자도 먹었습니다.

18 다발 짓기에 없는 내용을 더 자세하게 나타냈습니다. **채점 tip** 다발 짓기의 내용보다 더 자세하게 적었다는 내용으로

19 '어제'는 시간을 나타내는 말로, 서술어 '읽었다'와 짝이 됩니다.

20 '키'는 '무겁다'라고 표현하지 않으므로 '키'에 알맞은 서술어를 씁니다.

1 (1) 예 학급 신문에 겪은 일을 소개하기 위해서입니다. (2) 예 가족과 친구들 (3) 예 주말에 가족과 겪은 일

2

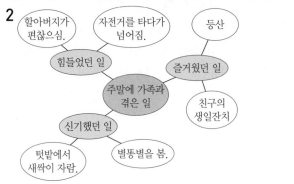

3 (1) 예 주말에 가족과 등산을 감.   (2) 예 마음이 설레고 좋음.   (3) 예 서로 도와 가면서 산을 오름. / 산 위에서 도시락을 먹음. / 내려오는 길에 미끄러짐. (4) 예 힘들어도 기분은 상쾌했음. / 산에서 먹는 도시락은 꿀맛이었음. / 아버지께서 손을 잡아 주셔서 마음이 든든했음. (5) 예 산에서 다 내려옴. (6) 예 몸이 건강해지는 느낌이 들었음.

1 글 쓰는 상황이나 목적, 읽을 사람을 고려해 씁니다.

2 문제 **1**번에서 정한 주제를 바탕으로 하여 글로 쓸 내용을 떠올립니다. 요즘 있었던 일이나 힘들거나 즐거웠던 일 등 기분이나 감정을 중심으로 내용을 떠올려 주제별로 묶습니다.

3 자신이 겪은 일을 시간 흐름, 장소 변화 등에 따라 처음 – 가운데 – 끝으로 나누어 정리하여 씁니다.

채점 기준	잘함	일어난 일을 차례대로 정리하고, 각각의 일에 어울리는 생각이나 느낌을 다발 짓기로 정리하여 썼습니다.
	보통	일어난 일을 차례대로 정리하여 썼으나, 각각의 일에 대한 생각이나 느낌을 일부 알맞지 않게 정리하여 썼습니다.
	노력 요함	일어난 일의 차례를 시간 흐름이나 장소 변화에 따라 정리하여 쓰지 못했습니다.

[채점 키워드] 다발 짓기: 시간 흐름과 장소 변화에 따라 일어난 일을 정리하고, 그 흐름에 맞게 생각이나 느낌 묶기

5. 글쓴이의 주장

1 ②   **2** (1) ⓓ (2) ⓐ   **3** (1) 동 (2) 다 (3) 다 (4) 동
4 ④   **5** (1) ○   **6** ⓓ   **7** ⑤   **8** 예 도로에서 조급하게 서두르지 말고 교통 법규를 지키며 생활합니다.
9 우리   **10** 희수, 민호   **11** 예 인공 지능을 가졌느냐 아니냐에 따라 부자는 더 부자가 되고 가난한 사람은 더욱 가난해질 것이기 때문입니다.   **12** (3) ○   **13** ⓓ   **14** (1) 예 인공 지능이 일으킬 위험을 알고 그를 막을 방법을 연구해야 합니다. (2) 예 인공 지능은 인류의 미래를 희망으로 가득하게 만들어 줄 것입니다.   **15** ①, ②   **16** 쓰기 윤리   **17** (1) ○ (3) ○   **18** 예 쓰기 윤리를 지키지 않으면 다른 사람에게 물질이나 정신 피해를 줄 수 있다.   **19** 예 쓰기 윤리를 지키자.   **20** ②, ③, ⑤

3 사람의 '다리'와 물을 건너다닐 수 있도록 만든 '다리'처럼 형태는 같지만 뜻이 서로 다른 낱말을 동형어라고 하고, 사람의 '다리', 책상 '다리'와 같이 한 낱말이 여러 가지 뜻을 가진 경우에는 다의어라고 합니다.

4 교실 안이 아니라 학교 앞길에 과속 차량 단속 장치를 마련해야 합니다.

6 어떤 일이 생긴다는 뜻으로 쓰였습니다.

8 도로에서 발생하는 수많은 비극은 교통 법규를 무시하고 조금 빨리 가려다가 발생한다고 했습니다.

10 국어사전에서 어울리는 뜻을 찾거나 대신 쓸 수 있는 낱말을 생각해 확인할 수 있고, 낱말 앞뒤 내용을 살펴보고 관련 있는 뜻을 찾을 수 있습니다.

11 인공 지능의 유무로 부자는 더 부자가 되고 가난한 사람은 더욱 가난해진다고 했습니다.

13 글 ⓓ는 인공 지능 개발에 대해 긍정적이므로 '인공 지능은 미래의 희망이다'라는 제목이 어울립니다.

14 글 ⓐ와 ⓓ에서 가장 많이 쓰인 낱말을 찾아보고, 문단의 내용을 정리하며 글쓴이의 주장을 파악합니다.
채점 tip 글 ⓐ에는 인공 지능에 대한 부정적 시각을 글 ⓓ에는 긍정적 시각을 담은 주장을 바르게 썼으면 정답으로 합니다.

17 (2)는 규범과 예의를 지켜 글을 쓴 경우입니다.

19 글쓴이는 쓰기 윤리를 지켜야 하는 까닭을 근거로 제시하면서 쓰기 윤리를 지키자고 주장했습니다.

1 (1) 예 학교 안 스마트폰 사용을 법으로 금지해야 합니다.   (2) 예 • 학교 안에서 스마트폰을 사용하면 학생들이 수업에 집중하지 못해 학업에 방해가 됩니다. / • 난청, 시각 장애, 거북목 증후군 같은 여러 가지 병에 걸릴 수 있습니다.   **2** (1) 예 학생들이 학교 안에서 스마트폰을 사용하는 것을 제한해야 합니다. (2) 예 학교에서 스마트폰을 사용하다가 잃어버리는 일이 자주 일어납니다. / 공부 시간에 다른 친구에게 방해가 됩니다.   **3** 예 학교에서 스마트폰을 사용하는 학생이 많아지면서 여러 가지 문제가 생기고 있으므로 적절히 제한할 필요가 있습니다. / 첫째, 스마트폰을 학교에서 사용하다가 잃어버리는 일이 자주 일어납니다. 학교에서 스마트폰을 잃어버리면 찾기가 쉽지 않습니다. 그렇기 때문에 친구들끼리 또는 선생님과의 갈등이 생겨 더 큰 문제가 되기도 합니다. / 둘째, 학교에서 스마트폰을 사용하면 공부 시간에 다른 친구에게 방해가 됩니다. 진동 상태로 바꾸어 놓는다고 해도 진동음이나 밝은 화면은 다른 친구들에게 피해를 줍니다. 또 수업 중에 전화가 오거나 몰래 게임을 하는 친구도 있습니다. 이런 일은 스마트폰을 사용하는 사람이 스스로 공부에 집중하지 못하는 문제도 있지만 다른 친구들에게 방해가 된다는 문제가 더 큽니다. / 그러므로 학교에서는 스마트폰 사용을 제한해야 합니다.

1 학교 안 스마트폰 사용을 법으로 금지해야 한다는 주장과 그 주장을 뒷받침하는 근거 두 가지를 씁니다.

2 학교 안 스마트폰 사용에 대한 자신의 주장과 그 주장에 어울리는 까닭을 정리하여 씁니다.

3 자신의 의견을 쓸 때, 글의 처음 부분에는 주장을 간단히 쓰고, 가운데 부분에는 근거를 설명하고, 끝부분에는 주장을 강조하는 내용을 씁니다.

채점 기준	잘함	제시된 글의 주제에 맞는 의견과 그에 알맞은 근거를 두 가지 이상 구체적으로 정리하여 썼습니다.
	보통	제시된 글의 주제에 맞는 의견과 그에 알맞은 근거를 한 가지 이상 구체적으로 정리하여 썼습니다.
	노력 요함	제시된 글의 주제에 맞는 의견만 간단히 썼습니다.

[채점 키워드] 의견에 알맞은 근거: '수업에 집중할 수 없다.', '시력이 나빠진다.' 등

6. 토의하여 해결해요

27~30쪽 단원 평가

1 운동장 **2** (1) ㉠ (2) ㉡ **3 예** 결정된 내용을 잘 받아들일 수 있어요. **4** ⑤ **5** ㉯, ㉰ **6** ⑤ **7** ㉱, ㉯, ㉮, ㉰ **8 예** 학생 모두와 관련이 있고 학생들이 해결할 수 있는 주제이므로 토의 주제로 알맞습니다. **9** ④ **10** 현진 **11** 의견 모으기 **12** ②, ③, ⑤ **13** ⑤ **14** 희진 **15** (1) **예** '찾아가는 선배들' 활동을 했으면 좋겠습니다. (2) **예** 우리 반 친구들의 장기를 활용해 후배들과 즐겁고 뜻깊은 시간을 보낼 수 있습니다. **16** ⑤ **17** 안전한 학교 만들기 **18** ①, ④, ⑤ **19** ⑤ **20** (1) **예** 복도에서 뛰다가 부딪쳐 다치는 친구들이 있습니다. (2) **예** 복도에서 안전하게 다니는 방법

2 그림 ㉮에서는 알림 글로 결정된 내용을 전달했고, 그림 ㉯에서는 학생들이 모여 운동장을 안전하게 쓰는 방법을 의논하고 있습니다.

3 문제 해결 과정에 여러 사람이 참여하면 문제 해결에 직접 참여할 수 있고, 문제 상황을 더 잘 이해할 수 있으며 결정된 내용을 잘 받아들일 수 있습니다.

5 여러 사람이 협력해 문제 해결 방법을 찾아야 하는 경우를 찾아봅니다.

6 선생님께서 올해 개교기념일 행사를 학생들의 의견을 모아 진행하기로 했다고 말씀하셨으므로, 학생들 스스로 개교기념일 행사를 정해야 하는 상황입니다.

7 토의는 '토의 주제 정하기 → 의견 마련하기 → 의견 모으기 → 의견 결정하기'의 절차에 따라 진행됩니다.

9 마루는 학교에 안 오면 좋겠다는 의견을 말하였지만 그러한 의견을 제시하는 까닭을 설명하지 않았습니다.

10 마루는 자신의 의견을 반말로 이야기하며 친구의 의견을 존중하지 않고 무시했습니다.

13 선생님께서는 다음 주 가운데 하루를 학급의 날로 잡아서 그날을 학생들이 계획한 대로 보내자고 제안하셨습니다.

14 학급의 날을 어떻게 보내면 좋을지에 대한 주장과 근거가 모두 알맞은 의견을 말한 친구는 희진입니다. 혜주는 학급의 날을 어떻게 보낼지와 관련 없는 의견을 말했고, 호연이는 주장에 알맞은 근거를 말하지 못했습니다.

15 자신이라면 학급의 날에 어떤 활동을 하고 싶은지 생각해 봅니다.

채점 tip 자신의 의견을 주제에 맞게 적고, 의견의 장점을 타당하게 적었으면 정답으로 합니다.

16 학교 앞 어린이 보호 구역에서 유치원생이 교통사고로 목숨을 잃은 문제가 생겼습니다.

17 전교 학생회에서 '안전한 학교 만들기' 안건을 마련했습니다.

18 글의 마지막 문단에 학생들이 구청장님께 쓴 편지의 내용이 나타나 있습니다.

20 그림에는 복도에서 친구들이 뛰다가 부딪치거나 넘어져 다치는 상황이 나타나 있습니다.

채점 tip 문제 상황을 잘 파악하여 쓰고 그에 따라 도출된 주제가 토의 주제로 알맞으면 정답으로 합니다.

31쪽 수행 평가 실전

1 (1) **예** 알맞은 까닭을 들어 자신의 주장을 말하지 않았습니다. (2) **예** 다른 사람의 의견을 존중하며 듣지 않았습니다. (3) **예** 다른 사람의 의견을 끝까지 듣고 자신의 의견을 말하지 않았습니다. **2** (1) **예** 삼행시 짓기 대회를 하면 학생들의 관심을 높일 수 있습니다. (2) **예** 대회를 하면 학생들의 관심은 높아지겠지만 삼행시 내용이 학교와 상관없을 수도 있습니다. **3 예** 우리 학교 역사 찾기 행사를 하면 좋겠습니다. 학교 역사를 찾아보면 학교가 어떤 과정으로 바뀌어 왔는지 알 수 있기 때문입니다.

1 친구들이 토의에서 의견을 모으고 있는 상황으로, 마루는 문제가 되는 말과 행동을 하고 있습니다.

2 의견 ㉠에 대하여 자신이 생각하는 장단점은 무엇인지 씁니다.

3 개교기념일을 뜻깊게 보내는 방법에 대해 실천할 수 있는 내용으로 주장과 근거를 써 봅니다.

채점 기준	잘함	개교기념일을 뜻깊게 보내는 방법에 대한 주장과 근거를 모두 알맞게 썼습니다.
	노력 요함	개교기념일을 뜻깊게 보내는 방법에 대한 주장과 근거 중 한 가지만 알맞게 썼습니다.

[채점 키워드] 개교기념일을 뜻깊게 보내는 방법에 대한 주장: '졸업한 선배 찾아가기 활동을 한다.', '학교 장기 자랑 대회를 한다.' 등

7. 기행문을 써요

1 ⑵ ◯   **2** ②   **3** 한라산, 거문오름, 만장굴, 성산 일출봉   **4** ㉣   **5** 예 여행하면서 보고 듣고 느낀 점을 글로 나타내면 여행 경험을 생생하게 다른 사람과 함께 나눌 수 있으니까 여행한 경험을 꼭 글로 남겨 봐.   **6** 기행문   **7** 예 하늘에서 보는 제주도의 풍광을 만끽하기 위해서   **8** 지수   **9** ③   **10** ⑴ 예 고창을 여행하면서 고인돌박물관, 동림 저수지, 선운사에 갔습니다. ⑵ 예 동림 저수지에서 철새 떼를 보았고, 동림 저수지가 유네스코 생물권보전지역으로 지정되었다는 것을 들었습니다.   **11** ⑴ 견문 ⑵ 여정 ⑶ 감상   **12** 성산 일출봉   **13** 성호   **14** ①, ②   **15** ①   **16** ⑴ ㉯ ⑵ ㉰ ⑶ ㉮   **17** ⑴ ㉮, ㉰ ⑵ ㉯, ㉣ ⑶ ㉱, ㉲   **18** ⑴ 예 해인사 ⑵ 예 친구들에게 내 경험을 알려 주기 위해서입니다. ⑶ 예 해인사에서 봤던 팔만대장경이 기억에 많이 남기 때문입니다.   **19** ②   **20** ㉰

1 주어진 그림에는 반 친구들과 함께 갯벌 체험을 한 경험이 나타나 있습니다.

2 서윤이와 현석이는 제주도에 여행을 다녀온 경험에 대해 이야기를 나누었습니다.

4 서윤이는 여행하면서 본 것을 사진과 함께 글로 남겨 두어서 여행 경험을 자신 있게 전할 수 있었습니다.

5 여행하면서 보고 듣고 느낀 점을 글로 쓰면 여행하면서 보고 들은 것을 나중에도 알 수 있고, 여행했을 때의 기분을 잘 간직할 수 있으며, 여행했던 경험을 다시 느낄 수 있습니다.

8 제주의 동북쪽 구좌읍 세화리 송당리 일대는 크고 작은 무수한 오름이 저마다의 맵시를 자랑하며 드넓은 들판과 황무지에 오똑하다고 했습니다.

9 ㉠은 감상으로 여행하면서 생각하거나 느낀 것입니다.

10 자신이 어느 곳을 여행했는지, 그때 보고 들은 것은 무엇인지 떠올려 봅니다.
채점 tip ⑴에 여정을, ⑵에 견문을 바르게 적었으면 정답으로 합니다.

11 ㉠은 견문, ㉡은 여정, ㉢은 감상입니다.

12 주어진 내용은 성산 일출봉에 대한 설명입니다.

13 일출봉의 서쪽은 고운 잔디 능선 위에 돌기둥과 수백 개의 기암이 솟아 있는데 그 사이에 계단으로 만든 등산로가 나 있다고 했습니다.

14 영실은 한라산에 있는 곳입니다.

15 머리핀은 가파른 능선 허리춤을 비유한 대상입니다.

18 기행문을 쓰기 전에 가장 기억에 남는 곳과 기행문을 쓰는 목적, 그 장소를 고른 까닭을 떠올려 봅니다.

19 여행한 뒤에 한 다짐은 기행문의 끝부분에 쓰는 것이 알맞습니다.

20 시간과 장소가 잘 드러나게 쓰고, 여행지를 다녀온 차례대로 글을 씁니다.

1 예 어떻게 하면 영실이 아름다운 모습을 잘 간직할 수 있을까요? / 만약 자신이 제주도에 간다면 어디를 가 보고 싶나요?   **2** 예 기행문에는 여행하면서 다닌 곳인 '여정', 여행하면서 보고 들은 것인 '견문', 여행하면서 생각하거나 느낀 것인 '감상'이 들어가야 합니다.   **3** ⑴ 예 아침 일찍 일어나 천마총에 갔습니다. ⑵ 예 천마총에서는 신라 왕들이 쓰던 화려한 유물들과 금방이라도 날아갈 듯한 천마도를 볼 수 있었습니다. ⑶ 예 커다란 무덤 안에 들어갔다는 것이 신기했고, 천마도가 매우 인상적이었습니다.

1 자신의 생각을 말해야 하는 질문은 생각이나 느낌을 묻거나 '만약에 ~라면', '어떻게 하면 ~'과 같은 표현을 사용해 쉽게 만들 수 있습니다.

2 기행문은 여정을 적고, 여행으로 얻은 견문과 감상을 쓴 글입니다.

3 여행의 과정이나 일정을 '여정'이라고 하고, 여행하며 보거나 들은 것을 '견문'이라고 합니다. 또 여행하며 든 생각이나 느낌을 '감상'이라고 합니다.

채점 기준	잘함	여행한 경험을 떠올려 여정, 견문, 감상을 모두 잘 썼습니다.
	보통	여정, 견문, 감상 중 두 가지만 알맞게 썼습니다.
	노력 요함	여정, 견문, 감상 중 한 가지만 알맞게 썼습니다.

[채점 키워드] 여정: 여행의 과정이나 일정, 견문: 여행하며 보거나 들은 것, 감상: 여행하며 든 생각이나 느낌

8. 아는 것과 새롭게 안 것

1 ② **2** ③ **3** 사과나무 **4** (1) 햇- (2) 밤 (3) **예** '그해에 새로 난.'이라는 뜻입니다. **5** ③ **6** (1) 복숭아, 사과, 자두, 오이, 수박 (2) 산딸기, 방울토마토, 애호박 **7** ② **8** **예** '공중에 걸쳐 놓은 다리.'라는 뜻이구나. **9** (2) × **10** ① **11** (1) ○ **12** ④ **13** 생황 **14** ④ **15** 현아 **16** **예** 글 내용을 더 쉽고 깊이 있게 이해할 수 있습니다. **17** ④ **18** 태호 **19** ② **20** **예** 지표종을 이용해 그 지역의 환경이 얼마나 깨끗한지 측정할 수 있다는 것을 새롭게 알았습니다.

1 '바늘'과 '방석'으로 나누어 뜻을 짐작했습니다.

2 예원이의 말을 통해 '바늘방석'이 '앉아 있기에 몹시 불안스러운 자리.'라는 뜻임을 짐작할 수 있습니다.

3 낱말 '사과'와 '나무'를 합하면 '사과나무'가 됩니다.

4 '햇밤'은 '그해에 새로 난'을 뜻하는 '햇-'과 '밤나무의 열매'를 뜻하는 '밤'으로 나눌 수 있습니다.

5 나누면 본디의 뜻이 없어져 더는 나눌 수 없는 낱말을 단일어라고 합니다.

6 '복숭아, 사과, 자두, 오이, 수박'은 나누면 본디의 뜻이 없어져 더는 나눌 수 없는 낱말이고, '산딸기, 방울토마토'는 뜻이 있는 두 낱말을 합한 낱말, '애호박'은 뜻을 더해 주는 말과 뜻이 있는 낱말을 합한 낱말입니다.

7 손수건과 손수레 그림이 나타나 있으므로 빈칸에는 모두 '손'이 들어가야 알맞습니다.

8 '구름다리'의 뜻을 짐작하기 위해 서준이가 한 생각을 바탕으로 하여 낱말의 뜻을 짐작해 봅니다.

채점 tip '공중에 걸쳐 놓은 다리.'라는 뜻으로 썼으면 정답으로 합니다.

9 '새우잠'은 '새우'와 '잠'으로 쪼개야 합니다.

10 '풋-'은 '처음 나온.', 또는 '덜 익은.'이라는 뜻입니다.

11 '돌다리'는 '돌로 만든 다리.'라는 뜻입니다.

12 '강물, 겨울비, 햇곡식'은 모두 복합어입니다.

13 박으로 만든 공명통에 서로 길이가 다른 여러 개의 대나무 관이 꽂혀 있는 것으로 보아 생황임을 알 수 있습니다.

14 쇠를 녹여 만든 우리 악기에는 징, 꽹과리, 편종, 특종, 나발 등이 있다고 하였습니다.

15 수진이는 한 일을, 태현이는 들은 일을 떠올리며 이 글을 읽었습니다.

16 글 내용을 더 쉽고 깊이 있게 이해할 수 있고, 글 내용에 더 흥미를 지니게 됩니다. 또 자신이 아는 내용과 비교하며 글을 읽을 수 있습니다.

17 글 ④와 ④에서 말한 동물 모두 우리나라의 멸종 위기 동물입니다.

18 바위산은 '바위'와 '산'을 합해 만든 낱말로, '바위로 뒤덮여 풀과 나무가 자라지 못하는 산.'이라는 뜻입니다.

19 오래전 탄광에서 일하던 광부들은 카나리아를 이용해 몸에 해로운 유독 가스를 측정했다고 했습니다.

20 자신이 아는 내용과 비교하며 새롭게 알거나 자세히 안 점을 생각해 봅니다.

1 (1) ① 실 ② 지렁이 (2) **예** 실처럼 가느다랗게 생겼을 것 같습니다. **2** **예** 고래가 줄어들자 고래잡이를 막는 법을 만들었다는 내용을 책에서 읽었습니다. **3** **예** 글의 내용을 더 잘 이해할 수 있습니다. / 글의 내용을 깊이 있게 이해할 수 있습니다. / 아는 내용과 비교하며 글을 읽을 수 있습니다.

1 '실지렁이'는 '실'과 '지렁이'를 합한 낱말입니다.

2 멸종 위기의 동물을 보호해야 한다는 글 내용과 관련하여 자신이 아는 지식을 떠올려 봅니다.

3 글의 내용을 더 잘 이해할 수 있고, 글의 내용을 깊이 있게 이해할 수 있습니다. 또한 아는 내용과 비교하며 글을 읽을 수 있습니다.

채점 기준	잘함	아는 지식을 떠올려 글을 읽으면 좋은 점을 두 가지 이상 알맞게 썼습니다.
	보통	아는 지식을 떠올려 글을 읽으면 좋은 점을 한 가지만 썼습니다.
	노력 요함	아는 지식을 떠올려 글을 읽으면 좋은 점을 쓰지 못했습니다.

[채점 키워드] 아는 지식을 떠올려 글을 읽으면 좋은 점: '글의 내용을 더 잘 이해', '글의 내용을 깊이 있게 이해', '아는 내용과 비교하며 글을 읽을 수 있음.' 등

BOOK ❷ 평가북

7~8 단원

9. 여러 가지 방법으로 읽어요

> 1 예 제목   2 (1) 예 『흙으로 빚은 역사, 도자기』 (2)
> 예 국어 숙제를 하기 위해서입니다.   3 현주   4 (1)
> ○ (2) ○ (3) ○   5 ⑤   6 ①   7 ②, ③   8 진호
> 9 예 학예회 초대장에 학예회 연습 동영상을 볼 수
> 있는 정보 무늬를 붙이고 싶습니다.   10 ⑤   11
> ①, ③   12 미래 사회   13 ⊕   14 ③   15 (1) 예
> 미래 사회에서는 많은 것이 달라진다는 것입니다.
> (2) 예 변화에 부드럽게 대처하려는 생각보다는 앞장
> 서서 변화를 이끌어 나가려는 생각이 필요하다고 생
> 각합니다.   16 (1) ⓛ (2) ⓖ   17 고려청자   18
> 규빈(이)   19 ⓛ   20 (2) ○

1 지윤이는 도서관에서 책의 제목을 보고 관심이 생겨서 읽으려고 했습니다.

2 책의 제목과 그 책을 읽은 까닭을 생각해 봅니다.

3 현주는 책을 찾아 읽은 경험을 말했지만 어떤 도움을 받았는지는 말하지 않았습니다.

4 교통질서 지키기 광고를 그리는 것과 관련 있는 글을 찾아야 합니다.

5 글을 목적에 맞게 찾아 읽으면 찾고 싶은 정보를 정확하고 자세하게 알 수 있습니다.

6 이 글은 정보 무늬에 대해 설명하는 글입니다.

7 정보 무늬는 여러 분야에서 활용하며, 누구나 만들 수 있다는 특징이 있습니다.

8 수빈이는 정보 무늬를 써 본 경험을 떠올렸고, 현우는 정보 무늬에 대해 새롭게 안 것을 말했습니다.

9 정보 무늬를 어떻게 활용하고 싶은지 씁니다.
   채점 tip 학교생활이나 일상생활에서 정보 무늬를 활용하고 싶은 방법을 알맞게 썼으면 정답으로 합니다.

10 설명하는 글을 읽을 때에는 설명하려는 대상이 무엇인지, 대상의 무엇을 자세히 설명하는지 생각합니다. 또 대상을 보고 이미 아는 것을 떠올리고, 대상에 대해 새롭게 안 것을 찾습니다.

11 가까운 미래에는 제4차 산업 혁명이 일어나고, 인공 지능이 발달하며 새로운 기술을 개발해서 지금까지 살던 모습과는 다를 것이라고 했습니다.

12 글쓴이는 미래 사회에 필요한 사람이 되자는 주장을 하고 있습니다.

13 미래 사회에서는 막힌 생각보다 변화에 부드럽게 대처하려는 생각을 해야 한다고 했습니다.

14 ③은 소설 등의 문학 작품에 어울립니다.

15 자신의 생각과 비교해 같은 점과 다른 점을 생각해 봅니다.

16 규빈이는 고려청자에 대해 발표할 만한 내용이 있을지 찾기 위해, 지완이는 외국에서 온 친구에게 고려청자를 자세히 알려 주기 위해 글을 읽으려고 합니다.

17 글 ☻는 고려청자의 특징을 자세하게 설명했습니다.

18 규빈이는 발표할 만한 내용이 있을지 찾아보기 위해 글을 읽는 것이므로 중요한 낱말을 읽으면서 필요한 내용이 있는지 찾아보는 것이 알맞습니다.

19 고려청자를 만든 시기에는 우리나라뿐만 아니라 중국에서도 질 높은 청자를 만들 수 있었습니다.

20 '메모하며 읽기'의 좋은 점입니다.

> 1 주장하는글   2 · 예 글쓴이의 주장을 파악합니다. / · 예 주장을 뒷받침하는 근거를 찾습니다.   3
> 예 나는 글쓴이가 미래 사회에 필요한 사람이 정해진
> 답을 찾기보다 새로운 방식으로 문제를 해결하는 사
> 람이라고 한 것에 동의하지 않습니다. 새로운 방식도
> 좋지만 이전의 방식 중에서 좋은 방식으로 문제를 해
> 결할 수도 있기 때문입니다.

1 이 글은 미래 사회의 변화에 대처하는 자세에 대해 주장하는 글입니다.

2 주장하는 글을 읽는 방법을 떠올려 씁니다.

3 글쓴이가 주장한 내용에 대한 자신의 생각을 근거를 들어 씁니다.

채점 기준	잘함	글쓴이의 주장에 대한 자신의 생각을 근거를 들어 알맞게 썼습니다.
	보통	글쓴이의 주장에 대한 자신의 생각을 썼으나 근거를 들지 못했습니다.
	노력 요함	글쓴이의 주장에 대한 자신의 생각을 쓰지 못했습니다.

[채점 키워드] 글쓴이의 주장에 대한 자신의 생각 말하기: '글쓴이의 주장 파악하기', '자신의 생각 정리하기', '자신의 생각에 대한 근거 들기' 등

10. 주인공이 되어

47~50쪽   단원 평가

1 (1) ㄴ (2) ㄷ (3) ㄱ (4) ㄹ   **2** 예 지난봄에 놀이공원으로 현장 체험학습을 다녀온 일이 생각납니다. **3** 앞면 **4** ② **5** (1) ○ (2) ○ **6** 제하 **7** ②, ⑤ **8** ① **9** ㄷ **10** (3) ○ **11** 예 비가 왔기 때문입니다. **12** ③, ⑤ **13** 다, 나, 가 **14** 예 저도 친구와 공기놀이를 하면서 다투었다가 다음 날 화해한 적이 있습니다. **15** 지수 **16** ①, ④, ⑤ **17** (1) 글 나 (2) 글 다 (3) 글 가 **18** 경선 **19** 예 대화가 필요해 **20** ②

1 그림 속 친구의 모습이 어떤 기억에 남는 일을 나타낸 것인지 찾아봅니다.

2 **채점 tip** 자신이 겪은 일 중 기억에 남는 일을 떠올려 알맞게 썼으면 정답으로 합니다.

3 기억 카드의 앞면에 카드 번호와 기억에 남는 일, 이름을 써야 합니다.

4 기억 카드의 뒷면에는 기억과 관련한 자신의 느낌을 다양하게 나타냅니다.

5 친구들이 흥미를 보이고, 자신이 잘 알며, 시간의 흐름이 나타날 수 있는 이야기여야 합니다.

6 '나'는 복도에서 발소리가 날 때마다 가슴을 졸이며 기다렸지만 제하는 나타나지 않았다고 했습니다.

7 '나'는 학교에 오지 않는 제하가 정말 전학을 갈까 봐 불안하고 시간이 갈수록 짜증이 났습니다.

8 글 다에서 '나'와 제하는 손을 잡으며 화해했습니다.

9 제하가 학교에 오기를 기다리는 마음이 나타난 글 가는 겪은 일을 그대로 풀어서 자신의 생각과 함께 솔직하게 썼습니다.

11 그림 ①의 민영이 말을 통해 비가 와서 체육 수업을 체육관에서 한다는 것을 알 수 있습니다.

12 그림 ①에 나타난 진주의 표정과 생각을 보고 마음을 짐작해 봅니다.

13 어떤 일이 있었는지 그림의 내용을 차례대로 살펴봅니다.

14 성훈이와 다투었다가 화해한 진주의 경험을 보고 자신도 비슷한 경험을 한 적이 있는지 떠올려 봅니다.

15 진주와 성훈이가 어떻게 화해했는지 드러나게 써야 사

건이 해결되므로 지수가 알맞게 말하지 못했습니다.

16 이 글은 글쓴이가 실제로 겪은 일을 꾸며 쓴 이야기이고, 글 나와 글 다의 사건이 글 가보다 먼저 일어났으므로 일이 일어난 차례를 바꾸어 쓴 것임을 알 수 있습니다.

17 글 가는 이야기를 시작하고 배경과 인물을 설명하는 단계, 글 나는 사건이 일어나기 시작하는 단계, 글 다는 등장인물의 갈등이 꼭대기에 이르는 단계입니다.

18 이야기의 마지막에는 사건을 어떻게 해결했는지가 나타나야 합니다.

19 상은이와 인국이가 싸운 후 대화를 통해 친해졌다는 내용에 어울리는 제목을 씁니다.

20 자신이 말하고자 하는 주제가 잘 드러나도록 이야기 흐름에 맞게 써야 합니다. 이야기 흐름이 복잡하고 어렵다면 읽는 사람이 이해하기 어렵습니다.

51쪽   수행 평가 실전

1 예 글의 처음 시작을 재미있게 하기 위해서입니다. **2** 예 상은이가 인국이와 대화하면서 사이가 좋아지는 내용으로 쓰고 싶습니다. **3** 예 자신의 경험을 주제가 잘 드러나게 썼는지 확인합니다. / 예 글에 어울리는 제목을 붙였는지 확인합니다.

1 글쓴이는 글의 처음 시작을 재미있게 하기 위해 일어난 일의 차례를 바꾸어 썼습니다.

2 마지막 부분은 사건을 어떻게 해결했는지가 나타나도록 씁니다.

3 자신의 경험을 주제가 잘 드러나게 썼는지, 글에 어울리는 제목을 붙였는지, 읽는 사람이 이해할 수 있게 때와 장소의 변화를 잘 나타냈는지 등을 확인할 수 있습니다.

채점 기준		
	잘함	겪은 일을 이야기로 쓴 뒤 평가할 때 생각할 점을 두 가지 썼습니다.
	보통	겪은 일을 이야기로 쓴 뒤 평가할 때 생각할 점을 한 가지만 썼습니다.
	노력 요함	겪은 일을 이야기로 쓴 뒤 평가할 때 생각할 점을 쓰지 못했습니다.

[채점 키워드] 겪은 일을 이야기로 쓴 뒤 평가하기: '경험을 주제가 잘 드러나게 썼는가', '글에 어울리는 제목을 붙였는가', '읽는 사람이 이해할 수 있게 때와 장소의 변화를 잘 나타냈는가' 등

52~53쪽 1학기 총정리 ❶회

1 친절왕 **2** ⑤ **3** ⓔ 아버지께서 아프실까 봐 아버지의 흰머리를 조심조심 뽑았던 것이 떠오릅니다. **4** ④ **5** (1) 문단 ㉮ (2) 문단 ㉯, ㉰, ㉱ (3) 문단 ㉲ **6** (1) ㉮ (2) ㉰ (3) ㉯ **7** (1) ⓔ 인공 지능이 사회적·경제적 불평등을 심하게 할 것입니다. (2) ⓔ 힘이 강한 나라나 집단이 힘이 약한 나라나 사람들을 지배할 수도 있습니다. (3) ⓔ 인간이 인공 지능에게 지배를 받게 될지도 모릅니다. **8** ④ **9** (1) 구름, 바다, 하늘, 딸기, 포도 (2) 비옷, 덧신, 눈사람 **10** ⑤

1 주민이 아버지는 119 구조대로 부서를 옮기시고 친절왕이 되셨습니다.

2 민재와 주민이는 서로의 말에 공감하며 대화했습니다.

3 할머니의 아픈 허리를 밟아 드린 경험과 할머니를 걱정하는 '나'의 마음이 드러난 시입니다.

채점 tip 시 속 인물이 겪은 일이나 시 속 인물의 마음과 관련 있는 자신의 경험을 떠올려 썼으면 정답으로 합니다.

4 여러 가지 직업적 특징을 나열해 직업과 옷 색깔을 관련지어 설명하고 있습니다.

5 문단 ㉮는 처음 부분, 문단 ㉯~㉱는 가운데 부분, 문단 ㉲는 끝부분입니다.

6 문장에서 앞에 어떤 말이 오고 짝인 말이 뒤따라오는 것을 '호응'이라고 합니다.

7 문단 ㉮에는 글쓴이의 주장이, 문단 ㉯~㉱에는 주장을 뒷받침하는 근거가 나타나 있습니다.

채점 tip '인공 지능이 일으킬 위험을 막을 방법도 생각해야 한다.'는 주장에 대한 세 가지 근거에 해당하는 내용을 각 문단에서 찾아 정리하여 썼으면 정답으로 합니다.

8 인공 지능이 일으킬 위험을 알고 그를 막을 방법을 연구해야 한다는 글쓴이의 주장이 잘 드러나는 제목인 '인공 지능 개발에 따른 위험'이 알맞습니다.

9 '구름'처럼 '구'와 '름'으로 나누면 본디의 뜻이 없어져 더는 나눌 수 없는 낱말을 단일어라고 하고, '비옷'처럼 뜻이 있는 두 낱말을 합한 낱말과 '덧신'처럼 뜻을 더해 주는 말과 뜻이 있는 낱말을 합한 낱말을 복합어라고 합니다.

10 제시된 글은 '정보 무늬'에 대해 설명하는 글입니다. ⑤는 주장하는 글을 읽는 방법입니다.

54~56쪽 1학기 총정리 ❷회

1 ④ **2** ⓔ 동욱이는 정인이의 고민을 잘 듣고, 정인이가 받아들일 수 있는 조언을 해야 합니다. **3** (1) ○ **4** ②, ③ **5** ④ **6** ② **7** ㉯ **8** (3) ○ **9** ①, ②, ⑤ **10** 도현 **11** (1) ⓔ 청소할 때 일인 일역을 효과적으로 운영하는 방법은 무엇일까요? (2) ⓔ 일인 일역이 잘 이루어지지 않고 있습니다. 일인 일역이 잘 이루어지지 않으면 교실이 더러워지고 자신의 역할을 열심히 하는 친구만 힘들어집니다. 따라서 청소할 때 일인 일역을 효과적으로 운영하는 방법을 토의 주제로 제안합니다. **12** ② **13** ⓔ 제주도에 올 때마다 보는 제주의 풍광이지만 그것이 철 따라 다르고 날씨 따라 다르기 때문에 신천지에 오는 것 같은 설렘을 느꼈습니다. **14** ①, ②, ⑤ **15** 원효

1 정인이의 마음을 고려하지 않고 말하는 동욱이의 행동과 말로 보아 배려심이 없습니다.

2 정인이의 고민을 잘 듣고, 정인이가 받아들일 수 있는 조언을 하거나, 정인이가 말하고 싶어 하지 않는다면 고민을 말하라고 재촉하지 말아야 합니다.

채점 tip 고민을 잘 듣고, 상대방이 받아들일 수 있는 조언을 해야 한다고 썼으면 정답으로 합니다.

3 이 시에서 말하는 이는 춥고 배고플 때 길을 잡아당겨 집이 버스 정류장 앞으로 온다고 상상했습니다.

4 말하는 이는 그리운 사람이 보고 싶고, 학교와 집에 빨리 가고 싶어서 길을 잡아당기는 상상을 했습니다.

7 다보탑과 석가탑은 모두 통일 신라 시대에 만든 탑으로서 국보로 지정되었습니다.

9 '떡볶이'와 '빨갛다'는 생각을 표현할 때 문장에 반드시 있어야 할 부분이고, 나머지 부분은 '떡볶이'와 '빨갛다'를 자세하게 꾸며주는 부분으로 생각을 표현할 때 문장에 반드시 있어야 하는 부분은 아닙니다.

10 본디 뜻과 관련 있는 부분이 조금씩 바뀌면서 만들어진 것은 다의어입니다.

12 이 글은 기행문의 처음 부분으로, 여행에 대한 기대와 설렘이 나타나 있습니다.

13 글쓴이가 제주도를 여행하러 오면서 든 느낌을 찾아 자세히 씁니다.

15 원효가 생각한 것은 주장에 따른 근거가 알맞은지 판단할 때 필요한 내용이 아닙니다.

독해의 핵심은 비문학

지문 분석으로 독해를 깊이 있게!

비문학 독해 | 1~6단계

올바른 문학 독서법

문학 갈래별 작품 이해를 풍성하게!

문학 독해 | 1~6단계

2023 NEW

결국은 어휘력

비문학 독해로 어휘 이해부터 어휘 확장까지!

어휘 X 독해 | 1~6단계

초등 문해력의 빠른시작

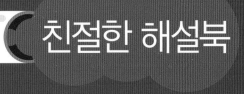

친절한 해설북

초등학교   학년   반   번   이름